**두 강 사이의 땅
메소포타미아**

BETWEEN TWO RIVERS
Copyright © Moudhy Al-Rashid 2025
All rights reserved

Korean translation copyright © CUM LIBRO 2025
Korean translation rights arranged with HODDER & STOUGHTON LIMITED
through EYA Co.,Ltd

이 책의 한국어판 저작권은 EYA Co., Ltd를 통해
HODDER & STOUGHTON LIMITED사와 독점계약한 도서출판 책과함께에 있습니다.
저작권법에 의하여 한국 내에서 보호를 받는 저작물이므로 무단전재 및 무단복제를 금합니다.

두 강 사이의 땅
메소포타미아

고대인의 일상과 역사의 탄생

모우디 알라시드 지음 | 이재황 옮김

책과함께

사자들에게 나의 마음을 전한다
ana labbī libbīya

일러두기
- 이 책은 Moudhy Al-Rashid의 BETWEEN TWO RIVERS(Hodder & Stoughton, 2025)를 우리말로 옮긴 것이다.
- 옮긴이가 덧붙인 설명은 〔 〕로 표시했다.

차례

프롤로그 메소포타미아가 중요하다   9

1 | 고대의 박물관과 '역사의 역사'   27
2 | 점토 북 말을 기록하는 일이 시작된 곳   51
3 | 아마르신의 벽돌 메소포타미아의 건설 자재   87
4 | 슐기 왕의 조각상 좋은 왕이 되는 법   113
5 | 학습 서판 고대 바빌로니아의 알파벳   147
6 | 쿠두르마북의 원뿔 과학의 탄생   175
7 | 경계석 노예인 서기, 직조공인 아내   213
8 | 몽치 머리 기술 대 전쟁의 현실   251
9 | 엔니갈디난나 공주, 여사제, 그리고 큐레이터?   281

에필로그 우리와 그들 사이   311

고대 메소포타미아 연대표   318
감사의 말   320
옮긴이의 말   324
인용된 주요 유물   328
주   331
참고문헌   355
찾아보기   377

프롤로그

메소포타미아가 중요하다

우르시의 폐허 위로 계단식 피라미드가 30미터 가까이 치솟아 있다. 그것은 한때 현재 이라크 남부인 유프라테스강 하구의 넓은 사막에 자리잡고 있었다. 구불구불한 강물의 흐름은 수천 년 전에 바뀌어 우르 주민들은 건조해진 이 지역을 버리지 않을 수 없었다. 이 고대 도시 유적지의 피라미드 그늘 속에 2천여 년 전 한 공주를 위해 지어진 작은 궁전 잔해가 있다. 수천 년 동안 우르의 대부분은 파묻혀 있었고, 꼼꼼히 발굴되고 나서야 고대의 비밀이 드러나기 시작했다.

1920년대에 공주의 궁전을 발굴하기 시작했을 때, 발굴자들은 낡았다는 것 외에는 온전한, 평범해 보이는 벽돌 바닥의 방을 발견했다. 바닥에는 흙과 고대의 쓰레기가 켜켜이 덮여 있어 오래전에 사라진 거주자들의 유물 하나라도 찾을 수 있을지 의문스러웠다. 그러나 며칠에 걸쳐 잡석을 상당 부분 걷어내자 놀라운 인공 유물 모음이 드러났다. 그리고 이것들은 궁전이 지어질 당시의 유물이 아니라 서로 다른 이전 시기의 유물이어서 발굴자들은 혼란에 빠졌다. 분명히 아무렇게나 뒤섞인 이 물건들은 수백 년 차이에도 불구하고 왜 모두 한 방에 모여 있을까? 발굴자들은 고고학적 수수께끼에 직면하고 있었다.

모든 고고학적 발굴은 지표에서 시작한다. 이전에 손대지 않은 곳에서 땅은 가능성을 품은 배처럼 부풀어 보인다. 깨진 벽돌, 삐죽삐죽한 그릇 파편, 역청 얼룩 하나가 모래와 흙의 여러 층위 아래에 있는 것들을 암시한다. 그리고 이 작은 암시들은 아랍어로 텔tell(유구遺丘)이라 부르는 흙둔덕이 단순히 지질학적으로 자연 발생한 지형이 아님을 알려준다. 그것은 거의 언제나 그곳에 있었던 언덕이나 다른 무언가가 아니다. 이 대수롭지 않은 흙더미 아래에 시간이 묻어놓은 수많은 이야기가 놓여 있다.

여러 해 전 한 식사 자리에서 내가 알 듯 말 듯한 어느 분이 내게 왜 유물을 찾기 위해 '발굴'을 해야 하느냐고 물었다. 고고학 분야가 쉽지 않다고 짜증을 내는 듯했다. 왜 건물들이 지표 위에 있지 않은 거죠? 물건들이 왜 그렇게 깊이 들어가 있어서 발견하기가 어려운 건가요? 대화라기보다는 반대 신문에 가깝다고 느껴지는 그 모든 질문에 대한 솔직한 대답은 하나였다. 바로 딴 사람들의 것이기 때문이다. 어느 곳에나 사람들이 있고, 그들의 잡동사니가 그득하다. 무너져가는 옛집의 토대 위에 새 흙집이 지어지고, 거주자의 깨진 물건 조각이 새집 아래에 묻히거나 시간이 지나면서 바깥 도로로 쏟아져 나간다. 그 길 위로 다른 길이 수십 센티미터 두께로 다시 덮여, 여러 차례에 걸쳐 각 켜에 살던 사람들에 관한 단서들을 가둬놓는다. 우르의 경우 지표에 있는 문명의 가시적인 흔적 아래로 퇴적물이 20미터나 쌓여 있다.

고고학자는 바로 이런 종류의 잡동사니를 좋아한다. 5천 년 뒤에 내 집을 조사하는 고고학자는 아마존 포장지 몇 개, 버려진 요구르트 병뚜껑, 빈 개 간식 통 따위를 발견할 것이다. 그들은 내가 개를 길렀고, 젖당 분해효소 결핍증이 없었으며, 로고의 한쪽 끝에 화살을 씌운 얼굴 없는 미소(또는 코미디언 지미 키멜의 표현을 빌리면 양식화된 음경)가 들어 있는 '아마존Amazon'이라는 신을 숭배했다고 결론지을 것이다. 우리가 발굴을 하는 이유는 사람들이 버린 물건에서 문화에 관한 많은 것을 알 수 있고, 그것이 여러 켜로 남아 있기 때문이다.

그러나 일부 유물은 매우 높이 솟아 있어, 죽은 지 오래된 생명체들이 남긴 폐기물이 축적되지 않았다. 우르의 경우 지구라트로 불린 계단식 피라미드는 흙 아래로 완전히 사라지지 않았다. 그것은 첫 벽돌이 놓인 지 수천 년이 지난 뒤에도 여전히 아랫부분이 파묻힌 덜 드러난 구조물로 솟아 있었다. 공주의 궁전은 서기전

6세기 공주가 살아 있고 우르라는 도시가 메소포타미아로 알려진 지역에서 번성하던 시절에 그 그늘에 건설됐다. 메소포타미아라는 이름은 '강 사이'를 뜻하는 그리스어에서 온 것인데, 이 지역이 빠르게 흐르는 티그리스강과 유속이 느린 유프라테스강 사이 및 그 주변에 자리잡고 있었기 때문이다. 이 지역에 대한 아랍어 이름인 빌라드 베인 알나흐레인Bilad bein al-nahrein(두 강 사이의 땅) 역시 티그리스강과 유프라테스강을 이야기한다. 수천 년 동안 이곳에 등장했다가 사라진 여러 고대 문명에게 이 생명을 주는 물줄기가 얼마나 중요했는지를 잘 보여준다.

그러나 궁전은 서기전 6세기의 것이지만 방 안에서 발견된 물건들은 상당히 다른 시기의 것들이었다. 발굴자들은 서기전 1400년 무렵(궁전이 지어지기 거의 천 년 전이다)에 세워진 작고 검은 오벨리스크를 발견했다. 돌에는 여러 신, 상징, 신화 속 괴물의 도상圖像이 새겨져 있었고, 오래전에 죽은 사람이 이 도시에서 지녔던 재산 소유권을 기록해 마치 그림이 든 석제 권리증서 같았다. 방에는 더 오래된 물건도 있었다. 점토로 만들어지고 쐐기 모양의 문자로 뒤덮인 원뿔이었다. 쐐기문자는 고대 메소포타미아 일대에서 사용했던 문자체계다. 서기전 1900년 무렵에 쓰인 새김글은 쿠두르마북Kudur-Mabuk이라는 사람이 시행한 어떤 건설 공사를 기념하는 내용이었다. 그는 이 개량된 주택을 신들에게 바쳤다. 발굴자들은 아이들의 어지러운 필적이 뚜렷이 남아 있는, 같은 시기의 점토판 몇 개도 발견했다. 점토에 누른 전형적인 학습장이었다. 조사가 이어지면서 발굴자들은 서기전 2100년 무렵에 통치한 왕의 조각상 일부를 발견했으며, 무기인 몽치의 둥근 화강암 머리(점토 원뿔이나 조각상 잔편보다 이른 시기의 것인 듯하다)도 나왔다. 만들어진 지 수천 년 뒤에 이곳에 놓인 물건들은 어떻게 해서 여기에 오게 됐을까? 어떤 상황이 그렇게 이질적인 물건들을 이렇게 한 지붕 아래 모이게 했을까?[1]

이것은 요르단의 기독교 십자군이 건설한 성에서 그리스 신 제우스의 조각상과 7세기 칼리파가 주조한 이슬람 동전을 발견하거나, 중세 잉글랜드 수도원의 유물에서 로마 단도와 켈트 주화를 함께 발견하는 것과 마찬가지였을 것이다. 내가 호기심 많은 식사 동반자에게 설명했듯이, 고고학 유적지는 무지개떡 같은 것이다. 각 색깔의 층은 서로 다른 시대를 나타낸다. 가장 가까운 시대의 것이 꼭대기, 가장 오래된 것이 바닥이다. 이 물건들이 손을 타지 않고 자기네 시기의 층에 들어 있었다면, 이 작은 궁전 방의 바닥보다 훨씬 깊은 곳의 적절한 층에 있는 잡동사니 속에 묻혀 있었을 것이다. 그러나 그것들은 원래의 장소와 원래의 시간을 벗어나 이곳에 있었다. 무지개가 아니라 쪽모이라 할 만했다. 1920년대의 발굴팀은 당혹스러웠다. 이게 무엇을 의미할까?

이렇게 설명하면 덜 자극적으로 다가온다. 고고학은 불완전하고, 잡동사니 속에서 발견된 옛날 물건 가운데 일부는 그저 보존

과정에서 우연히 그곳에 있게 됐을 것이다. 바닥 판자가 부서지는 바람에 더 아래에 묻혀 있는 것이 드러났거나, 재활용 자재로 만든 담장이 무너졌을 수도 있다. 아니면 방이 계획된 저장고로 만들어져 건물 토대 또는 주변에서 발견된 유물들을 수집해 안전하게 보관한 것일 수 있다. 사실 서기전 6세기의 고대 메소포타미아 사람들도 이미 되돌아볼 수천 년의 역사를 갖고 있었다.

고대 메소포타미아와 우르 같은 도시들에는 하나의 문명만 있었던 것이 아니라 고대의 다양한 민족과 문화가 있었다. 수메르인, 바빌로니아인, 아시리아인 등이 수천 년 전 이 두 강 사이 또는 그 주변에 살았고, 이에 따라 전체 지역에는 지난 문명의 유물들이 층을 이루어 두껍게 쌓여 있다. 공주의 궁전이 건설될 때 우르는 틀림없이 아주 긴 역사 속의 많은 도시 가운데 가장 중요한 축에 속했을 것이다. 거의 3500년 가까이 사람이 살았던 이 도시는 1.2제곱킬로미터 이상의 지역을 차지하고 있었다. 이는 바티칸 시국의 두 배가 넘는 크기이며, 가장 큰 규모를 자랑했던 시절에는 5제곱킬로미터로 뉴욕의 센트럴파크보다 약 1.5배 더 큰 면적(여의도의 약 1.7배)이었을 것으로 추정된다.[2] 이곳은 중요한 문화 중심지이자, 페르시아만(또는 아라비아만)의 해안선이 지금보다 더 내륙 쪽으로 들어와 있던 당시에 핵심적인 항구이기도 했을 것이다.

1920년대의 고고학자들은 물론 이 긴 역사를 알고 있었고, 따라서 수수께끼의 수집품을 이해하는 데 도움을 줄 잡동사니 속에서 마침내 단서를 발견했을 때 이를 염두에 두고 있었던 듯하다. 손 안에 들어올 정도로 작은 북(鼓) 모양의 쐐기문자로 뒤덮인 원통 점토 덩이는 그들에게 필요한 대답을 주었다. 고고학자들은 세계 첫 박물관 꼬리표를 발견했고, 더 나아가 세계 첫 박물관을 발견했다고 확신했다.

오늘날 우리가 왜 고대 메소포타미아에 관심을 가져야 하느냐고 최근 누군가가 내게 물었고, 나의 뇌는 너무 많은 생각이 한꺼번에 몰려들 때 나오는 유익한 반응인 뇌정지가 왔다. 문자나 바퀴 같은 세계 최초의 것을 만들어낸 이 지역에 왜 관심을 가져야 할까?

   수천 년 동안 고대 메소포타미아의 문명들은 쐐기문자로 알려진 세계 최초의 문자체계를 공유했다. 문자는 쐐기(라틴어로 cuneus) 모양이어서 쐐기문자cuneiform로 불렸다. 우리가 이 지역에 살다가 죽은 사람들에 대해 많이 알 수 있는 것은 이 초기 문자체계 덕분이며, 문자의 사용은 인류 역사에서 전환점을 가져왔다. 쐐기문자로 고대 메소포타미아 사람들의 삶의 순간들을 보존하기 이전에, 사람들은 우리가 그들의 삶과 가치관을 알 수 있게 하는 여러 가지 것들을 남겼다. 작은 석기와 도기 잔편에서부터 한때 세계 최초의 신전들의 일부였을 거석巨石에 이르는 것들이 먼 과거에 살던 사람들에 대해 많은 것을 알 수 있게 해준다. 문자는 우리가 그들에 관해 '그들의 말'로 알 수 있는 완전히 새로운 차원을 더해준다. 이는 기록된 역사의 시작을 이루며, 때로 '선사先史'(문자 이전 시기를 가리키는 오래된 용어다)로 불리는 시기에서 '역사'의 시작으로의 이행을 의미한다. 어떤 일에 대해 기록하기 시작하는 시점이다.

어떤 사람들에게 쐐기문자는 이런 방식으로 이해한 '역사'의 탄생을 의미한다. 나는 개인적으로 글로 쓰인 것이든 아니든 우리 이전에 있었던 모든 것이 역사라고 생각하지만, 쐐기문자는 한 가지 중요한 측면에서 역사의 시작을 의미한다. 문자는 고대 메소포타미아 사람들이 자기네의 과거를 기록하고, 사람·장소·사건에 대한 집단적인 기억을 말로 옮기는 일을 시작할 수 있게 했다. 그들은 자기네 왕들의 명부를 만들었고(너무 오래돼서 전설 속에서만 살았던 왕들까지 포함했다), 자기네의 전쟁들을 기억할 수 있게 했다. 그들은 평범한 영수증들로 거친 첫 경제사 초고를 남겼다. 그리고 후손을 위해 멋쩍어하며 자기네 행적에 관한 기록도 남겼다. 문자는 그들의 과거에 대한 문서 기록을 낳게 했다. 심지어 그 시절의 기준으로도 너무 오래돼서 아무런 기억도 남아 있지 않은 시기인 신들과 초기 형태의 인류가 살았던 태곳적까지도 포함됐다. 두 강 사이 메소포타미아 '선사시대'의 삶에 대해서였다. 그런 의미에서 쐐기문자의 탄생은 또한 역사의 탄생이기도 하다.

쐐기문자는 고대 메소포타미아에서 있었던 삶의 거의 모든 측면을 보존하고 있다. 이 쐐기 모양의 문자는 역사적 전환점을 보존하고 있다. 알려져 있는 가장 이른 시기의 외교 서한(유명한 소년 왕 투탕카멘의 것도 있다) 일부와 알렉산드로스 대제의 죽음 같은 것들이다. 이런 전환점들과 함께 사람들의 일상생활 흔적도 나타난다. 고등 수학, 탈세, 부부 싸움, 아이를 낳을 때 온 산파, 서기전 263년 4월에 태어난 아이 운세의 요동 같은 것들이다.[3] 글들 가운데는 올케에게 숙제를 하라고 말하는 공주의 편지, 월식 관찰을 기록한 천문학 교과서, 수메르 여왕의 이름을 새긴 청금석 원통, 수많은 맥주 영수증 같은 것들이 있다. 이렇게 되는 대로 나열한 것은 거대한 빙산 꼭대기의 아주 작은 부분일 뿐이다. 실제로 우리가 고대 메소포타미아 사람들에 관해 얼마나 많은 것을 알 수 있는지 믿을 수 없을 정도다.

점토에 남겨진 이야기들과 단편들로부터 우리는 고대인들이 우리 가운데 누구와도 그리 다르지 않다는 것을 알 수 있다. 한 아름다운 바빌로니아 자장가는 우는 아이를 달래려고 열심인 부모의 모습을 보여준다.

어둠 속에 있던 아가야.
이제 나와서 햇빛을 보았구나.
울지 마라, 걱정 마라.
누가 우리 아기의 평안을 앗아갔느냐.[4]

나와 내 딸은 2021년 초 코로나19에 걸렸고, 둘 다 열이 나는 상태에서 아이를 재우던 일을 기억한다. 딸은 18개월이 갓 넘었고, 나는 칠흑 같은 딸의 방에서 조용하게 〈반짝반짝 작은 별〉을 반복해서 불러주었다. 딸은 기적 같이 찾아온 아이여서, 이날처럼 캄캄하고 열에 뜬 밤에도 내 어깨에 느껴지는 뜨거운 뺨과 내 목덜미를 스치는 가냘픈 숨이 선물처럼 느껴졌다. 이 자장가는 우리가 아주 오랫동안 잠 못 자는 아이에게 불러주었던 노래들을 생각나게 한다.

부서진 점토 조각 하나가 우르에 공주의 궁전이 건설된 것과 거의 같은 시기에 학교에서 시험을 치르는 바빌로니아 학생들에 관한 이야기의 일부를 들려준다. 그들은 마르지 않은 점토판과 갈대 첨필을 손에 들고 나무 의자에 앉아 꿈지럭거리고 있었을 것이다. 수천 년이 지난 뒤지만 아이들이 느꼈을 압박감이 고스란히 전해진다. "끊임없이 두려워하지 말고, 목이 조여오게 하지 마라"라고 선생은 조언한다. "입에서 마구 불평을 쏟아내서는 안 되고, 관심을 문으로 집중시켜서도 안 된다."[5] 이런 순간들은 점토에 찍힌 작은 쐐기에 영원히 살아남아, 고대 메소포타미아 사람들의 숨결을 현재에도 느낄 수 있다. 과거는 이질적인 곳일지 모르지만, 이런 순간들은 그리 멀게 느껴지지 않는다. 그들이 겪었던 일이 낯설게 느껴지지 않는다.

쐐기문자는 내가 2천여 년 전에 살았던 누군가와 공통된 무언가를 발견할 수 있다면, 틀림없이 오늘날 살고 있는 거의 모든 사람과 공통된 무언가를 발견할 수 있음을 상기시켜준다. 쐐기문자는 우리의 공유된 인간성에 속하는 크고 작은 모든 일을 떠올리게 한다. 우리는 우리가 가진 차이의 총계 그 이상이다.

가장 이른 쐐기문자 서판은 우르에서 그리 멀지 않은 도시 우루크에서 나왔고, 서기전 3350년 무렵에 쓰였다. 대략 영국의 스톤헨지가 만들어질 때이고 이집트 기자 대피라미드가 만들어지기 700년 전이다. 시간적으로 다른 쪽 끝인, 우리가 아는 가장 최근의 쐐기문자 서판은 서기 79~80년의 천문력이다. 역시 우루크에서 발견됐다. 이 너른 시간 간격은 또한 메소포타미아를 고찰할 때 우리가 말하는 역사의 거대한 규모를 알 수 있게 해준다. 점토의 내구성 덕분에 쐐기문자를 구성하는 작은 획들로 뒤덮인 수많은 점토판이 고대의 제작자와 현대의 독자 사이에 있는 수천 년의 세월을 견뎌냈다. 그러나 현대의 독자들이 남아 있는 이야기를 이해하기 위해서는 많은 작업을 해야 한다. 우리는 여러 박물관과 소장처에 흩어져 있는 풍화된 잔편들로부터 고대 메소포타미아의 역사를 재구성해야 한다. 아귀가 딱 맞아 어떤 일관된 이야기를 하고 있는 깨진 점토 조각의 경우에도 여전히 많은 부분이 비어 있고, 현대 이라크와 시리아의 발굴되지 않은 둔덕 아래에 셀 수도 없이 많은 서판이 더 들어 있다. 이것은 수백만 조각으로 이루어진 퍼즐 맞추기를 하는 것과 같다. 게다가 잃어버린 조각도 있고

다 맞췄을 때 나올 최종적인 모습도 알 수 없다.

점토판 대부분은 깨진 것이든 아니든 손 안에 쏙 들어올 정도이지만, 엄지손톱만큼 작은 것도 있고 휴대용 컴퓨터만큼 큰 것도 있다. 그러나 자세히 들여다보면(정말로 자세히 봐야 한다) 점토에 뾰족하게 만든 갈대 첨필을 눌러 특정 쐐기문자를 표시한 홈들이 나란히 있는 것을 볼 수 있다. 어떤 사람들은 이를 병아리 발자국과 비교하지만 나는 이 문자의 구조가 매우 아름답고, 그것이 들려주는 수천 년 전 티그리스강과 유프라테스강 유역에서 살다 간 사람들의 수많은 이야기는 더욱 그러하다고 생각한다.

나는 철부지 아이로서 사우디아라비아에서 초등학교를 다닐 때 역사 시간에 쐐기문자에 관해 처음 알았다. 그로부터 10년이 흘렀을 때 쐐기문자가 아주 우연히 다시 내 인생에 들어왔다. 나는 법학대학원 원서를 낸 상태였는데, 충동적으로 런던에서 고대 서적에 관한 일주일짜리 강의를 들었다. 배경을 설명하자면 나와 남동생은 당시 우리가 살던 미국 동해안에서 서아시아에 있는 고향으로 돌아가던 중 어떤 연유였는지 런던에 들러야 했다. 우리는 하루로 예정됐던 런던 중간 체류를 일주일로 늘리기로 결정했고, 이 참에 나는 다른 보통의 20대와 마찬가지로 심상하게 '고대 세계의 책'이라는 집중 과정에 등록한 것이다. 그것이 내 인생을 바꾸리라고는 생각하지 않았다.

첫날, 흰 수염을 가슴까지 늘어뜨리고 자줏빛 코르덴 옷을 입은 활기 넘치는 남자가 우리에게 영국박물관의 두 방을 보여주었다. 그의 이름은 어빙 핑클Irving Finkel이었는데, 그는 손가락 끝으로 특히 한 유리 진열장을 걱정스러울 정도로 세게 두드리며 그의 손 크기만 한 점토판 하나를 가리켰다. 작고 마른 점토판 조각 위에는 동그라미 하나와 거기서 삐져나온 삼각형 무리로 보이는 그림이 있었다. 중간에는 여기저기 작은 삼각형 모양 문자를 이루는 간단한 선들이 그어져 있었다.

핑클은 자신이 기본적으로 어떻게 점토판 짜맞추기를 완성하고 떨어진 조각을 이어 붙여 고대 바빌로니아와 아시리아의 조감도를 드러내는 데 도움을 주었는지를 설명했다. 이 제국들은 티그리스강과 유프라테스강이 이리저리 가로지르고 바다(동그라미)로 둘러싸였으며, 신화 속의 여덟 지역(삼각형들)이 주위를 둘러싸고 있었다. 나중에 알았지만, 이 지도는 고대 메소포타미아의 제작자로부터 시작해 수천 년 뒤 호르무즈 라삼Hormuzd Rassam(1881년 이것을 발굴한 모술 태생의 고고학자다)에 의해 새로운 생명을 찾은 길고도 지속적인 이야기를 전하고 있다. 이 지도의 역사는 결국 우리 앞에 서 있던 긴 수염의 영국 큐레이터와 뒤얽히게 된다. 그는 지도 일부를 다시 짜맞추는 데서 한몫을 했다. 그와 바빌론 이야기는 이 고대 도시의 개념도에 대한 모든 새로운 해석(아주 많은 해석이 있었다)이 나올 때마다 다시 이야기됐다.[6] 사실 그날 우리가 본 모든 물건은 이러한 이야기를 전하고 있고, 그 이야기는 고대 세계의 시초부터 그것이 박물관(본향에 가까운 곳에 있든 해외에 있든)에 들어오는 순간에 이르기까지의 여정을 추적할 수 있도록 해준다.

그 여름날 오전에 내가 본(그리고 나중에 다시 가서 본) 다른 유물들 가운데는 30센티미터 높이의 통도 있었는데, 점토로 만들고 손으로 쓴 깔끔한 쐐기문자로 뒤덮여 있었다. 복잡한 진열 선반에 처박힌 그 통 모양의 점토 '문서'는 나보니두스 왕이 우르에 계단식 피라미드를 재건한 일을 적고 있다. 나보니두스는 바빌로니아의 마지막 왕이자, 1920년대에 수수께끼의 물건들이 뒤섞인 채 발견된 궁전에서 살았던 그 공주의 아버지다. 나는 그날 본향으로부터 5천 킬로미터 떨어진 곳으로 옮겨진 그 점토 통을 처음 보면서, 내가 나중에 우르의 공주 궁전에서 나온 물건들의 이야기를 전하거나, 이를 통해 고대 메소포타미아의 역사를 이야기하게 될 줄은 몰랐다. 그러나 나는 불과 몇 시간 뒤 쐐기문자에 홀딱 빠져 법학대학원을 포기하고 남은 생애 동안 점토판을 읽을 태세가 되어 있음을 알았다.

고대 메소포타미아에서는 알려진 최초의 문자체계와 함께 세계 첫 도시 탄생, 첫 역사 기록, 첫 대규모 농경 일부를 비롯해 그밖의 많은 것이 나타났다. 전 세계에 혁명을 불러일으킨 것들이었다. 공주의 궁전에서 발견된 물건들은 이 인류 역사에서 매우 중요한 지역에 대한 독특한 안목을 제공한다. 수수께끼의 수집품 각 품목은 초기의 전쟁에서부터 여성의 권리에 이르기까지, 그리고 초기 언어의 기초에서부터 신들과의 복잡한 교신을 통한 과학의 기초에 이르는 사회와 문화의 한 측면을 보여준다. 이 책의 각 장에서 나는 메소포타미아 역사의 특정한 측면으로 들어가는 방편으로 수집품 가운데 한 품목씩을 다룰 것이다. 각기 서로 다른 시기에 만들어진 이 여러 가지 물건은 고대 메소포타미아의 역사와 그 시대 사람들이 자기네 역사를 어떻게 이해했는지를 알려주어, 우리에게 우리 스스로의 역사를 어떻게 이해하고 있는지를 돌아보게 할 것이다.

박물관과 우르 역사에서의 그 위치에 대해서는 좀 생각해볼 필요가 있다. 1장은 우리를 고대의 상황과 현대적 해석으로 안내한다. '점토 북'으로 불리는 작은 점토 원통(발굴자들은 서기전 7세기의 것이며 세계 최초의 박물관 꼬리표라고 보았다)은 사실 다른 물건을 묘사하고 있다. 아마르신 왕 시대인 서기전 2100년 무렵의 흙벽돌이다. 이 꼬리표는 벽돌에 눌러 찍었을 아주 오래된(심지어 점토 원통 제작자에게도 오래된) 새김글을 복제한 것인데, 그 벽돌 자체는 수집품의 어디에서도 발견되지 않았다. 2장에서는 이른바 박물관 꼬리표와 거기에 나오는 사라진 지 오래된 언어에 대해 검토하면서 문자체계로서의 쐐기문자, 쐐기문자로 기록한 언어, 문자 역사의 시작에 대해 이야기한다. 3장에서는 지금은 사라진 아마르신의 벽돌 자체를 고찰하면서 메소포타미아 도시들의 건축, 사회적·정치적 혁신의 정확한 구성 요소, 평범한 벽돌이 내포한 상징적인 힘을 살펴본다. 4장에서는 한 고대 왕의 조각상 유물을 통해 지도자(현실과 전설 속 모두를 포함해서)의 본질에 관한 의문을 제기한다. 5장에서는 궁전 여기저기에 흩어진 채로 발견된 학습 서판이 교육과 학교 생활의 불안을 어떻게 담고 있는지 살펴볼 기회를 제공한다. 6장에서는 점토 원뿔을 통해 사람들이 어떻게 신들과 소통했고, 그에 대한 응답으로 어떻게 신들의 전갈을 받았는지를 탐구한다. 이 끊임없는 대화를 통해 사람들은 지식을 축적하고 과학의 기초를 마련할 수 있었다. 7장에서는 글자가 새겨진 오벨리스크를 검토함으로써 사람-재산-이득의 복잡한 경제적 상호작용에서 완전히 새로운 것은 없음을 살핀다. 여기서 우리는 사회경제적 스펙트럼의 양쪽 끝에서 나온 이야기를 접할 수 있다. 왕으로부터 토지를 받는 왕의 친지도 있고, 노예가 된 자식들의 해방을 위해 싸우는 어머니도 있다. 8장에서는 공주의 궁전에서 발견된 다른 어떤 것보다도 오래됐을 평범한 화강암 뭉치 머리가 폭력·전쟁·죽음에 관해, 그리고 사람들이 충돌을 어떻게 이해하고 기억했는지에 관해 많은 것을 말해준다. 마지막으로 9장에서는 공주 자신을 살펴본다. 이 물건들이 들어 있는 궁전은 엔니갈디난나En-nigaldi-Nanna라는 여성을 위해 지어졌다. 공주는 나보니두스 왕의 딸로, 바빌로니아 월신月神 신Sin을 섬기는 고위 여사제의 긴 계보에서 맨 마지막 사람이었다. 엔니갈디난나는 우르에서 상당한 세속적·종교적 권력을 휘둘렀을 것이다. 이 장에서는 엔니갈디난나가 고대 메소포타미아의 일하는 여성의 삶에 관해 무엇을 말해줄 수 있는지, 그리고 반대로 다른 여성들이 공주에 관해 무엇을 말해줄 수 있는지를 살펴볼 것이다. 엔니갈디난나가 공주이자 여사제로서 옛 물건들을 수장한 박물관에서 일종의 큐레이터 노릇을 했다고 볼 수 있을까? 공주를 통해 역사의 본질 자체에 관해, 역사하기의 방법과 이유에 관해, 공주와 그 조상들이 이를 어떻게 이용했을지에 관해 무엇을 알 수 있을까?

오래전의 유물을 보고 심지어 손으로 직접 만져보는 것에는 특별한 무언가가 있다. 내가 처음 쐐기문자 서판을 집었을 때, 그 많은 쐐기문자를 찍기 위해 한때 축축했던 점토를 받쳐 들었던 고대의 서기와 손을 잡고 있는 것처럼 느껴졌다. 이것들은 수천 년 동안 손을 타지 않고 묻혀 있다가 발굴되고 나서 먼지가 털리고 연구됐다. 오늘날의 사람들이 오래전에 죽은 사람들 및 그들이 살았던 먼 과거와의 연결을 중요시하는 것처럼, 고대 메소포타미아 사람들도 그랬다. 이 서로 다른 시기의 다양한 유물들을 한데 모은 사람이 누구였든, 그는 이 물건들이 만들어졌던 위대한 시대와 그 물건들 자체에 대해 인식하고 존경했다. 그들이 자기네의 과거와 어떻게 연결됐는지를 이해하려고 노력하는 것보다 과거 및 그 과

거의 사람들과 더 잘 연결되는 방법이 있을까? 이 책에서 우리는 그저 역사만이 아니라 고대 메소포타미아의 '역사의 역사'까지도 탐구할 것이다.

1

고대의 박물관과 '역사의 역사'

선명하지 않은 회색 톤의 사진이 우르의 발굴을 이끈 C. 레너드 울리Charles Leonard Woolley의 모습을 보여준다. 무릎까지 오는 장화를 신고 트위드 재킷을 입은 채 우중충한 벽돌 건물을 배경으로 고대의 유물을 향해 등을 구부린 모습이다. 1920년대에 울리의 이름은 특히 우르와 동의어였다. 그는 그곳에서 10여 년 동안 발굴을 이끌었다. 그를 찍은 사진은 거의 언제나 신중하고 예리하게 집중하는 모습으로, 그가 먼 곳 또는 땅을 응시할 때나 심지어 공주의 궁전에서 자신이 발견한 잡동사니 물건들에 대해 곰곰이 생각할 때 가는 눈 위에 집중된 짙은 눈썹을 보여준다.

"우리는 어떻게 생각해야 했을까?"라고 울리는 우르 발굴 시절에 관한 상세한 회고록에 기록하기도 했다.

파손되지 않은 서기전 6세기의 벽돌 포장로에서 발견된 대여섯 점의 각종 물건이 있었다. 그러나 그중 가장 나중의 것은 포장로보다 700년 이른 것이고, 가장 오래된 것은 포장로보다 아마도 2천 년은 이른 것이었다. 증거들은 물건들이 우연히 그곳에 있게 된 것은 전혀 아님을 보여주었다.[1]

이 당황스러운 유물 가운데는 울리가 '열쇠'라 부른 것이 있었다. 이것이 수집품의 수수께끼를 풀 단서라고 생각했기 때문이다. 발굴자들이 나중에 전시 꼬리표 또는 박물관 꼬리표로 부르게 되는 바로 그 물건이었다. '열쇠'는 작은 원통 모양의 점토 조각이었다. 이례적으로 원통 모양이기는 했지만, 기본적으로 점토판이었다. 거기에는 궁전이 지어질 때 사용된 문자 언어가 새겨져 있었다. 정보에 대한 서면 기록이었다. 그 새김글은 '또다른' 물건을 묘사했는데, 묘사된 물건 자체는 이제 어느 곳에서도 발견되지 않는다. 궁전을 건설하기 약 1500년 전인 서기전 2100년 무렵의 벽돌로, 수메르어로 쓰인 새김글로 뒤덮여 있었다. 수메르어는 한때 지금의 이라크 남부를 지배했던, 알려진 가장 이른 시기의 문자 언어였다.

'열쇠'는 기본적으로 후손을 위한 기록으로, 그 내용은 벽돌과 고대 우르 총독의 발견에 대한 것이었다(벽돌은 그뒤 다시 사라졌다). 이것은 여전히 공통적인 고고학의 관행인데, 울리와 그의 팀은 자기네가 우르 발굴 과정에서 발견한 것들에 대한 수천 개의 비슷한 기록을 만들었다. 도시가 폐허가 된 지 수천 년이 지난 뒤였다. 벽돌 발견 당시 오래전에 사라진 수메르어를 복원하기 위한 시도로서 총독의 발견물을 기록한 서기 역시 벽돌의 본래 새김글을 베꼈지만, 몇 가지 오류가 있었다. 벽돌 새김글의 언어는 그에게 너무 오래전의 것이었을 듯하다. 우리에게 그가 너무 오래전의 사람이듯이 말이다.

울리가 보기에 이 어설픈 박물관 꼬리표는 유일한 공통점이 오래됐다는 것뿐인 이질적인 물건 모음을 설명해주었다. 그에게 이 물건들은 작은 박물관을 구성하고 있는 것처럼 보였다. 심지어 전 세계에서 아마도 가장 이른 유사 박물관이었다. 발굴자들은 처음에 아무것도 발견하지 못할 것이라 생각했던 잡동사니로 가득 차 있는 방에서 신중하게 관리된 지역 골동품 모음으로 생각되는 것을 찾아냈다.

그것이 울리에게 유일한 설명 또는 아마도 그저 언론에 가장 잘 먹히는 설명처럼 보였을 텐데, 그것을 박물관이라 부르면 아마도 덜 자극적이지만 똑같이(어쩌면 더욱) 그럴듯한 다른 가능성을 배제하게 된다. 행정의 중심지이자 신들의 지상 주거지로서 메소포타미아의 신전들은 통상 곡물이나 포도주 등을 보관할 여러 개의 저장실을 갖고 있었다. 여기에는 건설 공사와 수리 과정에서 발견된 더 오래된 유물들을 보관할 방 또한 있었을까? 이전 시기의 유물들은 또한 후대에 다른 목적으로 흔히 재사용됐다. 예컨대 옛날 벽돌은 흔히 새로 짓는 건물에 사용됐지만, 다른 옛 물건들 역시 새 용도에 사용됐음이 발견됐다. 구데아Gudea라는 수메르 지도자의 옛 조각상은 파내져서 훨씬 후대 왕의 궁궐 앞마당에 미술품으로 전시됐다.

울리 자신도 공주의 궁전에서 그 비슷한 것을 찾아냈다. 신의 도상圖像을 화려하게 조각한 서기전 2100년 무렵의 작은 석회암 돋을새김이 공주의 궁전이 사용되던 시기의 근처 출입구 아치의 일부로서 재사용됐다.² 울리가 발견한 몇몇 물건은 이전 시기에서 온 것이었고, 벽과 바닥의 보존과 훼손이라는 다양한 사건을 거쳐 같은 층위에 모이게 됐을 것이다(그러나 울리는 방의 벽돌 바닥이 '온전'하다고 묘사하는 데 조심스러웠다³). 요컨대 골동품 모음을 설명하기 위한 다른 방법이 있다는 것이다. 하지만 이 방법은《대화 The Conversation》나《기즈모도Gizmodo》같은 언론 매체의 헤드라인에는 잘 어울리지 못하는 것들이다. "용도를 아무도 모르는 옛날 물건으로 가득 찬 방이 우르에서 발굴" 같은 제목은 클릭을 유도하진 않기 때문이다. 그러면 울리는 왜 이를 박물관이라고 불렀을까? 그는 고대 세계에 흥미를 가진 고고학자로서, 또는 심지어 옥스퍼드대학 애슈몰린 박물관 큐레이터로서 자기 자신의 역할이라는 렌즈를 통해 이 수집품을 본 것일까? 누군가의 관점과 그의 증거 해석을 완전히 분리하는 것은 결국 불가능하다. 역사학 분야에서 다양성이 필수적인 이유 중 하나다. 그는 이 수집품을 역사와 고고학에 깊은 관심을 보인 나보니두스와 기타 왕들에 관해 자신이 알았던 것에 비추어 비슷하게 이해했을 것이다. 울리는 우르 발굴의 여러 측면을 왜곡해 폭넓은 대중의 공감을 이끌어내고 궁극적으로 더 많은 발굴 자금을 확보(발굴은 흔히 돈에 쪼들린다)하자는 압박을 느꼈던 것일까? 그것은 너무 냉소적인 생각일 것이다. 수집품이 박물관이라는 그의 결론은 1962년 발굴에 대한 공식 학술 보고서에 나온다. 발굴은 수십 년 전에 중단됐으니, 추가적인 자금 조달이 필요해진 때로부터 한참 지난 뒤다. 따라서 그가 고대의 수집품을 박물관이라 부른 동기가 돈은 아닐 것이다.[4]

더 가능성이 높은 것으로, 울리는 이른바 박물관 꼬리표라는 점토 북clay drum이 다른 모든 가능성을 배제할 수 있는 충분한 증거라고 생각했던 듯하다. 점토북은 명백히 이례적인 물건이다. 그 땅딸한 원통 모양, 내용, 심지어 거기에 적힌 쐐기문자는 여전히 역사가들이 박물관 명제를 완전히 버리기를 주저하게 만든다. 수수께끼의 방에서 나온 또다른 물건 역시 의도적인 관리에 대한 의문을 제기한다. 바로 옛 지배자 슐기 왕의 조각상 잔편이다. 이 조각상은 많이 손상돼 왕의 초상 부분은 전혀 남아 있지 않지만, 조각상에서 문서 부분만은 보존하기 위해 새김글은 보관돼 있었던 듯하며 이는 박물관의 관리 행위로서 했음직한 방식이다. 이 물건들을 하나씩 하나씩 방에서 꺼내고 나니 박물관이라는 생각은 유일하게 그럴듯한 설명으로 보였을 것이다.

그러나 고고학 발굴이 혼란의 연속이라는 것을 염두에 둘 필요가 있다. 따라서 가장 간단한(가장 덜 만족스럽지만) 설명은 이 물건들이 아예 함께 발견되지 않았다는 것이다. 발굴을 위해 수십(때로는 수백) 명의 사람들이 격자를 친 도랑에서 모종삽과 칫솔을 들고 흙바닥을 긁어냈다. 〈인디애나 존스〉에 나오는 위장 폭탄이나 자동차 추격과는 달리, 융통성이 전혀 없는 고고학은 녹초가 되는 작업이다. 울리가 이끈 우르 발굴은 런던 영국박물관과 미국 펜실베이니아대학 박물관(속칭 펜 박물관)이 후원한 합동 작업으로, 양차 세계대전 사이 '대형 발굴' 시기에 이루어진 가장 큰 발굴 가운데 하나였다. 또한 오스만제국 붕괴 이후인 1920년에야 만들어진 신생 국민국가 이라크의 첫 번째 발굴이었다.[5]

1922년에 시작된 우르에서의 발굴은 12년 연속 실시됐으며, 어느 시기에도 현장에는 150~200명이 있었다. 때로 300명 정도로 늘어나기도 했다.[6] 울리는 11년 동안 발굴을 이끌었고, 마지막 12년째에는 그의 아내 캐서린 울리Katharine Woolley가 12년 내내 일꾼 총감독이었던 셰이흐Sheikh 하무디 이븐이브라힘Hamoudi ibn Ibrahim과 함께 현장 작업을 이끌었다. 현장의 다른 전문가들로는 건축가, 삽화가, 고고학자들이 있었다. 그 고고학자들 가운데 하나가 맥스 멀로완Max Mallowan이었는데, 그는 작가 애거사 크리스티의 남편이었다. 크리스티의 소설 《메소포타미아의 살인Murder in

Mesopotamia》(1936)에는 캐서린 울리를 바탕으로 한 듯한 인물이 나온다.[7]

발굴의 대부분은 울리가 직접 감독했지만 그는 또한 일꾼 감독으로 하무디 이븐이브라힘을 임명했고, 하무디는 자신의 아들들 및 또다른 일꾼 감독 할릴 이븐자두르Khalil ibn Jadur와 함께 현지의 발굴을 체계적으로 진행했다. 놀랄 일은 아니지만 고고학 발굴의 문제 중 하나는 실제로 '파는' 일이다. 폐허에서 말 그대로 여러 톤의 흙을 파내야 한다. 울리 자신의 계산에 따르면, 예를 들어 우르의 왕실 묘지 발굴 과정에서 "고용된 인부 한 명당 하루 평균 작업량은 단단한 흙 1세제곱미터 이상이어야 했고, 이는 800킬로그램 정도에 해당"했다.[8] 이 다루기 힘든 폐허에서 파낸 흙의 총량은 상상을 초월한다.

발굴은 먼지투성이 현장에서 여러 층을 뒤지는 혼란스러운 일이지만, 발굴 이후의 기록은 마찬가지로 헤쳐 나가기 어려운 무질서의 연속이다. 나는 사우디아라비아 서북부 사막의 제벨 움 산만Jebel um Sanman으로 알려진 석회암 노두의 여러 표면에 새겨진 암각화를 고고학적으로 조사하면서 이를 깨달았다. 제벨 움 산만은 사막에서 자고 있는 커다란 쌍봉낙타처럼 보인다. 사암으로 된 두 개의 산이 최고 1천 미터 높이로 솟아 있다. 연구 책임자인 마리아 구아닌Maria Guagnin은 이 작은 산의 발치를 따라 아마도 100개의 암벽에서 암각화를 발견할 것으로 기대했는데, 첫날 아침에 이미 그만큼을 발견했다.

어떤 그림은 바위산 자체에 새겨졌고, 또 어떤 그림은 그 발치에 널려 있는 수많은 뭉우리 위에 그려졌다. 우리는 각 구획에 숫자를 배정했고, 그 각각에 대해 정보 항목들을 기재했다. 그림에 대한 스케치, 치수, GPS 좌표, 내용에 대한 간략한 기술, 우리 카메라로 찍은 모든 사진에 대한 사진 번호 같은 것이었다. 우리는 2인 1조로 일했고, 매일 밤 기온이 영하로 떨어지면 난방이 안 되는 혼인 연회장 대리석 바닥에 앉아 데이터베이스에 정보를 입력했다.

한 달도 되지 않아 구아닌은 나를 불러 내가 현장에서 기입한 양식지에 관해 물었다. 박사는 이렇게 말했다. "이 사진 번호들은 다른 파일의 것인 듯하군요. 나는 실제로 이 번호에 해당하는 사진을 당신이 기억하고 있는지 알고 싶을 뿐이에요." 나는 전혀 알 수 없었다. 이것은 열 명 이내의 사람이 참여하고 발굴은 거의 없는 2주짜리 조사였다. 다시 말해서 특별히 복잡한 작업은 아니었다는 것이다. 그러나 본래의 메모와 그에 부합하는 데이터베이스가 없으면 발굴 후 분석은 일관성 없는 꼬리표와 믿기 어려운 기억이 어지럽게 널린 험난한 과정이 될 수 있다.

우르 발굴 노트(지금은 모두 디지털화됐다)는 매우 꼼꼼하다. 불행하게도 상세하다는 것이 언제나 신뢰할 수 있다는 뜻은 아니다. 울리의 분석(발굴 카드에 마구 휘갈겨 쓴 메모에서부터 매끄럽게 다듬은 회고까지) 발표는 본래 관찰하고 기록했던 것에서 벗어날 수도 있었다.

그리고 실제로 벗어났다. 예를 들어 울리는 세 차례의 서로 다른 발표에서 쿠두르마북의 점토 원뿔 출토지로 서로 다른 세 곳을 제시했다.[9] 그런 불일치는 이 물건들이 정확히 어디서 발견됐는지를 알 수 없게 만들었다.

우르 발굴자들은 지구라트와 그 주변 건물들을 포함하는 담으로 둘러쳐진 지역을 밝혀내느라 몇 년을 보냈다. 그중 하나가 기파루gipāru인데, 이는 박물관이 발견되고 엔니갈디난나 공주가 살았던 작은 궁전의 아카드어 이름이다.[10] 여러 해에 걸쳐 발견된 수만 점의 유물 모음이 정말로 의도적인 수집품이라고 말할 수 있을까? 박물관이라는 울리의 결론이 얼마나 견고했는지를 감안하면 우선은 다른 설명 또한 존재한다는 것을 인정해야 그의 꼬리표 이야기를 유지할 수 있다고 생각한다. 박물관은 우리가 우르에 관해 이야기하는 방식의 일부가 됐고, 그것은 우리에게 흥미로운 물건 모음과 그것들이 엔니갈디난나에게조차 오래된 과거에 대해 제공하는 통찰을 논의하기 위한 유용한 지름길을 제공한다.

동시에 나는 이 질문에 대한 답이 울리와 기타 사람들이 생각했던 것만큼 중요하다고 보지 않는다는 점을 덧붙일 필요가 있다고 생각한다. 이 중요한 꼬리표가 없더라도 잡다한 물건 모음(한데 모아 박물관으로 보건, 별개로 서로 다른 시기의 여러 가지 유물로 보건)의 존재는 우리에게 중요한 무언가를 이야기해준다. 이 장소의 발자취는 믿을 수 없을 정도로 오랜 역사를 가지고 있다는 것이다. 이 궁전은 어떤 의미에서 우르 자신의 수천 년 된 정착 역사의 반복이었고, 그것은 고대 메소포타미아에서 떠올랐다가 사라진 모든 주요 문명들을 기록하고 있다. 아카드인, 수메르인, 바빌로니아인, 아시리아인 등은 각자 우르에 무언가를 남겨놓았고, 유물들 자체는 고대 메소포타미아의 풍부한 역사 속의 정말로 흥미로운 주제로 들어가는 한 방편을 제공한다. 우리는 이를 계속해서 박물관이라고 부르겠지만, 박물관이든 아니든 중요한 것은 이 도시가 고대의 주민들을 과거로 얼마나 멀리까지 데려갔고 오늘날의 우리를 데려갈 수 있느냐다.

고대 메소포타미아의 역사적 시간의 유구함 하나만 해도 가장 이른 시기의 구석기 정착지(쐐기문자가 개발되기 오래전이다)로부터 엔니갈디난나 공주 시대 이후 수백 년에 이르기까지 실로 아찔할 정도다. 그러나 우리는 고대의 무대를 이해하기 위해 더 멀리 거슬러 올라가 이야기를 시작해야 한다. 지금의 이라크 남부에서 수백만 년이 지나는 동안에 육지와 바다 사이의 경계에 있는 땅의 깊숙한 아래에 죽은 것들이 퇴적돼 천연 석유진石油津인 역청이 만들어졌다. 그것은 너무나 끈끈해서 가열하거나 특수한 방법으로 희석하지 않으면 움직이지 않았고, 액체 원유와 달리 그 자체로 흘러가지 않았다(역청의 형성으로 이어진 바로 그 과정이 이라크와 이웃 나라들 지하에 방대한 원유 매장량을 남겨, 현대에 이 지역에서 매우 격렬한 외국의 개입을 초래했다). 검고 끈적한 역청은 고대 메소포타미아의 비옥한 평원 아래에서 끓어올랐고, 이곳 우르와 인근 도시 주민들은 역청을 배, 바구니, 건물 등을 만들 때 접착제로 사용했다. 우르에서 나온 배수관 잔편은 그 쪼개진 조각들이 한때 자연적으로 생겨나는 진액으로 다시 접착됐음을 보여준다. 오늘날 관의 조각들을 때우는 것과 비슷한 방식이다. 진액은 우르에서 나온 채색 도기 접시에 난 금을 메웠으며, 같은 도시에서 나온 조각상의 남아 있는 부분에서는 두꺼운 검은 물질 층이 테라코타 발과 테라코타 다리의 하부를 연결하고 있다. 더 큰 규모의 건설 공사에서도 흙벽돌을 함께 묶기 위해 내수耐水 자재인 역청을 사용했다.

이 끈끈한 물질은 도처에 널려 있어서 우르의 현대 아랍어 이름 텔알무카이야르Tell al-Muqayyar(역청 둔덕)가 여기서 비롯됐다. 엔니갈디난나 공주가 살던 시기로부터 불과 100년 뒤 이 도시가 버려진 이후, 황폐한 도시 우르는 다른 무엇으로부터도 영향을 받지 않고 다만 모래와 흙이 이를 묻어버려 텔을 형성했다. 텔 아래에는 이전 시기 전체가 보존돼 있고, 그 표면에는 마른 역청 부스러기가 널려 있어 현대 아랍어 이름을 다시금 일깨워주고 있다.

이 둔덕 자체는 적어도 3500년에 걸친 고대의 정착 흔적을 보존하고 있다. 채색 도기, 점토 소조각상, 소형 조각 인장이 문서 기록 이전 시기로부터 전해져 내려왔다. 서기전 제5천년기 말부터 제4천년기 초까지(즉 대략 6천 년 전이다)의 시기는 우바이드 문화에 속한다. 이 문화는 수메르인이 도래하기 전까지 거의 천 년 동안 우르에서 번영을 누렸다. 이어 수메르 문명이 서기전 2000년까지 단속적으로 이 지역을 지배하게 된다. 약 5천 년 전인 서기전 제4천년기 말에 수메르인들은 날씨의 변덕을 극복하기 위해 관개기술을 사용하는 농업인 관개농업 같은 새로운 기술을 개발했고, 그 결과로 생겨난 잉여 농산물을 기록하기 위한 문자를 만들었다. 이런 발전은 초기 도시들에 정착지가 불어나는 데 기여했고, 도시의 밀집된 인구는 이어 사회 계층으로 분화하기 시작했다. 우르 바로 바깥에서 발견된 한 묘지에서는 초기 도시에 살던 수메르인 엘리트들의 귀중한 유물 발굴품들이 나왔다. 왕실 여성의 금 장신구, 왕이 소유했던 정교하게 조각된 몽치 머리, 세계에서 가장 오래된 축에 속하는 악기 몇 점 등이 그것이다.

우르는 수메르의 도시들이 사르곤 왕에게 정복된 서기전 2300년 무렵에 두각을 나타냈다. 사르곤과 그의 군대는 아카드라는 도시 출신으로, 그 유적은 아직도 볼 수 있다. 이 거대한 제국의 수도 이름은 왕들의 행적에 대한 기록에서부터 평범한 영수증에 이르기까지 수많은 문서 기록에 나타난다. 그곳은 나중 시기에 어떤 의미에서 '세계'를 상징하게 되고 신화적 위치를 차지하게 되는 사회적·정치적·경제적 중심지였다. 왕들은 '세계의 왕'을 표현하는 한 방편으로 계속해서 '수메르와 아카드의 왕'을 자칭했다. 이들 정치체제가 쇠락하고 오래 지난 뒤에도 그랬다. 그 중요성에도 불구하고 이 도시의 유적은 아마도 이라크의 손 타지 않은 여러 텔 가운데 하나의 아래에(또는 부산스러운 현대 도시 아래에) 불룩하게 묻혀 있는 상태지만, 고고학자들은 그것을 어디서 찾을 수 있는지 알지 못했다.

사르곤과 그의 왕조는 완전히 새로운 문화와 언어를 가져왔다. 아카드어는 알려진 가장 이른 셈어로, 오늘날 이 지역에서 널리 쓰이고 있는 아랍어의 먼 조상이다. 사르곤 왕의 자서전(물론 쐐기문자 서판에 기록됐다)은 개천에서 용이 난 이야기를 묘사하고 있다. 그는 여사제의 사생아로 태어났으며, 아기 때 버려져 바구니(방수를 위해 역청을 발랐다)에 실려 유프라테스강을 떠내려갔고, 나중에 아카드에서 권좌에 올랐다. 메소포타미아 지역의 새 통치자로서 그는 우르에서 월신에 대한 숭배를 확립했다. 이 신은 아카드어로 신Sin으로 알려졌지만 수메르인의 언어로는 난나Nanna였다(이 시기에 이 지역의 많은 사람은 아카드어와 수메르어를 모두 사용했기 때문에 두 이름이 함께 쓰였다).[11] 이후 수백 년 동안 왕들이 반복하게 되는 조치이지만, 그는 자신의 딸 엔헤두안나Enḫéduanna에게 우르의 고위 여사제 역할을 맡겼다. 왕의 딸이 그런 상징적이고도 실제적인 강력한 역할을 맡은 것은 사르곤의 남부 메소포타미아의 통치를 강화하는 데 도움을 주었다. 거의 2천 년 뒤에 엔니갈디난나는 우르의 월신 신을 섬기는 고위 여사제라는 같은 역할을 맡아 똑같이 매혹적인 유산을 남겼다.

그러나 사르곤의 제국은 오래 지속되지 못하고 100년쯤 뒤부터 쇠락했다. 그 뒤를 이어 우르 제3왕조가 들어섰는데, 이때 수메르의 언어와 문화가 잠시 되살아났다. 이 왕조의 창건자 우르남무 왕은 대규모 건설 사업의 일환으로 우르에 거대한 지구라트를 건설하는 일에 착수했다. 지구라트 위의 신전은 수메르어로 '위엄을 지닌 토대의 집'이라는 뜻의 에테멘니구루 É-temen-ní-gùru로 명명됐다. 지구라트 건축에 사용된 700만 장이 넘는 벽돌 가운데 상당수에는 "우르의 왕 우르남무, 난나 신의 신전을 건설한 사람"이라는 쐐기문자 글이 찍혀 있다. 이런 큰 건설 공사에는 거대한 물류 작업이 수반됐을 것이다. 나무틀에 진흙을 넣어 벽돌을 만드는 잘 조직된 관리 팀과 전문 노동력이 필요했다. 벽돌 일부는 불에 구웠지만 대부분은 햇볕에 말렸다. 영국박물관에 있는 벽돌 하나에는 개의 발자국 두 개가 찍혀 있다. 이 개는 아마도 축축한 벽돌을 줄지어 놓아 말릴 때 먹을 것을 찾아다니다가 영원히 발자국을 남기게 된 듯하다. 개는 고대 메소포타미아에서 흔히 함께 살던 사람들에게 사냥, 위안은 물론 심지어 전쟁에서 도움을 주었다.

지구라트 건설 같은 주요 성과에도 불구하고 우르 제3왕조는 100년밖에 버티지 못했고, 이후 두 개의 새로운 문명이 권력의 자리에 올랐다. 남쪽의 바빌로니아와 북쪽의 아시리아다. 고대 아시리아인들은 서기전 2000년 무렵 고古아시리아 시기에 방대한 국제 무역망을 만들었다. 그것은 서기전 1360년 무렵부터 서기전 600년 무렵까지(중中아시리아 말부터 신新아시리아 시기까지)의 그들의 제국 등장을 예고했다. 서기전 7세기 아슈르바니팔 왕의 치세에 신바빌로니아 제국은 당시로서는 세계 역사상 최대의 제국이 된다. 그의 왕국 도서관은 오늘날 유명해진 몇몇 점토판을 소장하고 있었고, 그중 하나가 전설 속의 왕과 그의 영생 추구 이야기인 《길가메시 서사시》의 여러 장이었다.

남쪽에서는 다양한 왕조들의 통치를 거쳐 결국 바빌로니아인들이 정착했다. 각 왕조들은 자기네의 언어와 문화를 채용했다. 마치 잉글랜드의 권좌에 노르만인이 앉았든 플랜태저넷가가 앉았든 튜더가가 앉았든 여전히 '잉글랜드' 왕조인 것과 마찬가지다. 고바빌로니아 시기에는 첫 주요 왕조인 아모리인의 왕조가 나타났다. 이들은 서북쪽인 오늘날의 시리아 부근에서 온 사람들이었다. 그들의 왕 함무라비는 섬록암 기둥에 새긴 첫 번째 법률 대전大全을 남겼다. 그것은 한때 바빌론에서 인상적인 모습을 보여주었으나, 지금은 루브르 박물관 리슐리외관의 한 구역에 서 있다.

아모리인들은 서기전 1595년 자기네 수도 바빌론이 약탈당한 뒤 바빌로니아 사회의 상층부에서 사라지고 또다른 이민족 카시트인이 이를 대체해 카시트인의 시대를 열었다. 그들의 모국어와 기원에 대해서는 알려진 바가 거의 없다. 그들은 빠르게 현지 문화에 동화된 듯하며, 이는 아마도 평화적으로 권력을 접수하기 위해서였던 듯하다. 그들은 400여 년 동안 지배권을 유지했다. 그뒤 서기전 626년에 새로운 바빌로니아 왕조가 들어섰다. 아마도 엔니갈디난나 공주는 '신바빌로니아' 시기의 공주였을 것이다.[12] 이 바빌로니아 독립 통치의 마지막 시기는 공주의 아버지인 나보니두스가 서기전 539년 키루스 대제의 페르시아군에 패배할 때까지 이어졌다.

한때 강력했던 우르는 불과 100년 뒤에 버려졌다. 조용하지만 생명의 근원이 되는 유프라테스강의 유로가 너무 멀리로 옮겨져 관개가 불가능해지고 사막이 다시 확장됐기 때문이다. 그 운명은 인간이 생존을 위해 오직 알맞은 기후에 의존한다는 것을 일깨워주는 고대의 사례를 보여주는 듯하다. 우르가 최종적으로 버려지기 오래전에 쓰인 《수메르와 우르 비가悲歌》로 알려진 수메르의 한 시는 더 이른 시기의, 서기전 2000년 무렵 우르 제3왕조 최후 시기의 군사적 패배 이후 이 도시가 붕괴한 것을 슬퍼하고 있다. 이 시는 역사가 아니고 문학 작품(역사에 대한 반응으로서의 예술 작품이다)이지만, 내가 보기에 이 작품은 도시 생활의 종말이 주민들에게 어떻게 느껴졌는지를 포착하고 있다. 이 시는 매우 무시무시한 격동을 묘사한다. 심지어 죽은 자도 추적당하고 그들의 시신이 유프라테스강에 떠다닌다. 한 부분은 이렇다. "암울한 시기는 우박과 화염에 시달리고 쾌청한 시기는 어둠에 의해 쓸려 나가네." 한 줄 한 줄이 파괴에 대한 모든 비유를 동원해 엄청난 참상을 묘사한다. 사람들은 토기처럼 박살이 나고, 가축은 대추야자처럼 잘려나

가며, 대추야자는 풀처럼 땅에서 뜯겨나갔다. 공포조차도 남아 있지 않았다. 사람들은 이렇게 묻는다. "이 재난으로 죽는 것은 시간문제, 우르 안에 있어도 죽고 밖에 있어도 죽는걸."[13] 이것은 우르가 실제로 소멸하기 오래전에 쓰인 이 도시에 대한 만가輓歌다. 이 도시를 유령이 출몰하고 황폐해진 둔덕으로 부르고 있는데,[14] 결국 그렇게 되었다.

오늘날 세계 곳곳에서 오랜 기간에 걸친 가뭄과 극도의 열기가 산불을 일으켜 일부 도시와 지역이 연기에 휩싸이고, 어떤 곳은 홍수에 잠기기도 한다. 인간이 초래한 급격한 탄소 배출 증가에 의해 더욱 가속화된 기후 변화는 이미 많은 사람을 떠나게 했다. 우르는 여러 왕이 번갈아 들어서는 와중에도 살아남았고, 왕조와 심지어 서로 다른 언어를 사용하는 주민의 교체 속에서도 역사를 이어갔다. 그러나 물이 마르자 더이상 살기에 부적당했고, 이에 따라 사람들은 서서히 자기네 집과 일터와 신전을 버리고 이주했다. 이 도시는 누구의 손도 타지 않고 그저 뜨거운 바람을 맞고 모래가 옮겨 다닐 뿐이었다. 그 모래가 거의 2천 년 동안 건축물 대부분을 덮고 있었다.

엔니갈디난나 공주의 궁전 자체는 얼핏 볼 때 느껴지는 것보다 더 오랜 역사를 갖고 있다. 그 부지 안에는 여러 층의 주거가 겹치고 교차한다. 지구라트가 있는 단지는 본래 엔니갈디난나의 시대로부터 천 년 이상 전에 건설됐지만, 전체 구역과 건물들은 수백 년 동안 황폐한 상태였다. 공주의 부왕 나보니두스는 계단식 피라미드를 포함하는 이 황폐해진 지역이 이전의 영광을 되찾게 하는 일을 스스로 떠맡았으며, 심지어 딸을 월신을 섬기는 고위 여사제로 임명해 오랫동안 잊혔던 종교적이고 정치적인 직책을 부활시켰다. 나보니두스는 서기전 6세기에 이미 역사적이었던 장소에서 어떤 것을 마주치게 됐을까?

현대 역사가들은 단서를 찾기 위해 나보니두스가 벌인 건설 공사에 대한 자신의 묘사를 살펴볼 수 있다. '엔니갈디난나 원통'으로 알려진 한 기록은 옛 궁전(기파루)의 터를 대추야자와 과일나무가 무성한 폐허로 묘사한다. 나보니두스는 분명히 이 건물의 옛 토대와 몇몇 "오래전 과거 왕들의 새김글"을 찾기 위해 나무를 베어냈다.[15] 이 새김글들은 한때 이 단지에 살았던 이전 왕들과 심지어 공주들이 벽돌에 찍거나 토대에 파묻힌 점토 제품들에 눌렀을 것이다. 왕의 먼 조상들의 유산이 온통 그 주위에 있었다. 유물(그에게조차도 옛날 것이었다)이 마구 널려 있는 유적지는 그에게, 오늘날의 우리가 폐허를 보고 느낄 법한 잊을 수 없는 충격을 주었으리라고 생각한다.

이 기록에 따르면 나보니두스는 엔아네두Enanedu 공주의 이름이

들어간 새김글을 발견했다. 공주는 우르의 고위 여사제이자 쿠두르마북이라는 훨씬 옛날의 바빌로니아 통치자의 딸이었다. 이 새김글에 대한 보다 상세한 내용은 없지만 엔아네두의 이름이 들어간 몇몇 점토 제품이 우르에서 발견됐다. 그것이 나보니두스가 발견한 것에 대해서 알려줄 수 있었다. 울리가 영국박물관에 기증한 것은 큰 건설용 못이나 원뿔처럼 생겼고, 바닥에 2단으로 된 쐐기문자가 있다. 글의 내용은 서기전 제2천년기 초로 거슬러 올라가고, 공주에 대한 고위 여사제 임명과 주거의 개수에 대해 묘사하고 있다. 이것이 나보니두스가 폐허 속에서 발견한 새김글일 수 있을까?[16]

고귀한 이름으로 명확하게 이름 붙인 쿠두르마북의 딸이자 고위 여사제인 나 엔아네두는 기파루의 옛 토대에 튼튼한 벽돌을 놓고 그 벽에 한 치 두께의 회반죽을 바르고 넉 자 두께의 진흙을 발랐다. 결국 나는 그 집으로 들어갔다.[17]

다시 말해서 공주는 집의 낡은 토대 위에 새 벽돌을 깔고 얇은 벽에 흙을 더 발라, 4천 년 전에 궁전을 자기 손으로 직접 개수했다는 것이다.

엔아네두가 보유하고 있던 동안에 이 주거는 "제자리로 돌아갔고"(건물 수리를 묘사하는 말이다), 인근의 옛 여사제들의 묘지 주위에 담이 둘러쳐졌다. 나보니두스에게 이런 자세한 내용은 그가 옛 기파루 터를 발견했음을 확인해주었고, 그는 자신의 딸을 위해 수리를 진행했다. 왕은 1920년대의 울리와 마찬가지로 직접 발굴을 진행해서 기파루의 터를 발견했다. 나보니두스는 후손을 위해 이를 일련의 모눈종이 메모장과 발굴 보고서에 기록하는 대신에, 그저 신전을 '고대'의 모습대로 재건축했다.

옛것의 영광을 되살리는 이 새로운 유형의 고고학은 나보니두스와 그 선대 왕들에게는 흔한 것이었다. 이것은 완전히 새로운 것일 뿐인 왕조의 신뢰도를 높이기 위한 더 광범위한 전략의 일부였다. 나보니두스와 엔니갈디난나가 물려받은 신바빌로니아 왕조의 창시자 나보폴라사르 왕은 새로운 것과 옛것 사이의 연결을 만들어내는 방법을 미세조정해냈다. 옛 토대 위에 무언가를 건설하고, 스스로의 자기표현 속에 옛날 글의 요소를 집어넣는 것이다.[18] 오늘날에는 불완전한 기록들만 남아 있지만, 나보폴라사르와 나보니두스(그리고 그들 각자의 궁정 서기 집단)는 훨씬 오래전 왕들의 새김글을 접했을 것이다. 도서관에 보관된 것도 있고 건설 공사를 하면서 튀어나온 것도 있었을 것이다(그들이 본 것은 너무 오래돼서 서기들은 옛 서판의 '파손'과 문서의 사라진 부분을 언급하기도 했다). 그들은 어떤 역사적 기록이 어느 시대에 속하는지, 어느 왕의 이름이 폐허에서 발굴된 벽돌에 찍혔는지 알았고, 그들은 자기네 왕조의 위신을 높이기 위해 그 역사를 이용했다. 건물 발굴과 개수를 통해 새것을 옛것과 연결하는 과정에서 그들은 또한 의도치 않게 우리가 지금 고고학이라 부르는 것의 초기 형태를 확립했다.

신바빌로니아 왕들은 그런 개수 과정에서 의도적으로 옛 새김 글을 찾았다. 나보폴라사르의 아들이자 후계자인 네부카드네자르 2세(기독교 성서에서 유다 왕국을 공격한 것으로 기억된다)는 이 점에서 가장 분명하다. 그는 유프라테스강 근처에 있는 도시 마라드Marad(현대의 텔와나트에사둠)의 한 신전을 복구하면서 "옛 토대 문서를 찾았고 발견"했다. 이 공사를 감독한 왕이 만들어 점토 또는 돌에 새긴 문서였다. 그의 글은 "나는 옛 조상 나람신 왕의 토대 문서를 보았다"라고 적었다.[19] '옛'은 아마도 절제된 표현일 것이다. 나람신은 네부카드네자르가 즉위하기 거의 2천 년 전 사람이기 때문이다. 사실 모든 신바빌로니아 왕들은 수천 년 전의 그 특정한 시기를 떠올리고 있는 듯하다. 나보니두스는 이와 비슷하게, 나람신과 그 할아버지 사르곤이 세운 토대 위에 많은 신전을 다시 건축했다고 주장했다.[20]

엔니갈디난나 공주가 태어난 것은 과거에 대해 지속적인 관심을 가진 왕조에서였기에 공주의 박물관에서 발견된 유물들은 그런 맥락에서 이해해야 한다. 엔니갈디난나라는 이름은 과거의 유물이다. 공주가 태어날 때 지어준 이름이 아니라 우르의 월신을 섬기는 고위 여사제가 될 때 주어진 것이다. 나보니두스 자신의 왕의 기록 가운데 하나를 보면 그는 공주를 이 자리에 임명하기로 결정하면서 공주에게 새로운 이름을 지어주기로 했다는 내용이 나온다. 고대 메소포타미아에서 이름은 흔히 간단한 구절 또는 문장의 형태를 띠었다. 예를 들어 나보니두스는 아카드어로 '나부Nabû(신)에 대한 존경'을 의미한다. 엔니갈디난나는 공주가 살던 시기에 가장 오래된 언어였던 수메르어의 한 문장에 가깝다. '난나 신이 요구한 고위 여사제'로 번역할 수 있다. 난나는 월신에 대한 수메르어 이름이다. 공주가 태어날 때 받은 이름이 무엇이었는지는 기록이 남아 있지 않지만, 그것은 공주에게(그리고 우리에게도) 옛날의 언어였던 수메르어가 아니라 공주 자신의 모국어로 된 이름이었을 것이다. 어떻든 공주의 직책은 죽은 언어만큼이나 오래된 것이었고, 따라서 공주의 이름은 고색창연함과 그 시대의 권력에 걸맞아야 했다.

 나보니두스와 엔니갈디난나는 두 강 사이의 사람들 가운데 정치적 이득을 위해 고대 역사에 의존한, 그리고 우르의 유적을 복구한 마지막 인물들이 아니었다. 오늘날 마지막 바빌로니아 왕이 복구한 지구라트의 유적(그 부지는 축구장 면적 절반 정도의 크기다)은 1980년대에 사담 후세인이 건설한 현대식 외면 안에 싸여 있다. 이 현대식 벽돌 구조물 위에 나보니두스가 복구한 신전의 일부가 남아 있다. 사담 후세인은 고대 구조물의 상당 부분 역시 '고대'에 지녔을 법한 외관대로 재건했다. 토대 부분과 지구라트 꼭대기에 있는 월신 신전으로 이어지는 세 개의 의례용 계단 같은 것들이다. 후세인은 이전의 현대 이라크 통치자들을 답습해, 자신을 이라크의 먼 과거와 연결하기 위한 비상한 노력을 기울였다. 국가의 민족주의를 고양하기 위해서였다. 그는 연설할 때 일상적으로 이라크의 역사를 언급했으며, 심지어 스스로를 수메르의 양치기 신 두무지드Dumuzid에 비유하기도 했다.

엔니갈디난나의 박물관은 수천 년 전 티그리스와 유프라테스강변에 살던 사람들보다도 더 오래전 과거 역사의 중요성을 일깨워준다. 나보니두스가 기파루를 한때 지녔던 모습대로 재건할 때 그는 청사진을 위해 오로지 옛 건물 토대에만 의존해야 했다. 오늘날에도 마찬가지이지만 고대 메소포타미아에서는 옛것이 특별한 지위를 차지했다. 사실 어떤 의미에서 역사가 시작된 것은 메소포타미아에서였다. 문자가 개발되고 그것을 역사 기록에 사용하면서다. 수천 년 동안 쌓인 쓰레기 아래 파묻혀 있다가 우르의 엔니갈디난나 궁전에서 발견된 유물들은 시간의(그리고 일부에게는 공간의) 간격에도 불구하고 그것을 남긴 사람들이 우리와 공통된 부분이 많다는 것을 보여준다. 공주의 궁전에 있던 물건들이 공주를 먼 과거와 연결한 것과 마찬가지로, 그것들은 현대의 독자들을 공주의 세계 및 그 오랜 역사와 연결하고 있다.

2

점토 북

말을 기록하는 일이 시작된 곳

역사의 탄생이 사람들이 무언가를 기록하기 시작하면서 일어나는 것이라면, 우리의 여행은 고대 메소포타미아에서 처음으로 말을 기록한 일로부터 시작해야 한다. 나 자신이 현장으로 들어가는 일을 시작한 것은 바로 이 첫 번째 말들을 가지고서였다. 나는 언제나 약간의 신경쇠약에 시달렸고, 학자로서 카페인을 과다 섭취한 학생조차도 재울 수 있는 최면성의 단조로운 어조에서 벗어나 편안하게 강의를 하기까지는 몇 년의 시간이 걸렸다. 옥스퍼드대학에서 강의 자리를 얻었을 때, 나는 하루에 여러 번 학생들에게 강의해야 하는 새로운 현실에 맞닥뜨려야 했다. 그것도 매일이었다. 처음 며칠은 땀에 젖고 뺨이 붉어지고 억지로 참아내야 하는 악몽이었다. 그러다가 한 강의가 나를 점토판과 다시 연결해 주면서 나에게 자극을 주었다. 가장 처음 말을 적은 것을 보여주는 서판들이었다.

불안은 어느 쌀쌀한 10월 아침 애슈몰린 박물관의 주 출입구로 가는 돌계단에서도 나를 엄습했다. 그곳에는 안마당의 돌 판자부터 몇 층 높이로 기둥 네 개가 솟아 있었다. 나는 건물 옆문에서 학생들을 발견했고, 그들을 데리고 교실로 들어갔다. 그곳의 큰 탁자에는 쐐기문자 서판이 담긴 푸른 상자 두 개가 놓여 있었고, 그 위에는 검은 발포 고무가 덮여 있었다. 서판을 보고 아드레날린이 솟구쳐 나의 모든 긴장을 쓸어내는 데는 1초도 걸리지 않았다. 우리 앞에는 모든 인류 역사에서 가장 이른 문자의 사례 일부가 놓여 있었다.

우리는 경외심으로 할 말을 잃은 채 탁자 주위에 둘러앉았다. 나는 손바닥 크기인 밝은 색 서판 하나를 집어들었다. 그 표면은 크기가 다른 몇 개의 구획으로 나뉘어 있었다. 어떤 곳은 커다란 점들로 채워져 있고, 어떤 곳에는 부호들이 그려져 있었다. 보릿단, 발〔足〕, 황소, 성스러운 별 같은 것들이었다. "이것부터 살펴봅시다" 하고 내가 말했다. 기본적으로 매우 오래된 영수증(400가지나 되는 물건의 합계를 낸 것이었다)임을 알아보았기 때문이다.[1] 이것은 내가 몇 년 전 바로 이 강의를 듣는 학생일 때 맨 먼저 집어든 서판들 가운데 하나였다. 이제는 내가 문자의 시작과 이후의 시기에 관해 학생들을 가르칠 차례였다. 그 문자들은 점토 덩어리 속에 고정돼 밝은 푸른색 플라스틱 통에 가지런히 자리잡고 있었다.

놀랍게도 쓰기 체계를 정립하기 위한 첫 시도가 이루어진 이 초기의 서판은 수천 년 뒤의 서기들(엔니갈디난나의 궁전에서 나온 북 모양의 점토 박물관 꼬리표를 만든 서기들 같은)이 만든 것들과 같은 특징을 지니고 있다. 공주가 태어나기 30년쯤 전인 서기전 7세기에 나부슈마잇딘Nabû-shuma-iddin이라는 서기는 젖은 점토 덩이에 갈대 첨필을 누르고 있었다. 그는 약간 미끄럽고 촉촉한 점토 서판을 누르고 굴리고 모양을 잡아 길이 약 10센티미터, 지름 약 5센티미터의 작은 원통꼴로 만들었다. 이 북 모양의 점토 제품은 내 손에 쏙 들어올 만했고, 찍힌 부호의 부드러운 질감과 달리 단단하고 매끄러웠다.

나부슈마잇딘은 점토 북을 지금은 사라진 아마르신 왕의 벽돌을 묘사하는 부호들로 뒤덮었다. 그의 글은 사라진 벽돌에 대한 자세한 정보를 매우 풍부하게 남겨, 우리가 너무 아쉬워할 필요가 없게 했다. 벽돌에는 한때 수메르어로 된 짧은 새김글이 있었고, 수메르어는 지금의 이라크 남부에 살던 사람들이 사용한 첫 문자 언어였다. 나부슈마잇딘은 이 벽돌이 서기전 7세기 우르의 총독이었던 신발라수이크비Sîn-balāssu-iqbi에 의해 발견됐다고 말한다. 다시 말해서 그는 당대의 고고학적 발견물에 대해 기록하고 있었다. 오늘날의 모든 고고학자들이 고대 유물에 관한 메모를 하고 그 발굴 상황을 기록하는 것과 상당히 비슷한 일이었다.

이 작은 점토 북은 엔니갈디난나의 수집품 그 이상일 수 있다는 사실을 우리에게 전한다. 이것은 고대 메소포타미아에서 역사와 언어 사이의 상호작용, 공유된 쐐기문자들을 보존한 중심 매체인 점토에 관해 알려준다. 점토는 대단해 보이지 않을 것이다. 젖어 있을 때는 축축하고 약간 끈적거리는 점토는 회색, 밝은 갈색, 갈색, 또는 약간 더 강렬한 적갈색일 수 있다. 어디에나 있는 이 물질은 고대 메소포타미아의 땅을 매우 기름지게 만들어, 어떤 사람들은 두 강 사이의 땅을 '비옥한 초승달'이라고 부른다. 이 침적토는 얼핏 중요하지 않아 보일 수 있지만, 진행되는 인류의 전 세계적 이야기에서 중요한 장을 여는 역할을 하게 됐다. 점토가 많은 경관은 말의 기록이 시작될 수 있게 하는 데 도움을 주었다.

직업적 서기인 나부슈마잇딘은 원통 모양의 젖은 점토 덩어리를 만드는 데 불과 몇 분밖에 걸리지 않았겠지만, 옛날 것이었을 글자들로 그곳을 채우는 데는 상당히 긴 시간이 걸렸을 것이다. 점토 원통에는 네 단으로 된 문서가 있었고, 두 가지 형태의 쐐기문자로 쓰여 있었다. 첫 세 단은 의도적으로 고풍스럽게 보이게 만든 양식이 보존돼 있다. 이 '서체'는 그가 베낀 원본이었던 벽돌에 새겨진 형태였을 것이다. 아마르신의 벽돌에 있던 수메르어 원문을 옮겨놓으려는 시도였다. 중세 유럽에서 라틴어가 그랬던 것과 상당히 비슷하게, 대략 서기전 2000년 이후에 수메르어는 학술 영역에서는 살아 있었지만 고대 메소포타미아에서 더이상 사용되지 않았다. 나부슈마잇딘은 이를 학교에서 배워야 했을 것이고, 옛 문서를 베낄 때 서체 양식도 베꼈다. 더 오랜 문서의 느낌을 주기 위해 고딕체를 사용(우리의 경우 궁서체를 사용하는 것과 유사)하는 것과 마찬가지다. 부호는 매우 크고 정교해서 각 행에 몇 글자(때로는 단 한 글자)만이 들어갔다. 네 번째인 마지막 단은 당대의 훨씬 날씬한 바빌로니아 양식의 쐐기문자를 사용해 우르의 총독이 이 벽돌을 어떻게 발견했는지를 묘사했다.

왕을 의미하는 '루갈lugal'에 해당하는 쐐기문자를 보면 이 두 양식이 얼마나 다르게 보이는지 알 수 있다. 고대 수메르어에서는 열일곱 개의 쐐기를 이용해 이를 표현한 반면, 나중의 바빌로니아 판은 일곱 개의 쐐기만을 사용했다. 하나의 작품에서 완전히 다른 두 시기의 서체를 만나는 것은 기묘한 일이다. 그것은 1960년대 우주 경쟁의 역사에 관한 당대의 신문 인용에 미국 타자 서체를 사용하거나, 이 책에서 고대 서판의 구절을 인용하면서 쐐기문자 같은 글자를 사용하는 것과 마찬가지일 것이다. 나부슈마잇딘은 자신이 베끼고 있는 벽돌의 원본 새김글을 가능한 한 충실하게 재현하기 위해 옛 서체를 사용했다.[2]

이 물건은 쐐기문자와 점토에 구현된 의미, 언어, 역사의 여러 층위를 완벽하게 포착하고 있다. 점토 북의 쐐기문자는 그 자체로 메소포타미아의 과거를 담은 박물관이다. 각각의 문자는 켜켜이 쌓인 역사를 담고 있다. 수천 년 동안 사용된 문자체계의 개개

문자들은 역사의 단계를 반영할 수밖에 없다. 쐐기문자가 사용된 각 시대는 독특한 서체가 있었다. 그리고 그 시기에 전형적인 표현과 사투리도 있었고, 심지어 사용된 부호와 단어에서도 선호하는 것이 있었다. 셰익스피어가 'doth'라고 쓴 것을 지금 영어에서는 'does'라고 쓰고, 지금 'chaos'라고 하는 것을 그는 'coil'이라 했다. 이는 같은 언어지만, 그는 자신의 시대(그리고 분야)에 맞는 단어를 선택했다. 모든 문자체계가 그렇듯이 쐐기문자 역시 시대가 바뀌면서 진화했다. 문자를 이용해 기록한 언어도 마찬가지였다. 개별 문자들은 모두 과거를 살펴볼 수 있는 기회를 제공한다.

내가 처음으로 손에 잡았던 점토판 가운데 하나는 애슈몰린 박물관의 손바닥만 한 서판으로 여러 해 뒤의 불안한 10월 아침에 다시 잡은 바로 그것이었다. 그 작은 점토판 한쪽은 크기가 다른 구획들로 나뉘어 작은 그림 같은 것이 여럿 들어 있었다. 한 문자는 장화를 닮았고, 어떤 것은 별 같았고, 또 어떤 것은 황소의 머리 같았다. 서판의 반대쪽은 다른 이야기였다. 여기에는 점들이 흩어져 있고 꼼꼼하게 그린 다른 두 개의 부호가 있었다. 그것은 서판 뒷면에 그려진 모든 것의 총계를 보여주는 계산이었다. 이 고대의 회계 기록은 우루크 말기(서기전 3500~3000년)에서 젬데트 나스르

Jemdet Nasr 시대(서기전 3000~2900년)에 이르는 쐐기문자 초기의 것이다. 젬데트 나스르는 대략 같은 시기에 비슷한 발전이 이루어진 도시다(사실 이 서판은 젬데트 나스르에서 나온 것이었다). 쐐기문자 부호는 초기 형태에서 흔히 그것이 표현하고 있는 물건과 유사한 의미였다. 장화는 걷기 같은 일을 나타내고, 별은 신성한 무언가를 나타내고, 황소 머리는 동물을 나타냈을 것이다.

나는 그 서판을 손바닥에 올려놓으면서 친밀함을 느꼈다. 내가 모르는 옛날 서기와 접촉하고 있는 듯했다. 과거의 그는 한때 젖은 점토를 잡고 거기에 장화와 황소 그림을 그렸다. 시간이 지나면서 이 사실적 부호는 효율적이고 단순한 것으로 바뀌어, 결국 점토에 그린다기보다는 찍는 것으로 변했다. 서기전 제3천년기 초에는 우리가 쐐기문자라고 부르는 독특한 형태의 문자가 됐다. '쐐기문자'라는 말은 이 문자의 시각적인 모습을 표현하고 있고('쐐기'를 뜻하는 라틴어 'cuneus'에서 왔다), 이에 해당하는 아랍어 미스마리mismari('못'을 의미하는 단어에서 나왔다)도 마찬가지다. 다시 말해서 이 부호는 못이 남긴 흔적처럼 보인다는 뜻이다. 이 문자를 가리키는 아카드어 단어 사타쿠sattakku(또는 산타쿠santakku) 또한 그 형태를 묘사하고 있는데, '삼각형'이라는 의미다.

쐐기문자는 여러 단계로 진화했기 때문에 서체만을 바탕으로 서판의 시기를 판별하기가 비교적 쉽다. 어떤 언어를 기록한 것인지 몰라도 된다. 그것이 표현하고 있는 대상을 닮은 아주 화려한 부호는 쐐기문자 초기의 것으로 무난히 시기를 잡을 수 있다. 못 자국, 쐐기, 삼각형에 더 가까워 보이는 문자들은 그것들이 나부슈마잇딘과 심지어 엔니갈디난나 같은 사람들이 사용한 후대에 변형된 문자라는 분명한 증거다.

점토에 문자를 새기는 일의 시작을 이해하려면 엔니갈디난나의 시대로부터도 3천 년을 더 거슬러 올라가고, 우르에 있는 공주의 궁전으로부터 20킬로미터 떨어진 곳으로 가야 한다. 고대 유프라테스강 상류에 있던 우루크(현재의 와르카)라는 도시다. 그곳에는 또 하나의 지구라트가 모래 위로 낙타 혹처럼 솟아 있고, 오늘날 그 발치에는 요란하지 않은 푸른 부호가 있다. 두 줄의 흰 글자로 다음과 같은 의미의 아랍어가 쓰여 있다. "말을 글로 적는 것이 여기서 처음으로 시작됐다."

놀라운(또는 심지어 실망스러운) 것은 이 첫 말의 기록을 만들어낸 동기가 자기표현의 필요가 아니라 실용적인 필요에서 나왔다는 것이다. 기본적으로 누가 누구에게 얼마만큼의 맥주를 빚지고 있느냐를 기록하기 위한 것이었다. 우루크 시대 말기인 서기전 3350년 무렵에 우루크시에서는 쿠심Kushim(이것이 적어도 그의 이름에 대한 최선의 추측이다)이라는 남자가 맥주의 원료를 보관하는 시설의 책임을 맡고 있었다.[3] 그가 기록한 거의 모든 문건은 이 시기에 알려진 모든 유형의 맥주를 양조하는 데 사용되는 두 가지 산물과 관련된 것이다. 바로 엿기름과 보리다.[4] 이것은 지하실에 마련한 자가 가양家釀 설비 같은 것이 아니고, 우루크 농업 관리 조직의 거대한 사업이자 중요한 요소였다. 어느 시기에 쿠심은 37개월 동안 13만 5천 리터의 보리를 관리해야 했고, 어떤 때는 여덟 가지 종류의 맥주를 만드는 데 사용되는 아홉 가지 곡물의 생산을 책임졌다.[5] 이 맥주는 농산물을 수확하는 농업 노동자들에게 배급됐고, 농산물은 도시의 종교 및 경제의 중심 노릇을 한 신전 당국이 저장하고 재분배했다.

비옥한 토지와 새로운 영농법이 생산량을 늘려, 쿠심 같은 우루크인들은 이를 기록해야 했다. 때로 잉여 농업으로 알려진 현상이다. 우루크의 분배 경제하에서 이 농산물들은 신전을 통해 노동자들과 더 많은 주민에게로 흘러갔다.[6] 이 성공적인 농업의 한 가지 부산물은 중간 관리자의 필요성이었다. 생산된 물자의 양이 매우 많아 인력의 서열화를 촉발했고, 매우 관료적인 일이 됐다. 쿠심 같은 사람들은 자신이 감독하는 사람들이 수확한 생산물과 그 사람들의 노동에 대해 배급을 주는 일을 관리했고, 그는 관리 사슬의 더 상층에 있는 누군가의 통제를 받았을 것이다.

그리고 이것이 시인이나 예술가나 철학자가 아니라 오히려 중간 관리자가 문자의 탄생을 이끌어낸 이유다. 자신이 쿠심이고 그 모든 물품의 회계를 머릿속에서 관리한다고 생각해보라. 대부분의 사람은 금세 잊어버릴 것이다. 당장 나만 해도 누군가와 만난 뒤 몇 초 안에 그 이름을 기억하지 못하며, 전화번호 같은 더 복잡한 일은 말할 필요도 없다. 관리자들은 기억을 돕는 무언가가 필요했다. 처음에는 작은 점토 증표 같은 것으로 보리, 기름, 양, 직물 같은 상품을 계산하고 기억했을 것이다. 이 증표는 북쪽의 튀르키예에서 동쪽의 이란에 이르는 고대 서아시아 일대의 여러 곳에서 발견됐다. 이것은 계산과 회계의 방법으로서 거의 서기전 7500년 무렵에 이미 사용됐을 것이다. 그러나 서기전 3500년 무렵에 상품의 수가 증가하면서 생산되고 유통되는 상품의 물량 증가와 그것들을 기억하기 위한 증표에 대한 의존도 커졌다.[7]

일부 증표는 그것이 대표하는 물건의 축소 모형이었다. 엄지와 집게손가락으로 잡을 수 있는 크기에 손잡이까지 있었다. 우루크에서 발견된 작은 물병은 기름을 나타냈고, 약간 다른 작은 물병은 맥주를 나타냈다. 이것들은 매우 귀여워서, 정교한 점토 계산 도구가 아니라 장난감이라고 생각해도 하등 이상할 것이 없다. 어떤 증표들은 사실적이기보다는 좀더 기하학적이었다. 젬데트 나스르에서 증표는 여러 가지 기하학적인 모양을 하고 있었다. 작은 물병이 아니라 타원형 증표가 기름병을 나타냈고, 원반은 양¥을, 원뿔 모양의 증표는 소량의 보리를 나타냈다. 때로는 여기에 선이나 점 같은 단조로운 표시도 있어 물건에 관한 추가적인 정보를 제공한다. 그 모양이나 기원지와 상관없이 이중 일부는 모노폴리 보드게임의 증표와 마찬가지로 손안에 쏙 들어오며, 때로 공 모양의 점토 봉투에 보관된다. 그 외면에는 내용물을 나타내는 표시가 찍혀 있다. 이 봉투는 때로 도장이 찍혀 있어 안에 든 내용물의 정보에 대한 안전성과 신뢰성을 한층 높여준다. 봉투의 밀랍 봉인 같은 것이다.[8]

결국 삼차원 증표와 봉투는 베개 모양의 점토판에 새긴 이차원 부호로 바뀌었다. 갈대 첨필의 날카로운 끄트머리로 그린 이 부호들은 표현하고자 하는 물건과 많이 비슷하게 보였다. 접시는 음식 또는 식량을, 생식기는 노동자의 성별을, 물병은 우유나 맥주를 나타냈다. 초기 관리자들은 첨필의 반대쪽 날카롭지 않은 끄트머리를 점토에 눌러 숫자를 표시했다. 예를 들어 타원형 또는 물병 모양의 증표 30개로 기름 30병을 나타내는 대신에 물병을 점토에 그려 '기름병'을 나타내고 그 앞에 점 세 개를 찍어 30이라는 숫자를 나타낼 수 있었다.[9] 증표의 경우와 마찬가지로 기록되는 물건의 목록은 제한적이었다. 그 모든 것에는 농업과 관련된 사람, 산물, 동물, 상품 같은 것들이 포함됐다. 초기 서판들은 그리 대단해 보이지 않을 수 있지만, 그것들은 이 책을(또는 다른 책들도) 쓰는 데 필수적인 한 가지 기술의 발전에서 중요한 도약을 대표한다. 바로 문자다.

문자와 농업은 매우 밀접하게 뒤얽혀 있어서 수메르의 곡물의 여신 니사바Nisaba는 결국 문자의 여신이자 서기의 수호자가 됐다. 초기 서판과 증표보다 훨씬 후대에 쓰인 이 여신에 대한 찬가는 여신과 그 활동 수단에 대한 눈부신 묘사로 시작한다. 찬가는 이러하다.

하늘의 별과 같은 색깔의 귀부인

청금석 서판을 들었네.

(…)

소 우리의 버터가 되고

양 우리의 크림이 되고

보고寶庫 속 인장의 관리자가 될지어다.[10]

인장은 신전 회계에서 꼭 필요한 관리 도구다. 대략 새끼손가락보다 약간 작은 크기와 모양의 원통 인장들은 그 소유자에 관해 무언가를 말해주는 형상을, 그리고 나중에는 세심한 새김글(고대의 소셜미디어 캐릭터 같은 것이다)을 조각했다. 예컨대 개와 함께 찍은 나의 사진 및 역사가이자 애견인으로서의 나를 묘사하는 인물 소개 대신에 나는 애완견과 함께 그려진 메소포타미아의 치유의 여신 굴라Gula의 모습이 새겨진 원통 인장을 가질 수 있었을 것이다. 이 인장에는 나의 이름과 성姓, 직업을 새긴 것도 포함될 수 있다.

다양한 돌로 조각된 인장은 그 소유자에 관해, 그리고 심지어 그것을 부드럽게 굴려 섬세하게 새긴 장면들과 때로는 쐐기문자 부호를 찍는 서판에 관해 무언가를 이야기해주었다. '날인'된 서판은 문서의 신뢰성을 한층 더 부여했다. 구식 종이 서신의 윗부분을 장식하는 공식 레터헤드나 법적 계약 끄트머리의 서명처럼, 인장은 날인자의 권위를 담고 그들의 동일성을 확인하고 거래의 진

실성을 입증했다.[11]

 이 새끼손가락 크기의 물건들은 거의 고대의 전자서명에 해당하는 것으로서 전혀 예상치 못한 아름다움을 발산한다. 전설 속 한 왕의 영생 추구 이야기를 다룬 《길가메시 서사시》에는 그가 캄캄한 굴에서 나오는 장면이 있다. 해가 뜨고 지는 곳도 지나고 '신들의 정원'으로 들어간다. 그곳에는 귀한 돌로 만들어진 나무에 보석이 박혀 있다. 그 한 구절은 이렇다. "청금석 나무에 이파리가 돋았다. 열매가 주렁주렁 달리고 보기에 눈이 부셨다."[12] 다른 것들은 선홍색의 홍옥수, 산호, 심지어 적철광의 금속광택으로 빛났다. 내게 고대 메소포타미아의 원통 인장은 매우 "눈이 부셔서", 세계 끄트머리의 신의 정원에 있는 나무에서 떼어온 것처럼 보였다. 고대 메소포타미아의 초기 문자만큼이나 오래된 암녹색 원통 인장은 어디에서인가 풀려난 것으로 보이는 황소를 저지하는 두 사람을 보여준다. 소의 뿔은 긴 초승달처럼 머리 위로 구부러져 있고, 그 아래로 아마도 1~2밀리미터를 넘지 않는 작은 눈이 바로 앞을 응시하고 있다. 그것은 뒤로 두 줄의 끈을 끌고, 정확하게 간격을 유지한 매듭까지 묘사했다.[13] 수백 년 뒤에 제작된 작은 청금석 원통은 매우 밝은 청색으로 빛나 온 대양을 품고 있는 듯이 보인다. 수염 난 세 사람이 양식화된 장면 속에서 사자 두 마리와 맞붙어 싸우고 있는데, 그 모습은 사냥이라기보다 춤에 더 가까워 보인다. 그들의 근육은 힘을 쓰면서 꿈틀거리고, 헤아릴 수 없는 작은 선이 사자의 갈기를 묘사한다.[14] 그 예술성이 숨을 멎게 한다. 비록 그 기능은 서명이나 인스타그램 인물 소개만큼이나 세속적이었을 테지만 말이다.

이와 함께 인장과 초기 문자는 비옥한 메소포타미아 남부 평원에서 서기전 제4천년기 후반에 농업 생산과 유통에 대한 증가하는 수요에 부응하기 위해 매우 필요한 관료제적 기술을 제공했다. 농업이 번창하기에 충분할 만큼 비옥한 땅을 만든 환경은 또한 그 땅의 산물을 기록하기 위한 매체가 되는 점토를 남겼다. 나는 이것이 정말로 감동적이라고 생각한다. 환경 자체가 인간 혁신의 도약을 가능하게 하고, 창의력이 지질과 어우러져 역사의 흐름을 바꾼 것이다.

초기 서판은 아마도 한때 바구니나 선반에 보관됐을 것이고, 점토판 영수증 또는 기록이 더이상 필요가 없어지면 버려졌을 것이다. 우리가 망설임 없이 슈퍼마켓 영수증을 버리는 것과 마찬가지다. 고대의 많은 유물이 그렇지만 그것들이 마지막으로 놓여 있던 곳은 본래 사용되고 보관됐던 곳과는 다르다. 모든 것은 사연이 있겠지만, 이 문자의 초기 사례들은 쿠심 같은 농업 관리자가 집어든 젖은 점토로 시작해 대부분의 경우 쓰레기로 버려졌을 것이다.

초기 점토판 가운데 약 5천 개가 현대의 발굴을 통해 발견됐다. 1950년대 에안나Eanna('하늘의 집')로 알려진 우루크의 한 구역에서 발견되었는데, 그곳은 도시 농업 행정의 심장부였다. 우루크의 경제, 종교, 학문을 담은 건축학적 무지개떡으로서의 에안나 지구에는 서로의 옆과 위에 지어진 신전들이 있었다. 가장 이른 것은 서기전 제4천년기의 거대 건축물이었다. 흙벽돌로 만든 에안나의 신전과 계단식 구조물들은 엄청난 물류가 동원된 사업이었을 것이다. 5천여 년 전 문자가 개발되던 그 시기에 건설되고 현대 고고학자들에 의해 C동棟으로 멋지게 명명된 한 건물은 높이 5미터의 담이 있고, 건설하는 데 벽돌 100만 장 이상이 들었다.[15] 이 건물은 우루크 역사의 시기에 만들어진 최대의 건물들 가운데 하나다. C동과 주변의 건축물들이 본래 건설될 때 그 기초를 놓기 위해 지표 구덩이가 파였다. 오늘날에는 그런 구덩이에 화물차를 대고 회전 혼합기에서 나오는 콘크리트로 서서히 그곳을 채우는 일이 떠오를 것이다. 고대 우루크에서는 쓰레기로 구덩이를 채웠다. 쓰레기는 값싸고 쉽게 얻을 수 있어 기초 공사에 들어가는 훌륭한 자재였다. 동물 뼈, 그릇 파편, 재, 깨진 흙벽돌, 초기 형태의 쐐기문자 서판들이 고대 우루크의 거대 건축물 아래 구덩이로 들어갔다.

고대의 쓰레기통은 5천 년 전의 일상생활(나의 아마존 포장지와 요구르트 병의 고대판이다)을 담고 있을 뿐만 아니라 인류 역사의 이정표도 담고 있다. 이 경우에 이야기하는 것은 문자라는 최신 기술의 가장 이른 시도들이다. 서판들이 서기전 3200년 무렵 건물을 지을 때 충전재로 사용됐기 때문에, 고고학자들은 그것들이 우루크의 건축학적 층위상 그 이전 시기의 것으로서 서기전 3350년 무렵의 가장 이른 문자 사용 시도를 담고 있는 것이라고 생각했다.[16] 우리가 아는 한 이것은 이웃 이집트에서 상형문자가 문자체계로 발전하기 약 200년 전이고, 중국의 문자가 사용된 가장 이른 증거보다 2천 년 전의 것이다.

서기전 제4천년기 말의 이 서판들은 문자가 하루아침에 완전한 형태로 나타난 것이 아니고, 시를 쓰기 위한 것이 아니라 영수증을 위해 개발됐음을 보여준다. 증표, 그것을 담는 점토 봉투, 돌로 만든 인장은 결국 무엇이든(초기의 영수증에서부터 후대 왕들 사이의 편지와 우는 아기를 달래기 위한 자장가에 이르기까지) 쓸 수 있게 하는 기술의 발판을 마련했다.

쓰기의 매체인 점토가 우루크 주변의 비옥한 평원에서 나온 것과 마찬가지로 쓰기의 도구 또한 거기서 나왔다. 오늘날에도 천천히 흐르는 이라크 남부의 유프라테스강 옆에 무성한 갈대밭이 우거져 있어 풀밭 같은 평원의 이색적인 모습을 보여준다. 갈대는 매우 귀중한 자원이어서 갈대 묶음의 그림이 풍요와 전쟁의 여신 인안나Inanna의 이름을 나타냈다. 우루크의 에안나 지구는 이 여신에게 봉헌된 곳이었다. 갈대풀은 심지어 초기 바빌로니아의 대홍수 이야기에도 신과 왕 사이의 교신 수단으로 등장했다. 면적 측정의 전

체 방식은 갈대를 바탕으로 했고, 또한 갈대를 엮어서 지게문, 지붕, 때로 집 전체를 만들었다.[17]

갈대는 수로, 강, 해자에 줄지어 자라고 이라크 남부의 습지를 뒤덮고 있었다. 그곳에서는 오늘날에도 밀려난 소수민족 아라불아흐와르'Arab al-Ahwār(습지 아랍인) 또는 마단Ma'dān(평원 주민)의 삶을 통해 그들의 먼 조상들의 삶을 살필 수 있다. 수천 년 동안 마단인들은 티그리스강과 유프라테스강이 만나는 곳에 살았고, 그곳에서는 범람한 초지가 동·식물이 풍부한 작은 생태계를 만들어냈다. 그러나 지난 수십 년 동안에 주위 환경과의 상승 작용은 위협을 받았다. 1990년대에 사담 후세인은 이 지역에 있다는 반란군에 대한 정치적 보복으로 수천 제곱킬로미터에 이르는 습지의 물을 빼냈다. 한때 번성하던 이 지역의 인구는 50만에서 그의 통치 말기에 2만 명 정도로 쪼그라들었다.[18]

이들은 그 조상들과 마찬가지로 진흙, 점토, 갈대 같은 습지의 자원에 의존했다. 아랍어에서 라바raba는 거의 전적으로 갈대로 지은 집을 말하고, 무디프al-muḍīf는 비슷하게 지어진 집으로서 손님을 맞고 혼인 같은 특별한 사건을 축하하는 용도로 사용되었다. 갈대는 묶이고 서로 연결돼 두꺼운 기둥 형태로 만들어진다. 기둥 하나는 두 사람이 나란히 서 있는 정도의 폭이다. 이런 기둥 몇 개를 둥그렇게 구부려 구조물의 뼈대를 만들고, 더 작은 갈대는 이를 가로질러 촘촘하게 엮어 지붕과 벽을 만든다. 여기에는 빛이 들어오게 하기 위해 작은 구멍을 낸다.

　이라크의 습지 경관에서 이런 구조물을 보는 것은 이 나라 고대 미술 속의 한 장면을 실제로 보는 것이나 마찬가지다. 초기 쐐기문자가 개발되던 무렵에 만들어진 흰 돌로 조각한 원통 인장은 높이가 8센티미터에 불과하지만, 그 작은 몸체에 두 가지 장면이 너끈히 들어간다. 그것은 두껍고, 건전지보다는 한 통의 짧은 접착테이프와 더 비슷하며, 위에 검은 돌로 양을 묘사한 소조각상이 얹혀 있다. 위쪽에는 서로 겹치는 열 마리의 작은 암소가 한 줄로 조각돼 가축들이 이동하는 듯한 환상을 불러일으킨다. 아래쪽에는 갈대 오두막 네 채가 보이고 그 옆에는 두꺼운 갈대 기둥이 있으며, 오늘날에도 여전히 이라크 남부에 서 있는 라바와 무디프의 축소판이 있다.[19]

　고대에(그리고 지금도 여전히) 서로 다른 종류의 갈대가 이라크 남부의 강변에 무성하게 자랐다. 어떤 것은 집을 짓는 데 더 적합했고, 어떤 것은 점토를 누르는 데 적합했다. 물대(학명 *Arundo donax*) 같은 것이 후자에 속했다. 적절한 방식으로 쪼개고 뾰족하게 만들면 물대의 단단한 줄기와 광택이 나고 방수가 되는 껍질은 젖은 점토에 누르기에 가장 적합했다.[20] 이를 초기 우루크 서판에 사용하기 위해 첨필의 한쪽 끝은 줄기 끄트머리의 둥근 자연 상태를 그대로 유지하고, 다른 쪽 끄트머리는 만년필 촉처럼 뾰족하게 다듬었다. 서기는 숫자를 나타내기 위해 둥근 끄트머리를 점토에 다양한 각도로 누르고, 계산된 상품을 나타내는 그림문자를 그리기 위해 뾰족한 끄트머리를 사용했다.

문자 사용 초기에는 부호의 종류가 2천 개에 이르렀다.[21] 부호 모음이 많아지면서 서기들은 부호, 단어, 표현의 목록을 만들기 시작했다. 사실상 최초의 기록된 사전이었다. 지금 남아 있는 목록 잔편으로 가장 이른 것은 서기전 3200년 무렵의 것이다. 주제별로 정리된 이 목록은 서기들이 일상적인 회계에서 마주칠 수 있는 종류의 일들에 관한 어휘를 기록했다. 그릇 또는 직업의 유형 같은 것들이다. 한 목록은 125가지 직업을 나열했다. 현인, 우두머리, 다양한 유형의 감독사 또는 관리자 같은 것들이다. 초기의 점토판 사전들은 흥미진진한 책은 아니었겠지만, 중요한 교습 도구를 제공해 점토에 정보를 기록하는 새로운 기법을 보급하고 사람들이 많은 문자를 익힐 수 있게 했다. 이 문자에 대한 지식이 그것을 개발한 첫 세대 서기들과 함께 사라졌다면 쐐기문자는 나중에 드러났듯이 수천 년의 문자체계로 진화하지 못하고, 고대 메소포타미아에서의 삶에 관한 수많은 장면을 전해주는 대신에 우루크 서판 이후 침묵을 유지했을 것이다.

문자 생활의 초기 단계에서조차도 목록은 표준화돼서(또는 같은 형태로 거듭 베껴져서) 놀라울 정도로 훨씬 후대에까지 살아남았다. 나는 이것이 이례적이라고 생각한다. 처음 글자를 쓰는 사람들은 자기네가 정확하게 똑같은 방식으로 그 일을 해야 한다는 것을 알았다. 다른 사람들에게 그 기술을 전수하기 위해서다. 그들은 거의 쓰는 방법을 배우자마자 다른 사람들에게 쐐기문자의 기초를 가르치기 위한 도구를 만들 줄 알았다. 이 목록을 읽으면 매우 빠르게 점토판 문자 해득 입문서 이상의 것이 작동되었을 것이 분명해진다.

내가 애슈몰린 박물관에서 집어들었던 400가지 물건에 대한 기록을 남긴 사람으로부터 현재 남아 있는 마지막 쐐기 모양의 부호를 찍은 서기 79~80년의 천문학자에 이르기까지, 쐐기문자 서기들은 복잡함을 한껏 즐겼다. 우리는 그들이 만든 목록에서 그것을 볼 수 있다. 목록들은 때로 있을 법하지 않은 부호의 조합을 포함한다. 그릇의 상징과 돼지의 상징의 조합 같은 것이다. 그릇의 상징은 보통 맥주나 보리 같은 부호와 짝을 이룬다. 그렇다면 이 조합은 돼지비계 또는 돼지고기를 담은 용기를 의미했을까? 오늘날 많은 학자들은 그런 예기치 못한 조합의 존재에 관해 보다 자극적인 설명을 내놓는다. 그들은 목록 작성자들이 '실제' 상품뿐만이 아니라 목록을 가능한 한 완전한 것으로 만들기 위해 '상상' 속의 것까지 포함시켰다고 주장한다. 이런 목록을 만든 초기의 서기들은 완전성과 무언가 새로운 것을 만드는 데 대한 강박관념이 있었던 듯하다. 고대 메소포타미아에 관한 말 그대로의 교과서를 쓴 마르크 판더미로프Marc Van De Mieroop가 보기에 "그들은 물리적 실재가 아니라 글로 쓰인 실재를 다루었다."[22]

문자가 사람과 상품을 기록할 필요에서 개발되기는 했지만, 초기 사용자들은 이 새로운 기술을 불필요할 듯한 무언가에 적용하는 데로 나아갔다. 그들은 실제적인 것과 실제적일 수 있는 것에 대한 일종의 철학을 시작했다. 아마도 그들은 이를 우리가 바이올린 협주곡을 쓰거나 입자가속기를 만드는 것과 같은 이유로 했을 것이다. 우리는 할 수 있고, 우리는 인간이기 때문이다. 이를 염두에 두면 이 목록들이 지식을 체계화하기 위한 초기의 노력, 또는 심지어 초기의 철학적인 노력이라고 이해할 수 있을까? 그들은 쓰기를 통해 주변 세계에 질서를 부여하거나 새로운 질서를 만들고 있었을까? 우리는 이 질문에 대해 확실하게 대답할 수 없겠지만, 그것들은 나에게 우리가 고대 우루크의 초기 서기들과 우리 세계에 관한 호기심 및 그것을 어느 정도 이해할 필요를 공유하고 있다고 생각한다.

쐐기문자는 결국 우루크 초기 서기들의 언어와 생각 이상의 것을 반영하는 쪽으로 확대됐다. 이 책을 쓰는 데 사용된 자모와 달리 쐐기문자는 전체 단어를 대표하는 문자인 표어자logogram와 한정된 음절을 대표하는 문자인 음절자syllabogram를 혼합했다. 앞서 이야기한 어빙 핑클과 그의 동료 큐레이터 조너선 테일러Jonathan Taylor가 말한 사례를 빌리자면 표어자는 'and'의 세 문자 각각을 말하는 대신에 '&'라는 기호를 사용하는 것이고, 음절자는 'cat'의 세 글자를 따로따로 말하는 대신에 'ca'와 'at'로 말하는 것이다.[23]

표어자는 또한 때로 앞뒤에 그 의미를 암시하는 말이 올 수 있다.[24] 예를 들어 '신'을 의미하는, 별과 좀 비슷하게 보이는 쐐기문자 부호(✳)는 모든 신들의 이름 앞에 나온다. 그 뒤에 나오는 부호들이 인간의 이름이 아니라 신의 이름을 말한 것임을 암시하기 위해서다. '장소'에 해당하는 부호(✦)는 우루크나 우르 같은 도시 이름 뒤에 나온다. 쐐기문자에서 모든 표어자는 수메르어에서 온 것으로(물론 그것들은 아카드어로 쓰인 후대 문서에서도 계속 사용됐다), 음절 부호와 함께 전체 단어를 나타내기 위해 쓰였다. 이 때문에 쐐기문자는 '혼합 체계'로 불렸다. 이것은 일본어를 읽는 사람에게는 낯익을 것이다. 여기서는 음성 및 음절 문자와 함께 간지漢字로 알려진 한자가 들어갈 수 있다.

쐐기문자는 처음에 수메르어를 기록하기 위해 개발됐지만, 서기전 제3천년기 중반에 친연성이 없는 언어인 아카드어(이 지역의 다양한 민족들이 사용했으며, 결국 바빌로니아인과 아시리아인도 사용했다)를 적기 위해 변형됐다. 이 문자가 변형된 방식은 '혼합 체계'를 이해하는 데 도움을 준다. 가장 이른 단계의 문자에서는 초기 쐐기문자가 직업, 상품, 동물, 숫자에 해당하는 제한된 목록의 단어를 비교적 간단하고 분명한 방식으로 표현하기에 충분했다. 맥주는 항아리로, 사람은 얼굴로 표현하는 식이었다. 그러나 '행복하다' 같은 추상적인 개념이나 '미소 짓다' 같은 행위는 어떨까? 영어의 'to'나 'from' 같은 전치사, 그리고 복수형을 만드는 것 같은 문법적 특성은 어떻게 해야 할까? 수백 년 동안 영수증과 목록용으로 쓰였던 문자체계는 수수께끼rebus 원리를 통해 확장되기 시작했다. 기존 부호와 상징을 새로운 방식을 사용해 새로운 것을 나타내는 것이다. 이 원리는 어떤 부호가 어떻게 발음되고 그것이 무엇을 의미하는지를 이용해, 그 발음 및 의미와 관련된 세상의 더 많은 것을 나타낸다.

이 과정을 설명하기 위해 휴대전화를 사용하는 대부분의 사람에게 친숙한 상징체계인 그림문자를 살펴보는 것으로 시작하자. 그림문자 ♥는 '심장'을 나타내지만, '사랑하다'라는 동사를 나타내는 데도 사용된다. 지금은 구식이 된 'I ♥ you'나 '더 나아지시기를 바랍니다. ♥' 같은 용법이다. 그림문자의 조합은 또한 본래의 그림과 반드시 연결되지는 않는 의미의 새로운 단어를 표현하는 데도 사용될 수 있다. 예를 들어 '💣🐚'라는 구절은 'bomb'(폭탄)과 'shell'(조가비)의 상징을 사용해 그 각 요소와 관계없는 '아주 매력적인bombshell'이라는 의미를 만들어냈다. 세 개의 상징을 합친 의미는 '아주 매력적인 비키니'다. 특별히 상상력이 풍부하다면(또는 여유 시간이 너무 많다면) 전체 문장을 그림문자로 구성할 수도 있다. 영어의 eye(눈), can(깡통), sea(바다)의 상징을 이용한 '👁🥫🌊(eye can sea)'로 같은 발음의 '나는 볼 수 있다(I can see)'를 표현할 수 있다. 각 부호가 발음되는 방식이 그 부호의 본래 의미와는 무관한 단어를 나타내는 데 사용돼, 쓰기 체계는 더 많은 발음과 의미

를 반영할 수 있다. 고대 메소포타미아의 서기들은 쐐기문자를 가지고 비슷한 일을 했다.[25]

이 확대의 결과로 부호들은 시간이 지나면서 여러 의미와 발음을 가지게 됐다. 우루크의 역사에 관해 말해주는 건축의 층위(쓰레기가 쌓인 토대부터 신전의 꼭대기까지)와 마찬가지로 각각의 쐐기문자 상징은 그 역사를 드러내는 의미의 층위를 지닌다. 때로 이 층위는 설명하기 쉽다. '집'을 나타내는 쐐기문자 부호는 수메르어에서 에e, 아카드어에서 비투bītu라는 단어를 나타낼 수 있지만 에e나 빗bit, bid/벳bet, bed처럼 발음되는 음절도 나타낼 수 있다. 각각의 음절은 이 부호로 표현되는 본래의 수메르어 및 아카드어 단어에서 가져온 것이다. 다른 경우에는 한 부호가 지닌 의미와 발음을 설명하기가 더 어렵다. '여우', '거짓말쟁이', '가수', '회계원'이라는 단어를 쓰기 위해 사용된 부호 같은 것들로, 현대의 독자에게 분명하게 발음이 비슷하거나 주요 의미를 공유하는 것으로 보이지 않는 것들이다. 아마도 이것은 영어의 'gnarly'(불쾌한)와 'cool'(시원한)이 모두 '멋진'이라는 뜻도 있어 그 본래의 의미와 함께 훌륭한 무언가를 나타내게 된 것과 유사한 경우다.

쐐기문자는 순전히 음절문자로서 아카드어를 쓰는 데 쉽게 적응할 수 있었을 것이다. 다시 말해서 서기들은 전체 단어를 나타내는 부호(쐐기문자가 수메르어를 쓰는 데 사용된 방식에 그 뿌리를 둔 표어자)를 완전히 제외하고 그 부호가 오직 음절만을 나타내는 문자체계를 채택할 수 있었다. 이것은 결국 쐐기문자가 쓰기에 사용된 또 다른 셈계 언어인 에블라어(에블라는 지금의 시리아에 있었다)의 경우에 해당한다. 그곳의 서기들은 표어자를 더이상 사용하지 않고 모든 부호를 음절로만 제한하고 말도 그런 방식으로 표기하는 것을 선택했다(그것은 심지어 이웃 도시 우가리트에서는 자모字母로 개조됐다). 그러나 수메르어의 역사와 명성은 아카드어를 사용하는 서기들의 갈대 첨필을 확실하게 장악해 그들이 이 고대 문자를 보존하게 하고, 결국 혼합 문자체계로 귀결되게 만들었다. 그 결과 엔니갈디난나의 박물관에서 발견된 점토 북에 글을 새긴 나부슈마잇딘 같은 서기들은 수메르어를 읽고 쓰는 훈련을 충분히 받았기 때문에 그것을 알아보고 쓸 수 있었고, 쐐기문자 부호로 된 더 오래된 글도 읽을 수 있었다. 그렇기 때문에 그는 자신의 시대로부터 1500년 전에 사용된 사라진 언어와 고대 서체로 된 새김글을 베낄 수 있었다. 이것은 또한 거의 모든 낱낱의 쐐기문자 부호가 하나 이상의 사물이나 소리를 나타내기 때문에 읽기 어렵(그러나 매우 재미있게) 만든다는 것을 의미한다.

그림문자 비유를 다시 떠올려보면, ♥가 본래 순환을 담당하는 장기를 나타내며 또한 결국 추가적인 의미들(비유적 또는 감정적인 마음, '사랑하다'라는 동사, 문자 메시지 끝의 호의를 나타내는 도장)을 떠맡았음을 기억하고 존중하는 것과 같을 것이다. 시간이 지나면서, 그리고 쐐기문자 부호가 더 많은 의미를 지니는 것으로 확장되면서 초기의 영수증과 사전식 목록은 결국 고대의 시뿐만 아니라 웅대한 문학 작품에게 자리를 내주었다. 쓰기가 어떻게 시작됐는지, 사람들이 어떻게 처음으로 점토에 갈대 첨필을 찍게 됐는지에 관한 전승 같은 것들이다.

문자의 탄생에 관한 신화적인 기록은 본래 640행이었지만, 오늘날에는 《엔메르카르와 아라타의 영주Enmerkar and the Lord of Aratta》로 알려진 이야기가 다양한 길이의 단편으로 전해질 뿐이다. 100행 가까이가 거의 4천 년 된 점토판 사본으로 남아 있다. 이것은 훌륭한 육필로 뒤덮여 있지만, 유감스럽게도 오른쪽 위에서 왼쪽 아래로 비스듬하게 깨져나가 거의 완전한 점토 트라이앵글이 됐다. 이 이야기의 훨씬 작은 잔편은 작은 점토 덩이에 불과 4행의 깨진 부분이 보존돼 있다.[26] 이 작품은 나부슈마잇딘 같은 서기들에게 완전한 형태로 알려졌을 것이고, 심지어 학계 바깥에서도 인정받는 문학적 또는 신화적 전승의 일부를 이루었을 것이다. 그러나 현대의 학자들은 이 크고 작은 단편들을 짜맞추어, 일부에서 바빌로니아 서기들이 "만든 이야기 가운데 가장 훌륭한 작품"으로 생각하는 것을 드러내야 했다.[27]

전해진 바에 따르면, 우루크의 왕 엔메르카르는 자신의 도시와 주변 지역을 아라타에서 나는 귀금속과 보석으로 장식하기로 결정했다. 아라타는 산 너머에 있는 번쩍거리는 전설적인 도시로 금, 은, 청금석과 '산의 돌들'로 화려하게 장식된 곳이었다. 이 허구적인 전제는 실제로 고대 메소포타미아의 자원 상황과 부합한다. 메소포타미아 지역에는 청금석 같은 돌과 은 같은 금속이 없었고, 모든 것은 현대의 이란-이라크-튀르키예 접경 지역인 자그로스산맥 너머에서 사와야 했다. 엔메르카르 시기에는 유감스럽게도 무역은 아직 존재하지 않았기에 그는 인안나 여신에게 도움을 청했다. 여신은 그에게 사절을 보내 아라타 통치자에게 귀금속과 보석을 공급해줄 것을 요구하라고 일렀다. 인안나가 뒤에 있다고 주장하라는 것이었다. 통치자는 수수께끼에 더 가까운 것들로 보이는 몇 가지 문제를 엔메르카르 왕이 풀지 못하면 들어줄 수 없다고 거부했다.

 첫 번째 과제로 엔메르카르는 성긴 그물에 담긴 곡물을 우루크에서 아라타까지 운반해야 했다. 불가능해 보이는 일이었지만, 그는 싹이 트는 보리를 이용해 그물의 구멍을 막고 곡물이 도중에 유실되지 않게 함으로써 그 일을 해냈다. 두 번째 과제로 아라타의 통치자는 알려진 나무, 갈대, 금속, 돌 이외의 것으로 만든 홀笏을 가져오라고 그에게 요구했다. 다시 말해서 완전히 새로운 재료로 만들라는 것이었다. 엔메르카르는 끈끈한 물질을 속이 빈 갈대에 붓고 굳혀서 정상적인 틀에서 벗어난 것을 만들었다. 마지막 과제는 두 통치자의 개들 사이의 싸움으로, 단 엔메르카르는 검은색, 흰색, 갈색, 붉은색, 누른색, 잡색이 아닌 것을 찾아야 했다. 우루크 왕은 새로운 색깔의 옷을 짜서 자신의 개에게 입히고 심부름

꾼에게 적을 상대로 긴 연설을 전달하라고 지시했다. 갈수록 복잡해지는 두 통치자 사이의 주고받기에 지친 심부름꾼은 입이 너무 '무거워'지고 엔메르카르의 말을 복창하는 데 '피로'해졌다. 심부름꾼의 일을 쉽게 만들기 위해 엔메르카르는 "약간의 점토를 두드려 모양을 만들고 서판에 쓰듯이 그 위에 전갈을 썼다." 다시 말해서 그는 글쓰기를 창시했다.[28]

현실과 신화 모두에서 최초의 쓰기는 필요에 의해 개발됐고, 행운에 의해 가능해졌다. 메소포타미아 남부를 잉여 농업이 가능할 만큼 비옥하게 만든 지리적 환경은 또한 풍부한 점토 퇴적도 남겼고, 그것은 쓰기의 탄생뿐만 아니라 인간 자체의 탄생도 가능케 했다. 메소포타미아 신화에 따르면 점토는 신들이 이를 이용해 첫 인간을 만드는 매개체가 된다(그리고 그뒤에 인간은 바로 그 창조신화를 같은 물질에 기록하게 된다).

서기전 제2천년기 초의 바빌로니아 필사 생도들이 만든 점토판에 남은 한 수메르 창조신화에서는 지모신 닌마흐Ninmaḫ가 점토를 이용해 다수의 인간을 만들었다. 여신의 첫 창조물 가운데 하나는 항상 눈을 뜨고 있어 악사의 운명을 배정받았다. 또 하나는 아이를 낳을 수 없어 왕비의 보좌 역할을 배정받았다. 닌마흐는 심지어 "남자와 여자 어느 쪽의 생식기도 없는" 존재도 만들었다. 주요 창조신화에서 제3의 성性이 언급된 초기 사례였다. 그런 뒤에 닌마흐의 아들 엔키Enki가 나섰다. 그는 아이의 모습을 만들고 닌마흐에게서 사출된 정액을 한 여성의 자궁에 쏟게 해서 그 모습을 한 신생아를 만들었다. 이야기는 이렇게 묘사된다.

아이는 거의 숨을 쉬지 못했고, 늑골은 허약했으며, 폐는 병들었고, 심장도 병들었고, 내장도 병들었다. 손과 늘어진 머리로 인해 음식을 입에 넣을 수 없었다. 그 척추와 머리는 탈구됐다. 약한 엉덩이와 흔들리는 발은 야외에 나가기 부적합했다.

신생아를 안아본 적이 있는 사람이라면 거의 작동하지 않는 소화기관, 너무 약해 머리를 가누지 못하는 목, 자신의 작은 사지와 줄곧 쥔 주먹을 제어하지 못하는 아이에 대한 이 묘사에 공감할 것이다. 겉보기에 무용한 이 피조물에 겁을 먹은 닌마흐는 자신이 아이에게 어떤 운명을 부여해야 하는지를 물었다. 그 이후의 구절 상당 부분은 단편적이지만, 엔키의 대답은 아마도 "알아서 하라"는 식이었던 듯하다.[29]

인류는 점토에서 왔고, 점토는 우루크에서 문자체계의 시작을 가져왔다. 문자는 결국 그 주민들의 가장 중요한 잔존 성과 가운데 일부를 보존하게 된다. 그들의 첫 번째 계산 및 회계, 사전, 초기 철학 사상, 그리고 마침내 그들이 자신들의 시작을 어떻게 이해했는지를 보여주는 문학과 신화 등이다. 문자체계는 환경을 반영했고, 신화는 문자체계를 반영했다.

우루크의 잡동사니 가운데 발견된 아주 초기의 서판들에서 어떤 언어가 기록됐는지를 확실하게 말하기는 불가능하다. 이들에 대한 현대 학자들의 해석조차도 초기 기록을 읽기 위한 후대의 비슷한 부호의 밝혀진 의미에 의존한다. 숫자와 부호의 조합, 그리고 목록은 별다른 언어학적 정보를 제공하지 않는다. 문자를 사용한 언어에 관한 단서를 제공할 문법적 어미(영어 단어에서 복수를 나타내는 끄트머리의 '-s'나 과거 시제 표시인 동사 끄트머리의 '-ed' 같은 것)는 사라졌다. 이런 언어학적 단서가 들어 있는 문서의 가장 이른 사례들은 서기전 제3천년기 초부터 나온다. 이때 쐐기문자는 더이상 오로지 맥주와 양에 관해 기록하기 위한 신생 기술이 아니었고, 부호들은 더이상 그리지 않고 쐐기문자의 상징적인 모습을 만들기 위해 눌러 찍었다. 쐐기문자 발전 과정의 시기에 수메르어를 기록하기 위해 쐐기문자를 사용한 것은 의문의 여지가 없으며, 500년이 되지 않아 친연성이 없는 아카드어를 기록하기 위해 개조됐다. 결국 이것은 히타이트어, 우가리트어, 고대페르시아어 등 10여 개의 기타 언어를 기록하는 데 사용됐다.

레너드 울리의 시대에 쐐기문자의 해독은 아직 불완전했지만,[30] 그는 나부슈마잇딘이 남긴 '열쇠' 같은 우르에서 발굴된 점토판을 읽기에는(약간의 오류는 있었다) 충분할 정도로 알고 있었다. 사실 울리는 처음에 엔니갈디난나 공주의 이름을 벨샬티난나르Bel-shalti-nannar로 읽었을 정도로 수메르어에 대한 이해가 제한적이었음에도 불구하고, 서기가 고대의 벽돌을 잘못 베꼈다며 비방했다. 그는 이렇게 썼다. "아쉽게도 서기는 그가 드러내고자 했던 것만큼 그리 박식하지 못했다. 그가 베낀 것은 실수투성이어서 거의 이해하기 어렵다. 그러나 그는 틀림없이 최선을 다했고, 분명히 우리가 원하는 설명을 우리에게 제공했다."³¹ 이것은 대단한 과장이다. 나부슈마잇딘은 '사어'가 된 지 1500년이 지난 언어를 적고 있었고, 그 잘못은 약간의 오식 같은 것이다. 40행짜리 문서를 이해하기 어렵다고 하기는 어렵고, 그가 저지른 약간의 작은 실수는 수메르어 화자가 나부슈마잇딘의 시대로부터 떨어진 시간적 거리가 서기 자신과 울리 사이의 거리만큼이나 멀었음을 상기시켜주는 역할을 한다. 또한 서기와 당대인들이 그들의 오랜 역사를 보존하기 위해 상당한 시간을 거슬러 올라갔음을 분명히 보여준다. 수메르어는 그들에게 오래된 것만큼이나 중요했다. 나부슈마잇딘이 이를 읽고 쓰기 매우 어렵게 만든 '오래됨'은 그것을 기억하는 일을 더욱 중요하게 만들었다. 나부슈마잇딘은 총독이 발견하고 자신이 베끼고자 했던 벽돌이 오래된 것임을 어느 정도 알았을 것이다. 그러나 그것이 1500년 전의 것이라는 사실을 그가 알았을까? 바빌로니아인들은 자기네 조상들에 관해 알고 있었고 그들의 언어를 보존하고 그들의 시대를 존중했다. 그러나 그들은 그 시대가 정확하게 어떤 모습이었는지를 알 수 있었을까?

엔니갈디난나의 아버지 나보니두스는 그 치세 동안에 몇 개의 신전을 개수했다. 공주가 고위 여사제로 일했던 우르의 월신에게 바쳐진 신전도 그중 하나였다. 그는 또한 240킬로미터쯤 떨어진 도시 시파르에 있는 태양신 샤마시Shamash에게 바친 에밥바르Ebabbar 신전 또한 개수했다. 신을 모시기에는 신전이 너무 작다고 나보니두스는 판단했고, 신전을 확장하는 과정에서 본래의 평면도를 발견했다. 그의 치세 10년째에 만든 왕의 새김글에는 이에 대한 자세한 배경 이야기가 나온다. 신의 관점에서 왕의 정당성을 부풀리기 위한 것이었다. 이 신전은 사실 이전 수십 년 동안에 그의 조상 가운데 하나인 네부카드네자르 2세가 수선한 것이었는데, 새김글에 따르면 이 신전은 "오래전에 허물어져 폐허로 변했고, 그 위로 모래언덕과 쓰레기 더미, 거대한 흙무더기가 쌓여 평면도를 파악할 수 없었으며 설계도는 보이지 않았다." 마르두크 신은 네 차례의 바람과 한 차례의 큰 폭풍우를 보내 모래언덕, 쓰레기 더미, 쌓여 있는 거대한 흙무더기를 쓸어버려 '더욱' 오래된 토대를 드러나게 했다. 거기서 왕은 그 토대가 어느 시기의 것인지를 확인해주는 발견을 했다.

나는 함무라비의 이름이 들어 있는 새김글을 발견했다. 그는 부르나부리아시Burna-buriash보다 700년 전의 본래 토대 위에 샤마시 신을 위한 에밥바르 신전과 지구라트를 건설한 고대의 왕이었다.³²

나보니두스의 추정은 전적으로 옳지는 않았다. 함무라비는 서기전 18세기의 통치자로서 부르나부리아시보다 700년 전이 아니라 대략 400년 전의 사람이었다. 나보니두스가 함무라비와 부르나부리아시 사이의 시간적 간격을 더 길게 생각했다면 부르나부리아시와 자신을 갈라놓고 있는 시간의 길이에 대해서도 마찬가지였을 것이다. 나보니두스에게 그 토대는 정말로 매우 오래된 것으로 느껴졌을 것이다.

나보니두스가 함무라비 치세의 연대를 추정하려 한 것과 현대 학자들의 추정을 비교하는 것은 공평하지 않은 일일 것이다. 현대에는 일식이나 월식 등 객관적으로 시일을 추정할 수 있는 사건들이 나오는 수많은 문서와 그 시기를 가늠하기 위한 방사성탄소 연대 측정의 도움을 받을 수 있다. 초기 메소포타미아 연구자들은 나보니두스와 비슷한 잘못을 저질렀다. 쥘 오페르Jules Oppert라는 독일계 프랑스인 아시리아학자는 1863년 함무라비 치세의 시작을 서기전 2394년으로 비정했다. 70년쯤 뒤에 프랑수아 튀로당쟁François Thureau-Dangin이라는 학자는 이 시기를 서기전 2003년으로 조정했다. 이들 초기 학자들은 오늘날 알려진 약간의 문서들 속에서 헤매고 있었다. 당시 새로이(그리고 부분적으로만) 해독된 문자체계로 쓰인 것들이었다. 1950년, 학계의 여론은 시기를 서기전 1792년으로 더 끌어내렸고, 이 주장이 지금까지 가장 널리 받아들여지고 있다. 물론 다른 시기를 이야기하는 기록과 주장은 여전히 있다.[33] 역사는 어지럽다. 그것을 옥스퍼드대학 도서관 지하실에서 쓰건 유프라테스강 근처의 바빌로니아 궁전에서 쓰건 마찬가지다.

나보니두스가 부정확하기는 했지만, 그는 에밥바르 신전의 첫 건설 공사와 재건 사이에 매우 긴 시간이 흘렀음을 어느 정도 알고 있었다. 점토 북을 만든 서기 나부슈마잇딘 역시 이를 알았을 것이고, 심지어 역사에 경의를 표했을 것이다. 지금은 사라진 벽돌을 발견한 일을 기록하면서 그는 신발라수이크비라는 총독이 우르의 신전 단지 토대를 찾으려 하는 과정에서 이 벽돌을 발견한 일에 관해 묘사했다. 총독은 토대를 찾는 과정에서 벽돌을 발견했고, 나부슈마잇딘은 이후 고대의 새김글을 북 모양의 '박물관 꼬리표'에 축자적으로 베꼈을 뿐만 아니라 같은 서체로 베꼈다. 건축이 한 문명 위에 다른 문명을 덮어 층을 이루었지만(그래서 고고학자들은 발굴을 하고 고대의 왕들은 신의 바람이 흙더미를 쓸어가기를 기다려야 했다), 쐐기문자 역시 마찬가지였다. 각 부호는 수메르어 시절의 과거를 보존하고 있었고(물론 친연성이 없는 언어인 아카드어를 쓰기 위해 변형됐다), 중층의 문자체계에 따라 훈련을 받은 서기는 그 역사에 관한 무언가를 배워야 했을 것이다.

엔니갈디난나 자신의 고대 수메르어 이름은 이 죽은 언어에 구현된 공주의 먼 과거 일부를 보존하고 있다. 우르에서 공주가 한 역할이 거의 사라진 종교 및 정치제도를 되살린 것과 마찬가지다. 공주는 자신이 천 년 전 여사제들의 족적을 따르고 있음을 알았을 것이다. 공주는 재건된 궁전에서 살았고, 여기에는 그 토대와 주변에서 발굴된 고대의 물건들이 보관돼 있었다. 따라서 공주는 점토 북에 묘사된 벽돌(심지어 북 자체)이 그 시대를 헤아리기 어려운 무언가를 나타낸다는 것을 어느 정도 알았을 것이다. 언어, 문화, 역사의 층위들은 각 쐐기문자 부호들의 중층적 의미에 반영돼 있다.

  나부슈마잇딘의 점토 북은 메소포타미아에서 점토에 글을 쓴 일의 시작을 소개하고 있으며, 언어·문화·의미의 교차로가 각 쐐기문자 부호에 반영돼 있다. 이런 의미에서 점토 북은 열쇠를 제공한다. 그것은 쐐기문자 쓰기 체계와 시대가 변함에 따라 달라진 각 개별 부호의 발음 및 의미의 여러 층위를 우리에게 열어준다. 이 점토 북이 명확하게 "알려진 가장 이른 박물관 꼬리표"이든 아니든, 그것은 엔니갈디난나의 수집품 속의 물건들을 서로와, 그들 자신의 먼 과거와, 그리고 역사를 어떻게 기록하고 보존했는가에 대한 우리 자신의 이해와 연결한다.

3
아마르신의 벽돌
메소포타미아의 건설 자재

내가 난생처음 집어들었던 점토판은 평범한 회계 기록이었고, 그것을 쓴 서기에게는 하나의 업무 이메일에 지나지 않았을 것이다. 그러나 내게 그 점토판은 나를 애슈몰린 박물관의 홀로 있는 방에서 고대 우루크의 분주하고 북적거리는 곳으로 옮겨다 준 낯선 이와의 악수였다. 옛 물건을 집어든 것은 시간 이동에, 나보다 앞서 살았던 사람들과의 연결에 가장 가까이 간 것이었기에 그 영수증조차도 마법처럼 느껴졌다.

고대의 사람들 또한 오래전에 지나간 시대의 유물과 우연히 맞닥뜨렸을 때 이런 시간 이동의 느낌을 경험하지 않았으리라고 생각할 이유는 없다. 심지어 평범해 보이는 것조차도 이런 관점에서 보면 이례적인 것이 될 수 있다. 우리에게 쐐기문자의 역사에 관해 많은 것을 말해주는 점토 북('열쇠'라 한 것)은 또한 고대의 벽돌 발견에 대한 기록이다. 이 새김글은 당시 우르 총독이었던 신발라수이크비가 신전의 토대를 찾는 과정에서 쓰레기 속에서 벽돌을 발견했다고 이야기한다. 벽돌 앞에서 총독이 그 자리에 멈춰 선 것은 그것이 오래됐고(서체와 언어로 보아 분명했다) 원래의 건물에 사용됐기 때문이었을 것이다. 그는 이 벽돌이 전 왕조나 전전 왕조나 전전전 왕조의 것이 아님을 깨달았을 것이다. 그것이 아주 오래됐기 때문에 총독은 그것을 보존하고 기록을 만들기로 마음 먹지 않았을까?

역사를 좋아하는 사람이라면 발견물을 기록하고 유물을 보존(아마도 심지어 전시)하려는 충동에 관해 이야기할 것이다. 그러나 흙벽돌 같은 평범한 것이라면 열성적으로 역사에 몰두하는 사람이라도 왜 그래야 하느냐고 물을 것이다. 벽돌은 엄밀히 말해서 고대 메소포타미아에서 희귀하고 아름다운 인공물이 아니었다. 사실 벽돌은 이 지역에서 나오는 가장 흔한 고고학적 유물 중 하나다. 어떤 종류의 건설 공사에서라도 흙벽돌은 수천 개나 발굴되며, 보통 모든 건축(또는 재건) 공사에 재사용됐다.

그러나 벽돌은 그 칙칙한 외양에도 불구하고 영국박물관의 진열장을 채우고 있다. 그저 '계몽실'로 알려진 이 박물관의 휑뎅그렁한 방으로 걸어 들어가면 18세기의 골동품 수집가 서재의 실물 크기 입체 모형 속으로 걸어 들어가는 듯한 느낌이 약간 든다.

2층 높이의 벽에 줄지어 있는 선반에는 고대 그리스의 그릇과 소조각상, 화석과 고급 도자기, 그리고 수많은 다른 유물들이 가죽 장정의 서적 사이에 끼여 전시되고 있다. 고대의 물건, 돌, 특정 페이지를 펼친 고서古書가 들어찬, 위를 유리로 씌운 진열 상자와 수집가의 유리장이 긴 전시장의 중간중간에 있다. 그 많은 전시물 가운데 고대 메소포타미아 흙벽돌이 서른 개쯤 있다. 벽돌들에는 빠르게는 서기전 2100년 무렵의 우르남무에서부터 늦게는 서기전 600년 무렵의 네부카드네자르 2세에 이르는 왕들의 새김글이 들어 있지만, 시대와 상관없이 모든 벽돌은 거의 같은 형태이며 같은 재질로 만들어져 있다.

영국박물관에서 특별히 전시할 가치가 있는 것으로 간주된 이 서른 장가량의 벽돌은 수천 년에 걸쳐 고대 메소포타미아에서 만들어지고 사용된 숫자의 극히 일부일 뿐이다. 예를 들어 도시 성벽을 건설하기 위해서는 수백만 장의 벽돌이 필요했다. 고대의 《길가메시 서사시》는 초기 왕조 시대(대략 서기전 2900~2340년)에 100여 년 동안 우루크를 통치했다는 길가메시 왕의 이야기를 전한다. 후대의 왕들은 그가 이 도시의 성벽을 건설했다고 믿었다. 점토판에 새겨지고 왕궁에서 낭독될 길가메시에 관한 신화 역시 마찬가지다. 실존 인물이었든 순전히 허구적인 존재였든(또는 그 사이의 어떤 존재였든), 길가메시가 건설했다는 도시 성벽은 분명히 실재했다. 성벽의 일부는 오늘날에도 여전히 볼 수 있다. 다만 그 규모와 파손 상태로 인해 완전하게 발굴하는 것은 거의 불가능하다. 그리고 이는 놀라울 것이 없다. 서기전 제3천년기(5천 년 전이라는 얘기다)에 처음 건설된 이 성벽은 어떤 부분에서는 두께가 5미터에 이르고 길이는 9킬로미터이며, 수백 개의 망루로 보강했다. 고고학자들은 말 그대로 이 거대한 성벽을 건설하는 데 3억 장 이상의 내화 흙벽돌이 들어가고 200만 일日 이상의 노동이 필요했을 것으로 추산한다.[1]

쓰기의 기본 재료가 티그리스강과 유프라테스강 주위의 풍요로운 환경에서 나왔듯이, 건설 자재 역시 마찬가지였다. 그들의 많은 건축물에 사용된 벽돌과 회반죽은 기본적으로 진흙과 더 많은 진흙이었다.[2] 벽돌공은 흙을 퍼서 잘게 썬 짚(그리고 때로는 동물의 배설물)과 물을 섞어 밟아 으깼다. 그렇게 만들어진 혼합물을 표준화된 크기의 틀에 채웠다. 모양이 만들어진 벽돌은 때로 굽기도 했지만, 대부분의 경우에는 늘어놓아 2주 또는 그 이상 햇볕에 말렸다. 이런 과정을 거치면 벽돌은 사용에 적합하게 된다. 그 결과 벽돌 생산은 봄과 여름에 주로 했다. 벽돌을 늘어놓고 말리는 일에 지장을 주는 강우를 피하기 위해서였다.[3] 벽돌은 새것일 때는 매우 단단하지만 시간이 지나면 짚이 썩어 부서져 수많은 고대의 건축 자재들이 널린 풍광을 남긴다.[4] (흥미롭게도 벽돌을 부서지게 만드는 재료가 고대의 DNA를 많이 남겨, 당시 메소포타미아에서 자란 초목이 정확히 어떤 것이었는지를 드러낸다.[5])

고대의 건설자들이 벽돌을 이어 붙이는 데 사용한 것은 벽돌을 만드는 것과 똑같은 혼합물(흙, 잘게 썬 짚, 물)로서 회반죽 역할을 할 수 있도록 물기를 남긴 것이었다. 그러나 지구라트 같은 중요한 건설 공사에서는 역청을 사용했다. 이 끈적한 물질은 고대 메소포타미아의 큰 건설 공사에서 갈대와 함께 흙벽돌을 서로 이어주는 데 사용됐다. 그에 대한 묘사가 쐐기문자로 뒤덮인 나보니두스 시대의 30센티미터 가까이 되는 점토 원통에 나온다. 그는 자신의 명으로 우르에서 이루어진 건설 공사를 묘사했는데, 여기서 건설자들은 내화 벽돌을 한데 붙이기 위해 역청을 사용했다. 벽돌 일부에는 신전 봉납에 관한 짧은 새김글이 찍혔고, 왕이 중앙의 계단식 피라미드를 개수한 일을 상세히 서술했다. 가장 유명한 역청 구덩이는 히트라는 도시 부근에 있던 구덩이들이다. 그곳은 매우 중요한 곳이자 이 다용도의 물질이 생산되는 곳인데, 역청에 해당하는 아카드어 '이투$_{ittû}$라는 말이 여기서 나왔다.[6]

나는 어느 한순간에 고대 메소포타미아의 계단식 모래벌판에 죽 늘어놓고 말리던 벽돌의 엄청난 수를 그려내기는 불가능하다는 것을 깨달았다. 그러나 현대의 경우 일부가 도움이 된다. 지난 몇 년 동안에 이라크와 독일의 고고학자들은 우루크의 지구라트 잔해 복원 사업의 일환으로 새 흙벽돌을 만들고 있었다.[7] 이 복원 작업은 우루크 일부 지역의 드러난 고대 벽돌 구조물 지역을 보존하기 위한 것이었다. 나무틀, 그리고 남아 있는 수천 년 전 벽돌과 같은 구성 요소로 새 벽돌을 만드는 작은 팀은 놀랍게도 하루에 450장의 벽돌을 만들어냈다. 햇볕에 말리기 위해 죽 늘어선 수백 장의 벽돌은 가지런하지 않은 보병 방진方陣을 친 사각 병사들처럼 보였다. 이는 세계 최초의 도시를 보호하기 위해 복원된 고대의 군대였다. 그렇게 그것들을 보니 우리를 고대 메소포타미아의 도시들을 건설한 벽돌들과 떼어놓은 수천 년의 세월이 쉽게 잊혔다.

 그러나 이 생산 라인은 겨우 수백 장일 뿐이었다. 고대 메소포타미아에서는 수많은 벽돌이 사용됐는데 왜 이 한 장의 벽돌이 신발라수이크비의 눈에 띄었을까? 단서는 점토 북에서 발견된 벽돌 새김글의 사본에 있을 것이다. 그 맨 앞에 "니푸르의 엔릴 신이 이름을 부른 아마르신"이라는 구절이 나온다. 아마르신은 이 벽돌이 만들어질 때의 왕의 이름이다. 그의 치세인 서기전 2046년에서 2038년 사이의 어느 시기다. 그는 새김글에 "강력한 왕, 우르의 왕, 사방의 왕"으로 언급돼 있다. 이것은 고대 메소포타미아 벽돌에 찍힌 간단한 왕의 새김글로서는 전형적인 도입부다. 왕의 이름을 직접 부르고 그를 알려진 세계의 왕으로 칭한다. 이 글은 또한 니푸르를 언급한다. 우르에서 유프라테스강을 거슬러 150킬로미터쯤 올라간 곳에 있는 도시다. 니푸르는 수메르 신들 가운데 최고신인 엔릴의 본거지 도시였다. 엔릴은 본거지 도시에서 메소포타미아 왕의 지배에 대한 신으로부터의 정통성을 내렸다. 따라서 고대 메소포타미아의 왕은 엔릴이 그것을 말했기 때문에 왕인 것이고,

엔릴이 그 말을 하는 곳은 니푸르였다.

기본적으로 왕권에 대한 주장을 펼치는 표준적인 도입부 문장에도 불구하고 이것은 전혀 평범한 벽돌이 아니었다. 서기의 전사轉寫를 통해 우리는 이 벽돌이 도시 성벽이나 신전이나 궁전의 것이 아니라 월신 난나(또는 아카드어로 신Sin)와 그 아내인 닌갈Ningal 여신의 황금 조각상 한 쌍을 올려놓았던 대좌의 일부였음을 알 수 있다. 2500년 전 총독을 멈추게 한 것은 아마도 이런 사정이었을 것이다. 벽돌은 흔해빠진 것이었지만, 그는 한때 여신의 지상 구현체였던 황금 조각상을 떠받쳤던 것을 버리기가 주저됐을 것이다. 더욱 설득력이 있는 것은 그다음 줄이다. "이 황금 조각상을 보고寶庫에서 치우는 자에게는 우르의 주인 난나 신과 우르의 귀부인 닌갈 여신이 저주를 내릴 것이다."[8]

주지하다시피 이 특별한 벽돌은 발견되지 않았다. 그것은 아마도 시간이 지나면서 부서졌거나, 고대의 한 행인이 폐허 속에서 발견하고 집으로 가져다가 전시하거나 재활용했을 것이다. 그러나 우르 발굴자들은 거의 동일한 새김글이 있는 이와 비슷한 다른 벽돌 다섯 장을 발견했다. 그 벽돌들에 찍힌 쐐기문자 부호들은 오늘날에도, 수천 년 전 아마르신 왕이 황금 조각상을 만들고 그것들을 그 벽돌 대좌에 놓았다고 하는 때처럼 거의 원형을 유지하고 있다. 그리고 똑같이 불길한 저주가 이 벽돌들을 마주치는 모든 사람을 위협한다. 누구라도 이 대좌를 손괴하면 월신과 그의 아내 여신이

3 | 아마르신의 벽돌　93

"그자의 자손을 끊어놓을" 것이라고 쓰여 있다.⁹ 총독은 다른 벽돌들에 대해, 그리고 대좌를 파괴하는 자에게 미치는 보다 광범위한 저주에 대해 알았을까? 그것이 그에게 자손이 끊어질 수 있다는 걱정을 하게 만들어, 자신이 발견한 것을 후손들을 위해 보존하기로 결정했을까?

평범한 벽돌(저주가 들어 있지 않은)은 두 강 사이에서의 삶에 관한 가장 흥미롭고 때로 예기치 않은 자세한 이야기를 들려줄 수 있다. 심지어 그들에 대해 특별하지 않게 보이는 부분, 즉 그들의 엄청난 수량조차도 중요한 정보를 제공한다. 벽돌의 이용은 특히 서기전 제3천년기의 대부분에 걸치는 초기 왕조 시대 쓰기 개발 이후 시기 동안에 확대된 듯하다. 이 기회의 시간은 혁신과 최초의 시대였으며, 수백 년에 걸친 시기에 일어난 많은 변화에 의해 자극된 전설들의 시대였다. 이 시기에 사람들이 벽돌을 이용한 방식은 큰 사회적·정치적 변화를 남겼고, 건설용 벽돌을 만들고 타는 듯한 햇볕 아래 늘어놓았던 사람들에 관해 많은 것을 이야기하고 있다.

　벽돌은 여러 가지 방법으로 건설 자재로서의 목적을 넘어서 오래 살아남았다. 아마르신의 벽돌이 세속적인 건설의 요소를 훨씬 넘어선 무언가가 된 것이 그 한 예다. 이 지역의 의료를 위한 많은 의식에서 벽돌 사용은 필수적이었다. 고대의 한 치료법에서 불편함을 느끼는 환자에게는 그 집 문간에서 벽돌 하나를 빼내 화덕에 넣으라고 말했다. 그것을 불태운다는 의미였다.[10] 심지어 오늘날에도 어떤 서아시아 전통에서 문간은 집의 안전과 바깥 세계(악이 모일 수 있는 곳이다)의 위험 사이의 경계 지역이다. 따라서 상징적인 불태움으로써 벽돌 하나를 제거하면 그 사람과 그 집에서 문제를 일으키는 모든 힘을 없애는 데 도움이 된다는 것이다.

역청 또한 아기를 마녀 라마슈투Lamashtu로부터 보호하기 위한 의식에 사용됐다. 이 마녀는 인간과 동물이 합쳐진 존재였는데, 얼굴은 정확히 어떤 모습인지에 대해서는 의견이 합치되지 않는 듯하다. 아마도 미친개나 사자, 심지어 맹금이라고도 한다. 마녀는 대체로 인간의 몸을 하고 있지만 손과 발 대신 새 발톱과 고양이 발톱을 하고 있으며, 그 수법은 임신한 여자와 아이들을 공포에 떨게 하는 것이었다. 이 마녀의 존재는 오늘날에도 여전히 마주치고 있는 설명할 수 없는 유산流産과 아이가 태어난 뒤 몇 달 동안의 취약성에 대해 설명을 제공했다. 고대의 처방에서 역청은 동물의 배설물이나 유황 같은 고약한 냄새가 나는 다른 것들과 함께 아기가 마녀에게 잡혀가지 않도록 하는 데 사용됐다.[11]

메소포타미아에서 마녀와 마술사는 많은 시간을 들여 자기네의 주술을 다른 사람들에게 걸고, 그들이 재정 파탄에서부터 심한 질병에 이르기까지 온갖 종류의 불운에 빠지게 했다. 그런 마술로 인한 질병 중 하나가 중풍, 성 기능 장애, 갑작스러운 실어증 발병이었다. 그 희생자(이 문서에서는 한 남자다)를 치료하기 위한 의식으로 고대의 의사는 이 증상을 일으킨 것으로 생각되는 마술사와 마녀의 작은 조각상을 만들어야 했다. 각 조각상의 오른손은 입에 대고 왼손은 항문에 대며, 환자는 조각상을 발로 밟고 거기에 불을 질렀다. 지침은 상세했고, 심지어 그림까지 곁들였다. 또한 각 조각상은 점토, 반죽, 쇠기름, 밀랍, 역청으로 만들어야 한다고 구체적으로 진술했다.[12] 우울증과 조루로 고생하는 사람은 정화된 상태를 유지하기 위해 "정액이 나올 때" 역청을 만져야 했다.[13]

마법과 의례는 의료 현장에 끼일 자리가 없는 것으로 생각되겠지만, 고대 메소포타미아에서 초자연적 존재는 오늘날의 세균(현미경 같은 기술의 도움 없이는 볼 수 없는 것이다)과 마찬가지로 현실 구조의 한 부분이었다. 미생물에 대한 지식이 없던 메소포타미아의 의사들은 악마와 마녀 같은 자기네 나름의 설명, 그리고 그런 무서운 힘과 맞붙어 싸울 수 있는 치료법을 제시했다. 이 치료법과 의례의 구성 요소는 점토, 벽돌, 역청 같은 흔히 볼 수 있는 요소들을 포함했다. 구성 요소들은 인생에서 가장 두려운 의료적 경험 일부의 뒤에 있는 힘과 싸울 수 있는, 말 그대로의 힘과 상징적인 힘을 충분히 가져야 했다.

따라서 벽돌과 역청은 고대 메소포타미아의 벽돌 수백만 장으로 만들어진 성벽, 신전과 조각상 대좌의 구성 요소를 훨씬 넘어서는 것이었다. 이들은 우리에게 고대 메소포타미아에서 펼쳐진 삶의 수많은 측면을 살필 수 있는 길을 제공한다. 부분적으로 그 상징적 중요성 때문이다. 진흙, 초목, 그리고 히트 같은 도시의 부글거리는 역청 구덩이가 어우러져 신들과 사람들을 위한 지상의 집을 만들었다. 그렇다면 매우 중요한 무언가를 위한 구성 요소가 일상생활의 다른 요소 속으로 들어가지 않을 이유가 있을까? 그것들은 단지 건물을 위한 자재를 제공했을 뿐만 아니라 마법과 신화 창조와 의료를 위한(그리고 아마도 심지어 고대의 박물관을 위한) 재료도 제공했다. 이들 구성 요소들은 보통 사람들과 그들의 삶을 뒷받침한 신화적·종교적·사회적·정치적 제도에 관해 많은 것을 말해준다.

초기 왕조 시대는 벽돌이 중요한 역사적 발전을 얼마나 잘 추적할 수 있는지를 보여준다. 이때는 수메르인이 문화적·언어적으로 지배한 시대였고, 인류 사회의 놀라운 혁신과 발전의 시기였다(이 시기는 일반적으로 서기전 2334년으로 비정되는 아카드의 사르곤 왕의 등장과 함께 끝나게 된다). 길가메시 전설이 믿을 만하다면 그는 이 기간의 어느 시기에 우루크를 통치했을 것이다. 서기전 제3천년기 전반이자, 아마르신의 왕조가 인근 우르에서 권좌에 오르고 그가 닌갈의 황금 조각상 대좌에 벽돌을 놓기 수백 년 전이다. 길가메시는 기자의 대피라미드가 건설되기 200년 전이자 그리스 역사가 헤로도토스가 이 지역을 방문하기 2천여 년 전에 수백만 장의 벽돌이

들어간 우루크의 성벽 건설을 감독했다고 한다.

그러나 이 시기가 언제인지에 대해서는 미심쩍게 볼 것이 아니라 충분히 인정하고 보아야 한다.[14] 시기를 어느 정도 확실하게 알 수 있는 것은 나중 시기뿐이다. 대체로 서기전 제1천년기의 천문 현상을 정밀하게 기록한 고대 메소포타미아 학자들 덕분이다. 그들의 관찰은 정확하게 시기를 비정할 수 있다. 심지어 시간까지도 가능하다. 서기전 763년 6월 15일에 일어난 개기일식 같은 것으로, 그것이 그 이후의 시기와 그 직전 수백 년의 날짜를 확정해주는 사건이 됐다.[15] 이 시기 이전의 기간에 대해 역사가들이 할 수 있는 최선의 일은 사건들을 서로 간의 연관성 속에서 위치를 정하는 것이다.[16]

따라서 초기 왕조 시대로 알려진 이 수백 년에 걸친 시기(시기를 정확히 비정할 수는 없다)에 다양한 수메르 도시국가들이 등장했다가 사라졌다. 이들은 수메르어 사용으로 통일됐지만, 어느 한 통치자 아래 통일되지는 않았다. 이 시기를 특징지은 것은 쐐기문자 쓰기 체계에서부터 도시의 발흥과 새로운 종류의 건축에 이르기까지 활짝 꽃피운 집중적인 혁신이다. 이 시기는 인류 역사의 여러 가지 이른바 '최초'가 나타난 시기였다. 대표적인 것이 아마도 가장 중요한 혁신 가운데 하나인 바퀴였다.[17] 바퀴는 고대 사회를 변모시켰을 것이다. 사람과 도시를 연결하고, 무역을 용이하게 하고, 농업 노동을 쉽게 하고, 심지어 녹로를 통해 고급 도기 생산 속도를 높였다. 언제 어디서 바퀴가 발명됐는지는 영원한 논쟁의 주제다. 그러나 탈것에 바퀴를 사용한 것으로 알려진 가장 이른 증거는 초기 쐐기문자 부호에 나타난다. 우루크에서 나온 서기전 제4천년기 말(그림문자 같은 초기 부호가 여전히 그들이 표현하고자 하는 대상을 닮았던 시기다)의 점토판 적어도 다섯 장에, 두 개의 완전히 둥근 물건 위에 썰매를 얹은 것 같은 모습의 부호가 들어 있다.[18]

바퀴를 수메르인이 '발명'했는지와 상관없이, 초기 왕조 시대에 있었던 일 한 가지는 그 이전 어느 때보다도 많은 수의 사람이 한데 모여 그 어느 때보다도 큰 도시들을 만들어냈다는 것이다. 도시화의 부산물로서 혁신이 증가했다고 보는 것은 쉽다(결국 두 사람이 합치면 한 사람보다는 낫다). 시간이 지나면서 정착지들은 도시국가로 합쳐지고, 그 통치자들은 위대한 왕들의 시대 인물로 후대 전승에 남게 된다.

이들 성장하는 도시의 사람들은 살 곳이 필요했고, 그들의 신과 지도자들도 마찬가지였다. 이 시기에 건축은 당연히 확대됐다. 혁신 및 도시화와 함께 주택, 궁궐, 예배 장소 같은 구조물이 필요해졌다. 그리고 이웃 도시들로부터의 보호가 필요해지면서 서기전 2700년 무렵 이후 도시 성벽이 나타나기 시작한다. 우루크를 둘러싼 9킬로미터 길이의 성벽이 그 한 사례다.

특히 이 시기 건축의 위업 하나는 우루크 서북쪽 160킬로미터에 있는 키시에서 발견돼 오늘날 '평철 건물'로 알려진 마구 내

뻗은 건물 단지다. 이 현대의 이름은 벽돌 모양 때문에 생겼다. 벽돌을 만들 때 위쪽의 남는 진흙을 매만져 빵 덩어리 비슷한 모양을 만들었기 때문이다. 그래서 밑바닥은 평평하고(平) 위쪽은 약간 튀어나온(凸) 형태가 되었다. 그 모양은 벽돌이 V형의 오늬무늬 형태로 배열됐음을 의미한다. 한 방향은 그 옆면을 한쪽으로 기울게 하고, 다른 방향은 그 반대로 기울게 하는 것이다. 아주 초기 건물에 들어간 이 빵 모양의 벽돌은 그것을 만들고 배열하고 그것으로 만든 집에 거주한 사람들에 관해, 그리고 그들의 일상생활을 알려주는 관습에 관해 많은 것을 보여줄 수 있다.

키시 유적지의 현대 이름은 텔알우하이미르Tell al-Uhaymir다. 아랍어로 '붉은 둔덕'이라는 뜻인데, 고대의 유프라테스강 지류를 따라 수천 년 동안 들어섰던 이 유적지의 거대한 건물들에 사용된 벽돌 색깔을 반영한 것이다.[19] 이곳은 역사상 가장 이른 도시국가 중 하나로서, 초기 왕조 시대에 정치적으로 중요한 곳이었다. 수메르 전승에는 심지어 왕권(왕에 의한 통치라는 개념이다)이 하늘에서 내려와 키시에 자리잡았다고 했다. 믿기 어렵게도 이 유적지에 대한 고고학적 발굴은 실제로 신화 속의 묘사를 뒷받침하는 것으로 보이는 증거를 찾아냈다. 20세기 초의 대규모 작업을 통해 고고학자들은 '평철 건물'이 커다란 안뜰을 둘러싼 수십 개의 방이 있는 거대한 구조물이었음을 밝혀냈다. 버팀벽이 사다리꼴 건물의 두터운 외벽을 따라 1.5미터 높이로 남아 있는데, 이는 한때 더 높은 구조물이었음을 시사한다. 출입구로부터 역청으로 고정시킨 벽돌이 깔려 여러 개의 연결된 방으로 이어지고 더 나아가 커다란 안뜰이 나온다. 안뜰의 중심에는 현재 묘지가 있다. 한때 목제 가구, 벽, 기타 미술품에 박혀 있었을 장식용 조가비 상감 파편이 이들 방의 온전한 벽돌 바닥에 널려 있었다. 다른 특징들도 발굴자들의 눈에 띄었다. 배수관은 역청을 바른 벽돌 구덩이로 이어져 그곳에 물이 고이게 했고, 작업장도 몇 개 있었는데 그중 하나에는 포도 또는 기름 압착기, 가마와 화덕, 그리고 머리가 없는 조각상이 있었다. 그러나 건물 일대에서 무덤 몇 기가 더 발견돼 이곳이 아마도 초기 왕조 시대 말기에 버려진 것으로 추측된다. 그리고 화재와 약탈의 흔적은 이곳이 자의에 의해 버려진 것이 아님을 시사한다.[20]

또다른 넓은 건물은 평철 벽돌로 지어진 이 건물과 많은 공통점이 있었다. 사치스러운 재료의 잔편들이 여러 방에서 부서진 채 발견된 것이다. 한때 다른 미술품에 박혀 있던 조가비와 진주모 같은 것들이다. 예를 들어 조각상의 눈은 진주모로 박았을 것이고, 놀이판은 판의 눈을 빛나는 조가비 판으로 만들었을 것이다. 한 방의 띠 장식은 약 20센티미터 높이의 석회석 상감을 한 군사 행진의 장면을 보여주는데, 포로와 동물까지 갖추었다. 또다른 방에서는 진주모 상감으로 잔치 장면을 묘사했다. 도상으로 보아 여성인 듯한 악사가 나온다.[21] 그러나 흙벽돌 벽 사이에서 살았던 사치스러운 삶은 갑작스럽게 끝났고, 이곳은 '평철 건물'과 마찬가지로 짧은 기간 사용된 뒤 버려졌다. 이후 유적은 묘지로 이용됐다.

아름다운 미술품이 있던 이 구조물이 결국 임시 묘지로 사용된 데는 이례적인 무언가가 있었다. 그것들은 그렇게 조심스럽게 만들었음에도 불구하고 그 장식이나 설계에서 분명한 종교적 기능을 지니지 않았던 듯하다. 아마도 더욱 인상적인 것은 고대 메소포타미아에서는 아무도 신전을 버리지 않는다는 사실이다. 오히려 왕들은 거듭 신전을 재건하고 수리했다. 우르의 지구라트 단지가 그렇다. 고고학자들은 이 거대한 건물이 궁궐이었다고 생각한다. 아마도 중요한 정치적 혁신을 시사하는 것이다. 바로 신전과는 분리된 제도로서의 왕권의 출현이었다.[22]

우루크에서 불과 수백 년 전인 문자 생활의 가장 이른 시기에 이 도시의 심장부는 에안나 신전 구역이었다. 이 신전은 인안나 여신의 지상 주거지였을 뿐만 아니라 사회적·경제적 중심지이기도 했다. 또한 농업 노동을 조직하고 광범위한 대중에게 물품을 분배하던 곳이다. 도시에는 지도자가 있었지만, 그 역할은 신전과 뗄 수 없이 묶여 수행됐다. 키시의 건축 유적은 나중에 상황이 바뀌었음을 보여준다. 사람들은 남녀 신들이 아니라 왕을 모시기 위해 새로운 종류의 건물을 만들었다. 시민들은 자기네 왕을 위해 궁궐을 건설하고 장식하는 데 온갖 노력을 기울였다. 그리고 관심과 예술성의 수준을 보증하는 데 매우 중요한 새 시설의 벽돌 하나하나를 찍어내고 배치했다.

그렇다고 초기 왕조 시대에 신전이나 종교의 중요성이 감소했다는 얘기는 아니다. 키시는 또한 이 시기 이후 인상적인 신전을 뽐냈다. 그것은 종교의 발전과 특히 도시의 신들 및 경관으로서의 상징적인 중요성을 드러낸다. 각 도시에는 수호신이 있었고, 수호신을 위해 중심 신전이 봉헌됐다. 키시의 수호신은 자바바Zababa로 '쇄석자碎石者'라는 별명을 가진 전사 신이었다. 우르에서는 월신이 최고의 자리에 있었음을 이제 우리는 안다. 그리고 그 신에 대한 숭배는 매우 중요해서, 오직 왕의 딸만이 그의 고위 여사제이자 지상의 아내 노릇을 할 수 있었다. 신전은 신의 '집'으로 이해됐다. 이에 따라 '신전'은 실제로 '에$_e$'로 받음되는 쐐기문자 부호로 쓰였다. 수메르어로 '집'에 해당하는 단어다.

정치적·종교적 시설을 뒷받침하기 위해 그렇게 많은 벽돌이 놓였다는 것은 이 장소들, 그리고 그 안과 주위에 살았던 사람들이 지녔던 상징적 중요성을 보여준다. 이것은 이 도시들에 왜 그렇게 사람들이 밀집해 살았고, 왜 이 건물들이 그렇게 오랫동안 살아남았는지를(흔히 건설된 지 수천 년이 지난 뒤에도 여전히 서 있었다) 설명하는 데 도움이 된다.[23]

이러한 거대한 신전, 궁궐, 기타 기념비적 구조물은 오늘날 우리에게 두드러져 보이지만, 그것들이 고대 메소포타미아에서의 삶에 관해 보충적인 이야기를 하는 훨씬 작은 건물들에 둘러싸여 있었음을 기억하는 것이 중요하다. 어쨌든 벽돌은 민가를 짓는 데도 사용됐다. 초기 왕조 시대 전반기에는 민가에 대한 고고학적 증거가 드물다. 유적이 부족해서가 아니라 황량한 땅 아래 깊숙한 곳에 있기 때문이다. 어떤 유적지는 땅속에 손을 타지 않고 최적의 상태로 남아 있어 그 취약한 유적을 보존하고 있고(그것은 다른 수단을 통해 부분적으로 복구할 수 있다), 어떤 유적지는 그저 아직 발굴되지 않았을 뿐이다. 인공위성과 무인 비행기에서 보내는 화상 같은 원격 탐사 기술을 사용해 고고학자들은 모종삽을 이용하지 않고 전체 도시 유적의 지도를 그릴 수 있게 되었으며, 가옥이 발굴된 약간의 유적지는 그 디지털 화상 위에 추가적인 세부 사항을 더해준다. 고고학자들은 우르와 더 북쪽의 라가시 등 여러 도시에서 원격 탐사를 이용했다. 도시의 배치와 거리의 폭 수준 등 주거 구역의 밀도를 알기 위해서였다. 이 상세함의 수준은 비본질적인 것으로 들리겠지만, 역사가와 고고학자들에게는 일상생활의 모습을 파악할 수 있게 한다. 누군가가 자기 집에서 가장 가까운 신전까지 가려면 얼마나 걸어야 했을까? 거리의 폭은 수레 두 대가 지나갈 정도였을까, 아니면 겨우 당나귀 한 마리가 지나갈 정도였을까? 수로는 어디서 건축물을 방해하거나 연결하고, 도시 안 어디에서 경계를 만들었을까?

이 화상들은 또한 통상 발굴이 잘된 궁궐과 신전의 그늘에 다닥다닥 밀집한 민가 구역이 있음을 보여준다.[24] 고대 주거지의 모습을 찾기 위해 오늘날 바그다드 알카디미야구Al-Kadhimiya-區의 안뜰이 있는 전통 가옥 이상의 것을 찾을 필요는 없다. 이런 집들은 그 가운데에 통상 타일 바닥이 깔려 있는 하나 이상의 노천 안뜰이 있고, 벽돌담으로 경계가 쳐졌으며, 때로 화려하게 채색된 목제 방문과 창문으로 장식됐다. 각 방문은 1층의 방으로 이어진다. 집은 또다른 집과 붙어 있거나 좁고 때로 구불구불한 공간으로 분리돼 있다.[25]

그리스의 집들이 과열을 막기 위해 흰색으로 칠하고 영국의 오래된 건물들이 겨울에 외풍을 피하기 위해 창을 작게 내는 것처럼, 건축은 기후를 반영한다. 고고학자 메리 셰퍼슨Mary Shepperson은 그때나 지금이나 건축이 정말로 생활에 어떤 의미를 갖는지를 훌륭하게 포착해 이렇게 썼다.

이라크 남부에서 날씨가 아주 좋은 시기가 두 번 있다. 각기 대략 5일씩으로 봄에 한 차례, 가을에 한 차례다. 그 짧고 쾌적한 막간을 제외하면 춥고 바람이 불고 비가 오거나, 뜨겁고 바람이 불고 먼지투성이다. 난방 장치와 냉방 장치가 없던 과거에는 인간과 커다란 물리적 불편 사이에 있는 것은 오직 건축물뿐이었다.[26]

메소포타미아 도시들의 주거 지역에서 집들은 다닥다닥 붙어 있었을 것이다. 건물들이 서로에게 그늘을 만들어주고 햇볕에 노출되는 표면 지역의 양을 최소화하기 위해서였다.[27]

3 | 아마르신의 벽돌   105

민가의 구조는 기후와 지형뿐만 아니라 일상적인 필요(결코 거창하지 않은 것을 포함해서)도 반영해야 했다. 따라서 초기 왕조 시대의 혁신에는 매우 중요한 화장실 역시 포함됐다. 화장실은 서기전 제3천년기 초부터 우르를 포함하는 여러 고대 메소포타미아 유적지에서 나타나기 시작했다. 땅에 원통형 수직갱을 파고 그 안벽에 구멍을 낸 자기 테두리를 댔다. 수직갱 위에 작은 배수 구멍 또는 때로 네모난 좌석(바로 믿음직스러운 흙벽돌로 만든 것이다)을 놓았다.

그러나 배설물은 실제로 어디로 갔을까? 도시의 기반시설 여하에 따라 그저 땅속으로 스며들거나, 수동으로 씻어내는 물을 흘려보내 배수 시설로 흘러가게 했다. 울리는 우르의 서기전 제2천년기 초 화장실에 대해 특히 상세하게 설명했다. 신전이나 궁궐에서 배변을 하는 운 좋은 사람들과 달리 "보통 시민들은 자신의 오물을 처리하기 위해 스스로 방법을 마련해야" 했다고 울리는 썼다.[28]

집과 도시들은 일상생활을 반영한 건축의 흔적을 남겼다. 흙벽돌은 사람들이 시원하고 가까이 지낼 수 있게 하는 벽을 쌓았고, 그들의 화장실을 떠받쳤다. 그것들은 단순히 온도를 낮추고 오물을 처리하는 고대인들의 노력 이상의 것을 우리에게 말해준다. 사람들이 자기네 집을 짓기 위해 사용한 벽돌은 약간 깨지고 흔히 아직도 파묻혀 있지만, 그들이 어떻게 공존했는지에 관한 단서를 제공한다. 그 우뚝 솟은 건물들의 그늘에 쑤셔 박힌 민가는 이 시설들이 어느 정도의 사회적 유대를 유지하는 데 성공했음을 확인해준다. 이것은 아마도 "네가 그것을 만들면 그들이 올 것이다"(미국의 영화 〈꿈의 구장〉(1989)에 나오는 대사다)의 고대 메소포타미아판일 것이다. 그들은 자기네의 혁신과 정치사상뿐만 아니라 화장실도 가지고 올 것이다.

이런 집에 사는 많은 사람은 가옥, 거대한 성벽, 근사한 궁궐을 건설하는 고된 일에 동원되어야 했을 것이다. 어떤 사람들은 수로에서 흙을 파거나 흙과 섞기 위한 짚과 갈대를 모으는 일을 했다. 다른 사람들은 이것들을 함께 섞고 틀에 넣어 찍어내며, 또 어떤 사람들은 그렇게 만든 벽돌을 굽거나 늘어놓아 말렸다. 이 생산 과정은 여러 단계를 거쳤으며, 여러 부류의 사람들이 각 단계에 참여했다.

　수백만 장의 벽돌을 만드는 거대한 일은 똑같이 거대한 작업 부대가 필요하다는 얘기로, 거의 모든 사람이 건설 공사에 끌려갈 수 있었다. 심지어 서기전 7세기에 고급 교육을 받은 타비야Tabiya 같은 천문학자도 벽돌 만드는 일에 가지 않게 해달라고 아시리아 왕에게 청하는 점토 편지를 썼다.²⁹ 서기전 제1천년기에 고대 아시리아 관리들이 왕에게 보낸 편지들은 사람들이 벽돌 제조 할당량을 맞추기 위해 노동력과 원자재를 확보하려고 골머리를 싸매었음을 보여준다. 이 필사적인 노력은 서기전 8세기의 일루피야우수르 Ilu-piya-usur라는 목부와 그가 상급자들에게 끼친 압박감에 대한 전설에 포착돼 있다. 일루피야우수르는 벽돌 제조를 위한 짚과 갈대 300다발을 제공하는 책임을 맡았는데, 할당량을 채우지 못했을 뿐만 아니라 "자신이 맡고 있는 양을 훔치고 사라져 신전으로 피신했다"(그는 이전에 다른 사람의 돈도 훔쳤다). 동시에 여러 범죄를 저질렀음에도 불구하고 관리는 이 목부가 벽돌 만드는 재료를 제공하기만 하면 모든 것을 용서하고자 했다. 짚과 갈대의 필요성이 처벌의 필요성보다 훨씬 긴급했던 듯하다.30

벽돌에 건물, 그것을 봉납받게 되는 신, 건설 공사를 감독한 왕을 묘사하는 쐐기문자 새김글을 찍어 넣는 일은 일반적인 관행이었다. 글을 써넣는 데 사용된 기술은 어떤 면에서는 사르곤의 시대(서기전 2340년 무렵 사르곤의 등장과 함께 초기 왕조 시대가 마감되면서 시작됐다)까지 거슬러 올라가는 가장 이른 인쇄기의 한 변형이었다. 아기 때 바구니에 담겨 강을 떠내려간 뒤 정원사에게 건네졌던 사르곤은 중요한 수메르 도시국가들을 격파한 뒤 마침내 왕위에 올랐다. 그는 많은 사람이 동의하는 세계 최초의 제국을 세웠고, 그것은 정복과 건설이 병행된 것이었다. 그리고 그 가운데는 세계 최초의 휴대용 인쇄기에 해당하는 흥미진진한 기술 혁신이 있었다.

선택된 벽돌들에 서기에게 반복해서 글을 쓰게 하는(고도의 기술이 필요하고 시간이 많이 드는 일이다) 대신에 쐐기문자 새김글이 들어간 크고 특별히 만든 인장을 찍으면 누구라도 몇 초 안에 벽돌에 원하는 내용을 새길 수 있다. 그런 인장들 가운데 하나가 오늘날에도 남아 있다. 사르곤의 후계자(그리고 손자) 중 하나인 나람신 왕시대의 것으로, 서기전 2250년 무렵의 것이다. 구부러진 손잡이가 달린 이 사각형 점토 인장에는 쐐기문자의 윤곽이 양각으로 튀어 나오거나 또는 그 반대로 돼 있어 새로 만든 벽돌의 젖은 진흙 위에 누르면 읽기 쉬운 자국을 남긴다. 그것은 서기가 갈대 첨필로 만든 것과 매우 비슷하게 보인다. '신sîn 신의 신전 건설자 나람신'[31] 같은 식의 글이다. 황금 조각상과 엄청난 저주(점토 북에 충실하게 베껴 넣었다)에 관한 새김글이 있는 아마르신의 벽돌이나 수백 년 뒤 엔니갈디난나의 궁전에서 발견된 박물관 꼬리표에 찍기 위해 사용된 것은 바로 이 기술이었다.

그러나 말리기 위해 늘어놓은 벽돌의 촉촉한 표면에 무언가를 찍은 것은 사람만이 아니었다. 역사 속의 보다 즐거운 사건들로서 우리는 흙벽돌에 찍힌 개 발자국 또한 볼 수 있다. 개들이 새로 만든 벽돌의 촉촉한 흙 위를 뛰어다니면서 남긴 자국이다. 개는 고대 메소포타미아의 생활에서 중요한 부분을 차지했다. 그곳에서 개는 집과 도시를 지켰고, 사람들이 사냥하는 것을 도왔으며, 의료의 여신 굴라의 곁에서 사람들의 치유를 도왔을 것이다. 오늘날에도 자주 그렇듯이 개는 병사들을 따라 전쟁터에도 나갔다. 개는 전차 및 말과 함께 그림으로 그려지고, 그들의 준비를 묘사하는 행정 문서에 기록됐다.[32] 수메르 속담은 사람들이 반려견과 접촉하고 의존했던 방식을 즐겁게 엿볼 수 있게 한다. "개는 '먹어!'라는 말은 알아듣지만 '내려놔!'라는 말은 알아듣지 못한다"나 "개는 데리고 놀면 버릇이 없어진다" 같은 것들이다. 내가 가장 좋아하는 것은 "개의 운명은 항상 남의 뒤를 따라다니는 것이다"라는 속담이다.[33] 내가 기르는 열 살짜리 검은색 래브라도는 그림자처럼 나를 따른다. 내가 식탁에 앉아 있을 때 조용히 내 발치에 누워 있고, 짧은 달리기를 하러 나가면 내 옆에서 쾌활하게 헐떡이며 달린다. 그 개는 분명히 세상에서 가장 좋은 개다(세상의 다른 모든 개도 마찬가지다). 나는 운명을 피할 수 없음을, 맹목적으로 내 뒤를 따르는 개의 경우보다 더 잘(그리고 스트레스를 덜 느끼면서) 이해할 수 있는 방법을 생각하기 어렵다.

이것은 아마도 글이 찍힌 젖은 벽돌을 말리기 위해 늘어놓은 우르의 벽돌공에게도 그러했을 것이다. 이 벽돌 중 하나에는 우르남무 왕의 새김글이 찍혀 있고, 쐐기문자 부호 바로 왼쪽에는 두 개의 개 발자국이 있다. 개는 몸무게가 대략 20킬로그램이고, 다 자란 보더콜리나 마스티프 견종의 크기였을 것이다.[34] 또다른 우르남무의 벽돌에는 네 개의 발자국이 찍혀 있다.[35] 개들은 벽돌공을 따라다닌 것일까, 아니면 찍어낸 점토 벽돌에 완전히 둘러싸인 채 길을 잃어 먹을 것이나 집을 찾다가 밟게 된 것일까? 벽돌공은 개들을 쫓아버렸을까, 아니면 자손들에게 남길 발자국을 보고 낄낄거린 뒤 개들에게 빵과 고기 조각을 주었을까?

20세기에 울리가 우르를 발굴하기 전에도 고대 메소포타미아에서의 삶을 보여주는 건설 자재를 지표에서 볼 수 있었다. 한때 이 거대한 도시를 파묻었던 둔덕은 마른 역청 얼룩으로 거의 뒤덮여 현지인들은 이곳을 텔알무카이야르(역청 둔덕)라고 불렀다. 벽돌 구조물은 둔덕 밖으로 삐져나와 이라크 남부 사막의 바위 섞인 모래 아래에 거대한 유적이 있음을 암시했다. 민가, 왕의 궁궐, 왕들 조각상의 대좌, 그들을 치료하는 약의 원료가 그들 주위 환경에서 가져온 이 기본적인 물질로부터 나왔다.

《길가메시 서사시》의 시작 부분은 독자(또는 청자)에게 우루크를 둘러싸고 있는 벽돌 성벽을 탐색하게 만든다. 누구라도 이 벽돌들이 햇볕에 말린 것이 아니고 구운 것임을 알 것이다. 다시 말해서 벽돌은 강하고 단단하며 오래 견디도록 만들어졌다. 길가메시 왕 자신처럼 말이다. 그 벽돌들 사이에, 안에 청금석으로 만든 서판(길가메시 이야기 전체를 기록한 서판이다)이 들어 있는 삼나무 상자가 있다. 나는 이 성벽이 여기서 단순히 밝고 푸른 돌로 만든 서판의 가장 찾기 어려운 은폐 장소를 제공하는 것 이상의 역할을 하고 있다는 생각을 자주 한다. 성벽은 이 모든 것을 증언하고 있다. 벽돌은 그의 감독 아래 백성들이 쌓았고, 그 벽돌들은 그가 삶을 바꿀 만한 여행을 마치고 우루크로 돌아왔을 때 위로 높이 솟아 있었다. 어떤 의미에서 성벽은 길가메시 이야기에서 가장 중요한 순간을 보았다. 성벽은 이 모든 것을 위해 그곳에 있었다.

고대 메소포타미아에서 사람들 주위에 있던 무언가와 마찬가지로 벽돌이 이야기와 비밀을 전해주고, 역사와 심지어 사람들을 구체화하며, 이 평범한 건설용 흙벽돌이 신화와 의료 속으로 들어가는 매우 중요한 무언가를 상징한다는 것은 이해할 만하다. 고대의 우르 총독이 한때 조각상을 떠받쳤던 훨씬 더 고대의 벽돌을 발견하고서는 너무 기쁜 나머지 서기에게 충실하게 베끼도록 할 만큼 (그래서 오늘날에도 그 벽돌 자체는 없지만 내용을 쉽게 알 수 있다) 중요하다고 생각한 것 또한 이해할 만한 일이다. 이 물건은 기억할 만한 이야기를 담고 있다. 길가메시가 초기 왕조 시대 위대한 왕들의 시기에 정말로 실존했다면, 그는 고대에 그 신민들과 함께 죽었을 것이다. 그러나 그가 우루크의 성벽을 건설하기 위해 쌓았다는 수백만 장의 벽돌은 아직 남아 있다. 그가 오랜 시간과 침식의 풍상을 겪는 데 함께하지 않았다 해도 길가메시는 자신이 하잘것없는 인간에게 허용된 유일한 형태의 불멸을 성취한 것을 알고 기뻐했을 것이다. 즉 그는 영원히 후세인들에게 기억된 것이다.

4

슐기 왕의 조각상

좋은 왕이 되는 법

어린 딸아이는 내게 길가메시의 영생 추구 이야기를 해달라고 자주 조른다. 그것은 언제나 한밤중에 아기 모니터를 통해 소리를 질러 나를 깨운 뒤의 일이다. 잠이 깬 직후에 내 이름조차도 기억하지 못할 정도의 깊은 잠에 빠진 시각이지만, 오직 나는 엄마고 일어나야 한다는 생각에서 깨는 것이다. 놀라서 넘어질 듯이 내 방에서 나와 판지 책과 낡은 장난감 블록의 얕은 바다를 건너 딸의 침대 맡에 이른다. 나는 아랍어로 묻는다. "왜 그래, 아가야?" 영어로 하는 세 살짜리 아이의 대답이 너무 커서 나는 조금 큰 아들이 깨지 않을까 걱정했다. "음, 엄마, 포추기즈매노워Portuguese man-o-war(고깔해파리, '포르투갈 군함'이라는 뜻)가 우리 집에 올 수 있어?"(딸 아이는 실제로는 포추기즈매노워츠Portuguese man-o-warts(포르투갈 사마귀맨)

라고 말했고, 이 깨알 정보는 내가 평생 기억하고 싶다) 나는 그들의 촉수가 정말로 너무 길어서 대양 이외의 어느 곳에서도 살 수 없다고 안심시켰고, 딸은 어둠 속에서 조용히 곰곰 생각하는 듯했다. "알았어." 딸아이는 결국 수긍했지만, 이제 잠이 완전히 깨어 길가메시 이야기를 물었다. 아이는 자신이 궁금한 것을 분명히 말했다. "그가 우타나피슈팀Uta-napishtim을 찾은 곳 말이야."

우는 아이를 달래기 위한 바빌로니아 자장가를 생각하면서 나는 어둠 속에서 아이를 재우는 고대 메소포타미아의 부모를 상상해보았다. 아이가 우는 소리에 쿠사리쿠kusarikku(황소 인간)가 깨어나면 안 되기 때문이었다. 이 신은 소의 몸에 인간의 머리를 가지고 있으며, 집을 지키는 신이었다. 나는 딸의 옆, 희미하게 밝혀진 펭귄 모양의 야등 옆에 꿇어앉아 딸의 작은 손을 잡은 뒤 알려진 세계의 끝으로 가는 길가메시의 여행을 이야기했다. 해가 뜨고 지는 쌍봉雙峰의 산 밑에 있는 우주문宇宙門을 지나 영생의 열쇠를 찾아 나서는 것이었다. 그는 그 대신에 자신이 물을 것이라고 생각지도 않았던 질문에 대한 대답을 발견한다.

나는 매초 100만 개의 신경망을 구성하는 생각에 맞추기 위해 길가메시에 관한 많은 신화를 조정해야 했지만, 딸은 길가메시의 세계와 그곳에 있는 등장인물들을 알고 있었다. 우루크의 흙벽돌 성벽이 딸의 상상 속에서 세워졌다. 딸은 도시 바깥의 스텝(그곳에서는 길가메시의 아끼는 친구 엔키두가 자신이 보호하려고 애쓴 동물들 사이에서 생명을 발견했다)과 우주문 너머 보석의 숲을 그려낼 수 있다. 내 딸이 길가메시 이야기에 익숙하고 그것을 좋아하는 것은 이상한 일이 아니다(자세히 알고 있는 것으로 보면 그 분야의 전문가인 듯도 하다). 길가메시는 고대 메소포타미아의 긴 역사 속에서 잘 알려진 인물이었고, 오늘날에도 서아시아에서 어느 정도는 그러하다. 이 지역의 초기 위대한 왕들 중 하나로 기억된 그는 폭군으로 치세를 시작했지만, 자신의 공동체를 보호하고 보존하는 것의 가치를 이해할 수 있을 만큼 성장한 왕으로서 마감했다. 서아시아 문화(특히 이라크)에서 그의 지위는 부분적으로 위대한 수메르 왕 가운데 하나라는 명성 덕분이다. 전승에 따르면 그는 첫 도시 우루크를 100여 년 동안 지혜롭게 통치했고, 그의 지혜는 대홍수를 겪을 만큼 나이든 사람만이 전할 수 있는 것이었다. 그의 초인적인 힘과 풍부한 지식에 관한 이야기가 천 년이 훨씬 넘는 동안 궁정을 가득 채웠다.

길가메시에 관해 남아 있는 가장 이른 시들은 단명한 우르 제3왕조(사르곤의 제국이 멸망한 이후의 시기다)의 왕궁에서 대략 500년 전에 살았던 전설적인 왕에 관한 재미있는 이야기로서 낭독됐을 것이다. 우르 제3왕조는 우르남무가 창건했는데, 이 왕은 우르의 지구라트 건설을 시작했다. 이 시기 동안에(사르곤과 그 후계자들의 치하에서 아카드어가 수메르어를 대체한 뒤다) 수메르 문화와 언어가 소생해 활기찬 마지막 기세를 올렸고, 그뒤 그것은 쐐기문자를 사용한 학자들의 상아탑(또는 흙벽돌 탑) 속으로 밀려나게 됐다. 우르 제3왕조는 잠시 동안(대략 서기전 2100~2000년) 존재했지만, 그것은 이 지역의 역사 가운데 가장 잘 기록된 시기였다. 이것은 부분적으로 행정 기구를 유지하기 위한 번거로운 관료주의에 의존한 이 시기의 매우 조직화된 국가 덕분이었다. 점토판은 거래, 대출, 편지, 소송 사건 등을 담고 있다. 경제사 및 정치사를 위한 거의 바닥이 보이지 않는 자원이다. 겉보기에 무미건조한 행정 문서와 함께 문학 작품, 찬가, 심지어 의학서도 살아남았다. 전 세계의 수집처에 소장된 약 12만 점의 점토판들(그리고 이라크 박물관에도 수많은 점토판이 있다)은 이 짧은 시간대에도 불구하고 살아남아 왕들의 업적에서부터 어떤 양의 죽음에 이르기까지 모든 것을 전하고 있다.[1]

우르의 엔니갈디난나 궁전을 발굴하면서 울리와 그의 팀은 이 시기의 것인 조각상 잔편을 발견했다. 검고 윤기 있는 돌인 섬록암을 조각한 것으로, 쐐기문자로 뒤덮여 있었다. 발굴자들이 보기에 이 조각상은 고대에 깨진 것이 분명했다. 그러나 남은 부분은 슐기의 이름을 언급한 쐐기문자 새김글을 잘 보존하고 있었다. 슐기는 우르 제3왕조에서 가장 오래 재위한 군주였고, 고대 메소포타미아 역사를 통틀어서도 가장 오래 재위한 왕들 가운데 하나였다. 슐기의 쐐기문자 '문신'을 보존하고 있는 잔편은 울퉁불퉁한 공에 지나지 않는 것처럼 보였다. 아마도 한때 석상의 어깨 일부였을 것이다. 이 유명한 왕의 보다 완전한 다른 조각상이 많이 발견됐는데, 눈이 크고 경사진 코 위로 짙은 눈썹이 모여 있고 입술이 얇은 남자의 모습이다.

슐기의 치세는 서기전 2094년에서 2046년까지 반세기 가까이 지속됐다. 이는 그가 해마다 이룬 업적을 기록한 문서들 덕분에 알 수 있다. '데르(현재의 텔아카르)를 탈환한 해' 같은 식의 기록이다.[2] 심지어 그의 딸이 훨씬 이른 시기의 엔헤두안나나 더 후대의 엔니갈디난나처럼 월신을 모시는 고위 여사제가 됐다는 기록도 있는데 '난나의 고위 여사제 엔니르자아나En-nirza-ana가 임명된 해'로 나와 있다. 이런 간결한 '연도 명칭'은 어떤 왕의 중요 통치 장면을 보여주는 역할을 하며, 슐기가 여러 측면에서 이상적인 왕, 즉 현실 속의 길가메시였음을 보여준다. 그는 아버지 우르남무로부터 제국을 물려받았는데, 우르남무는 매우 이례적으로 전투에서 난폭한 죽임을 당했다. 그것은 고대 메소포타미아에서 매우 나쁜 징조여서 슐기의 통치는 아주 금세 끝나야 했다. 그러나 반대로 슐기는 승승장구했다. 그는 제국을 키우고 심지어 상비군까지 만들었다. 그의 치세 후반기의 '연도 명칭'은 단연 군사적인 성격을 띠었다. 거의 사방으로 나가는 원정을 언급했고, 그것이 제국의 판도를 확장하게 된다.[3]

앞으로 보겠지만 좋은 왕은 여기에 그치지 않고 더 나아간다. 그의 행적을 찬양하는 찬가는 그의 실제 업적 위에 약간의 이상적인 모습을 덧대었다. 일인칭 시점으로 쓰인 한 찬가에서 그는 그 이상과 부합하는 자신의 업적을 나열했다. 좀 분명하게 "나는 나의 용감성 및 힘과 마찬가지로 나의 지혜를 완성했다"라는 식이다. "나는 용의 자식, 사나워 보이는 사자" 같은 시는 넓은 도로를 만들고 정원을 가꾼 것에 대한 보다 문자적인 묘사와의 균형을 추구한다. 그는 심지어 니푸르에서 우르까지 200킬로미터 가까이 되는 거리를 불가능할 만큼 짧은 시간 안에 주파하는 초장거리 경주 같은 것도 했다고 한다. 이 찬가는 400행에 걸쳐 후손에게 그의 예외적인 모습을 강조했고, 기억되기를 원하는(그리고 실제로 오늘날까지 기억되는) 왕에게 걸맞은 칭찬을 늘어놓았다.[4] 그는 아마도 길가메시만큼 유명한 사람은 아닐 테지만, 당시에는 거기에 상당히 근접한 사람이었을 것이다.

슐기가 권좌에 올랐을 무렵에는 고대 메소포타미아에서 왕권과 그 이상에 대한 전통이 확립된 지 오래였다. 길가메시에 관한 시들이 영원히 남아 우르의 궁정에서 낭독되고 기억된 것이 한 사례였다. 길가메시는 그 이야기가 다루는 사랑과 슬픔, 삶의 유한성에 대한 공포 같은 아주 인간적인 문제에 대해서뿐만 아니라 좋은 왕이 된다는 것은 어떤 의미인가 하는 궁극적인 교훈에 대해서도 공명을 했다. 길가메시의 공훈을 찬양하는 시들은 궁정 오락의 목록 가운데 일부였을 것이다. 가장 이른 형태는 수메르의 이야기 형태로 우르 제3왕조 왕들의 궁정에서 큰 소리로 노래하거나 다른 방식으로 공연됐을 것이고, 그곳에서는 시와 음악이 궁정 생활 및 종교 생활에서 중요한 부분을 차지했을 것이다. 이 100년에 걸친 시기에 우르의 지구라트는 자랑스럽게 사제, 도살업자, 성 노동자, 예언자, 가수, 악사를 갖추었을 것이다. 우르 제3왕조의 주요 행정 중심지인 기르수(현재 텔렐로)에서 나온 인원들의 명부에는 여러 유형의 악사와 몇 부류의 가수가 포함돼 있다. 악기는 흔하게 볼 수 있었을 것이다. 우리는 이 왕조 끝에서 두 번째 왕 재위기에 부서져 수리한 심sim으로 알려진 현악기 최소 아홉 쌍에 대한 영수증을 받은 다다Dada 같은 악사를 묘사할 수 있다.[5]

이 여흥 전문가들은 틀림없이 자기네 공연에 길가메시와 그의 친구 엔키두에 관한 독립적인(당시에는) 수메르어 이야기들을 포함시켰을 것이다. 그것이 나중에 우리가 《길가메시 서사시》라 부르는 것으로 통합된 것으로 보인다. 이 초기 판본 중 하나에서 길가메시와 엔키두는 지금의 레바논에 있는 큰 삼나무 숲으로 간다. 그 수호자인 후와와Ḫuwawa(아카드어로 훔바바Ḫûmbaba)를 무찌르기 위해서였다. 또다른 판본에서 엔키두는 길가메시가 잃어버린 악기를 찾기 위해 하계下界로 내려간다. 엔키두가 그곳에서 갇히자 길가메시는 그에게 여러 가지 방식으로 살다가 죽은 사람들의 운명에 관해 묻는다. 궁궐 환관이나 전투에서 죽은 사람 같은 자들이었다. 이 이야기의 끄트머리에 모든 수메르 문학 가운데 가장 날카로운 연구聯句 하나가 나온다. "그대는 사산한 내 아이들을 보았는가? 태어나지조차 못했던 아이들 말일세." 길가메시가 묻자 죽은 그의 친구는 대답한다. "그 아이들은 금은 탁자에서 놀고 있다네. 꿀과 버터를 실컷 먹으면서 말이네."

엔키두가 묘사한 하계의 다른 모든 귀신은 후생에서도 계속해서 고난을 겪었다. 다른 쐐기문자 문학 작품들은 하계를 '음울한 집'으로 묘사했고, 그곳에 있는 사람들은 깃털을 옷으로 삼고 먼지와 흙을 먹으며 "빛을 보지 못하는" 것으로 묘사했다.6 그러나 너무 일찍 죽어 어머니의 심장 박동 말고는 아무것도 모르는 아기들은 그렇지 않은 듯했다. 길가메시에 관한 전승은 가장 고통스러운 인생의 문제를 피해 가지 못한다. 특히 죽음과 상실에 관한 문제다.

길가메시에 관한 초기 수메르 시 대부분은 서기전 18세기에 바빌로니아 서기 훈련생들이 만든 점토판에 남았다. 그 이야기들을 아마도 왕궁에서 큰 소리로 노래했을 우르 왕들이 몰락하고 약 200년 뒤였다. 그에 관한 전승이 아카드어로 나타나기 시작한 것은 대략 이 시기였다. 여기서 엔키두와 함께한(그리고 나중에는 엔키두가 빠진) 그의 모험은 《길가메시 서사시》의 바빌로니아판에서 살이 붙었다. 이 이야기는 오늘날 인생의 가장 어려운 문제들을 다루는 영웅의 여행의 초기 사례로서 공감을 얻고 있지만, 이와 상반되는 것은 길가메시를 좋은 왕으로 변모시킨 것이다.

전설의 시작 부분에서 길가메시는 우루크의 시민들을 공포에 떨게 하는 통치자였다. 3분의 2가 신이고 3분의 1이 인간이었던 그는 키가 거의 약 2.7미터이고 힘이 운석만큼이나 강했다("하늘에서 떨어진 바윗덩어리"로 묘사됐다). 그는 자신의 힘을 백성들을 보호하고 그들을 위해 쓰는 대신에 그들에게 잔인하게 휘둘렀다. 그는 사람들에게 우루크 주위에 9킬로미터에 이르는 성벽을 쌓게 했고, 자신의 오락 삼아 운동 경기로서 서로 싸우게 해서 그들을 녹초로 만들었다. 또한 그는 여성들을 마구 겁탈해 "모든 여자가 순결을 잃은 뒤에야 혼인하게" 했다. 결국 여성들이 나서 이 반신半神의 폭군으로부터 벗어나게 해달라고 자기네 여신과 남신에게 빌었다(당연한 일이지만 나는 이 부분은 딸에게 들려주는 길가메시 이야기에서 뺐다. 거기서는 엔키두 또한 죽지 않고, 그들은 후와와와 친구가 됐다. 길가메시가 나무를 좋아하기 때문이다. 내가 좀 멋대로 개작을 했다).

아루루Aruru 여신은 우루크 바깥의 야생 스텝에 버려진 점토로 엔키두를 만들어 길가메시의 짝꿍이 되게 했다. 해산하는 여성의 비명 없이 태어난 '침묵의 자식' 엔키두는 다 자란 남자로서 태어났는데, 우루크 바깥 스텝의 다른 어떤 동물만큼이나 야만적이었다. 그는 마침내 도시로 접근해 포악한 길가메시와 만났다. 그동안 길가메시는 자신이 아주 좋아할 수 있고 또한 자신을 구원해줄 사람을 찾고 있었다. 서사시의 표현은 길가메시와 엔키두가 친구를 훨씬 넘어서는 사이였음을 암시한다.[7]

서사시의 앞부분에 대한 내가 가장 좋아하는 요약은 〈스타트렉: 넥스트 제너레이션〉의 한 편에 나온다. 함장 장-뤽 피카드가 한 타마리안(오로지 그들의 역사와 신화에서 가져온 비유를 통해서만 소통하는 종種이다)과 함께 어느 행성에 낙오했다. 몇 시간 동안 소통하려 애쓰다가 실패한 두 사람은 어둠이 깔리기 시작할 때 숲속에서 불가에 앉아 있었는데, 갑자기 어둠 속에서 빠르게 움직이는 생물체의 공격을 받았다. 그 생물체가 타마리안을 공격하고, 그가 죽어갈 때 피카드는 마침내 그의 여행 동무가 이야기를 통해 소통한다는 것을 깨닫는다. 타마리안의 청에 따라 피카드는 가장 오래되고 가장 지속적인 문학 작품 가운데 하나인 《길가메시 서사시》를 떠올린다. 그의 얼굴은 그들의 임시 화로 불꽃의 깜박거림에 의해 살아 움직이고, 그는 자신이 기억할 수 있는 줄거리와 길가메시-엔키두 짝에 대해 이야기한다.

그들은 아주 가까운 친구가 됐다. 길가메시와 엔키두는 우루크에서 (…) 그러나 엔키두는 땅에 쓰러지고, 신들이 그를 죽였다. 그리고 길가메시는 피눈물을 흘리며 이렇게 말했다. "모험과 고난을 함께한 나의 친구가 영원히 가버렸구나."[8]

길가메시가 엔키두의 죽음을 지켜보았듯이, 피카드는 타마리안 함장이 죽는 것을 속수무책으로 지켜보았다.
실제로 길가메시의 여행이 시작된 것은 엔키두가 죽고 나서였다. 이 상실이 그를 추동해 바빌로니아의 노아에 해당하는 인물인 우타나피슈팀으로부터 영생의 비밀을 찾게 했다. 길가메시가 성공할 수 있었던 것, 그리고 그가 치가 떨리는 폭군에서 좋은 왕으로 변모하기 시작한 것은 이 탐색 여행 덕분이었다. 그는 슬픔에 빠져 고대 신화 속의 지역을 건너고 결국 해가 뜨고 지는 쌍봉으로 갔다. 메소포타미아 우주론의 지리학에서 알려진 세계의 끄트머리였다. 그는 인간과 전갈이 합쳐진 파수꾼을 설득하는 데 성공해 그 쌍봉 너머의 칠흑같이 어두운 지역으로 들어가고 마침내 홍옥수, 청금석, 산호로 만들어진 숨이 멎을 듯한 나무가 가득한 신의 정원으로 들어갈 수 있었으며, 결국 바닷가에 닿았다. 그곳에서 우타나피슈팀을 발견한 길가메시는 그로부터 영생의 비밀을 전수받고자 했지만, 그것 대신 얻을 수 없는 목표를 찾아 헤맨 것이 실제로는 그의 생명을 단축시키고 있다는 말을 듣는다.

우타나피슈팀의 대홍수에 대한 설명에 따르면 최고신 엔릴은 홍수를 일으켜 인류를 절멸시키겠다고 결정했지만, 인류에게 약한 구석이 있는 짓궂은 신 에아$_{Ea}$(엔키)는 '매우 현명한' 인간인 우타나피슈팀에게 가르쳐줄 간접적인 방법을 찾았다. 배를 만들고 가능한 한 많은 생물을 다가오는 홍수로부터 구하라는 것이었다. 그러나 우타나피슈팀은 배를 만들기 위해서는 다른 사람들의 도움이 필요했다. 거짓말을 해야(아니면 적어도 사실을 왜곡해야) 했다는 얘기다. 에아의 지시에 따라 그는 사람들에게 약속을 하고 경고를 덧붙였다. 그는 사람들에게 최고신은 "저녁에 당신들의 빵과자 위로 밀의 폭우를 내릴" 것이라고 말해주었다.[9] 여기서의 모호성은 다가

올 폭풍우를 예고하는 구닥다리 말장난에서 비롯된 것이었다. '빵과자'는 아카드어로 쿠쿠kukku인데, 이는 '무기'를 뜻하는 단어 칵쿠kakku를 이용한 것이다. 또한 '밀'에 해당하는 단어 킵투kibtu는 '불행'을 의미하는 동음이의어가 있다. 이 연구에 사용된 밀에 해당하는 말의 복수형 키바투kibātu는 또한 '무거운'에 해당하는 단어 카비투kabittu와 발음이 상당히 비슷하다. 우타나피슈팀은 다른 사람들에게 과자와 밀에 관해 거짓말을 했을까, 아니면 세찬 비가 내리고 그것이 그들을 향한 무기 역할을 할 것이라고 그들에게 경고한 것일까?

그럼에도 불구하고 이웃들에게 단 하루 만에 배를 건조하는 일을 도우라고 요구하고 그뒤에 그들 모두를 죽게 내버려두는 것은 무정해 보일 것이다. 그러나 대홍수 이야기의 더 오래되고 더 긴 판본에서 그는 마음이 상해 자신이 벌인 잔치에서 빠져야 했다. "그의 가슴이 무너지고 신 것을 토했기" 때문이다.[10] 어떤 의미에서 우타나피슈팀은 이상적인 왕권의 모범을 제시한다. 감정이 매우 상하는 것을 무릅쓰고 신에게 복종하고, 인간의 생존을 보장하기 위해 필요한 일을 한 극도로 현명한 사람이었다.

길가메시는 영생의 비밀을 알아내지 못했지만, 그것만큼이나 귀중한 것을 발견했다. 좋은 왕의 본보기와 자신의 통치에 영향을 미칠 깊은 지혜다. 우타나피슈팀은 길가메시에게 삶의 허약함에 대해 중요한 가르침을 주었다. 그는 이 젊은 왕에게 이렇게 상기시켜

주었다. "아무도 죽음의 얼굴을 볼 수 없다. 아무도 죽음의 목소리를 들을 수 없다. 그러나 분노에 찬 죽음은 사람을 죽이는 것이다." 죽음은 불가피하다. 영생은 어떤 개인의 생존에 있는 것이 아니라 공동체의, 인류의 생존에 있다.

길가메시 이야기는 우르남무와 슐기 같은 왕들의 궁정에서 크게 노래로 불렸을 초기의 수메르판에서 서기전 130년대 벨아헤우수르Bel-aḫḫe-uṣur라는 천문학 훈련생이 쓴, 남아 있는 가장 최근의 잔편으로 상당히 진화했다. 이 시간적 양극 사이의 어디쯤인 서기전 1000년 무렵에 신레키운닌니Sîn-lēqi-unninni라는 학자가 이 이야기를 표준판으로 편집했고, 이후 수백 년 동안 필사되었다. 그것이 우리가 지금 《길가메시 서사시》라고 부르는 것이다. 인상적인 것은 신레키운닌니 또한 길가메시가 잔인한 왕에서 친절한 왕으로 변모한 지혜를 강조하는 서문을 추가했다는 것이다. 그의 판본은 길가메시가 실패한 영생 추구로부터 얻은 지혜의 깊이를 강조한다. 그것이 그로 하여금 자신의 공동체를 보호하고 보존할 수 있는 방법으로 통치할 수 있게 했다. 지혜는 좋은 왕이 정의롭게 통치하고, 독실하고, 도시 성벽을 건설하고 전쟁에서 승리해 자기 백성을 보호하고, 강한 나라를 건설할 수 있게 한다. 어떤 의미에서 이 서사시는 폭정에 대한 경고이면서 한편으로 잘 통치하는 방법에 대한 청사진이다. 길가메시는 결국 후대의 모든 통치자들에게 현명하고 이상적인 왕의 상징으로 남았다.

나는 딸아이가 세 살 때 옥스퍼드대학 애슈몰린 박물관에 데려갔다. 고대 메소포타미아에서 나온 가장 중요한 문서들 중 하나에 쐐기문자로 쓰인 길가메시의 이름을 보여주기 위해서였다. 삼차원 각기둥처럼 생긴 약 30센티미터 높이의 이 점토판은 〈수메르 왕명표王名表〉로 알려졌고, 내가 아이와 함께 찾은 것은 서기전 1800년 무렵의 것이었다. 현대의 명칭이 시사하듯이 이 점토판은 수백 명의 이 지역 왕들(신화 속의 왕도 있고 실재한 왕도 있다)을 그들의 통치 시기와 함께 나열하고 있다. 한때 상점의 회전 진열장 같은 굴대 위에 올려졌던 그것은 이제 박물관 유리 진열 상자 안의 희미한 빛 위에 올려져 있었다. 나는 딸을 들어올려 "박물관에서 가장 유명한 것 중 하나"라는 딱지가 붙은 점토판을 가까이에서 볼 수 있게 했다. 딸은 잠자코 보더니 덤덤하게 말했다. "엄마, 이건 길가메시가 아니야. 그냥 벽돌이야."

〈수메르 왕명표〉에 따르면 길가메시는 126년 동안 통치했다. 불가능한 기간이다. 이것은 신화, 이데올로기, 역사를 메소포타미아 역사 기록에서 전형적인 방식으로 혼합한 것이다. 함께 나열된 것은 신화 속의 초인적 영웅 루갈반다Lugal-banda다. 초인적인 속력을 지닌 고대의 인걸로, 1200년 동안 우루크를 통치했다고 한다. 에타나Etana라는 왕은 키시를 1500년 동안 통치한 것으로 전해진다.

전설에 따르면 그는 독수리 등을 타고 하늘을 여행했는데, 그와 아내가 아이를 갖게 도와줄 '회임초懷妊草'를 구하기 위해서였다(불임은 늘 있는 문제였다). 이들도 길가메시와 마찬가지로 수메르어 문학작품에 나타났고, 나중에는 아카드어 작품에도 등장했다. 에타나, 루갈반다, 길가메시 같은 인물들은 왕으로서의 초인적 위대성, 더 나아가 메소포타미아 왕권의 위대성을 강조하기 위해 신화화됐다.

고대 메소포타미아에서 역사, 기억, 고대는 중요했고, 역사와 신화를 섞는 것은 이례적인(또는 심지어 문제가 있는) 일이 아니었다. 물건이나 사람이나 사건이 더 오래됐다면 그것은 중요했다. 왕들은 흔히 자기네 왕국의 활동과 심지어 정체성의 뿌리를 지나간 시대에서 찾았다. 확인할 만한 자료가 전혀 남아 있지 않은 아주 먼 옛날까지 뻗쳐 있는 기록인 〈수메르 왕명표〉는 후대 왕들이 스스로를 그렇게 긴 위대한 역사에 연결할 수 있게 했다.[11] 이 명부를 작성한 사람들은 내가 이 책에서 하고 있는 것과 똑같은 일을 하고 있었다. 바로 지나간 과거의 역사를 쓰는 것이었다. 이 문서가 내게 그렇게 특별한 이유가 그것이다. 문서는 고대의 역사 이해로 들어가는 각기둥 모양의 창이다. 과거에 대한 그들 나름의 표현인 것이다.[12]

아시리아학자에게 이것은 지금으로부터 5천 년 후 역사가가 부분적으로 미국의 마블코믹스 만화(한 장르의 대안 역사는 간접적으로 역사의 자료다)를 통해 20세기의 연대표를 작성하는 일에 비교될 수 있을 것이다. 마블의 이야기들은 뉴욕 같은 실제 도시와 제2차 세계대전 같은 실제 사건을 가지고 현대사의 구조를 다룬다. 그러나 인물들은 〈토르〉의 제인 포스터나 〈플래시〉의 배리 앨런처럼 과장됐다. 전자는 전설 속의 길가메시와 마찬가지로 알려진 세계 너머로 여행했고, 후자는 루갈반다와 비슷한 초인적인 속력으로 움직였다. 신화와 허구에 흠뻑 젖은 '마블 세계'는 여전히 현실에 바탕을 두고 있지만 때로 선이 악을 이기는 방식으로 예술가들이 역사를 다시 쓸 수 있게 한다. 미래의 역사가가 허구로부터 사실을 떼어내고 이상으로부터 현실을 분리해내는 방법을 찾을 수 있다면, 그들은 1939년 이후 주요 사건들의 기본적인 연대표를 재구성할 수 있을 것이다. 그리고 일부에서 어떤 다른 결과가 나타나기를 바랐는지도 말이다.

〈수메르 왕명표〉는 또한 역사가와 고고학자들이 머리를 싸맸던 문제에 대해 대답하는 데 도움을 준다. 구체적으로 왕에 대한 관념은 어디서 왔는가 하는 문제다. 초기 왕조 시대에는 이 지역을 통치하는 단일한 왕은 없었고, 도시국가의 개별 통치자들이 있어 함께 공존했다(그리고 때로 충돌했다). 시간이 지나면서 단일한 최고 지도자라는 관념이 뿌리를 내리고 결국 왕이라는 개념과 제도로 발전했던 듯하다. 〈수메르 왕명표〉에 따르면 '왕권' 개념은 아주 단순하게 "하늘에서 내려와" 에리두 또는 키시(전자는 나중의 전승, 후자는 더 이른 전승에 따른 것이다)에서 자리를 잡았다. 현실은 이보다 훨씬 더 복잡하다.

서기전 3000년 직전의 것인 메소포타미아의 초기 기록 문서 가운데 하나는 원, 원 안의 원, 반원처럼 보이는 부호들로 뒤덮여 있다. 이것들은 고대의 숫자 부호다. 한 서기가 초기 형태의 기하학을 이용해 몇몇 들판의 여러 지역에 대한 계산을 기록한 것이다. 그리고 온전한 단어를 나타내는 작은 부호 뭉치가 각 계산 뒤에 나오는데, 이는 고위 관료의 칭호를 나타낸다. 그 가운데는 '영주'와 '영주의 아내' 부호도 있다. 이것이 어떤 종류의 통치권 또는 적어도 한 사람의 손에 집중된 권력의 초기 암시일 수 있을까?[13] 만약 그렇다면 이것은 세계 어느 곳에서든 그런 현상에 대해 알려진 최초의 기록 가운데 하나일까?

그러나 '영주'와 왕이 완전히 같은 것은 아니다. 영주 같은 초기 도시 통치자들은 왕과 같은 책임, 기대, 신성한 정당성이 없었다. 그렇다면 '영주'권에서 왕권으로의 이동은 어떻게 일어났을까? 왕권은 그저 불가피한 사회 계층화의 정점이었을까? 단일 통치자의 등장은 이 지역에서 이루어진 초기 도시화의 논리적 결과였을 것이다. 농업의 발전과 그 결과로 생긴 잉여 식량은 사람들에게 농업 이외의 활동을 할 시간을 제공했고, 이어서 사회 계층화를 부추겼을 것이다. 고대의 사회 계층조차도 최고위층이 있었다. 일부 현대 학자들은 왕이 충돌의 자연스러운 결과로서 나타났으며, 능력 대신에 혈통을 따르는 좀더 오래가는 정치제도를 위한 무대를 마련했다고 주장했다. 보다 사변적인 다른 이론들은 초기 통치자들이 고대 메소포타미아 초기에 신들의 세계를 지배했던 여신들의 지상의 남편으로 받아들여졌다는 생각에 바탕을 두고 있다. 해답보다 더 많은 공백이 있기는 하지만, 서기전 제3천년기 말에 이 지역을 책임진 것은 '영주'(또는 다른 상응하는 주권자 칭호)가 아니라 왕이었다.[14]

이 위대한 왕들은 산 자의 땅과 함께 하계, 즉 고대 메소포타미아의 묘지에도 살았다. 고고학자들은 우르 지구라트 기단 부근에서 도시의 고대 주민 일부가 묻힌 약 2천 기의 무덤을 발견했다. 초기 왕조 시대 및 사르곤의 시대로 거슬러 올라가는 이들 무덤 대부분은 단순한 매장이었다. 보통 구덩이 하나에 시신 하나가 관에, 또는 갈대에 싸인 채 놓여 있고, 그릇이나 장신구 같은 약간의 개인용품이 있었다.[15] 그러나 16기의 무덤은 확실히 급이 높았다. 이곳에는 우르 귀족의 시신이 들어 있는 여러 개의 방이 있고, 울리가 '왕릉'[16]이라고 부를 정도로 이례적으로 화려한 부장품이 있었다. 이들 무덤에는 여러 가지 금 제품과 금박 제품, 황소가 끄는 수레, 금을 박고 진주모를 상감한 악기, 전투용 도끼, 화려한 머리장식 등이 들어 있었다.

그러나 눈부신 발견물을 무색하게 하는 것은 인간 희생의 불길한 징표였다. 몇몇 무덤의 주 매장자를 따라 100여 명의 수행원이, 울리가 '시신갱屍身坑'이라 부른 곳에 묻혀 내세까지 따라갔다. 세심하게 옷을 입고 악기들에 둘러싸인 그들의 죽음과 시신은 애도 또는 장례의 일부 역할을 했을 것이다.[17] 이 중 '큰 시신갱'으로 알려진 가장 큰 것에서는 청년을 포함해 74명의 사람이 난폭한 죽음을 맞았다. 컴퓨터 단층 촬영이 가능한 온전한 두개골 가운데 한 유골은 이 사람(10대 후반 또는 20대 초반의 여성이다)이 둔기에 의한 외상으로 죽었음을 보여준다. 이 여성을 가격한 것은 도끼 같은 자루 달린 무기였다. 인근 무덤에서 발견된 무기와 비슷하고, 같은 시대 유적지에서 발견된 원통 인장에 묘사된 것이다. 이 두개골은 또한 불을 쐬고 수은으로 방부 처리한 흔적을 보여주었다. 모두 인간 유해의 보존과 관련된 풍습이었다.[18]

1927년에 한 특별한 무덤에서 발견된 마흔 살 된 여성의 유해는 이례적인 이야기를 들려주었다. 이 손 타지 않은 무덤은 매우 대단해서 울리는 영국박물관 운영진에게 라틴어로 전보를 보냈다. 누가 중간에 가로채더라도 내용을 이해하고 약탈하는 것을 막기 위해서였다. 내용은 "돌로 지어지고 벽돌로 둥근 천장을 한 온전한 무덤을 발견"했다는 것이었다. 그러고는 "보석, 화관, 동물의 모습을 짜 넣은 옷으로 꾸민" 여성에 대해 간략하게 묘사했다. "무덤은 보석과 금잔金盞이 있는 근사한 것이었다."[19]

울리는 운영진을 화나게 할 수 있는 세부 사항은 빼버렸다. 여성의 두개골은 수천 년 동안이나 무덤을 채우고 있던 많은 흙의 무게에 짓눌려 있었다. 치열은 금판으로 만든 리본, 잎, 고리와 구슬 목걸이의 청금석 삼각형에 짓눌려 음울한 이차원적 미소를 짓고 있었다. 1928년 영국박물관 유물 전람회에서 이 인상적인 보석을 전시하기 위해 캐서린 울리는 모형 두상과 어떤 머리에도 맞을 만한 약간 불룩한 가발을 만들어야 했다(울리가 만든 모형의 얼굴은 아마도 수메르인처럼 보이는 고대 수메르 조각상을 충분히 닮지 않아 약간의 논쟁을 불러일으켰다. 이 때문에 또다른 우르 발굴자는 광대뼈가 튀어나오고 눈이 크고 극적인 일자 눈썹의 모형을 만들었다[20]).

이 여성이 묻혔던 서기전 제3천년기 중반에 그 마지막 안식처는 둥근 천장을 한 흙벽돌 방이었다. 여성은 아마도 나무로 만든 듯한 관가_(棺架)_ 위에 놓였고, 시신 주위에는 금은 사발, 설화석고 병, 은색 황소로 장식되고 조가비 상감무늬가 있는 목금_(木琴)_ 등 훌륭한 물건들이 있었다. 여성의 시신은 더욱 매혹적으로 장식됐다. 울리는 이 여성이 "금, 은, 청금석, 홍옥수, 마노 구슬로 뒤덮여" 있고 "그 구슬들은 놀라울 정도로 많고 이례적으로 품질이 우수"했다고 표현했다.[21] 이 방에서는 세 구의 시신이 더 발견됐는데, 겨우 구슬로 장식했고 한 경우에는 약간의 무기가 있었다. 1920년대에 이곳을 발굴하기 전 어느 시기에 지붕이 무너져 이 여성과 그 위용은 벽돌, 흙, 쓰레기의 무게 아래 짜부라졌다.

둥근 천장을 한 지하의 방에 장신구뿐만이 아니라 다른 사람들(아마도 이 여성과 함께 죽었을 것이다)과 함께 묻힌 이 여성은 누구였을까? 세 개의 못바늘이 이 여성의 어깨 부분에서 그 옷을 묶었고 각각에 청금석으로 만든 원통 인장이 하나씩 붙어 있었는데, 그중 하나가 이 문제에 대한 답을 준다. 거기에는 '푸아비Puabi'라고 쓰여 있고, 그뒤에 수메르어로 에레시eresh(여왕)라는 칭호가 나온다. 이례적으로 이 인장에는 이 여성과 관련된 남자 또는 왕이 전혀 언급되지 않는다. 그녀가 다른 남성과 관련되거나 의존하지 않은 채 어떤 독자성을 가지고 통치했을 가능성이 있지 않을까? 남아 있는 당대의 자료 어디에도 이 여성의 이름이 나오지 않기 때문에, 언급된 여왕으로서의 역할은 여전히 수수께끼에 싸여 있다.

그러나 고대 메소포타미아에서 여성의 통치 가능성이 얼마나 있을까? 역사적 증거로 보면 여왕은 남자 왕처럼 흔하지는 않았던 듯하지만, 여성이 권좌에 있었던 희미한 흔적이 있다. 〈수메르 왕명표〉에 따르면 서기전 2400년 무렵의 어느 시기에 쿠바우Ku-Bau라는 술집 주인 출신의 여왕이 키시를 통치한 사례가 적어도 한 번 있다.[22] 그 구절은 이렇다.

선술집 주인이었던
쿠바우라는 여성은
키시의 기초를 튼튼하게 다진 사람으로
왕으로서 100년을 통치했다.

겉보기에 무미건조한 쿠바우의 통치에 관한 이 몇 줄은 독특한 역사적 순간을 묘사하고 있다. 이 명부가 정확하고, 쿠바우가 서기 전 2400년 무렵에 키시를 통치했다면 고대 서아시아에서 여성으로서 권좌에 오른 것이 확인된 가장 이른 사례가 된다. 쿠바우는 또한 왕비에 해당하는 용어가 아니라 루갈(왕)이라는 칭호를 썼다. 대략 비슷한 시기의 푸아비와 상당히 비슷하게 독자적으로 통치했음을 시사한다.

고대 메소포타미아 일대에서 더 많은 유적지가 드러나면서 여성이 권좌에 있었다는 증거는 덜 예외적인 일이 되고 있다. 대략 비슷한 시기 지금의 시리아 알레포 동쪽 움 엘마라Umm el-Marra의 왕실 묘지에서는 여성 통치자를 발견하는 일이 과연 얼마나 예외적인 일이냐는 질문을 던지게 하는 발견물들이 나왔다. 인상적이게도 한 여성은 금과 은으로 된 다양한 물건과 30센티미터 길이의 청동 창끝이 들어 있는 무덤에 묻혔다. 이에 따라 현대의 학자들은 고대 메소포타미아의 성별로 나뉜 활동과 통치에 관한 적어도 하나 이상의 가정에 관해 재평가하게 됐다.[23]

푸아비와 쿠바우로부터 거의 2천 년 뒤에 아시리아 여왕 삼무라마트Sammu-ramat는 궁정에서 상당한 권력을 휘둘러 후대 그리스의 세미라미스Semiramis 여왕의 전설에 영감을 제공하게 된다. 그리스의 역사가 헤로도토스는 자신의 책 《역사Historíai》에서 이 여왕이 유프라테스강 기슭에 방벽을 건설했으며 "그 이전에는 온 평원에 강물이 범람하곤 했다"고 썼다.[24] 그리스의 의사인 크니도스의 크테시아스는 지금은 전하지 않는 책(서기전 1세기 그리스 역사가 디오도로스 시켈로스가 다시 이를 언급함으로써 남아 있을 뿐이다)에서 이 여왕을 언급했다. 그에 따르면 세미라미스 여왕은 비둘기들이 먹여 기른 뒤 양치기에게 발견돼 양육됐다. 첫 남편과 혼인한 뒤 아시리아왕 '니노스'의 박트리아 군사원정에 따라갔고, 그곳을 정복하는 일을 도왔다. 세미라미스는 첫 남편이 자살한 뒤 니노스와 혼인했다. 그리고 니노스가 죽은 뒤 그의 제국을 통치했고, 여왕으로서 다스리면서 바빌론을 건설하고 메디아(한때 메디아인이 차지했던 이란 서북부의 지역)의 궁궐을 확충했다.[25] 세미라미스는 인도 군사원정에 실패한 뒤 승천했고, 지상에서는 비둘기로서 숭배됐다.

세미라미스의 이야기는 약간 변형돼 로마, 유대, 아르메니아 전설에도 들어갔다. 아시리아 여왕으로서 훨씬 후대의 다양한 사회의 전승에서 살아남은(그리고 심지어 어느 정도 신격화된) 것도 그렇지만, 우리가 그 실제 생애에 대해 알고 있다는 사실은 주목할 만한 일이다. 실존 인물인 삼무라마트는 그렇게 여러 번 혼인하거나 죽은 후 비둘기로 변신하지 않았겠지만, 여왕으로서 남긴 업적 목록은 유례가 없다.

당대의 역사 기록은 삼무라마트가 서기전 9세기에 남편인 샴시아다드Shamshi-Adad 5세가 죽은 후 어린 아들 아다드니라리Adad-nirari 3세가 즉위하기 전까지 섭정과 거의 비슷하게 거대한 아시리아 제국을 통치했음을 확인한다. 삼무라마트는 또한 아카드어로 세갈루

sēgallu(궁궐의 여성)라는 칭호를 지녔다. 세갈루는 이 시기 동안 아시리아 여왕의 대표적인 칭호로, 왕의 역할에 맞먹는 여러 가지 책무를 관리했다. 여왕은 신전 시설을 후원하고, 예언이나 신탁 같은 정치적 의사 결정을 위해 고안된 의례에 참여했다. 그리고 제국 전역에서 막대한 토지 소유권 및 수많은 고용인을 보유한 집안과 궁궐을 관리했다. 여왕들은 전갈과 밀접하게 연결됐다. 암컷 전갈은 자기 새끼들을 철저하게 보호하는 습성이 있기 때문이다. 그리고 하마Ḫamâ라는 젊은 여왕의 몸에서 발견된 인장의 옥좌 그림에는 전갈과 사자가 모두 보인다. "많은 면에서 여왕의 행동은 왕의 행동과 동등하다"라고 역사가 사나 스베르드Saana Svärd는 썼다.²⁶ 단, 두드러진 예외는 여왕의 군사적 역할이다(삼무라마트는 서기전 805년 아들과 함께 히타이트와 싸웠으므로, 이 예외에서조차도 예외였다).²⁷

아시리아 여왕들은 이례적인 권력을 휘둘렀다. 통치자가 왕일 때도 그랬다. 특히 나키아Naqi'a 여왕은 클레오파트라만큼이나 아주 널리 알려져야 마땅하다. 에사르하돈 왕의 어머니였던 나키아는 그 조각상이 전시(여왕으로서는 전례가 없던 일이다)될 만큼 권력이 강했고, 왕궁 건물 새김글을 남긴 유일한 아시리아 여왕이었다. 이 글에서 나키아는 자신이 외국인 노동력을 동원해 니네베에 궁궐을 건설했음을 묘사한다. 외국인 노동력이란 전투에서 패배한 '적들'로, 이들이 건설용 벽돌을 만들었다.²⁸ 당시 학자들은 심지어 나키아를 대홍수 이전의 신화 속 현인 아다파Adapa와 비교했다. 왕이

나 돼야 가능한 비교였다.[29] 나키아는 정치와 군사 문제를 감독했고, 나이드마르두크Na'id-Marduk라는 아시리아 제국 변경의 한 총독은 왕비에게 엘람인들의 습격에 대해 자세히 이야기했다. 총독은 여왕에게 계속 보고하겠다고 약속하고, 심지어 여왕을 '주인님'이라고 불렀다. 왕국의 서한에서 오직 왕을 향해서만 부를 수 있는 칭호였다.

쿠바우와 삼무라마트는 통상 왕이 백성들을 통치하는 지역에서 이례적인 여성들이었다. 왕들은 백성과 신들을 위해, 그리고 다행스럽게도 미래 아시리아학자들의 연구를 위해 자기네의 행적에 관한 많은 기록을 남겼다. 슐기의 조각상(그를 '우르의 왕'과 '수메르 및 아카드 땅의 왕'으로 거명한 쐐기문자 부호가 새겨졌다) 같은 것들은 그들이 신에 헌신한 사실과 그들의 행적을 보존하고 있다. 그들의 이름이 찍힌 벽돌은 그들이 건설한 도시 성벽, 신전, 궁궐을 기념하고 있다. 시는 그들의 고난과 승리를 기록하고, 길가메시 같은 경우는 메소포타미아 왕의 모범으로서 전설의 영역으로 들어간다. 이들이 남긴 유산으로부터 어떤 왕을 인기 있거나 성공적이거나 '선한'(이것이 중요하다) 왕으로 만든 것이 무엇이었는지를 말할 수 있을까?

심지어 한 문명이 붕괴하고 그 대신에 다른 문명이 등장해도 무엇이 좋은 왕을 만드는가에 대한 대답은 시간의 흐름과 많은 정치적·문화적 변화를 견뎌내고도 여전히 거의 같았던 듯하다. 서기전 제3천년기 수메르 왕들의 새김글에서부터 서기전 6세기 우르 지구라트 벽감에 집어넣은 나보니두스의 점토 통에 이르기까지 왕들은 자기네 백성과 신들에게 자신이 통치 자격이 있음을 묘사하기 위해 많은 노력을 기울였다. 이것들은 연관되고 때로는 심지어 동일한 방식이었다. 이것은 아마도 현대 정치의 후보자들과 비교할 수 있을 것이다. 그들은 유권자들에게 자신이 개인으로서, 그리고 당 지도자로서 표를 얻을 만한 가치가 있음을 입증해야 한다. 사회적 기대에서 약간 벗어나거나, 커다란 실수로 지도자의 평판에 흠집이 생기거나, 당의 원칙에 따르지 않으면 선거를 망칠 수 있다(최근의 기억 속에 몇몇 중대한 예외가 있다).

메소포타미아의 왕은 대중의 투표에 의해서가 아니라 신에 의해 선택됐지만, 미리 설정된 어떤 기준을 충족함으로써 끊임없이 그 선택을 정당화해야 했다. 좋은 왕은 약한 자와 취약한 자를 보호하는 공정한 왕이었다. 우르의 지구라트를 건설한 우르남무 왕은 자신의 법전에서 이렇게 자랑한다. "나는 고아를 부자에게 넘겨주지 않았다. 나는 과부를 강자에게 넘겨주지 않았다. 나는 1세켈밖에 가지지 못한 사람을 1미나(60세켈)를 가진 사람에게 넘겨주지 않았다."[30] 좋은 왕은 백성을 위하는 것과 똑같이, 신들 또한 섬겨야 했다. 신전을 유지하거나 건설하거나 재건하고, 이 지상의 흙벽돌집에서 신들에게 필요한 것이 공급되도록 보장해야 했다. 왕들은 또한 전쟁에 나가야 했고, 어떤 시기에는 전투가 그저 방어에 그치지 않고 팽창이라는 이상을 달성하기 위한 것이었다. 신들은 왕이 보호자, 입법자, 종교 지도자, 건설자, 전사, 그밖의 것이 되기를 기대했다. 왕은 그 지위를 획득해야 했고, 자신이 그 자리에 걸맞음을 끊임없이 신들에게 보여주어야 했다.

왕은 인간 위에 군림했는지 모르지만, 신들이 '그들'을 지배했다. 근세 유럽 군주들이 절대적인 통치권을 가졌던 것과 달리 메소포타미아 왕은 자신과 자신이 통치할 권리를 즉위할 때부터 죽을 때까지 정당화해야 했다. 행동은 말보다 더 큰 목소리를 낼 수 있지만, 메소포타미아에서 그 행동들은 글로 써서 신들이 읽게 내놓지 않으면 아무런 의미도 없었다. 그런 많은 글은 오늘날 우리에게 왕의 새김글로 기록됐고, 그것들은 왕이 자신의 행적을 기록하기 위해 의뢰한 것이었다.

남아 있는 수메르 왕의 새김글은 모두 합쳐 2만 5천 행에 이른다.[31] 서기들은 행적들을 기록한 쐐기문자를 다양한 물건에 누르고 찍고 새겼다. 신전에 집어넣은 벽돌에, 그 건물의 토대에 묻은 점토 원뿔에, 조각상과 꽃병과 그릇과 의례용 무기의 몸통 부분에, 심지어 수백 년 후 학생들의 연습용 서판에 말이다. 통상 수메르 왕의 새김글에는 관련된 왕의 이름과 그의 칭호, 특정한 신에 대한 헌정의 말, 중요한 행동 등이 들어간다.

엔니갈디난나의 박물관에 있는 슐기 왕의 섬록암 어깨에 나타나 있는 것은 바로 이런 종류의 왕의 새김글이다. 짧고 감미로운 이 새김글은 '농경지' 정리에 대한 언급(약간 깨졌다)으로 시작하고, 왕이 닌순Ninsun 여신에게 조각상을 헌정하는 것에 대한 묘사로 나아간다. "강력한 남자, 우르의 왕, 사방의 왕 슐기가 이 조각상을 우르의 닌순 여신에게 바쳤다." 이 짧은 새김글은 슐기가 자신을 어떻게 나타내고 싶어했는지에 관해 흥미로운 이야기를 전한다. 닌순 여신은 바로 길가메시의 어머니이며, 그가 3분의 2는 신의 핏줄이라고 하는 것은 이 여신이 물려준 것이다. 슐기는 그의 치세 동안에 스스로를 닌순의 아들이자 길가메시의 동생으로 내세우고자 노력한다. 신의 유산을 참칭해 스스로를 왕권의 이상적인 모형으로 내세우려는 것이었다.[32]

왕의 새김글은 왕의 행적이나 유산을 꾸미거나 심지어 그것을 신의 의지 또는 개입으로 돌릴 수 있지만, 역사적 사건 역시 기록하고 있다. 농경지 재편 같은 일상적인 내용도 있지만 슐기 새김글의 상당수는 그의 군사적 성공을 기록하고 있다. 그중 하나가 이란의 도시 수사에서 발견된 것이다. 짧지만 생생한 이 새김글은 왕이 "키마시Kimash와 후르툼Hurtum의 땅을 격파한 뒤 구덩이를 파고 시체 더미를 쌓았다"고 묘사한다.[33]

자기선전의 관행은 서기전 제1천년기에 들어서도 한동안 계속됐다. 아시리아의 위대한 왕들은 자신의 공적에 대해 길게 서술했다. 특히 제국의 군사적인 힘을 보여주는 공적을 담았다. 서기전 704년에서 681년 사이의 어느 시기에 쓰인 통 모양의 점토 원통은 신아시리아 왕조의 네 번째 왕 센나케리브의 많은 군사원정을 기록하고 있다. 그 서두는 좋은 왕의 거의 모든 바람직한 모습을 포착하고 있다. 센나케리브는 스스로를 위대하고 강력한 무적의 왕이라 부른다. 또한 '독실'하고 '경건'한 목자다. 그는 "정의를 사랑하고 도움을 베풀며 선행을 추구하는 진실의 수호자"이지만, "고삐"를 쥔 듯 복종을 거부하는 자를 통제하고 "번개로 적을 치는" "용감한 전사"이기도 하다.[34] 이것은 사실 센나케리브가 복종을 거부하는 적을 어떻게 처리했는지(조금 뒤에 잘린 머리를 말뚝에 꽂은 일에 대해 이야기하겠다)에 관한 가장 덜 생생한 축에 속하는 기록이지만, 오늘날 소셜미디어 링크트인의 '자기소개'란을 작성하고자 애쓰는 모든 사람과 마찬가지로 그는 자신의 능력 범위를 보여주고 있다. 그는 자비로우면서도 잔인했고, 낮에는 선행을 베풀고 밤에는 가혹한 벌을 내릴 수 있었다. 고대 메소포타미아 왕에게는 이것이 당연한 일이었기 때문이다. 그리고 다른 어느 선한 왕과 마찬가지로 센나케리브는 돌에 새겨진 자신의 '이력서'가 새 상사가 될 수 있는 사람(또는 링크트인이 프로필을 본 사람의 이름을 나열하고 있음을 아직 모르는 옛 연인)이 아니라 신들이 본다는 것을 알고 있었다.

슐기와 센나케리브가 시간적으로 천 년 이상 떨어져 있음에도 불구하고 두 통치자는 스스로를 비슷한 방식으로 선전했고, 왕권에 대해 비슷하게 평가했다. 정형화되고 때로 반복적이지만(아마도 오늘날의 정치적 수사 일부와 다르지 않을 것이다), 석회암 궁궐 돋을새김, 각기둥 모양의 점토 원통, 섬록암 조각상, 못, 벽돌, 기타 수많은 물건을 뒤덮고 있는 이 부풀린 글들은 왕들이 어떻게 보이기를 원했는지, 그리고 그들이 죽은 뒤 어떻게 기억되기를 원했는지에 관해 많은 것을 말해준다.

선전은 그저 글로만 발견되는 것이 아니라 미술을 통해서도 전해졌다. 한때 칼후Kalḫu(나중에 님루드Nimrud로 불렀다)의 궁궐 벽에 붙어있던 정교한 석고 돋을새김은 아슈르바니팔(아시리아의 중요한 왕 가운데 마지막 사람으로, 센나케리브의 손자였다)의 사냥 장면에서 사자를 제압하고 있는 모습을 보여준다. 왕의 억센 팔뚝은 공격을 하면서 꼿꼿이 선 사자의 강한 앞발과 얽혀 있다. 난폭한 사자는 도시 성문 바깥 세계의 혼란을 상징하며, 이에 대해서는 진정한 왕만이 질서를 부여할 수 있고 백성을 보호할 수 있었다(정상적으로는 힘이 세었을 이 동물을 왕이 이길 수 있도록 보장하기 위해 실제로는 사자를 우리에 가두고 아마도 사냥 전에 굶겨서 약해지게 만들거나 약물을 썼을 것이다). 조각된 왕의 모습을 자세히 살펴보면 천으로 만든 그의 띠에 첨필 두 개가 꽂혀 있는 것을 볼 수 있다. 아슈르바니팔의 새김글에 따르면 그는 사자를 사냥하고 적과 싸웠을 뿐만 아니라 기록의 신 나부의 지혜 또한 배웠다. 그가 알고 있다고 주장한 것 가운데는 복잡한 수학, 수메르어 및 아카드어로 쓰인 모호한 문서, 그

의미가 숨겨지거나 봉인된 돌에 새겨진 대홍수 이전의 새김글 등을 포괄한다.[35] 자신의 업적 목록에 필사 능력을 추가한 첫 왕이 다름 아닌 슐기였음을 유념할 필요가 있다.[36]

아슈르바니팔은 대부분의 왕들보다 지적 추구에 대한 관심이 있었다. 그는 '도서관'을 만든 것으로 유명했는데, 여기에는 니네베(그가 통치하던 시기의 아시리아 수도였다)에서 발굴된 3만 2천 점가량의 점토판이 있었다. 불행하게도 이 서판들은 좀더 체계적인 고고학적 방법이 나오기 전인 19세기와 20세기 초에 발견되어 그 출토지가 오늘날처럼 매우 정밀하게 나열되지는 않았다. 서판은 실제로 수도 일대의 여러 지역에서 발견됐다. 우리가 오늘날 '도서관'으로 상상할 수 있는 하나의 깔끔한 건물이 아니라 도시 성벽 서북쪽 구석의 두 개의 궁궐과 두 개의 신전 같은 곳들이었다.[37] 엔니갈디난나의 골동품 모음에 붙인 박물관 꼬리표(울리의 표현이다)와 상당히 비슷하게, '도서관'이라는 명칭은 수집의 역사에서 일부가 된 약간 현대적인 개념이다. 부정확할 수는 있지만 이미 굳어진 용어다(따라서 계속 그렇게 부르겠다).

초기 고고학자들이 수천 점의 서판이 나온 곳을 왕실 도서관이라고 해석한 것은 서판의 내용과 품질 때문이었다. 서판들은 모든 종류의 학술을 포괄하고 있었고(예언, 의학 논문, 성도星圖, 천문 보고, 사전, 문학 작품 등을 모은 것이었다), 모두가 왕이 자신의 통치 유지를 모색하는 데 중요한 정보로 보이는 것들이었다. 수백 점의 서판은 또한 간기刊記라고 할 수 있는 특징적인 부분으로 끝났다. 여기서는 서판의 소유자, 편찬자, 심지어 필사자로서 아슈르바니팔을 거명하고 있다. 여러 개의 문자들은 또한 정확한 지식 모음을 편찬하는 일에 대한 왕의 관심을 보여준다. 왕은 멀리 떨어진 학자들에게 그들이 소장하고 있는 서판들의 사본을 요청하는 편지를 썼다. 자신의 소장품을 확충하려는 것이었다. 수도에서 남쪽으로 500킬로미터 떨어진 도시 보르시파의 몇몇 학자들에게 보낸 편지는 "나부[보르시파에서 섬기던 신]의 소유하에 있는 모든 필사된 지식을 베껴 내게 보내라. 지시를 완수하라!"라고 했다. 아슈르바니팔 왕의 '이력서'는 권력과 힘에 대해서뿐만 아니라 박식한 서기와 학자들의 지혜도 보여주었다.[38]

아슈르바니팔의 도서관에서 나온 것으로 보이는 서판들 가운데는 가장 잘 보존된 《길가메시 서사시》 사본 일부가 있다. 대홍수 이야기를 요약한 장을 포함해서다. 수천 년 동안 니네베의 지하에 묻혀 있던 이 특별한 서판을 처음 읽은 사람은 19세기 말 영국의 아시리아학자 조지 스미스George Smith였다. 그는 기독교 성서 노아의 방주 이야기 이전의 것을 우연히 발견하고서는 너무 흥분한 나머지 옷을 벗어 던지고 벌거벗은 채 영국박물관의 홀을 내달렸다고 한다. 서사시 끄트머리에서 길가메시가 여행에서 대단한 지혜를 얻은 뒤 우루크로 돌아올 때, 집으로 돌아오는 여행에 자신과 동행한 뱃사람에게 핵심 지역 네 곳을 찾도록 청했다. 바로 도시,

대추야자 숲, 점토 구덩이, 이슈타르(인안나) 신전이었다. 이 네 곳은 네 가지 활동을 의미하는데 집, 농업, 기술, 종교다. 인간 생활과 사회의 완전성을 표현한 것이다. 이들은 가족, 식량 생산, 산업, 비타 콘템플라티바 vita contemplativa(명상의 삶)를 반영하며, 모두 도시 성벽 안에 안전하게 들어가 있었다.[39] 길가메시가 다른 선한 왕들과 마찬가지로 통치해야 하는 곳은 성벽 안 영토이며, 그가 보존해야 하는 것은 개인의 삶이 아니고 인류의 삶이었다. 좋은 왕은 자기네가 만든 왕의 새김글에서 그들이 자랑한 모든 것을 실천함으로써 그 역할을 다한다. 자기네 성벽 안의 삶을 보호하기 위해 그들은 판사, 건설자, 서기, 목자, 그리고 때로는 전쟁광의 역할을 골고루 해야 했다.

길가메시는 죽음에 대한 두려움에 영생을 추구했었다. 그런 그가 통치했다고 하는 시기로부터 약 5천 년 뒤에도 자신이 여러 가지 방식으로 계속 살아 있음을 안다면 기쁠 것이다. 그의 이야기는 서아시아에서 나온 시, 영화, 음악, 심지어 비디오게임(그리고 내가 좋아하는 〈스타트렉〉의 삽화)에 영감을 주었다. 고대 메소포타미아의 우뚝 솟은 조각상처럼 이라크 미술가 하디 함자 알타이에 Hadi Hamza Al-Taie가 만든 황소를 탄 길가메시의 조각상이 최근 바그다드에 세워졌다. 그 조각상은 벽돌로 만들고 큰 쐐기문자가 새겨진 두터운 지구라트 같은 피라미드 위에 올려져 있다. 우르의 왕들이 자기네 궁정에서 자신의 공적을 칭송하는 시가 낭독되는 것을 들은 지 수천 년 뒤에도 길가메시는 여전히 좋은 지도자란 어떤 것인가에 대한 상징으로서 남아 있다. 그의 여행은 오늘날의 지도자들이 알고 있는 공직 수행의 기본 원칙을 그에게 주입시켰다. 개인의 권력은 권력을 준 공동체로부터 나오며, 역사는 단지 다음 선거가 아니라 그들 공동체의 생존을 염두에 두고 통치하는 사람을 기억할 것이라는 사실 말이다.

5

학습 서판
고대 바빌로니아의 알파벳

나는 수메르어를 배우느라 정말이지 고생을 했다. 매번 수메르어 수업을 들을 때마다 압박감을 느끼고 종종 땀까지 흘리곤 했다. 게다가 지저분한 필체로 어지러운 메모를 해서 시험을 위해 복습하려고 하면 나 스스로도 읽을 수 없음을 깨닫곤 했다. 내 머리는 아카드어처럼 문법을 체계적으로 담을 수 있는 구조(상례, 원칙, 규칙성)를 열망한다. 반면에 수메르어는 쐐기문자가 기록에 쓰인 가장 이른 언어이고, 아직도 부분적으로만 해독되고 있다. 수메르어의 해석은 그것을 연구하는 사람의 수만큼이나 많을 것이라는 말은 결코 과장이 아니다. 당시 나는 나중의(그리고 완전히 관계가 없는) 언어인 아카드어로 쓰인 서판들을 중심으로 연구하고 있었다. 그러니 도대체 내가 수메르어를 배울 필요가 어디 있었겠는가? 여러 해 뒤에야 나는 서기전 1800년 무렵 한 바빌로니아 학생이 베낀 속담을 마주쳤고, 그것이 나의 질문에 대해 질문으로 답을 주었다. "수메르어를 모르는 서기가 무슨 서기인가?"였다.[1] 물론 내 대답은 그리 좋지 못했다.

내게 약간의 위안이 된 것은 수천 년 전 티그리스강과 유프라테스강 유역의 아카드어를 사용하던 바빌로니아 학생들 역시 나와 마찬가지로 수메르어를 배워야 했다는 점이다. 수메르어는 그때에도 죽은 언어였을 것이다. 우르 제3왕조 멸망 이후의 고바빌로니아 시기(서기전 2000~1600년)는 고대 메소포타미아에서 가장 풍부한 공식 교육의 증거 일부를 남겼다. 이 시기는 메소포타미아 역사에서 학습 서판으로 유명한 시기다. 그 서판들이 풍부하게 남아 있어 현대 학자들은 신출내기 서기들이 읽기와 쓰기 방법을 어떻게 배웠는지를 단계적으로 재구성할 수 있었다. 흔히 둥근 모양인 그 점토판은 한쪽에 선생의 깔끔한 글씨와 다른 쪽에 학생의 지저분한 모사 시도를 보여준다. 그것은 오늘날 아이들을 가르치는 데 사용하는 발음 학습장과 유사하다. 활자로 된 자모가 위쪽에 있고 아이들이 그 아래에 여러 차례 똑같이 베껴 쓴다. 내 딸아이는 때로 유아원에서 자기 이름 쓰기를 연습한 것을 가지고 집으로 온다. 모두 대문자로 된 반듯한 선생님의 본보기 아래 삐뚤빼뚤 글자를 썼다. 딸아이가 베낀 글자는 크고 지저분해 보인다. 그중 일부는 줄이 흐트러져 연결돼야 할 곳을 찾지 못한다. 글자를 알아볼 수 없어서 붉은 판지 위에 꾸물거리는 벌레를 나란히 그려놓은 것 같을 때도 여러 번이지만, 나를 즐겁게 한다. 나는 그것을 부엌 벽에 꽂아놓는다. 다른 사람에게는 하잘것없는 낙서로 보이겠지만 내게는 거리 예술가 엘시드eL Seed의 현대 캘리그래피에 맞먹는 작품으로 보인다.

점토에 눌러 찍은 것이기는 하지만 고대의 학습 서판은 쐐기문자로 이와 같은 것을 보여준다. 어린 학생들이 처음으로 쓴 쐐기문자는 당연히 서툴러 보인다. 쐐기는 뜻밖의 각도로 기울고, 서판에 비해 너무 크게 그리거나 새겨진 괘선(아마도 학생이 줄을 맞춰 쓸 수 있게 하려고 선생이 그렸을 것이다)을 넘어 흔들거린다(또다른 속담은 좋은 필사의 중요성을 강조한다. "서기가 한 줄밖에 모르더라도 그의 필사가 좋다면 그는 진정한 서기다!"[2]). 고대의 학생들, 그리고 훈련받은 서기조차도 때로 공간이 부족해 문자들을 억지로 끼워 넣어 서판에 맞출 필요가 있었다. 그리고 별과 물고기 그림, 그리고 한 경우에는 선생의 모습을 그린 것은 우리의 따분한 학생 시절 낙서가 오랜 전통이 있음을 확인해준다.

우르 발굴에서는 엔니갈디난나의 궁전에서 몇 개의 학습 서판이 우연히 발견되었다. 이런 마음이 푸근해지는 몇몇 서판들은 서기전 6세기 공주가 살던 시기로까지 거슬러 올라가는 듯했다.[3] 울리는 자신의 회고록에서 이 서판들이 발견된 곳을 "아주 심하게 황폐해진 방"으로 묘사했다. 흙에 반쯤 묻혀 있었고, 허물어진 공간이었다. 그는 많은 서판이 지저분하고 실수투성이여서 어린아이들의 솜씨일 수밖에 없음을 알아차렸다. 그는 심지어 그런 서판 하나에 '남자아이 반'이라는 언급이 있음을 발견해 이곳이 학교였음을 확신했다.[4] 그가 보기에 "박물관이 학교와 연결돼 있다는 것은 전혀 놀랄 일이 아니었다."[5] 이러한 연결을 확신했음에도 불구하고 그는 '남자아이 반'에 관해 더이상 자세히 밝히지 않았기 때문에, 나는 이 서판을 찾기 위해 우르에서 발견된 유물에 관한 온라인 문서고를 뒤지느라 엄청나게 많은 시간을 소모했다.

내가 마침내 찾아낸 것은 들쭉날쭉한 삼각형처럼 생긴 정말로 아주 평범한 잔편이었다. 그 모양과 위에 쓰인 것의 방향으로 보아 이것은 한때 사각형 점토판의 왼쪽 아래 구석 부분이었던 듯하다. 오늘날 종이 숙제장의 한쪽 귀퉁이를 찢어낸 것인 셈이었다. 여기에는 삼나무나 향나무 같은 나무의 유형이 나열돼 있다. 고대 메소포타미아의 학교에서 어휘와 부호를 가르치기 위해 사용된 많은 단어장 가운데 하나였다. 이 깨진 아래 구석에 관한 울리의 모눈종이 발굴 카드에는 '에 반다 e banda'(남자아이들의 집)라는 수메르어 구절이 있다. 그것은 점토 잔편 끄트머리에 적혀 있었다. 그 옆에 울리는 "아마도 학습 자료였을 듯"이라는 간단한 메모를 휘갈겨 썼다.[6]

많은 사람에게 4천 년 전의 깨진 숙제장 조각은 먹다 버린 샌드위치 일부에 지나지 않는 것처럼 보일 것이다. 그러나 내게 그것은 다른 대부분의 고대 유물에는 없는 특별한 종류의 마법을 지닌 것으로 생각됐다. 우리는 고대 세계의 성인成人들에 대해 많은 것을 알고 있다. 삼무라마트 여왕, 맥주를 만든 쿠심, 심지어 도망친 목부 일루피야우수르(그는 벽돌 제조에 쓰일 짚을 공급하지 않고 신전에 숨는 쪽을 선택했다) 같은 사람들이다. 그에 비해 고대 세계의 어린이들에 관해서는 아는 것이 매우 적으며, 우리가 아는 것 상당 부분은 매장 같은 차마 읽기 힘든 맥락에서 온 것들이다. 아이들은 언제 말을 시작했을까? 어떤 동요를 불렀을까? 또 어떤 엉뚱한 질문을 했을까? (그리고 그 아이들도 '포추기즈매노워츠'에 관해 호기심을 가졌을까?) 우리 아이들이 나보다 더 흥미롭고 활동적이며 호기심이 많기 때문에(그리고 사랑스럽기 때문에) 우리의 자료에서 아이들의 삶에 관해 전반적으로 언급이 없는 것이 매우 슬프다. 그러나 고대 바빌로니아의 학습 서판은 해결책이 될 수 있다. 이들은 교육에 대한 이야기뿐만이 아니라 요즘 아이들과 정말로 그리 다르지 않은 아이들에 관한 이야기도 한다.

어떤 경우에 이 아이들은 통상적인 연습용 줄과 낙서 외에 예기치 않은 표시를 남겼다. 엔니갈디난나가 우르로 옮겨가기 천여 년 전인 서기전 18세기에 열두 살쯤 된 아이가 연습용 점토판 구석을 입으로 깨물어 작은 치아 흔적을 점토에 영원히 남겼다. 그 아이는 그날 수업 중에 유난히 배고픔을 느꼈거나 점토의 맛이 어떤지 갑자기 궁금해졌을까? 그저 다른 아이가 자신의 작업을 베끼는 것을 막기 위해 서판을 깨고자 했을까? 우리는 그 이유를 알 수 없지만, 그의 삶을 살짝 엿볼 수 있는 환경에 관해서는 충분히 안다. 이 서판이 발견된 곳이 니푸르였기에, 이 10여 세의 아이가 고바빌로니아 시대에 그곳에 살았음을 알 수 있다. 바빌론과 우르 중간의 유프라테스강 언저리에 있는 도시다. 이 시기는 정치적 투쟁과 통합, 대규모 건설, 사법 개혁으로 유명하다.

이 아이가 숙제장을 이로 깨물 때 니푸르는 이미 함무라비 왕의 지도 아래 성장하는 제국에 편입돼 있었다. 함무라비는 서기전 1792년에 권좌에 올라 40년의 치세 동안 바빌로니아 제국을 확장하고 통합하는 일에 나섰다. 그가 등장하기 전 200년 동안 현 이라크 남부의 정치 환경은 서기전 2000년 무렵 우르 제3왕조의 붕괴에 의해 분열돼 있었다. 우르남무가 건설하고 슐기 같은 그의 자손들이 확장한 크고 집중화된 제국이 권력의 공백을 남겼고, 몇몇 도시들이 이를 채우려 애쓰고 있었다. 고바빌로니아 시대 전반기는 이신Isin(현 이산알바흐리야트)과 라르사Larsa(현 텔앗센케레흐)의 두 도시를 근거지로 한 두 왕조 사이의 정치적 줄다리기로 특징지어졌고, 그뒤 함무라비 치하의 팽창과 통합의 시기가 이어졌다. 그러나 함무라비는 스스로를 '바빌로니아인'이라 부르지 않고 아모리인의 정체성을 가지게 된다.[8] (그의 진짜 이름은 그 유산을 반영했다. 그의 실제 이름은 '죽은 위대한 조상은 우리 핏줄'이라는 의미의 함무라피Hammurapi였다. 그런데 초기 학자들이 'p'를 'b'로 잘못 읽었고, 아슈르바니팔의 '도서관'에서부터 아마도 심지어 엔니갈디난나의 '박물관'에 이르기까지

아시리아학의 그 많은 역사적 대실수와 마찬가지로 이 잘못이 굳어져 지금의 우리도 이를 고수하고 있다.[9]

함무라비의 권력과 명성은 그의 사후에도 이 지역에서 오랫동안 지속되었다. 통치자로서 그가 남긴 가장 큰 업적 중 하나는 오랜 정치적 불안정의 시기 이후 메소포타미아 남부와 북부를 통합한 것이었다. 전투 작전에서만큼이나 정치에도 능숙했던 그는 건설 공사를 수행하고 종교적 의례에 관여했다. 왕으로서의 자신의 정통성을 강화해주는 일들이었다. 그는 메소포타미아 역사에서 매우 중요했기 때문에 나보니두스 같은 훨씬 후대의 왕들이 그를 자기네의 정통성 주장의 기준으로 삼았고, 훨씬 후대의 학자들은 심지어 자기네가 그의 궁정 현인들의 자손이라고 주장했다.

그러나 함무라비를 가장 유명하게 만든 것은 아마도 그의 법전이었을 것이다. 그 법전은 오늘날 루브르 박물관 방문자들 위로 높이 솟아 있는 검은 석비에 영구히 남았을 뿐만 아니라 고대 메소포타미아 학생들이 쓴 수천 점의 점토판에도 남았다. 학생들은 서기가 되기 위한 훈련의 일환으로 그의 법전을 전사해야 했다. 이 법전에는 300개에 가까운 항목이 수록되어 있다. 각 항목은 법적인 사례와 그 결과를 제시하는 '가정-결과' 방식으로 서술돼 있다. 첫 번째 항목의 전반부는 "만약 한 사람이 다른 사람을 고발하고 그에게 살인 혐의를 씌웠지만 그의 범죄가 입증되지 않았다면"이라고 되어 있고, 이어 "그 고발자는 살해될 것이다"로 이어진다. 다시 말해서 살인죄로 무고하면 그 고발자를 사형에 처한다는 것이다. 함무라비의 섬록암 석비에 조각되고 학습 점토판에 전사된 조항들이 다루는 법적 사례의 범위는 포괄적이다. 한 사례에서 어느 여관 여주인은 자신의 여관에서 범죄자들이 만나는 것을 신고하지 않아 사형 선고를 받는다. 또다른 조항은 어떤 사람의 머리를 잘못 시술한 의료 문제를 다룬다. 법전은 사회생활의 모든 요소를 다루고 있다. 건축, 재산, 상속, 중대한 신체 상해, 낙태, 폭행, 근친상간, 혼인, 이혼, 입양, 간통, 대출, 부채, 유모乳母, 주술, 위증, 자기 집 황소가 누군가를 들이받았을 때 생기는 일 등이 담겨 있다. 바빌로니아의 학생들이 이 법들을 전사해야 했듯이, 오늘날의 쐐기문자 학습자들도 흔히 베껴 쓰기로 시작한다. 내가 쐐기문자로 처음 읽은 완전한 문장은 함무라비의 첫 번째 조항에 나오는 것이었다.

함무라비 법전의 여러 사본 같은 학습 서판들은 고바빌로니아 시기의 것이 상당수가 매우 상세하게 남아, 그 서판들이 때로 미래의 학생들에게 고대 학생들의 경험을 짜맞출 수 있게 할 목적으로 남겨졌다는 느낌이 들 정도다. 그리고 가장 풍부하고 잘 연구된 사례들은 함무라비의 방대한 제국의 종교 중심지 니푸르에서 나왔다. 잇자국이 난 열두 살짜리 아이의 점토 숙제장이 발견된 곳이다. 우리가 교육과 학생들의 일상생활에 관해 많은 것을 알 수 있는 것은 이런 내버린 학습장 조각들을 통해서다.

"학생, 그렇게 오랫동안 어딜 가고 있었지?" 학생들이 학습의 마지막 단계에서 배워야 하는 수메르어 이야기는 이렇게 시작한다. 학생들은 집에서는 아카드어의 바빌로니아 방언을 사용했겠지만, 학교에서는 수메르어를 배웠다. 오늘날 유럽의 일부 학생들이 학교에서 라틴어를 배우지만 집에서는 모국어를 사용하는 것과 마찬가지다. 이 이야기 서두의 '학생'이라는 말은 수메르어로 '두무 에두바dumu eduba'다. 두무는 '아들' 또는 '(남자)아이'를 의미하고, 에두바는 문자 그대로는 '서판을 나누어주는 집' 또는 좀더 간단하게 '서판의 집'이다. 따라서 '학생'은 '서판의 집의 아들'이며, 교사에 해당하는 단어는 직역하면 '서판의 집의 아버지'다. 아마도 교사와 학생 사이에 존재했을 친밀하고 거의 가족과 같은 관계에 대한 무언가를 시사하는 듯하다.

오늘날 우리는 이 이야기를 〈학창 시절〉, 또는 건조한 아시리아학 용어로 〈에두바 A〉(학교생활에 관한 많은 이야기 중 하나이기 때문이다)로 부른다. 에두바에 가는 가상의 남자아이에 관한 이 이야기의 단편적인 사본은 적어도 57개가 있다. 이야기를 여는 질문에 대한 대답으로, 이름을 밝히지 않은 아이는 자신이 어디에 있었는지를 이렇게 말한다.

나는 서판을 암송했어요. 나는 점심을 먹었어요.
나는 서판을 준비하고, 쓰고, 끝마쳤어요.
그들이 나를 위해 줄을 그어주었고

그들이 오후 식사 동안에 내 휴대 서판을 준비했어요.[10]

아이의 어머니는 '빵 두 개'(고대의 샌드위치였을까?)를 점심으로 싸주었다. 첫 수업시간에 교사가 단어를 불러주어 아이는 서판 위에 받아 썼다. 이제까지는 학교에서의 그리 특별할 것 없는 나날이다. 그러나 이 평범한 활동 목록은 학생이 지각한 날 암울하게 변한다. 공포가 아이의 가슴을 찢어놓고, 글씨를 지저분하게 쓰거나 복장이 단정하지 않거나 수메르어 연설이 서투르거나 하는 등의 사소한 잘못을 저지르면 매를 맞았다. 〈학창 시절〉의 끝부분에서 이 학생은 쓰기를 배우는 것은 그런 희생을 할 만한 가치가 있다고 생각하며, 그는 매질을 당하는 불량 학생에서 심지어 자기 아버지로부터도 존중을 받는 고귀한 '지자智者'로 바뀐다. 문학 작품으로서의 〈학창 시절〉은 교육을 통해 얻을 수 있는 학력과 지혜라는 선물을 칭송하고, 졸업생을 '영웅'으로 부르며 문자의 여신이자 서기의 수호신 니사바에 대한 찬양으로 끝을 맺는다.

서기 훈련생은 교육의 일부로서 학교생활에 관한 많은 비슷한 이야기를 필사해야 했다. 또다른 이야기에서 한 학생은 학교 규칙을 외워보라는 요구를 받고 이렇게 빈정댄다. "학교의 규칙에 관해 물으신다면 해가 뜰 때부터 해가 질 때까지 말씀드려야 할 것이고, 제가 요구받은 일은 마칠 수 없을 것입니다!" 그는 심지어 이 규칙이 "끝이 없다"라고 말한다. 나는 이것을 내가 사우디아라비아에서 5학년이었을 때 학급에 써붙였던 황금률과 비교하지 않을 수 없다. 그것은 너무 커서 벽 한 면을 거의 차지하는 녹색의 칠판 위 깃발에 흘림체로 휘갈겨져 있었다. "너희는 남에게서 바라는 대로 남에게 해주어라."

이 이야기는 메소포타미아 학생들의 학교생활에 대해 믿을 수 없을 정도로 분명하게 보여준다. 학생들은 동이 트기 전에 일어나 아침을 먹고 첨필을 챙겨 학교에 간다. 그리고 학교에서 산수와 어휘에 관해 교사가 가르치는 것을 큰 소리로 따라 했다. 암송 외에 "학생들은 연습 서판과 그의 어휘 목록에 단어들을 써서" 교사에게 검사를 받아야 했다. 그렇게 하지 않으면 선배 학생과 교사로부터 매를 맞을 수 있었다.[11]

이 허구적인 이야기는 다른 문학 작품과 마찬가지로 아마도 어떤 생활 속의 현실을 반영했을 것이다. 그러나 또한 다른 문학 작품들과 마찬가지로 교육 또는 해학을 위해 에두바에서의 생활상을 과장했을 것이다. 이 이야기들의 세부 내용을 액면 그대로 받아들이더라도, 그것들은 수천 년이 지나는 동안에 있었던 고대 메소포타미아의 교육을 서기전 1800년 무렵의 일부 아이들의 경험으로 축소시켜놓았다.

그러나 감사하게도 사실을 재구성하기 위해 허구에 의존할 필요는 없었다. 발굴 보고에서 '가옥 F'라는 무덤덤한 이름으로 알려진 니푸르의 한 집의 폐허에서 발굴자들은 수백 쪽에 이르는 메소포타미아판 숙제장을 발견했다. 니푸르는 당시에 런던 하이드 파크 정도의 크기(약 1.4제곱킬로미터)였고, 가장 높은 곳은 이라크 평원 위로 20미터 가까이 솟아 있었다. 그 중심부에는 수로가 구불구불 흘렀다. 동쪽으로는 벽돌로 만든 거대한 지구라트가 솟아 있었고, 거기에는 고대 메소포타미아의 최고신 엔릴에게 바쳐진 신전이 있었다. 그리고 주거 구역이 있었는데, 여기서 '가옥 F'가 발견됐다.[12] 니푸르의 초기 발굴을 이끈 고고학자 가운데 하나인 도널드 매카운Donald McCown은 존경에 가까운 두려움으로 이 지역을 묘사했다. "나는 눈부신 가을날 니푸르를 처음 보았을 때 (…) 그 규모, 폐허를 덮고 있는 모래언덕, 황량한 모습에 압도당했다." 그러나 그는 과업의 거대한 규모, 그리고 그와 그의 팀이 황량한 풍광 아래서 아무런 중요한 것도 발견하지 못할 가능성을 우려했다.

그러나 그들은 고대 메소포타미아의 사회사·정치사·지성사를 이해하는 데 핵심이 되는 도시를 발견했다. "이곳에서 세계에서 가장 오래된 기록 문헌이 점토판에 쐐기문자로 쓰였다"라고 그는 썼다. 이 유물이 우리에게 오래된 것으로 보이겠지만, 이것은 "3800년 전 서기들이 자기네 후손을 위해 보존하려고 필사할 때도 이미 오래된 것이었다"라고 그는 강조했다.[13]

니푸르의 '가옥 F'와 그 인근에서 발견된 귀한 발견물인 학습 서판은 기본적으로 학교의 폐기물이다. 연습 서판은 긴 하루의 끝에 버려졌다. 오늘날 학생과 교사들이 숫자 계산을 하거나 글의 초고를 썼던 종이쪽지를 버리는 것과 비슷하다. 그러나 역시 우리의 역사에 대한 이해는 쓰레기 더미에서 나온 것으로 짜맞춰진다. 건물 토대의 충전물로 사용된 문서의 초기 사례와 마찬가지로 이 점토판들은 지나간 할 일 목록을 버리는 것처럼 폐기되었지만, 오늘날 고대 메소포타미아 지성사의 주요 부분을 이루고 있다.

그런데 이 특별한 집은 어떻게 쓰레기가 많은 곳에서 고고학적 보고로 변신했을까? 그 집은 다른 측면에서는 주변 지역의 딴 집들과 상당히 비슷했다. 안마당 주위에 방이 세 개 있고, 뒷방(그것은 어쩌면 두 번째 안마당이었을 수 있다)이 하나 더 있었다. 부서진 긴 의자의 흔적이 그 방들 가운데 하나에 있다. 이 흙벽돌집은 그 담 안에서 발견된 점토판의 수를 헤아려보고 나서야 주목을 끌었다. 주변 지역에서 고고학자들은 총 약 200점의 서판과 잔편을 발굴했지만, '가옥 F'에서는 첫해에만도 1425점이 나왔다. 이 집은 분명히 에두바, 즉 고대의 학교였다.[14]

니푸르, 우르, 키시, 고대 바빌로니아의 기타 도시들에서 발견된 비슷한 건물들과 함께 이 학교는 서기전 12세기 초 바빌로니아의 (더 나아가 메소포타미아 역사의 다른 시기의) 서기 교육 과정의 모든 단계를 재구성할 수 있게 했다. 달리 주목할 것이 없는 집에서 발견된 이 점토 조각들이 얼마나 놀라운 것인지는 아무리 강조해도 지나치지 않다. 여기서 아이들은 깊이 생각하지 않고 끄적거린 메모를 던져버렸고, 그 점토 조각이 수천 년 뒤 미래의 사람들에게 전해지리라고는 상상도 못했을 것이다. 점토 조각들은 학생들의 일상생활에 관해, 어머니가 점심으로 싸준 수메르의 샌드위치에 관해, 그들이 공상하고 끼적거리는 데 얼마나 여지가 없었는지에 관해(그들은 어떻든 할 수 있는 방법을 찾아냈다) 말해준다. 또한 사람들이 어떻게 배웠는지에 관해, 그들에게 어떤 종류의 이야기가 중요했는지에 관해, 그리고 궁극적으로 서기와 학자의 생활을 준비하기 위해 어떤 단계를 밟아야 했는가에 관해 말해준다.

가옥 F의 폐허에서 발굴한 학교생활의 잔편들은 서기가 되는 과정에서 받았던 교육의 각 단계를 알려준다. 서기는 쐐기문자와 그 언어를 다루는 사람이자 곱셈 같은 실무적인 일을 하는 사람이고, 계약서 같은 일상 문서와 수메르어 문학의 고급 문장 모두를 잘 알고 있는 사람이었다.

  아이들이 받게 되는 첫 학교 수업은 납작하고 젖은 점토 덩이에 하나의 쐐기(또는 부호)를 어떻게 누르느냐 하는 단순한 행동에 집중돼 있었다. 그들은 갈대 첨필을 손에 들고 이것을 반복해서 연습했다. 놀랍게도 이 교육의 첫 단계(쐐기문자 자모 연습 같은 것이다)에서 학생들이 필사한 부호 가운데 하나는 'a' 음을 나타내는 부호처럼 보인다(내가 이 우연을 얼마나 좋아하는지 아무리 강조해도 지나치지 않다). 서판들은 쐐기문자의 기초 도구를 익히려는 아이들의 귀여운 초기 시도를 보여준다. 행은 불안정해 보이고, 부호는 너무 크다. 지문과 때로 손톱자국이 글자를 누른 사면체에 간간이 남아 있어 아이들이 아직 불필요한 자국을 남기지 않고 서판을 다룰 정도로 충분히 능숙하지 않음을 시사한다.

그러나 연습을 하면 는다. 학생들은 기본적인 부호와 단어 목록으로 옮겨갔다. 그 부호와 단어들은 놀랍게도 쓰기의 시작 시기에 만들어진 초기 문서들을 재현한 것이다. 니푸르에서 나온 잇자국 서판은 아이의 치아 기록만 보존한 것이 아니다. 그것은 또한 〈최초 에아Proto-Ea〉로 알려진 쐐기문자와 단어의 목록 일부도 보존하고 있는데, 이 목록은 수메르어 부호와 그 발음을 나열하고 있다. 목록은 학생들이 〈학창 시절〉 이야기 같은 무언가로 옮겨가기 훨씬 이전에 숙달해야 할 쐐기문자 부호와 어휘의 올바른 용법을 보존하고 가르쳤다. 때로 교사가 서판 왼쪽에 부호를 쓰고 학생이 오른쪽에 그것을 모사하게 했다. 선생의 깔끔한 글씨 옆에 우리 아이가 자기 이름을 삐뚤빼뚤 써놓은 것과 비슷하다. 엔니갈디난나의 궁전에서 발견된 것 일부는 선생이 서판의 한쪽에 목록 일부를 쓰고 학생이 반대쪽에 똑같이 모사했다. 이런 식으로 학생들은 문자체계의 기본 요소와 그것을 이용해 기록한 언어에 대해 배웠다.

교육의 다음 단계에서는 보다 고급의 목록과 수학을 가르쳤다. 학생들은 장래에 서기로서 실무적인 계산을 하는 데 도움을 받기 위해 그것을 배워야 했다. 우선 도량형과 단위들 사이의 관계 목록을 모사하고 아마도 암기해야 했을 것이다. 요즘으로 치면 1킬로미터가 몇 미터에 해당하고 1리터가 몇 밀리리터에 해당하는지 같은 것이다. 부피, 무게, 넓이, 길이의 단위 목록은 계산에 대한 안내자 노릇을 했다. 그들은 이어 역수逆數 짝의 목록(일종의 분할표)과 구구표를 배워야 했다. 후자는 말하자면 요즘의 아홉 살짜리가 배워야 하는 것과 그리 다르지 않은 것이었다(30년 전에 8×7이 얼마냐는 질문을 받았다면 나는 곧바로 답을 말했겠지만, 이제는 재확인을 위해 휴대전화의 계산기 기능을 이용하곤 한다).

그들은 이어 이 지식을 보다 복잡한 계산에 적용하는 법을 배웠다. 이것은 초등학생 시절의 나를 혼란스럽게 하고 압박감을 주었던 단어 문제 같은 형태를 띠었다. 나는 어린 시절에 단어와 숫자가 뒤섞인 문장을 바라보다가 결국 자모字母의 조합이 하수구 물속에서 소용돌이치는 것처럼 보였던 일을 기억한다. 쐐기문자로 그런 일을 하는 것은 내게 불가능해 보인다. 쐐기는 점토에서 내 경우와 비슷한 혼돈의 소용돌이로 들어가는 듯하다. 그런 쐐기문자 수학 숙제 가운데 하나는 '작은 수로'와 관련된 23개의 단어 문제(나의 불안한 마음아, 진정해)를 나열한다. 여기서 학생들은 수로를 파는 시간, 규모, 심지어 굴착 일꾼들의 임금을 계산해야 한다. 예를 들어 한 문제는 수로의 규모를 제시하고 그것을 파는 데 며칠이 걸릴 것인지를 학생들에게 묻는다. 또다른 문제는 반대로 수로 굴착에 걸리는 날수를 제시하고 그 규모를 계산하라고 요구한다. 그들은 삼각형, 사다리꼴, 원의 면적을 계산하는 법을 배웠다. 들판의 면적 측정과 관련된 작업을 위한 기초였던 듯하다.

이 일상적인 훈련은 수학의 역사에서 놀라운 한 장면을 보존했다. 4천 년 된 한 서판에는 가운데에 희미한 원이 있고 그 주위의 다양한 위치에 숫자가 쓰여 있다. 이중 원 바로 위에 있는 것이 숫자 3이다. 그것은 알려진 최초의 원주율(π) 근사치로 생각되고 있다. 또다른 서판은 2의 제곱근에 대한 정확한 계산과 피타고라스 정리를 알고 있었음을 시사하는 도형을 보여준다. 후자는 심지어 이 그리스 철학자가 태어나기 천여 년 전의 것이다. 오늘날 '플림프턴Plimpton 322'로 알려진(소유자 가운데 한 사람의 이름을 딴 것이다) 또다른 서판은 바빌로니아에서 피타고라스 정리를 알았음을 보여준다고 해서 지난 수십 년 동안 몇 차례 화제가 됐다. 이 서판의 네 단에는 각기 많은 사람에게 익숙한 '$a^2+b^2=c^2$'의 공식을 충족하는 정수整數를 포함하는 숫자가 나열되어 있다.[15]

이것은 어디에 사용되는 것이었을까? 수학자로서 아시리아학에 뛰어든 엘리너 롭슨Eleanor Robson 교수는 이 서판이 '정규 역수 짝의 목록'이었을 가능성이 매우 높다고 추측했다. '플림프턴 322'는 메소포타미아의 일종의 계산표였다. 피타고라스 공식을 미리 계산해 써넣어 교사와 학생들이 그 계산을 처음부터 할 필요 없이 참조할 수 있게 한 것이다. 이 목록은 학교에서 가르치는 기본적인 기법으로 만들어져, 교실에서 사용됐던 듯하다. 우리가 아는 피타고라스 정리가 점토판에 쓰여 있지는 않지만, 서기전 1800년에 바빌로니아에서는 이미 그 원리와 응용에 대해 알고 있었음이 틀림없다.[16] 아이들과 선생들이 고대 수학에서 이룬 이 불멸의 도약은 내가 보기에 놀라웠다.

그럼에도 불구하고 당시에 그것들은 학생들이 나중에 서기 일을 할 때 필요한 수학을 배우는 데 도움이 되는 순전히 실용적인 기능을 수행했다. 모든 학습서는 교육과 메모장 용도를 지니고 있었다. 그러나 가장 이른 원주율, 삐뚤빼뚤한 쐐기문자 자모, 〈학창 시절〉 같은 긴 문학 작품은 우리를 감동시킬 수 있을 것이다(그리고 내 생각에는 그래야 한다). 이것들은 고대 아이의 말 그대로의 '지문'과 함께 점토에 새겨진 지적인 이정표이자 쐐기문자가 오래전에 사라진 광범위한 인간의 삶을 얼마나 잘 보존하고 있는지 상기시켜 주는 흔적들이다.

〈학창 시절〉 같은 이야기는 대부분 남자아이들의 교육을 기록하고 있지만, 역사상 최초의 이름이 거론된 작가는 사실 여성이었다. 이 이례적인 최초 인물은 엔헤두안나라는 여성이다. 많은 시를 쓴 시인이자 우르의 월신을 섬기는 첫 고위 여사제였다. 2천 년 뒤 엔니갈디난나가 담당했던 그 역할이었다. 사실 엔헤두안나가 작가였다는 주장은 간단치가 않다. 서명이 있는 생전(거의 4500년 전인 서기전 2300년대다)의 점토판 문서는 하나도 남아 있지 않기 때문이다. 대신에 후대의 작품 사본이 원저자로서 그 이름을 이야기하고 있다. 엔헤두안나가 쓴 시들의 가장 이른 사본은 바로 가옥 F 같은 고바빌로니아 학교의 학생들이 만든 것이었다.

고바빌로니아 시기에 500년 전의 인물이 쓴 작품을 공부하거나 필사한다는 생각은 꽤 호소력이 있었을 것이다. 아마도 내가 고등학교에서 셰익스피어와 제프리 초서의 작품을 읽어야 했던 것과 마찬가지일 것이다. 수메르어를 서기 교육의 핵심으로 삼게 했던 과거에 대한 깊은 존경은 또한 교육 과정에서 과거의 유명한 인물을 위한 자리도 확보해주었을 것이다. 길가메시와 우타나피슈팀 같은 허구적인 인물이든 엔헤두안나 같은 논란의 여지없이 실체가 있는 인물이든 말이다. 그러나 원작이 사라진 경우 어떤 문학 작품에 신뢰성을 부여하기 위해 더 이른 시기의 인물을 저자로 내세우는 것은 충분히 있을 수 있는 일이다.

엔헤두안나가 쓴 시의 내용은 그 오래됨만큼이나 학생들에게 생각을 하게 만들었을 것이다. 서기 훈련을 받는 사람들이 필사한 시 중 하나는 심지어 수메르의 사랑과 전쟁의 여신 인안나에 대한 찬양을 통해 여성주의의 폭발을 볼 수 있다. 간단한 발췌조차도 엔헤두안나가 이 여신에게 엄청난 힘을 부여하고 있음을 보여준다.

파괴하고 창조하는 것

심고 뽑아내는 것은

인안나, 당신의 몫

(…)

야수를 약골로 바꿔놓고

강자를 하찮게 만드는 것은

인안나, 당신의 몫¹⁷

인안나 여신이 그 일원이었던 수메르 신들의 세계는 남성 신들이 지배하는 곳이었다. 신들의 우두머리는 엔릴(고대 그리스의 제우스신인 셈이었다)이었고, 엔키는 지혜의 신이었으며, 전쟁은 닌기르수Ningirsu 같은 여러 신이 담당했다. 일부 수메르 신화 작품에서 인안나는 수줍은 모습으로 그려지고, 또 어떤 데서는 좀 야심찬 모습으로 그려진다. 그러나 엔헤두안나의 시에서 이 여신은 쭈뼛거리지 않고 당당하다. 가장 최근의 현대어 번역인 소푸스 헬레Sophus Helle 박사의 것을 인용하자면 "완강하고 도전적인 여성의 힘"이었다.¹⁸ 엔헤두안나는 강력한 여신이 존재하기 힘든 신들의 세계에서 인안나가 매우 강력한 위치에 있는 것으로 묘사한다.

엔헤두안나의 작품(그리고 이름이 거명된 저자로서의 그 존재 자체)은 아마도 메소포타미아의 초기 문필 활동에서 강력한 '여성의 힘'을 암시하는 듯하다. 서기의 수호신 니사바는 사실 여신이었다. 유감스럽게도 남아 있는 증거는 글쓰기가 남성에 비해 여성에게 덜 일반적이었음을 보여준다. 우리는 때로 학생이 여자아이라는 것을 알려주는 성별 부호 쐐기문자가 있는 글의 끄트머리에 특정되지 않은 '여성 서기의 서명'이 들어 있는 것을 본다. 어떤 여자아이들은 심지어 학교 숙제에 자신의 이름을 남겼다. 기본 단어 목록을 필사한 벨티레민니Belti-reminni 같은 아이들이다. 그 필적은 점토 위에 쓴 한 농기구에 대한 장난스럽고 재담이 풍부한 송가의 사본과 일치한다.

여성 또한 직업적 서기로서 일했다. 물론 그 증거는 역시 남성으로 밝혀진 서기의 것에 비해 드물다. 고바빌로니아 시기 시파르라는 도시에서 나디투nadītu로 알려신 여성 공동체가 수녀원에서 함께 살았다. 이 신전 공동체의 여성들은 임대차 계약에서 법적 소송까지 온갖 공식 문서와 상거래의 기록을 담당하는 서기들의 도움을 받았다. 이 서기들 역시 여성이었다. 아마트마무Amat-Mamu라는 서기는 40년 이상 일했다. 오늘날 대부분의 사람들이 일하는 기간보다 더 길었다.[19] 인안나아마무Inanna-Ama-Mu라는 서기는 20건 가까운 문서를 남겼는데, 자신의 이름을 수메르어 둡사르dub-sar라는 말과 함께 서명했다. '서판'과 '쓰다'에 해당하는 수메르어를 합쳐 '서기'를 의미하는 말이었다. 중요한 것은 이 여성 서기는 자신의 직업에 성 정체성을 나타내는 어떤 요소도 붙이지 않았고, 다만 이름에만 나타나 있다. 즉 '여서기女書記'(수메르어로 미둡사르mi-dub-sar)가

아니라 '서기'로서 서명한 것이다.[20]

　수녀원 여성 서기들의 전문적인 작업은 그들이 서기 교육의 최종 단계를 거쳤을 것임을 시사한다. 여기서는 속담, 모의 법적 계약, 그리고 에두바 이야기와 엔헤두안나의 찬가 등 수메르어 문학 작품 같은 좀더 복잡한 작업을 가르쳤다. 다시 말해서 진정한 서기가 되려면 단순히 구구표와 점토판 단어장뿐만 아니라 시, 문학, 그리고 궁극적으로 수메르어에 숙달됐음을 보여주어야 했다. 바빌로니아 시기의 한 시에 따르면 이런 기술을 얻기 위해 부지런히 노력한 좋은 서기는 '부와 풍요'를 누릴 수 있었다(그러나 그전에 '슬픔'을 견뎌야 했다).[21]

　코로나19 대유행 시기에 나는 애슈몰린 박물관의 새로운 '고대 서아시아' 관람자들을 위해 길가메시 이야기의 초기 수메르어판 한 부분을 원어로 녹음해달라는 부탁을 받았다. 나는 승낙을 했지만 곧 공포에 질렸다. 언어가 사멸하고 4천 년 뒤에 수메르어를 낭독하도록 요구받은 어떤 보통 사람이라도 그랬을 것이다.[22] 수메르어의 대부분은 단음절어이기 때문에 더 긴 아카드어처럼 발음하기가 쉽지 않다. 그것은 똑똑 잘 끊겨서 내가 보기에 선율을 이루기보다는 구호에 더 적합하다. 나는 고대 우르 왕궁의 누군가가 길가메시 이야기의 이 구절들을 어떻게 낭송했을지 알 수 없었지만, 결국 내 고국의 예배 소집 구호인 아잔의 형태로 낭송하고, 다시 그것을 현대 소설 초록을 읽듯이 읽었다.[23] 어떤 의미에서 이 학술적인 언어를 공부하는 것은 21세기의 사람으로서 할 수 있는 한 이상적인 메소포타미아 서기에게, 그리고 그 이상을 향해 노력하는 아직 완성되지 않은 고대의 학생(아마도 역시 어느 정도 공포에 질리고 때로 슬픔에 젖었을 것이다)에게 가까이 다가가는 데 도움을 주었다.

  수메르 문학은 다분히 서기 교육의 산물이다. 그것이 이 문서들을 다양한 방식으로 복제하게 만들었다. 사실 문학으로 남아 있는 대부분의 것은 전적으로 학교에서 나왔다. 학생들은 학교에서 수메르어 속담도 배웠다. 아주 솔직하게 말해서 점토에 남아 있는 수많은 글 중에 내가 좋아하는 것이 그 속담들 가운데 있다. 그것들은 주로 학생들이 언어 요소를 익히는 데 도움을 주기 위해 구성되고 필사됐지만, 또한 일상의 지혜, 도덕성, 심지어 해학의 단면도 지니고 있다. "무엇이 정의와 겨룰 수 있겠는가?" 이런 물음 뒤에는 다음과 같은 구절이 이어진다. "정의는 인생을 창조한다." 또 하나, "찾은 것은 이야기하지 않고 잃은 것만 이야기한다"라는 말은 남의 떡이 더 커 보인다는 현대의 속담과 통하는 듯하다. 대체로 소셜미디어로 인해 양극화가 심해지는 세계에서 다음 말은 아마도 수천 년이 지난 지금도 공감할 수 있을 것이다. "마음이 증오를 만드는 것이 아니라, 말이 증오를 만든다." 마지막으로, 1990년대에 존재는 하되 말을 삼가야 하는 여자아이로서의 교육받았던 내게 정말로 와닿는 속담 하나는 성별에 따른 행동의 이중 잣대를 이야기한다. "떠드는 여자아이는 엄마로부터 제지를 받지만, 떠드는 남자아이는 엄마로부터 제지를 받지 않는다."[24]

일부는 좀더 생생하다. 나는 달리기를 하면서 때로 팟캐스트를 듣는데, 어느 날 키건-마이클 키Keegan-Michael Key의 열 장면으로 구성된 스케치 코미디의 역사에 관한 팟캐스트를 들었다. 첫 번째 장면에서 그는 수메르 속담에서 사실상 알려진 첫 방귀 농담을 꺼냈다(그것을 듣고 나는 순수한 기쁨을 느꼈다). 사실 여러 속담이 방귀와 관련 있다. "태고 이래로 일어나지 않았던 일은 젊은 여자가 남편의 품에서 방귀를 뀌지 않는 것"이라는 말에는 많은 사람이 이의를 제기할 것이다. "방귀를 뀌는 항문처럼 입은 너무 많은 말을 내뱉는다"라는 말은 이견이 덜 할 것이다.[25] 지저분한 농담을 비난하는 사람이 있다면, 우리가 아주 오래 전부터 방귀 농담을 해왔음을 알려주어도 좋을 것이다.

속담은 학생들에게 도덕성이 아니라 더 많은 수메르어를 가르치기 위한 기억하기 쉬운 도구 역할을 했다. 이런 격언 모음에 끼워 넣어진 것은 단어 연상, 시각적·음성학적 말장난, 그리고 학생들이 언어와 쐐기문자에 있는 여러 의미의 층위를 숙달하도록 돕기 위한 기타 도구일 것이다. 수메르어 속담들은 고대 바빌로니아의 교육이 두 언어로 이루어졌음을 일깨워준다. 학생과 학자들은 무엇보다도 번역가였다. 서기들은 자기네와 고대에 이 언어를 사용한 사람들 사이에 시간적 격차가 점점 벌어지고 있음에도 불구하고 수메르어를 충실히 지켰다.

지금도 마찬가지이지만 고대의 학생들도 지루해했다. 그 증거로 내가 자주 꺼내 드는 것이 수천 년 된 낙서다. 한 점토판에 속담과 노예가 된 여자아이에 관한 딱딱한 발췌가 들어 있는데, 거기에는 막대기 같은 아주 긴 팔을 하고 있거나 어쩌면 막대기를 휘두르는 앙상한 인물이 자리에 앉아 있는 모습을 그린 아이의 그림도 있다.[26] 지루함을 느낀 학생이 선생의 모습을 끼적거린 것일까?

점토판 위에 그림이 그려진 것은 유감스럽게도 드물기 때문에 이런 사례는 매우 귀하게 여겨진다. 또다른 주목할 만한 사례는 어빙 핑클이 "세계 역사에서 가장 오래된 귀신 그림"이라고 말한 것으로, 간단히 말해 숨이 멎을 듯하다.[27] 런던에서 그 여름날 내가 쐐기문자를 다시 찾도록 해준 핑클은 삶에서 귀신을 쫓아내라는 지시를 담은 서기전 4세기의 서판을 우연히 발견했다. 이 서면 지시와 함께 고대 메소포타미아 시기의 것으로 남아 있는 아주 드문 점토 그림 중 하나가 있다. 마르두크아플라잇디나$_{Marduk-apla-iddina}$라는 서기가 쓴 서판의 한쪽 면에는 귀신을 쫓아내는 의식이 상세히 적혀 있다(이를 위해서는 두 개의 작은 점토 조각상을 만들어야 한다. 하나는 귀신의 조각상이고, 또 하나는 귀신이 더이상 산 자를 괴롭힐 수 없도록 그를 죽은 자의 땅으로 유혹하는 여자의 조각상이다). 서판의 다른 쪽 면은 비어 있는 것처럼 보인다. 핑클의 말에 따르면 "얼핏 보기에 아무엇도 없는 것" 같다.²⁸ 그러나 올바른 각도에서 빛을 비춰보면 두 사람을 그린 얇은 선이 드러난다. 왼쪽에는 턱수염이 긴 맨발의 남자가 쇠고랑을 찬 두 손을 앞으로 맞잡고 있고, 줄에 묶여 있다. 오른쪽에는 한 여자가 긴 옷을 입고 줄을 끌고 있는 듯하다. 여자는 귀신같은 모습의 남자를 죽은 자들의 땅, 메소포타미아의 하계에서 영원히 보내게 될 삶으로 이끌고 있다.

몇몇 낙서와 그림들은 무료한 시간이나 상상의 순간을 포착하고 있다. 초보 학생의 쐐기문자 연습과 물고기 그림(지느러미까지 있다) 같은 것이다.²⁹ 또다른 학생은 오로지 손톱만을 이용해 두 눈 위의 둥그런 눈썹을 그렸다. 그 아래에는 넓적한 코가 있다. 이것이 교사나 학교 직원을 그린 만화라고 생각하면 지나친 일일까?

고된 학업 사이 자유 시간에 메소포타미아 학생들 역시 보드게임을 했던 듯하다. 울리가 학습 서판을 발견한 엔니갈디난나 궁전의 허물어진 방 쓰레기 가운데서 발굴자들은 주판(수학적 계산에 도움을 주는 바둑판무늬의 계산판이다)처럼 보이지만 점토 벽돌에 새김을 넣은 놀이판에 더 가까워 보이는 물건을 우연히 발견했다. 이중 일부는 격자로 배열돼 있었고, 다른 것들은 고대 보드게임의 무늬를 따랐다. 거기에는 한 줄의 사각형이 격자 밖으로 튀어나와 있어 그것은 내게 심하게 모자이크된 마인크래프트Minecraft 망치처럼 보였다. 이 게임은 때로 '우르 왕궁의 놀이'로 불리는데, 우르 '왕실 묘지'에서 발견된 놀이용 말과 놀이판에서 유래한 명칭이다. 비슷한 놀이판은 니푸르의 젊은 서기를 위한 학교인 가옥 F에서도 발견됐다. 아마도 〈학창 시절〉에서 묘사된 '두 개의 빵'을 점심으로 먹은 학생들이 수업 사이의 휴식 시간에 말을 이 구역에서 저 구역으로 옮긴 듯하다.

비슷한 형태의 놀이판과 학습 서판이 엔니갈디난나의 궁전에서 발견됐다는 사실은 울리에게 공주 역시 자신의 궁전에서 아마도 가옥 F와 다르지 않은 학교를 운영했다고 확신하게 했다. 그러나 학습 서판이 그저 그곳에 버려져 건축 자재로 재사용됐을 가능성도 있다. 그것들은 본래 엔니갈디난나가 우르에 오기 전에 이 유적지 부근에서 운영된 작은 학교에서 왔거나 아니면 서기전 제1천년기에 몇몇 민가가 서기 학교로 운영된 이 도시의 다른 부분에서 왔을 수 있다. 점토판이 재사용됐을 가능성은 놀라운 일이 아니다. 초기 학생들의 연습용 문서, 메모장, 연습용 쐐기, 잇자국은 후손을 위한 것이 아니었다.

엔니갈디난나의 방들에 있는 유물에서 발견된 서판 가운데 오직 일부만이 학생들이 쓴 것으로 보인다. 서기전 2000~1600년의 고바빌로니아 시기의 학습 서판들과 달리 천 년 뒤에 학생들이 사용한 서판은 흔히 재활용된 점토로 만들어졌고, 그렇다 보니 품질이 나빠 남아 있는 것도 대부분 약하고 조각난 상태였다. 그럼에도 불구하고 울리가 발견한 서판들은 고대 메소포타미아에서 학습 자료로 사용할 만큼 중요하다고 간주된 것이 어떤 것이었는지를 우리에게 상기시켜준다. 시, 이야기, 법, 부호, 수학 문제, 속담은 고바빌로니아 시기뿐만 아니라 수백 년에 걸쳐 젊은이들의 마음(또는 적어도 학교에 다닌 젊은이들의 마음)에 영향을 미쳤다. 그리고 가옥 F가 학교로 운영되던 시기로부터 천 년이 지난 뒤에도 학교 교육과정의 기본적인 단계는 크게 변하지 않았음을 보여준다. 이것은 메소포타미아 교육이 여러 측면에서 고대에 대한 인식을 바탕으로 형성됐고, 교육과정이 그 시대와 유산 때문에 중요하다고 생각된 언어를 중심으로 만들어졌기 때문일까? 교육은 한동안 두 언어로 이루어졌고, 그것이 바빌로니아의 과거와 그들의 현재를 연결해주었다. 학생들은 당대 바빌로니아의 시를 공부하지 않고 수백 년 전 살다가 죽은 엔헤두안나가 썼다는 찬가를 필사했다. 그리고 서기전 1750년 무렵에 만들어진 함무라비의 법은 서기전 550년에도 여전히 서기 훈련생들이 밤을 새워 공부하고 있었다. 이 역사에 대한 존중을 보존한 수많은 학습 서판들은 몇몇 아름다운 순간들도 열었다. 지금도 우리의 야망은 과거와 마찬가지다. 〈학창 시절〉의 아이와 마찬가지로 부족한 자로 학교에 들어가서 고상한 '지자'로 학교를 떠나는 것이다.

6
쿠두르마북의 원뿔
과학의 탄생

내가 딸아이를 임신했을 때 니오와이즈 혜성이 밤하늘을 밝혔다. 둥근 꼬리가 달린 불타는 바위가 어둠 속에 걸렸고, 세상은 잠시 멈춘 듯했다. 밤마다 나는 우리 집 마당에 서서 하늘을 올려다보았다. 임신은 아마도 7천 년마다 볼 수 있는 혜성처럼 신비한 마법 같다. 하나의 세포가, 금성이 밤하늘을 지나 이동하는 사이에 1조 개로 바뀐다. 두 개의 심장이 내 몸 안에서 동시에 뛰고 있었다. 내 배는 태어날 생명으로 인해 불렀다. 그러나 2년 동안 유산을 거듭한 뒤였다. 나는 두려움과 슬픔을 억누르려 애썼다. 매일 밤 잔디 위에 맨발로 서서 이 불타는 혜성을 바라보는 순간에만 어떤 평화로운 감정을 느낄 수 있었다. 나의 온 세계가 내 자궁 속의 세포 분열에 달려 있다 해도, 니오와이즈는 세상이 내 배보다 훨씬 더 크고 나는 내가 거의 견뎌낼 수 없는 경이로 가득 차 있는 아름다운 우주에서 점 하나에 불과할 뿐임을 상기시켜주었다.

수천 년 전, 티그리스강과 유프라테스강 기슭의 사람들은 그 경이를 공유했다. 그들 또한 우리가 살면서 보게 될 그 조용한 혜성들을 보았다. 서기전 164년의 핼리 혜성, 그리고 아마도 그보다 수천 년 전의 니오와이즈 혜성 같은 것들이다. 그들은 유성과 지금도 우리가 보고 있는 행성들이 여러 달에 걸쳐 하늘에서 걸음마를 하고 있는 것을 보고 경탄했다. 그들은 일식과 월식이 매우 규칙적으로 일어나는 것을 보고 그것이 일어나는 날짜를 계산하기 위한 방법을 알아냈고, 오늘날에도 사용되고 있다.

이런 현상들은 니오와이즈가 봄날 밤에 내게 그랬던 것처럼 메소포타미아 천문학자와 왕들에게도 더욱 실체적인 무언가를 의미했다. 하나의 월식이 엔니갈디난나의 운명을 완전히 바꾸었다. 태양, 지구, 달의 배열이 종교적 재편을 촉발하고 그것이 공주를 우르에 오게 했다. 서기전 554년 9월 26일, 거의 두 시간에 걸쳐 바빌론 상공에서 그림자가 달의 표면을 덮었다. 쐐기문자로 뒤덮인 통 모양의 점토판은 엔니갈디난나의 권좌 등극과 그것을 촉발한 월식을 묘사했다. "열매(달을 나타내는 말이다)가 어두워졌다."[1] 이 부분월식은 바빌로니아인들에게 월신이 보낸 전갈로 보였지만, 그것은 정확히 무엇을 의미한 것일까? 월식은 많은 일(대부분은 나쁜 일이다)을 경고할 수 있었지만, 나보니두스는 이번 것을 월신 신Sin의 본거지 도시 우르에 고위 여사제를 임명하라는 신의 요구로 해석했다. 그러나 궁정 학자들은 동의하지 않았던 듯하다. 한 사람은 심지어 서판 바구니를 들고 궁궐에 와서 왕의 해석을 예언이 가득 든 자신의 점토 교과서에 기록된 무언가와 맞추어보려 애썼으나 헛수고였다. 그럼에도 불구하고 나보니두스는 이것이 월신이 자신에게 말한 것이라고 주장하면서 전문가들에게 이를 확인하기 위한 새로운 예언을 찾으라고 주문했다. '그런 척하면 결국 그렇게 된다'의 바빌로니아 왕국판이었다. 그는 고도로 훈련된 몇몇 학자를 고용해 양의 내장을 이용한 의식(동물의 유해 같은 지상의 현상으로부터 신의 신호를 이끌어내기 위한 시도인 점복卜이다)을 치르게 했다. 이 월식이 월신이 우르에 고위 여사제를 임명하라고 요구하는 신이 보낸 신호인지의 여부를 확인하려는 것이었다.

여러 마리의 양이 비명에 죽었고, 왕의 궁정 학자들은 그 내장에서 월신의 바람에 대한 신호를 발견할 수 있었다. 신호를 많이 읽다 보면 결국 자신이 찾고 있는 내용을 발견하게 된다. 그는 전문가들에게 마지막 점복을 요구했다. 자신의 딸인 엔니갈디난나 공주에게 그 일을 맡기는 것이 적절한지를 물었고, 그는 긍정적인 답변을 들었다(아마도 당연한 일이었을 것이다).[2] 나보니두스는 또다른 새김글에서 이 점복 소동에 대해 단계적으로 기록했다. 그리고 또다른 곳에서는 그가 계시에 신경쓰고 있음을 강조하기 위해 이를 몇 줄로 줄여버린다.

그분(신Sîn)이 내게 한 요구에 나는 두려워졌고, (그러나) 나는 경청을 하고 그분의 요구를 거부하지 않았으며 그분의 명령에 동의했다. 나는 (나의) 딸, 나 자신의 자식을 고위 여사제로 올리고 (딸에게) 엔니갈디난나라는 이름을 주었다.[3]

이 기록은 자기 딸의 헌신이 희생에 더 가까운 것으로 들리게 한다("나는 '나 자신의 딸'에게 이 역할을 맡기고 이름을 고쳤다"). 아마도 신을 섬기는 삶에 대한 적절한 묘사인 듯하다. 결국 고위 여사제의 일은 추수와 관련된 중요한 일을 이끄는 일에서부터 우르 안팎의 광대한 땅의 재산 관리자 노릇을 하는 일에 이르기까지 번거로운 여러 가지 의무를 수반했다. 그의 딸이 직면하게 될 문제에도 불구하고 나보니두스는 신의 명령에 대한 자신의 관심과 올바른 전갈을 받기 위한 자신의 여러 시도를 강조했다.

서로 다른 점복 방법들은 서로를 보완하거나 심지어 충돌할 수 있었기에 왕은 신들이 원하는 것을 해석하고 올바른 결정을 내리기 위해 자신이 동원할 수 있는 모든 수단에 의존했다. 월신의 전갈을 해석하기 위한 나보니두스의 완강한 결의는 메소포타미아에서의 지식에 관한 근본적인 전제에 의존했다. 바로 그것이 신에게서 왔다는 것이다. '예언자' 또는 '선지자'로 알려진 특정 학자들은 이 지식에 접근하기 위해 여러 해에 걸친 훈련을 받았고, 그들의 점토 교과서는 이 지식을 초심자들에게 알리지 말라고 권한다. 새가 도시 성벽 위에 앉았다거나 누군가의 얼굴 왼쪽에 사마귀가 있다거나 하는 평범한 일에서부터 월식 같은 이례적인 일까지, 모든 관찰할 수 있는 현상은 신의 전갈 또는 신호로 해석될 수 있었다. 신들은 자연현상을 신이 보내는 메시지로 생각해 그것을 읽는 기술을 훈련받은 사람들과 소통했지만, 소통은 그저 일방적이지는 않았다. 신Sîn 같은 신들이 밤하늘에 자신의 신호를 휘갈겨 쓰는 것과 마찬가지로, 인간(그리고 더 구체적으로 왕들)도 점토에 신들이 읽어야 할 기도문 같은 내용을 찍어놓을 수 있었다.

왕들은 때로 이 전갈을 신의 눈으로만 볼 수 있는 곳에 숨겼다. 고대 메소포타미아에서 신전 같은 중요한 건물을 건설하거나 재건할 때 왕들은 공물을 토대에 묻었다. 서기전 제3천년기 말부터 이들 공물은 때로 벽돌 상자에 넣어지고 그 위를 역청을 칠한 갈대 멍석으로 봉했으며, 벽돌 몇 개(그중 일부에는 건설 공사에 대한 내용을 적은 새김글이 있었다)를 추가해 마무리했다. 상자 안의 공물로는 신에게 바치는 짧은 새김글이 있는 작은 조각상이나, 구슬과 대추야자 씨 같은 작고 새김글이 없는 물건들을 넣을 수 있었다.[4] 더 긴 헌정사는 벽돌 모양의 서판 위에 나타났다. 그 글들은 매우 중요한 내용이어서, 서판 자체가 때로 점토가 아닌 돌로 만들어졌다. 점토에 쐐기문자 부호를 찍는 것과 돌에 그것을 수고롭게 끌로 새기는 것은 상당히 다른 문제다. 이 일을 하는 데 필요한 기술과 값비싼 돌을 구하는 비용은 이 메시지들이 매우 중요한 것으로 생각됐음을 시사한다. 오늘날 이것은 아기의 출생 같은 중요한 무언가를 알리기 위해 이메일 대신 편지를 보내거나, 심지어 편지 또는 소식을 전하기 위해 직접 가는 일과 같을 것이다. 추가적인 노력은 전갈의 중요성에 비례한다.

신들에 대한 헌정사는 큰 점토 못(釘) 또는 원뿔 위에도 썼는데, 그 크기는 대략 손목에서 손가락 끝까지 크기만 했다. 나는 언제나 이것들이 점토 아이스크림 콘처럼 보인다고 생각했다. 다만 와플 무늬가 아니라 쐐기문자의 작은 선과 삼각형으로 이리저리 감싼 것이다. 원뿔 하나는 엔니갈디난나의 궁전에서 발견됐는데, 이는 울리가 박물관이라고 본 물건 모음의 일부다. 이 원뿔은 한때 엔니갈디난나가 여사제가 되기 천여 년 전의 벽돌 포장 바닥 아래 지구라트 단지의 어딘가에 의도적으로 묻은 것이었다. 그것은 공주의 시대에 아마도 건설 공사를 할 때 발굴돼 역사적인 가치를 인정받았을 것이다.

나보니두스에게 월식 전갈이 전해진 후 엔니갈디난나에게 새 역할을 맡기기 위해 그는 파괴된 우르의 전체 신전 단지를 재건해야 했다. 이전 시기에 월신을 섬기는 고위 여사제는 지구라트 단지 안의 작은 궁전에서 살았다. 서기전 제3천년기의 엔헤두안나와 제2천년기의 엔아네두 같은 사람들이 그랬다. 사실 엔니갈디난나 이전의 많은 여사제는 살아서나 죽은 뒤에나 그곳에 머물렀다. 그들의 전통적인 묘지는 기본적으로 궁전의 뒤뜰에 있었다. 후계자들은 계속해서 그들에게 음식과 그들이 내세에서 필요할 것이라고 여겨지는 물품들을 제공했다.[5] 어떤 의미에서 여사제들은 여러 세대에 걸친 가족이라고 볼 수 있다. 그들은 나보니두스의 시대에 폐허로 변한 집을 공유했다. 그는 이 고대의 역할을 부활하기로 결정했을 때(또는 달이 그에게 말했다는 그때) 고대의 토대 위에 궁전과 신전 단지를 재건했다.

개수 작업에서는 상당수의 과거 시기 유물이 발굴됐다. 오늘날 건설 공사에서 때로 로마의 유적이나 바이킹의 비장품 같은 과거의 보물들이 드러나는 것과 상당히 흡사하다(런던의 크로스레일 철도망 건설 때 수많은 유물이 발굴돼 런던박물관에서 2017년 발견물을 중심으로 전시를 열었는데, 8천 년 된 석기와 튜더 시대의 투척용 공 같은 것들이 있었다). 나보니두스는 자신이 이곳에서 발견한 옛터에 야자나무가 무성하고 칙칙한 잡석들이 널려 있었다고 묘사했다. 그는 나무와 쓰레기를 치우고 본래의 건물 토대를 찾아냈다. 그리고 "내부에서 역사 속의 지나간 왕들의 새김글을 발견"했다.[6] 나보니두스가 천 년 전 이곳에 묻히고 엔니갈디난나의 박물관에 추가된 점토 원뿔을 발견한 사람이었을까? 그렇다면 그는 오래전에 자신의 딸을 위해 이 신전 단지를 개수한 과거의 왕과 연결되는 데서 경외감을 느꼈을까? 또는 같은 일을 하기로 결정한 데서 정당하다는 느낌을 가졌을까?

점토 원뿔에는 쿠두르마북이라는 이름이 나온다. 지금의 이란 출신의 외국인인데, 서기전 19세기 고위 관료로 이력을 시작해 섭정으로 마감했다. 그의 딸 엔아네두는 천여 년 뒤의 엔니갈디난나와 마찬가지로 고위 여사제가 되었고, 그의 아들들은 왕위에 오르게 된다.[7] 흥미롭게도 쿠두르마북은 직접 왕위에 오르지는 않았는데, 엔니갈디난나의 박물관에서 발견된 점토 원뿔 같은 새김글들에는 그가 왕보다는 부족장 같은 것으로 묘사된다. 그의 아들 와라드신Warad-Sin의 치세 동안에 만들어진 점토에 새긴 짧은 글의 서두에서 그는 스스로를 '아모리 땅의 아버지'라 부른다(아모리는 불과 수십 년 뒤에 통치하게 되는 함무라비와 같은 민족 및 사회 집단이다). 글은 이어 쿠두르마북의 난나(아카드의 월신 신의 수메르 이름) 신을 위한 신전 건설을 이야기한다. 원뿔에 따르면 그는 신전을 산처럼 높게 지었고, 그 "꼭대기가 하늘에 닿게" 만들었다.[8] 월신에 대한 헌정사가 새겨진 이 원뿔은 한 신전의 벽돌 포장 바닥 아래 깊숙이 묻혔다. 이처럼 여러 신전의 건물 토대에 안치한 많은 봉헌물 글들은 사람에게 보여주기 위한 것이 아니라 신에게 보여주기 위한 것이었다. 그것은 궁극적으로 쿠두르마북 자신의 통치를 정당화하는 신들에게, 자신이 소임을 다 하고 있으며 좋은 통치자라는 것을 보여주는 방법이었다.

쿠두르마북의 원뿔은 고대 메소포타미아의 지식과 학문의 중요한 요소를 보여주는데, 바로 계시다. 신들이 계시를 이해하도록 훈련된 사람들에게 끊임없이 진실을 드러내고 있다는 생각은 의학에서부터 천문학에 이르는 모든 방식의 학문적 탐구를 자극하고 영향을 미쳤다. 신과의 끊임없는 소통을 배경으로 학자들은 과학의 역사, 특히 천문학의 역사에서 개별적 도약과 세대 사이를 뛰어넘는 도약을 이루었다. 해마다 오랜 세월에 걸쳐 하늘에서 신의 전갈을 읽으면서 고대의 학자들은 결국 천문 현상의 수학적 모형을 구축할 수 있는 충분한 정보를 얻었다. 서기전 500년 무렵에 그들의 야간 관찰은 심지어 황도대黃道帶 이론의 개발로까지 이어졌고, 이는 오늘날에도 여전히 사용되고 있다. 엔니갈디난나의 박물관에서 나온 평범한 점토 원뿔은 고대 메소포타미아의 신이 자극한 과학이라는 이례적인 세계를 우리에게 보여준다. 여기서 경험과학은 별늘 사이(그리고 양의 몸속)에 휘갈겨진 초자연적인 메시지와 분리될 수 없었다.

자연계에서 신의 신호를 읽는 데 훈련된 사람들은 궁정에서 임명된 진지한 학자들이었다. 그들은 오랜 세월 축적된 지식에 의존했고, 그 상당 부분은 서기전 제2천년기 중·후반에 강화됐다. '카시트인의 시대'로 알려진 시기였다. 엔니갈디난나와 나보니두스로부터 천 년 정도를 거슬러 올라가면 고대 메소포타미아가 정치적 전환점을 맞은 시기를 발견할 수 있다. 본래 함무라비가 건설한 제국은 서기전 1595년에 멸망했다. 이때 지금의 튀르키예를 근거지로 했던 히타이트가 바빌론을 약탈했다. 잘 알려진 이야기이지만 히타이트는 이 도시의 마르두크 신 조각상을 약탈했다. 당시로서는 재앙에 해당하는 일이었다. 수천 년 떨어진 지금 우리가 볼 때이는 작은 범죄처럼 들릴 것이다. 불운하고 아마도 심지어 짜증나는 일이었겠지만, 달리 보면 대수롭지 않은 일이다. 그러나 고대 메소포타미아에서 신의 조각상은 신을 실제로 구현한 것으로 생각됐다. 따라서 히타이트가 마르두크의 조각상을 약탈한 것은 도시에서 그 신 자체를 약탈한 것이었다. 이 신은 바빌론의 수호신이자 바빌로니아 신들의 우두머리였다. 도시 주민들은 이 약탈을 분명한 손실로 생각했을 것이다. 아마도 2014년 ISIS(이라크시리아이슬람국)가 나비유누스Nabi Yunus(기독교의 요나) 신전을 파괴했을 때 모술 사람들이 느꼈던 감정과 유사할 것이다.

 히타이트가 바빌론을 약탈하고 떠난 뒤 새로운 언어를 가진 통치자들이 이 도시와 그 주변에서 정치권력의 자리를 차지하기 시작했다. 무대에 등장한 것은 카시트인이었다. 오늘날 학자들은 카시트인이 누구이고 어디서 왔으며, 그들의 언어는 어떻게 들리는지에 관한 보다 완전한 그림을 짜맞추기 위해 여전히 애쓰고 있다. 우리가 확실히 아는 것은 카시트인이 스스로를 현지 바빌로니아인과 구별할 수 있을 만큼 아주 다르다고 생각해 문서 기록에서 그렇게 적고 있다는 것이다.[9] 카시트 초기 왕들 가운데 하나인 아굼카크리메Agum-Kakrime에 관한 기록을 보면 그는 마르두크 조각상을 빼앗긴 지 약 20년 뒤에 이를 바빌론으로 되찾아온 공이 있었다. 같은 기록에서 아굼카크리메는 스스로를 '카시트인'이자 '광대한 바빌론 땅의 왕'으로 묘사했다.[10] 그가 카시트인과 바빌로니아인을 구분한다는 것은 카시트인이 바빌로니아 사회 안에서 별도 집단을 이루었음을 시사한다.

카시트인 통치자들은 외국인 출신임에도 불구하고 이전 바빌로니아인 통치 시기와의 연속성을 강조했으며, 그렇게 한 방법은 언어를 통해서였다. 자기네 모국어를 이데올로기와 행정에 도입하는 대신에 그들은 계속해서 수메르어와 아카드어를 제국의 주요 문자 언어로 사용했다. 그래서 남아 있는 이 시기의 점토판 1만 2천여 점 가운데 카시트인의 모국어로 기록된 것은 하나도 없다.

서판들 가운데는 바빌로니아가 아니라 인근 이집트에서 발견된 수백 통의 편지라는 매혹적인 은닉물도 있었다. 그 서판은 알려진 역사상 가장 이른 시기의 국제 외교 서신을 모은 것이자 카시트 학문의 영향이 어느 정도인지를 드러내는 것이었다. 그것을 아마르나Amarna 문서라고 부르는데, 편지들이 발견된 나일강 동안의 도시 이름을 딴 것이다. 이는 읽기에 대단히 흥미로우며, 심지어 3천 년 전에도 외교를 담당한 사람들은 미리 만들어진 원칙을 따라야 했지만 그들 또한 평범한 사람들이었음을 우리에게 상기시켜준다. 우리에게는 다행스럽게도 이 시기 동안 외교에서 사용된 국제어는 아카드어였다. 이것은 점토에 쐐기문자로 기록됐는데, 그런 서신 100여 통이 남아 있다. 고대 서아시아 일대의 지역 서기들은 다른 제국들과 소통하기 위해 수고로이 아카드어를 배워야 했다. 그런데 그들이 이 외국어에 유창하다고 해도 쐐기문자 서판 더미에서 몇몇 아마르나 문서를 골라내는 것은 여전히 매우 쉽다. 메소포타미아의 고르고 매끄러운 점토와 비교해 그것들은 우중충하고 거친 점토여서 질이 떨어지기 때문이다. 바닷조개 잔편과 모래알로 인해 일부 서판은 거의 모자이크화됐으며, 약간만 부주의하게 집어도 마른 점토의 끄트머리가 떨어져나간다. 오싹하게도 나는 거의 그렇게 할 뻔했다. 내 면장갑의 손가락 부분이 아마르나 서판 구석에 찍찍이처럼 붙어버렸기 때문이다. 다행히 나는 장갑의 실을 서판 끝에서 풀어내 수천 년 된 마른 점토 조각이 떨어져나가는 것을 막았다.

이집트 파라오들은 쐐기문자로 쓸 수 있는 자원이 매우 부족했음에도 불구하고 그것을 쓰기 위해 대단한 노력을 기울였고, 메소포타미아 서기들은 심지어 아마르나에 이 문자체계를 가르치기 위한 학교를 세우기까지 했다.[11] 강대국 사이의 편지는 청동기 시대 말기 정치인들의 비밀을 털어놓는다. 이집트 파라오(아주 어린 투탕카멘을 포함해서), 카시트 왕, 아시리아 왕, 히타이트 왕은 정기적으로 서신을 교환했다. 이 편지들은 외교와 선물 증정 내용을 상세히 기록했고, 왕들 사이의 일부 놀랍도록 인간적인 순간들을 보존하고 있다. 카시트 왕 카다슈만엔릴Kadashman-Enlil이 이집트 파라오 아멘호테프 3세에게 보낸 한 편지는 파라오가 자신의 사절을 부당하게 억류하고, 선물로 받은 금은 은처럼 보였으며, 특정한 축제에 자신을 초청하지 않았다고 불평했다("초대장이 우편물에서 분실된 것 같아요"의 메소포타미아판이다).[12] 카다슈만엔릴의 또다른 편지는 파라오에게 외교적 혼인을 위해 딸 하나를 보내달라고 청했다. 아니면 "아무나 예쁜 여자를 딸이라고 하며 보내서" 이 외교관계를 주장할 수 있게 해달라고 했다. 그러면서 그는 바빌로니아에서는 아무도 그 차이를 알지 못할 것이라고 말했다.[13] 이 교환에 아무리 많은 것이 걸려 있었다고 하더라도 왕들의 뻔뻔스러운 인간성에 쓴웃음을 짓지 않을 수 없다.

아마르나 문서들은 그들의 많은 책에 수록되어 역사적 중요성을 드러냈으며, 서기전 14세기의 정치사, 주요 등장인물, 그들의 외교 방식 등을 광범위하게 보여주고 있다. 그들이 여기서 우리에게 말하는 것은 카시트인들이 고대 서아시아에서 이례적인 정치적·문화적 연결을 주도하고 있었다는 것이다. 왕들은 물건이나 때로 질 낮은 금 등의 선물뿐만 아니라 자기네 백성들까지도 교환했다. 이집트 파라오들은 자기 가족을 해외로 보내지는 않은 듯하지만 카시트와 아시리아 왕들은 혼인을 위해 딸을 보내고, 가장 명석한 쐐기문자 교사를 나눠주고, 심지어 가장 잘 훈련된 의사 일부와도 작별을 했다. 라바샤마르두크Rabâ-sha-Marduk라는 의사는 서기전 13세기 바빌로니아에서 일을 시작했고 마지막에는 아나톨리아의 히타이트인들 사이에서 일했다. 당시 히타이트 왕 하투실리Hattushili 3세가 카시트 왕 카다슈만엔릴에게 보낸 편지는 라바샤마르두크가 살아 있고 그의 궁정에서 잘 지내고 있으며 심지어 왕실 친척과 혼인해 '좋은 집'에 살고 있다고 왕을 안심시켰다.[14] 서기와 학자들은 아시리아와 카시트인의 바빌로니아를 포함하는 고대 메소포타미아의 중심지에서 이집트, 레반트, 아나톨리아, 심지어 먼 서방의 에게해까지 갔다.[15] 이 지역 일대에서 학습 관련 쐐기문자 문서들이 발견됐는데, 학생들이 문자를 배우는 데 유용한 부호 목록과 고급 문학 작품과 천문학 문헌 같은 것들이다.[16] 이집트, 시리아, 튀르키예, 기타 지역의 서기들이 외교 서신을 쓰기 위해 쐐기문자를 배울 때 그들은 바빌로니아 중심지의 학생들이 자기네 교육의 일부로서 배운 것과 똑같은 것을 배워야 했다. 따라서 쐐기문자의 확산은 쐐기문자로 된 학문과 지식의 확산을 동반했다.

가장 오래 지속된 카시트인의 유산 가운데 하나는 고대 메소포타미아에서 공유된 지식과 학문에 풍부함을 더한 그들의 공헌이었다. 오늘날 전문가들은 서기전 제1천년기에 학자들이 사용한 의료에서부터 천문학 서적에 이르는 대부분의 표준 교과서들이 카시트인들의 시대에 처음 만들어졌다고 생각한다.[17]

쐐기문자로 된 학술의 상당한 부분이 전적으로 신들이 계속 보낸 메시지를 해독하는 일에 바쳐졌다. 천문학 분야의 지식이 신들의 신호가 있는 세계를 이해하는 데 달려 있었기 때문이다. 진정한 지식과 지혜는 그런 메시지를 올바르게 해석하는 능력으로부터 왔다. 모든 자연현상을 해석하는 것이 엄청난 일이었다는(그리고 지금도 그러하다는) 말은 전혀 과장이 아니다. 고대의 학자들은 말하자면 자료를 길들이는 방법을 찾아야 했다. 그러기 위해서 그들은 자기네의 관찰을 두 개의 중요한 범주로 나누었다. 바로 '위'의 하늘에서 관찰한 것과 '아래'의 지상에서 관찰한 것이다. 이 깊숙이 뿌리박힌 이원적 구분은 심지어 천지창조에 관한 메소포타미아의 기원 설화에서도 나타난다. 《에누마 엘리시 Enûma Elish》로 알려진 바빌로니아 서사시는 태초 세계에 대한 묘사로 시작된다. "높은 곳의 하늘의 이름이 없고, 아래 단단한 땅의 이름이 없던 때"다.[18] 하늘과 땅의 이름이 생기기 전의 태초 상태에서도 세계는 위와 아래로 나뉘었다.

이에 따라 학자들은 두 영역의 신호와 예언을 읽는 데 의존했고, 카시트 시기에 결국 이를 안내하기 위한 몇몇 '교과서'가 쓰였다. 이들 점토 교과서는 곧 일어날 듯한 큰 사건에서부터 임박한 평화협정에 이르기까지 수많은 전조 또는 징후 및 그와 관련된 예측이 나열되어 있었다. 학자들은 자기네 주위 세계를 해석하는 데 도움을 받기 위해 점토 교과서들을 샅샅이 뒤져야 했다.

'아래' 땅에서 관찰한 것은 〈슘마알루 Shumma Ālu〉로 알려진 점토 교과서에 수집됐다. 100여 개의 서판으로 이루어진 것이다. 이 방대한 작업에서 학자들은 지상의 사건들에 대한 관찰을 수집했다. 동물의 행동, 도시의 위치, 식물의 출현 같은 것들이며, 이는 이혼, 행운, 전쟁 같은 인간 영역의 현상 또는 사건에 대한 예측과 짝지어졌다. 예를 들어 〈슘마알루〉에 나오는 수많은 사례 가운데 하나는 "검은 고양이가 사람의 집에서 보이면 그 나라에 행운이 있을 것"이라고 말한다.[19] 사람의 얼굴과 신체적 특징 역시 다가올 사건에 대한 신의 신호로 해석될 수 있었다. 신생아의 외모, 꿈 내용, 어떤 우물물의 색깔 등도 마찬가지였다.[20]

신들은 특히 밤하늘에 자기네의 메시지를 끼워 넣어 훈련된 사람들인 천문학자가 보게 했다. 마찬가지로 왕은 신들에게 보내는 메시지를 아래 땅의 깊숙한 곳에 점토 원뿔과 기타 조각품의 형태로 끼워 넣었다. 하늘에서 부분월식이나 금성의 위치 같은 무언가가 보이면 정치적·사회적, 심지어 개인적 사건을 나타내는 것으로 생각했다. 왕의 죽음이나 난산難産 같은 일들이다. 밤하늘에 '휘갈긴' 신호를 해석하는 데 도움을 받기 위해 학자들은 또다른 점토 교과서에 의존했다. 앞부분 몇 단어를 따서 〈에누마 아누 엔릴 Enuma Anu Enlil〉로 알려진 것이며, 이는 '아누와 엔릴의 날에'라는 뜻이다. 아누와 엔릴은 고대 메소포타미아의 전 시기에 걸쳐 가장 중요한 신들이다.

현대의 독자들이 보면 이러한 예언이 천문학도 아니고 심지어 과학도 아니라고 생각하겠지만, 그렇게 단정하기 전에 두 가지를 고려해야 한다. 첫째로, 예언은 경험적 관찰에 크게 의존했다. 그것은 과학적 시도에서도 토대가 된다. 오늘날(수천 년 전에도 마찬가지였다) 우리는 망원경 없이도 지구에서 다섯 개의 행성을 볼 수 있다. 수성, 금성, 화성, 목성, 토성이다. 어떤 훈련이나 의존할 만한 도구 없이는 그 행성들을 언제나 발견하기는 쉽지 않다. 그러나 몇 가지 단서는 그것을 가능케 한다. 행성은 항성과 같은 방식으로 빛나는 것이 아니지만, 오히려 끊임없이 빛나며 일부는 놀라운 방식으로 빛난다. 예를 들어 화성은 때로 가시적인 황색 또는 심지어 불그스름한 색깔로 빛난다. 금성은 매우 밝아서 특히 달이 신월新月에 불과한 어두운 밤에 그림자를 드리울 수 있다. 금성의 수메르어 이름 '딜리바드dili-bad'는 '빛나는'으로 번역되며, 시에서는 흔히 이 행성의 광휘를 강조한다. 한 수메르어 노래는 행성인 금성과 동일시된 인안나 여신을 찬양하며, 여신이 "밤에 환하게 하늘로 올라"갔고 "성화聖火와 같이 하늘을 가득 채웠다"고 묘사했다.[21] 훨씬 먼 목성은 비슷하게 밝으며, 아카드어 이름은 문자적으로 '흰 별'로 번역된다. 한편 수성은 밤하늘에서 매우 작아 놓치기 쉽다.

고대 메소포타미아 사람들은 오늘날 우리가 보는 것과 같은 하늘을 올려다보았고, 세심한 관찰을 통해 매우 많은 것을 알았다. 예를 들어 서기전 7세기의 천문학자 발라시Balasî를 보자. 그는 신아시리아의 에사르하돈 왕의 궁정에서 일했는데, 이 왕은 군사적 성공뿐만 아니라 평생을 따라다닌 이상한 질병으로도 유명했다.

발라시는 왕에게 쓴 편지에서 다른 천문학자에 대해 불평했다. 그는 이 천문학자가 금성과 수성도 구분하지 못한다며 '무식쟁이'라고 불렀다.[22] 발라시의 말에 대해 이야기하자면, 오늘날 별을 보는 사람들은 이 둘을 혼동하는 것이 거의 불가능함을 알 것이다. 금성은 하늘에서 달을 제외한 그 어느 별보다 밝은 반면에, 수성은 아주 작은 점이어서 어디서 찾아야 할지를 모르면 발견하기가 거의 불가능하다. 발라시는 "금성의 공전이나 (…) 주기에 관해 (…) 알지 못한다"라고 동료를 깎아내렸다. 모든 가시적인 행성의 가장 분명한 특성일 텐데 말이다.[23] 행성은 고정된 별들의 패턴을 배경으로 매일 밤 이동하며, 볼 수 있는 다섯 개 행성은 반복적으로 같은 경로를 밟는다. 금성의 '공전'에 관한 발라시의 언급은 그가 행성의 회합주기 또는 지구에서 보았을 때 밤하늘에서 특정 지점으로 돌아오는 데 걸리는 시간에 대해 알았음을 보여준다. 이 경로를 관찰하고 예측하기 위해서는 여러 달 또는 여러 해에 걸쳐 축적된 야간 관찰이 필요하다.

발라시 같은 천문학자들이 매일 밤하늘을 쳐다볼 때 그들은 카시트의 학자들 같은 이전에 살았던 여러 세대의 학자들이 수집하고 필사한 예언의 목록에 비추어 자신이 관찰한 것을 측정했다. 오늘날 천문학자들도 밤하늘을 바라보고 자신이 발견한 무언가(새로 발견한 맥동성脈動星이든 돌아오는 혜성이든)를 더 잘 이해하기 위해 교과서를 뒤져볼 것이고, 그 교과서들은 또한 그들 이전에 살았던 과학자들의 과거의 관찰을 바탕으로 했을 것이다.

천문학 예언 교과서 〈에누마 아누 엔릴〉은 백과사전적이다. 70개 점토판의 앞면과 뒷면을 통틀어 모두 약 7천 가지의 예언이 수록되어 있다. 그중 일부는 짧은 문장이고, 어떤 것들은 긴 단락이다. 〈에누마 아누 엔릴〉의 63번째 서판의 첫 줄은 "여명에 목성이 안정되면 적국 왕들과 화해할 것이다"라고 예언하고 있다. 이 교과서는 서기전 1100년 무렵 카시트 말기 동안에 표준적인 형태로 정리됐고, 발라시 같은 후대 천문학자들이 자기네가 밤에 관찰한 것의 의미를 이해하기 위한 안내서로 사용했다.[24] 다시 말해서 발라시가 여명에 목성을 관찰했다면 그는 왕에게 제국과의 전쟁에 관해 걱정하지 말라고 확신에 차서 말할 수 있었을 것이다. 또다른 징조는 금성에 관한 관찰을 경제적 예언과 짝짓는다. "금성에 붉은 관이 씌워지면 빚을 탕감할 해다."[25] 어느 날 밤에 불그스레한 색을 띤 금성을 보았다면 그는 왕에게 빚을 탕감해야 한다고 보고했을 것이다.[26]

관찰과 예언 사이의 연결은 쐐기문자 문서의 행간을 읽지 않으면 임의적이고 심지어 터무니없다고 생각될 것이다. 이는 우리를 이 문서들이 비과학적이라고 일축하기 전에 다시 한번 생각해야 한다는 두 번째 특성으로 데려간다. 특별한 추론은 이런 금성과 목성 관찰을 수천 킬로미터 바깥 사람들의 정치생활 및 경제생활과 연결한다. 이 연결을 이해하려면 그것을 쓴 사람들에 관해 생각할 필요가 있다. 그들이 현실을 어떻게 이해했고, 그에 관해 어떻게 썼으며, 그렇게 하기 위해 사용한 쐐기문자 체계가 어떤 것인지도 말이다. 금성의 붉은 관과 빛 탕감 문제를 보자. 아카드어로 '붉은'을 나타내기 위해 사용한 쐐기문자 부호 '사$_{sa}$'는 빛에 해당하는 '닉시사$_{nig\text{-}si\text{-}sa}$'라는 단어의 일부와 발음이 같다. 따라서 관찰과 예언 사이의 연결은 단순한 재담이다. 이런 식의 말장난(또는 부호 장난)은 관찰과 그로부터 예언된 결과를 연결하는 여러 전략 가운데 하나다. 둘 사이의 연결성이 보이지 않더라도 말이다.

여명에 목성이 안정되게 나타나는 것과 적국 왕들과 화해 사이의 연결은 어떨까? 고대 메소포타미아에서 목성은 바빌로니아의 우두머리 신인 마르두크(고대 로마의 신들 가운데 주피터가 최고신이었던 것과 마찬가지다)와 연관돼 있었다. 따라서 이 행성은 통치권, 그리고 이상적으로 성공적인 통치와 함께하는 안정성을 의미했다. 그렇다면 그것이 달에 가깝다거나 특정 별자리에서의 위치 같은 추가적인 언급 없이 그 자체만으로 보아 목성이 '안정적'이라는 것은 어떤 왕의 치세가 안정적이라는 관념을 구현하는 것이고, 이를 인간 영역에 적용하면 적들과의 평화로 해석할 수 있다. 반대의 사례로서 다른 예언은 목성이 달 뒤로 사라지는 것을 내부의 반목과 짝을 짓는다. 하늘에서 마르두크와 그의 통치권이 사라지는 것은 충돌과 다툼에 취약한 나라를 의미한다. 이런 식의 개념적 유사성은 천체 현상에 관한 수많은 쐐기문자 예언을 규정한다.

때로 그 연결은 좀더 분명하다. 서기전 7세기 에사르하돈의 궁정에서 일하고 나중에 아슈르바니팔을 섬긴 나부아헤에리바Nabû-ahhe-eriba라는 천문학자는 아주 작은 서판에 어느 날 밤의 관찰에 관한 간략한 보고서를 썼다. 그날 밤 그는 염소자리에 있는 수성과 두 별을 발견했다. 고대 메소포타미아에서 남방물고기별Piscis Austrinus과 까마귀별Corvus로 불린 별들이었다. 그는 별이 발견된 것의 의미를 설명하기 위해 한 예언을 인용한다. "남방물고기별이 까마귀별에 가까이 있으면 물고기(와) 새가 많아질 것이다."[27] 물고기와 새라는 이름을 가진 두 별이 발견된 것과 실제 물고기 및 새가 지상에서 발견되는 것 사이의 연결을 상상하기는 어렵지 않다(아주 재미있는 일로, 발라시가 그랬듯이 나부아헤에리바 또한 실제로는 아직 금성을 볼 수 없는 때에 양자리에서 이 행성을 보았다는 보고를 검토하면서 왕에게 본래의 보고서를 쓴 사람을 "비열한 놈, 무식한 놈, 사기꾼"이라고 말했다[28]).

〈에누마 아누 엔릴〉과 비슷한 모음의 예언들은 구체적인 유형에 따라 그들의 관찰을 정리하고 있다. 예를 들어 많은 해석은 왼쪽과 오른쪽에 서로 다른 결과를 내놓고 있다. 고대 메소포타미아에서 예언은 일반적으로 오른쪽이 긍정적인 결과와 연결되고 왼쪽은 부정적인 결과와 연결됐다. 이런 좌-우의 상징성은 물론 고대 메소포타미아에서만 있었던 것은 아니다. 나는 사우디아라비아에서 자랄 때 어린 시절부터 먹을 때는 오른손을 쓰고 화장실 문을 열 때는 왼손을 쓰도록 교육받았다. 다시 말해서 깨끗한 일은 순수한 것과 연관된 오른손으로 하고, 더러운 일은 순수하지 않은 것과 연관된 왼손으로 하는 것이었다. 이 좌-우에 대한 태도는 예를 들어 금성 근처에서 발견되는 별에 대한 묘사에서도 볼 수 있다. 별이 금성의 오른쪽에 나타나면 "땅에 풍요가 있을 것"이지만, 왼쪽에 나타나면 "땅에 불행이 있을 것"이라고 했다.[29]

그러나 어떤 부정적인 것이 금성의 오른쪽과 연관되면 그것이 부정적인 결과를 촉발한다. 수학 문제에서 양의 정수와 음의 정수를 곱하면 음수가 되는 것과 마찬가지다. 만약 어떤 부정적인 것이 왼쪽과 연관되면 그것은 역으로 긍정적인 결과를 촉발한다. 결국 부정적인 것이 둘 겹치면 긍정적인 결과를 낳는다.

금성의 오른쪽이 어두워지면 여자가 아이를 낳는 데 어려움을 겪을 것이다.
금성의 왼쪽이 어두워지면 여자가 쉽게 아이를 낳을 것이다.[30]

다른 개념들은 고대 메소포타미아인들의 거대한 자료를 구성하는 데 도움을 주었다. 동·서·남·북의 네 기본 방향, 다양한 색깔, 현상이 일어난 시각, 위-아래나 명-암 같은 상대 개념 등이다. 예언은 관찰에 일부 근거를 두고 있었겠지만, '완벽성'에 강박적인 관심을 가진 서기들은 이런 도식을 가능한 한 완벽하게 채우고자 했고, 그것은 때로 상상의 상황이나 불가능하다고 생각되는 현상(녹색으로 나타나는 월식이나 목성이 지나갈 수 없는 별자리를 통과하는 것 같은)으로 이어졌다.

요컨대 메소포타미아의 학자들은 혼돈의 세계에 질서를 부여하려 했다. 그들은 믿을 수 없을 정도로 체계적인 방식으로 주위의 모든 것에 대해 조직적이고 완전한 기록을 만들고자 노력했다. 과학은 결국 현실을 이해하고 방대한 세계에 질서를 부여하려는 노력이다. 고대 메소포타미아에서 과학은 그저 자연계를 관찰하는 일과 관련된 것이 아니라 가시적인 그림을 그리고 심지어 완성하기 위한 방식으로 그것을 분류하는 일과 관련된 것이었다.

이 말이 낯설지 않게 들린다면 그것은 우리가 이미 고대 우루크에서 나온 초기 기록물들 속에서 이와 유사한 것을 만났기 때문일 것이다. 쐐기문자 초기의 부호 목록은 현실을 가능한 한 완전하게 채워 넣기 위해 불가능한 것들(돼지 한 마리로 채운 그릇 같은)을 만들어냈고, 심지어 문자체계를 통해 새로운 현실을 만들어냈다. 이 체계화와 완벽성을 위한 시도(흔히 우리가 가능하다고 생각하는 한계를 넘어서는 것들을 포함한다)는 고대 메소포타미아에서 지식을 체계화한 전형적인 방식이다.

여러 해 전 나는 아시리아학으로 석사 과정을 시작했을 때 내가 우루크에서 나온 초기 점토판에 초점을 맞추게 될 것이라고 확신했다. 초기 쐐기문자의 상세한 그림문자 이미지로 추적한 쿠심(맥주 양조자)의 기록과 그릇의 목록 같은 것들이다. 어떤 것이 문자의 탄생보다 더 흥미로울 수 있을까? 그러나 더 많은 것을 배울수록 나는 스스로가 훨씬 후대의 카시트 학자, 아시리아 천문학자, 바빌론과 우루크의 쐐기문자 과학의 마지막 수호자들의 의학 및 천문학의 대요大要에 더 끌리고 있음을 발견했다. 나의 진로는 바뀌었고, 결국 과학의 역사를 공부하게 됐다. 2천 년 전 바빌론의 밤하늘에 조용히 나타난 핼리 혜성에 관한 구절을 번역하는 것은 내게 인간이 된다는 것이 무엇을 의미하느냐에 관한 무언가를 번역하는 것이었다. 이것은 주변의 세계를 이해하고자 최선의 노력을 기울이며, 그런 노력의 일부로서 그때까지 점토에 기록된 모든 현상(실제든 가능성이든, 현실이든 상상이든)을 자세히 들여다보는 사람들의 역사다.

발라시와 나부아헤에리바 같은 천문학자들은 밤마다 하늘에 나타난 '천상의 글'을 읽고 천문학의 역사에서 큰 발전을 이룰 수 있는 무대를 마련했다. 천문학자들은 단순히 하늘에서 관찰한 것을 바탕으로 지상의 사건을 예측하는 데 그치지 않고, 다른 천문 현상들을 예측하기 위한 방법을 개발하기 시작했다. 이 문장을 쓰는 것만으로도 내 가슴은 두근거리고(좋은 의미에서) 손에 땀이 난다

(조금 덜하지만 그래도 내가 흥분했다는 징표로서). 나는 이 분수령을 이루는 순간에 우리가 함께 일어나 춤출 수 있기를 바란다. 이것은 오랜 시간에 걸친 관찰을 완전히 새로운 과학에 쏟아붓는 시점이기 때문이다. 현상을 순전히 신의 신호로 해석하는 것에서 현상을 '천문학적 현상으로' 해석하는 것으로 도약하는 일, 그리고 다른 천문학적 사건의 예측을 가능하게 하는 패턴을 인식하는 것은 엄청난 일이다.

예를 들어 서기전 18세기에 학자들은 정규적으로 일식과 월식을 예측하고 있었다. 일식과 월식이 왕의 죽음을 의미할 수 있었음을 감안하면 그것을 예측하고 계획을 세우는 방법을 생각해내는 것이 우선 과제였음은 놀라운 일이 아니다. 학자들은 일식과 월식을 반복해서 관찰하는 데서 전체 18년의 일식·월식 주기를 예측할 수 있는 데로, 그리고 마침내 그 주기를 나타낼 수 있는 수학 공식을 만들어내는 데로 나아갔다. 일식과 월식의 반복이 나타나는 대략 18년 11일 8시간의 기간을 사로스Saros 주기라고 하는데, 아마도 아주 많은 수를 뜻하는 아카드어 사르sar 또는 '쓸다'를 의미하는 그리스어 사로saro에서 왔을 것이다. 이 18년 주기로 정리된, 일식·월식의 가능성이 있는 달을 제시하는 사로스 주기 문서가 서기전 제1천년기 후반의 것이 남아 있다. 그중 일부는 날짜가 들어간 점토 시산표試算表처럼 보인다.[31]

천문학자들은 또한 야간 관찰을 체계화하는 데 도움을 주기 위해 천구좌표계天球座標系를 개발했다. 그것은 현대 천문학에서도 여전히 도구로 사용되고 있는 황도대다. 궁극적인 기원은 서기전 제3천년기부터 고대 메소포타미아에서 사용된 관념화된 태음태양력으로까지 거슬러 올라간다. 이는 1년을 매달 30일의 관념화된 음력 열두 달로 나누고 역법을 태양년과 맞추기 위해 여분의 달인 윤달을 두는 것이다.³² 태음월은 달이 거의 보이지 않는 신월에서 시작해 초승달, 반달, 보름달을 거쳐 그믐달까지 월상月相을 한 바퀴 도는 데 걸리는 기간이다. 바빌로니아 창조 서사시 《에누마 엘리시Enuma elish》에서는 이 주기를 만든 것이 마르두크 신이라고 한다. "달이 시작되면 너는 뿔처럼 빛을 내라"라고 마르두크는 달에게 말한다. 그리고 그는 달에게 원으로 부풀고 그뒤 "같은 속도와 형태로 거꾸로 이지러져라"라고 명령한다.³³ 이 과정은 달의 주기를 묘사하는 시, 신화, 과학과 결합된다. 마르두크의 손길을 거쳤든 아니든, 이 과정은 대략 평균 29.5일이 걸리지만 달이 얼마나 멀리 있느냐에 따라 어떤 달은 더 길고 어떤 달은 더 짧다. 고대 메소포타미아인들은 이 차이를 알았고, 일을 단순화하기 위해 일률적으로 30일로 잡았다. 마찬가지로 영미법英美法에서는 태음월이 정확히 4주에 해당하는 28일을 의미하는 것으로 본다. 이것은 이자율이나 언제 임차료를 내야 하는지 결정하는 일상적인 계산을 더 쉽게 만든다. 달이 신월로 되돌아와 한 달의 시작을 선언하게 되는 정확한 밤을 기다릴 필요가 없는 것이다.

서기전 5세기에 이 잠정적인 열두 달(모두 일률적으로 30일로 이루어졌다)의 구분은 하늘에 지도로 그려졌다. 좀더 구체적으로는 해, 달, 행성들이 움직이는 황도로 알려진 하늘의 띠이며, 일식과 월식 역시 이 띠를 따라 일어난다. 황도대는 황도를 각기 30도씩의 열두 부분으로 나눈다. 각 부분의 이름은 특정 별자리를 따라 지어졌다. 마갈궁摩羯宮은 염소자리, 쌍아궁雙兒宮은 쌍둥이자리, 사자궁獅子宮은 사자자리, 천갈궁天蝎宮은 전갈자리 하는 식이다. 수학적으로 규정된 황도대의 분할은 천체의 이동 묘사를 더 쉽게 만들었다. 예를 들어 한 행성의 위치는 황도대의 특정한 궁宮의 시작이나 중간이나 끝에 있을 수 있었다.[34]

황도대는 서기전 7세기 말(또는 6세기 초) 이후 바빌로니아에서 천문 현상을 기록한 수백 장의 쐐기문자 서판 더미에서 직접적인 역할을 하게 됐다.[35] 고대에 '정기 관찰'로 알려진 이것들은 오늘날 '천문 일지'로 불린다. 야간에 하늘과 땅 양쪽에서 일어나는 사건을 모두 관찰한 것이기 때문이다. 특히 행성은 쉽게 찾을 수 있도록 황도 12궁과 관련지어 묘사했다.

금성은 월 중반까지 처녀궁處女宮에 있었고, 월말까지 천칭궁天秤宮에 있었다. 수성은 월초에 거해궁巨蟹宮에 있었고, 수성은 사자궁 동쪽에 마지막으로 나타났다. 토성은 마갈궁에 있었다. 화성은 쌍어궁雙魚宮에 있었다. 그달에 강물의 수위는 모두 15센티미터 떨어졌다. 그달 6일에 티그리스강 근처 셀레우키아 출신의 바빌로니아 총독이 바빌론으로 들어왔다. 9일에 모든 곳에서 잔치가 벌어졌다.[36]

나는 이 파편 일부가 내 식기세척기 설명서(개가 뜯어먹어 그중 많은 부분이 없어지거나 읽을 수 없지만)보다도 덜 매력적인 읽을거리임을 인정하는 첫 번째 사람이 돼야겠다. 그러나 '천문 일지'는 역사의 이례적인 순간을 보존하고 있다. 그 하나는 서기전 164년 가을 핼리 혜성을 관찰한 것을 기록하고 있다.[37] 그중 일부는 고대의 유행병을 기록하고 있다. 예컨대 서기전 567년의 한 일지는 '기침병'의 발생 가능성을 언급하고 있고, 또다른 글은 병명을 밝히지 않은 병에서 "나라 사람들이 회복"됐음을 언급하고 있다.[38] 서기전 323년의 한 기록은 믿을 수 없을 정도로 간단한 문장의 쐐기문자 부호들이 역사의 전환점을 기록하고 있다. "29일에 왕이 죽었다"[39]라고 썼는데, 그 왕은 알렉산드로스 대제였다.

여러 세대 이어진 지식과 '천문 일지'에 실린 관찰의 축적은 서기전 제1천년기 후반에 또 하나의 새로운 과학의 발전을 촉진했다. 바로 수리천문학이다. 수십 수백 년 동안 기록된 자료는 학자들에게 같은 현상을 돌아보고 예측하고 심지어 측정할 수 있는 수학 공식을 만들게 했다. 그 일부는 당신의 등골을 오싹하게 만들 것이다. 나는 수학을 좋아하지 않고 심지어 이해하지 못하는 사람으로서 그것을 이야기하고 있다. 한 쐐기문자 서판은 2016년에 실제로 신문 제목에 나타났다. "고대 바빌론에도 현대 천문학의 12궁宮이 있었다"라는 《뉴욕 타임스》의 제목이다. 서기전 350년에서 서기전 50년 사이의 어느 시기에 쓰인 이 작은 네모꼴 서판은 쐐기문자 학문의 말년으로 거슬러 올라가는 매우 많은 서판이 그렇듯이 19~20세기에 약탈당했다. 아마도 바빌론에서 나왔을 가능성이 높은 이 서판은 그뒤 영국박물관의 수장고로 들어갔다.[40] 이것은 바클라바 과자와 좀 비슷하게 생겼지만, 약간 기울어진 문자들은(나중 시기의 전형적인 필사 양식이다) 천문학의 역사를 다시 쓴 복잡한 기하학적 모형을 보여준다.

이 서판은 황도대를 좌표계로 삼아, 목성이 처음 나타난 이후 두 차례의 60일 기간에 황도에서 이동한 것을 표시한다. 두 기간은 도표에 표시하면 부등변 사다리꼴 모습으로 나타나며, 이 구역들은 모두 목성이 이동한 거리를 반영한다. 현대의 서판 해독자 마티외 오센드레이버Mattieu Ossendrijver는 이 사다리꼴이 '실제' 우주가 아니라 '수학적 우주'에서의 행성의 위치를 묘사한다고 해석했다. 다시 말해서 그것은 "매우 추상적인 적용"이며 "완전히 새로운 천문학의 적용"이다.[41] 이 기법은 15세기 유럽에서 시작됐다고 여겨지던 것이었다.

이런 발전은 궁극적으로 세계를 신의 신호로 채운 우주론과 그 신호를 해석하려는, 그리고 궁극적으로 사회 및 자연계에서 일어나는 사건을 예측하고 준비하려는 충동에 의해 가능해졌다. 이 모든 발전에도 불구하고 동기는 여전히 인간 영역에서의 일을 예측하는 방법을 찾아내는 데 달려 있는 것처럼 보였다. 쐐기문자 과학의 말기에는 천문학이 점복과 계시로부터 분리된 것이 아닌, 지식의 비밀스러운 개념을 보존했다. 황도대, 고등 수학, 미세조정된 관찰은 모두 쿠두르마북의 원뿔에 끼워 넣어진 신의 계시라는 고대의 인식 체계에 들어맞았다. 인간이 아래의 세계에 신에게 보내는 메시지를 묻어놓았듯이, 신들도 위의 세계에 천문학자들이 해독하도록 메시지를 남겼다.

물론 후자는 훨씬 더 중요했다. 신들의 말은 전쟁 또는 평화의 시기를 예언할 수 있었고, 여자가 아이를 낳고 죽을지 살지에 대한 암시를 줄 수 있었고, 빚이 탕감될지 어떨지를 알려줄 수 있었다. 인간이 신에게 보내는 메시지는 훨씬 범위가 제한적(왕의 통치권 이상 실현에 관해 기록한 원뿔 같은 물건의 봉헌)이었지만, 마찬가지로 지속적인 대화의 일부였다. 예를 들어 쿠두르마북은 난나 신을 위해 원뿔을 남겼는데, 자신이 신전을 지었음을 이 신에게 알려주려는 것이었다. 신전은 너무 높아 그 꼭대기가 하늘에 닿고, 너무나 아름다워서 신도 그 담장 안에서 기뻐하지 않을 수 없었다.[42] 그것을 보고 나는 고대 메소포타미아의 과학적 작업 역시 의식하지는 않았지만 신에게 보내는 메시지가 아니었을까 하는 의문이 들었다. 왕들은 숭고하면서도 세속적인 신전을 지었으며, 고대 메소포타미아의 학자들은 자기네가 알아보도록 하늘에 메시지를 써놓은 바로 그 신들을 보여주었다. 그들은 메시지를 읽고 기록하고 다음 세대에 전해주었으며, 계속해서 읽었다. 신들은 여러 세대에 걸친 과학적 작업을 하늘의 거처에서 내려다보고 깊숙한 수중의 주거에서 올려다보았을까? 그들은 초기의 예언 목록에서부터 미적분학의 전조에까지 이르는 혁신적 도약을 알아차렸을까?

하늘은 신들이 자기네의 신호를 적기 위해 사용할 수 있는 유일한 점토판이 아니었다. 그들은 죽은 양의 내장이라는 훨씬 섬뜩한 서판을 사용할 수 있었다. 장복臟卜으로 알려진 이런 점복 형식은 보충적인 요소였으며, 방법상 그래도 과학적인 것이었다. 신호를 읽는 능력에 출세가 달려 있던 학자들의 유형 가운데 바루bārû(문자 그대로의 뜻은 '보는 자' 또는 '내다보는 자'이다)라는 점쟁이들이 있었다. 이제까지 보았던 천문학자들과 달리 전문적인 예언자들은 금성이 이동하거나 일식·월식이 나타나는 것을 기다릴 필요가 없었다. 그들은 양의 내장을 보고 왕 같은 의뢰인들이 알고자 하는 문제에 대한 답을 신들로부터 직접 끌어낼 수 있었다.

의뢰인의 미래에 관한 답을 제공하기 위해 예언자들은 양이 의례를 위해 도살되기 전에 그 귀에 대고 '예, 아니요'를 묻는 간단한 질문(내가 바빌론으로 가야 할까? 임신한 아내가 살까?)을 속삭인다. 질문을 하고 나서 도살하기까지의 시간에 샤마시 신이 양의 간과 내장에 비밀스러운 '글자'로 대답을 한다. 점쟁이들만이 그 글을 읽는 훈련이 돼 있었다. 천상의 현상은 때로 '천서天書'로 불렸듯이, 양의 간은 때로 '신의 서판'으로 불렸다.

  그 글자는 '길'이나 '존재' 같은 비밀스러운 이름을 지닌 간의 일부(위胃와 인접한 부분에 있는 기관의 엽葉들이다)에 독특한 특징을 가진 형태로 나타난다. '손가락'은 간의 다른 두 엽을 분리하는 조직의 띠이며, '쓸개'는 고맙게도 실제로 쓸개를 의미한다. 그런 특징이 있고 없는 것은 특별한 의미를 지니며, 어떤 경우에는 갈라지거나 굳거나 부풀거나 하는 특별한 표시를 지닐 수 있다. 그중 어느 것이든 신의 의도를 나타낸다. 이것을 어떻게 읽어내는지를(또는 예언을 '파악'하는지를) 배울 때 점쟁이 훈련생들은 여러 부분에 딱지를 붙인 간의 점토 모형에 의존했다. 오늘날 의과대학 학생들이 인체에 대한 매우 전문적인 용어를 익히도록 훈련되는 방식과 비슷하다. 그들 역시 간의 특징을 가능한 결과와 짝지은 예언 목록을 참조했다. 〈에누마 아누 엔릴〉이 천문 현상과 지상의 사건을 짝지은 것과 마찬가지다. 그런 불길한 예언 중 하나는 "'존재'가 얇은 막으로 덮여 있으면 왕이 심각한 병에 걸릴 것이다"로 돼 있다.[43] 이런 예언은 현대인에게 기괴하게 들리겠지만, 그것은 고도로 훈련된 예언자들과 세심한 신 사이의 흉금을 터놓은 중요한 대화의 일부였다. 어떤 의미에서 간은 기관 형태를 띤 점토판이었고, 신들은 그 위에 앞서 제기된 질문에 대한 대답을 찍어놓을 수 있었다. 신들은 쓸개, '존재', '길' 같은 간의 서로 다른 부분에 '기재'했지만, 그렇게 써놓은 것을 읽기가 녹록하지 않았고 그것을 해석하는 데는 우회적이지만 체계적인 접근이 필요했다.

점쟁이는 내장으로 점을 치기 위해 간의 관련 특징을 적어두고, 이 표시들 가운데 어떤 것이 긍정적인 결과를 낳고 어떤 것이 부정적인 결과를 낳는지를 판정하기 위해 간을 통한 예언 목록을 샅샅이 뒤져야 했다. 어떤 양에게 두 개 이상의 쓸개가 있으면(셋이라면 특별하다) 이는 긍정적인 결과로 "나라에 화합과 행복이 올 것이다."[44] 그런 뒤에 점쟁이는 읽기를 마치고 나서 부정적이고 긍정적인 평가들을 취합해 평가가 우세한 쪽을 가지고 대답이 긍정 쪽인지 부정 쪽인지를 결정하게 된다. 어떤 의미에서 이것은 점토 교과서와 피가 묻은 간을 통한 매우 전문적인 방식으로 만든 신의 '찬반' 목록과 비슷하다.

서기전 17세기에 바빌로니아의 한 점쟁이는 벨타니Beltani라는 여성의 안녕을 판정하기 위해 양을 가지고 점을 쳤다. 어떤 병을 앓고 있었음에 틀림없는 벨타니는 자신이 나을 것인지 아닌지를 물었다. 간단한 기록에 따르면 양의 내장을 살펴보니 '존재'의 꼭대기에 돌기가 있었고, '손가락'의 오른쪽은 갈라지고 왼쪽은 움푹 들어갔으며, "쓸개는 오른쪽이 튼튼하다"는 등 여러 가지 특징이 있었다고 기록됐다. 점쟁이는 또한 내장이 열두 번 꼬여 있음을 발견했다. 전반적으로 벨타니에게 "이는 좋은 편이지만 나쁜 표시도 있어 점검이 필요"했다.[45] 2년 후 날짜의 작은 서판 잔편 또한 벨타니라는 사람의 안녕을 다루며 매우 긍정적인 반응을 내놓는다.[46] 이 두 서판에 언급되는 사람이 동명이인일 수도 있지만, 나는 동일인인 벨타니가 자신의 몸을 돌봄으로써 건강 문제가 해결된 것이라고 믿고 싶다.

전문가의 도움을 받을 형편이 되는 사람은 어디에 갈 것인지 말 것인지 같은 큰 결정을 하기 전에, 또는 앞으로 일어날 일에 관한 확신을 얻기 위해 흔히 그들에게 자문했다. 오늘날 나는 건강에 문제가 있으면 점쟁이한테 가는 것이 아니라 의사에게 상담한다. 내가 미국에 있는 가족을 만나러 가야 할지 말지를 결정할 필요가 있을 때는 항공 요금이나 번거롭게 마련인 비자 조건 같은 다양한 고려 사항을 저울질한다. 비자를 신청하는 흔히 자존심 상하는 과정을 통과하기 위해 돈이 얼마나 들고 정신건강이 얼마나 상할까? 공항 보안과 입국 때 매번 추가 검사를 위해 '무작위 추출'을 당하는 또다른 자존심 상하는 일은 말할 것도 없다. 내게 그것은 이 여행이 시간, 비용, 압박감을 감내할 가치가 있는지를 결정하는 것이다. 고대 메소포타미아에서는 한 발 더 나아가 긍정이냐 부정이냐를 결정할 때 예언자에게 양의 간(신의 서판)을 읽어주도록 상담을 하면 더욱 명확한 답을 얻을 수 있었다.

고대 메소포타미아의 점쟁이들은 서기전 제1천년기에 들어선 뒤에도 벨타니 같은 사람들을 포함하여 왕들을 돕기 위해 왕궁에서 일했다. 신아시리아 왕들은 건강 문제에서부터 군사적 결정(전쟁을 벌일지 말지 등)에 이르기까지 예언자들의 전문지식에 의존했다. 이들 전문가 일부는 생사가 걸린 상황에 휩쓸렸다. 예를 들어 서기전 7세기에 아시리아로 추방돼 수감된 불운한 바빌로니아 왕자 쿠두루Kudurru는 잡혀 있는 동안 쐐기문자 과학 저작들을 필사했다. 그는 에사르하돈 왕에게 보낸 편지에서 자신이 어떻게 속박에서 풀려나 신전으로 옮겨지고 몇몇 주요 정치 행위자들과 함께 저물도록 억지로 술을 마셨는지를 묘사한다(그들은 결국 그에게 몇 차례 점을 치라고 강요했다). 그들은 쿠두루가 신들에게 간단한 질문을 해주기를 원했다. "우두머리 환관이 왕권을 탈취할까?" 이 질문은 가련한 쿠두루에게 좋든 싫든 자신은 이제 왕을 쫓아내기 위한 우두머리 환관의 음모에 가담하게 됐음을 분명히 했다. 그는 왕에게 보낸 절망적인 편지에서 "제가 생각하는 것이라고는 '그가 나를 죽이지 않기를' 바라는 것뿐"이라고 썼다. 그는 자신이 강요당한 내장점은 "엄청난 사기"였다고 왕을 안심시켰다.[47] 이 기괴한 일화는 정변조차도 점복의 뒷받침을 받을 필요가 있었으며 신과의 교통에 많은 것이 걸려 있었음을 우리에게 말해준다. 특히 신의 의사 표현을 읽는 기술을 훈련받은 자들을 활용할(또는 그들에게 영향을 미칠) 수 있는 사람들 사이에서는 말이다.

서로 다른 점복 방법은 서로 보완(또는 충돌)할 수 있고, 왕들은 신의 의지를 해석하고 올바른 결정을 내리기 위해 동원할 수 있는 모든 수단에 의존했다. 그러나 마찬가지로 예언자들은 왕의 의제와 연결되는 '올바른' 대답을 찾아내기 위한 압박에 내몰릴 수 있었다.

고바빌로니아 시기에 고대 도시 마리에서 나온 편지와 보고서들은 왕과 섭정들이 점복을 자주 사용했음을 입증하고 있다. 유감스럽게도 이름을 알 수 없는 한 관리가 왕에게 보낸 보고서('주인님' 앞으로 보낸 것이었다)는 신의 메시지들의 중요성을 강조한다.

저는 마리의 안전에 관한 예언들을 얻었습니다. 점쟁이들은 "예언이 뒤섞여 있습니다. 도시와 유프라테스강 둑을 보호하는 데 유념하십시오. 우리의 예언은 긍정적이지 않습니다. 양을 주시면 내일 저희가 다시 한번 (같은) 점복으로 예언을 얻겠습니다"라고 했습니다.[48]

고고학자들은 점쟁이들을 훈련시키기 위해 사용했을 마리의 궁궐에서 수십 점의 독특한 점토 간 모형을 발굴했다. 이 모형들에는 하나 또는 그 이상의 관찰 기록이 있었고, 많은 경우 그런 관찰을 했을 때 간이 모형과 똑같이 생겼음을 분명히 하고 있다. 그중 하나는 "적이 어떤 도시를 공격할 음모를 꾸민다고 해도 그 계획은 알려지게 되며, 간은 이런 모양을 하고 있을 것이다"라고 적었다.[49] 다른 것들 또한 점토 간 모형에 표현된 특성과 연관된 상황을 묘사한다. 예를 들어 어떤 왕이 적국을 합병하거나, 한 통치자가 다른 통치자를 공격하는 따위의 상황이다. 이 놀라운 물건들은 특정한 시기의 특정한 간의 모양 이상의 것을 보존하고 있다. 그것들은 인간과 신 사이의 관계에 대한 대중의 신앙뿐만 아니라 그 관계를 매개하는 복잡한 전문지식과 정치적 중요성을 구체화하고 있다. 그것들은 또한 간 모양의 점토를 통해 사람들이 잠을 이루지 못한 이유를 엿볼 수 있게 해준다. 병에 대해 걱정했던 벨타니와 자기네 도시의 안전을 지키고자 했던 왕들 같은 경우다. 질병과 전쟁은 아직도 우리를 걱정시키는 것들이다. 이런 불안은 수천 년의 간격을 넘어 사람들이 여전히 같은 일로 고투하고 있음을 우리에게 상기시켜준다. 그 시대에 맞는 외피를 쓰고 있기는 하지만 말이다. 구체적인 것은 제쳐두더라도, 예언은 사람들이 미래에 관해 걱정했고 누구라도 압박이 많고 불확실한 상황에 직면하면 앞으로 무슨 일이 일어날지 알고자 하는 절박한 필요를 느낄 수 있음을 보여준다.

고대 메소포타미아에서 신과 소통하는 것은 지식의 바탕이며 앎의 방법이었다. 경험적 관찰 또는 수학적 응용을 통해 얻는 지식도 마찬가지였다. 계시는 현대인이 생각하는 것처럼 과학과 상충하지 않았다. 쿠두르마북의 원뿔은 점토 아이스크림 콘과 다름없어 보이지만, 고대 메소포타미아의 구조 자체를 이해하도록 도와주는 지속적인 대화라는 태피스트리의 실 한 가닥이다. 그 현실에서 샤마시 같은 초자연적 존재는 갈대 첨필, 점토판, 그것들을 사용한 사람들만큼이나 실제적이다. 그것들은 결코 '초'자연적이지 않고 세계의 다른 모든 것과 마찬가지로 자연적이며, 그들은 또한 그 세계를 예술 작품으로 사용했다. 천문학자들이 밤하늘에서 수성이나 핼리 혜성을 발견했을 때 그들은 자기네가 '천서'라 부른 것을 읽고 있었고, 점쟁이들이 양의 간에 있는 표시를 해석했을 때 그들은 자기네가 '신의 서판'이라 부른 것을 읽고 있었다. 우리의 현실에 쿼크, 원자, 그리고 결국 그것들로 만들어지는 상상할 수 없을 정도로 큰 행성과 항성들이 존재하는 것처럼 고대 메소포타미아의 세계에는 신의 쐐기문자 신호와 그들의 다양한 자연의 매체가 있었다.

신들은 금성이 밤하늘에서 운행하는 것을 그리기 위해, 또는 양의 간의 어떤 알 수 없는 부분에 표시를 하기 위해 은유적 첨필을 사용했다. 인간은 자기네의 메시지를 적기 위해 쿠두르마북의 원뿔 같은 점토만을 사용했지만, 신들은 온 세계를 사용했다. 그 메시지에 접근하기 위해서는 특수한 방법으로 자연현상을 해석하도록 훈련받은 사람들의 세심한 관찰이 필요했다. 결국 수백 년에 걸친 관찰과 지식 생산은 수리천문학 같은 보다 정밀한 작업으로 대체되었다. 세계를 좀더 체계적인 방식으로 이해하려는 이런 시도들은 바로 우리가 과학이라 부르는 것의 초기 사례라고 할 수 있다.

7
경계석
노예인 서기, 직조공인 아내

서기전 12세기 중반, 지금의 이란에서 온 엘람인 병사들이 바빌로니아를 급습했다. 엘람 왕 슈트루크나훈테Shutruk-Nahhunte는 수도 바빌론을 정복하고 미술품을 찾아 도시와 신전들을 약탈했다. 나는 외국 군대가 창을 머리 위로 치켜들고 도시의 벽돌문을 통해 쏟아져 들어와 말을 타고 자기네 병사들 사이를 헤치고 나아가는 모습을 상상할 수 있다. 포장도로의 말발굽 소리, 주민들의 비명이 섞인 병사들의 함성, 그리고 더욱 불안감을 주는 뼈 부러지는 소리는 이 장면의 공포를 한 단계 더 높인다. 바빌론은 이 지역의 역사에서 한 차례 이상 충돌의 중심지였고, 이번에 슈트루크나훈테는 장인이 살해되자 복수심을 품었을 것이다. 그러나 복수심만으로는 정치적 폭력을 정당화할 수 없으며, 대부분의 전쟁은 결국 자원 문제가 핵심이다. 재물은 슈트루크나훈테에게 동기를 더해주었을 것이고, 군대는 도시의 상당 부분을 약탈해 바빌론에 있던 가장 훌륭한 미술품 일부를 고국으로 가져갔다. 당대의 것도 있었고, 더 고대의 것도 있었다.

침략자들이 노획해 현재 이란 지역의 자기네 고국으로 실어간 물건 중에는 쿠두루kudurru라 불리는 묘비 같은 오벨리스크 몇 점이 있었다. 값비싼 돌로 만들어지고 매우 세밀하게 조각한 것이었다. 그중 하나가 약 50센티미터 높이로 의료의 여신 굴라(이 여신은 거의 개를 동반한 모습으로 나타난다)를 음각으로 묘사한 것이다. 여신이 네모난 대좌에 앉아 있고 그 발치에 귀가 뾰족한 개가 있다. 수많은 머리칼을 나타내는 홈, 상상 속의 바람에 옷자락이 나부끼는 모습, 그리고 그 위로 신의 상징과 전갈이 조각돼 있다. 전갈은 가슴판, 걷고 있는 다리, 심지어 집게발까지 매우 선명하게 조각돼 언제라도 달아날 듯한 모습이다. 이 오벨리스크에 새겨진 쐐기문자 문서는 카시트 왕 나지마루타시Nazimaruttash가 마르두크 신에게 (또는 그의 신전에) 땅의 선물을 바친 일을 묘사한다.[1]

엘람의 습격으로 인해 고대 메소포타미아의 가장 인상적이고 역사적으로 중요한 물건 일부가 티그리스강과 유프라테스강 유역의 폐허에서 발견되지 않고 수백 킬로미터 떨어진 이란의 고대 도시 수사의 고고학 지층 속에 밀려들어갔다. 쿠두루는 바빌론에서 탈취되기 전에 한 사람의 땅에 대한 권리, 성스러운 힘을 부여하는 특정 신을 조각함으로써 확고해진 그들의 권위를 영원히 증언하며 한때 어느 신전에 서 있었을 것이다.

엘람 왕 슈트루크나훈테는 이들 석조 기념물에 어떤 특별한 점이 있음을 알아차렸을 것이다. 나는 그가 전투 직후 기이한 정적에 휩싸인 한 바빌로니아 신전 안 신상 안치소의 흐릿한 불빛 아래서 이들 넓적다리 높이의 오벨리스크들 사이를 지나가는 모습을 상상할 수 있다. 그는 자신이 고국 수사로 가지고 가고 싶은 것들을 지목하고, 서기는 그 옆에서 수송을 위해 목록을 서둘러 만들었을 것이다. 아마도 이 신상은 영적으로 또는 다른 방식으로 그의 심금을 울렸을 것이다. 그는 이 물건들을 만드는 데 투입된 막대한 노력을 금세 알아차리고, 가져가는 것을 정당화할 충분한 중요성을 지녔다고 생각했을 것이다. 아니면 왕은 그저 이것들이 아름답다고 생각했을 것이다. 그래서 정복의 증거이자 외국 미술품의 표본으로서 자기 궁궐에 전시하기 위해 바빌론의 신전에서 가져간 것일까?

엔니갈디난나 궁전에서 발견된 것으로 가장 오래된 축에 속하는 것이 이들 쿠두루 가운데 하나로, 소형 냉장고 높이의 흰 석판이다.[2] 이 묘비처럼 생긴 물건은 귀한 검은 돌 섬록암으로 만들어졌고, 카시트 시대 말기로 거슬러 올라간다. 엔니갈디난나의 시대보다 수백 년 전이다. 검고 무거운 돌 자체가 이미 위압적인 데다가, 그 표면이 신화 속의 생물들로 화려하게 장식돼 수사로 실려

간 나지마루타시의 쿠두루 같은 힘이 스며들어 있다. 한쪽 면에는 잘 꾸며진 대좌 위에 쓰기의 신 나부를 나타내는 과도하게 큰 쐐기문자가 보인다. 이 부호 옆에는 폭풍의 신을 상징하는 번개를 마주하고 있는 일종의 용이 있다. 그 위로 전갈 하나가 기어가고 독수리 머리가 있으며, 뱀 한 마리가 맨 꼭대기에 걸쳐져 있다. 이 모든 것이 힘을 발산한다.

시간이 많이 흘러 표면의 상당 부분이 손상됐지만, 아직도 우르의 한 지역에 있던 부동산의 위치와 경계를 조각한 글을 알아볼 수 있다. 이 고대의 경계석은 카시트 시대에 살았던 한 개인의 소유였던 듯한데, 그의 이름은 유감스럽게도 너무 조각나 있어서 읽을 수 없다. 이와 같은 경계석은 통상 토지 양여, 분쟁, 권리, 판매, 수입을 기록한다. 그런 예우와 그것을 영원히 남기기 위한 정교하게 장식된 공예품을 받기에 충분한 특권자에게 왕이 하사하는 것이다. 우리는 아마도 비슷한 사례로서 원저성을 살펴볼 수 있을 것이다. 여기서는 2014년 왕실 문서고 '보물' 전시의 일환으로 1763년 찰스 셰필드Charles Sheffield로부터 2만 8천 파운드에 구매한 버킹엄궁의 권리증서가 전시됐다.[3] 이 권리증서는 땅 자체와는 30여 킬로미터 떨어진 곳에서 전시됐는데, 고대 메소포타미아의 토지 양여와 흡사하게 역사의 한순간을 증언했다.

이 지역의 경계석은 많은 사례가 남아 있는데, 이는 오늘날 서아시아의 아랍어 사용자들이 와시타wāsiṭah라 부르는 것을 암시한다.

와시타를 간단한 번역으로 대체하기는 어려우나, 개인의 영향력 또는 가까운 누군가의 영향력을 이용해 부동산 구매, 비자 신청, 학교 입학 같은 시급한 일을 아주 빠르게 처리하는 것이다. '연줄'이 와시타와 조금 비슷하나, 서아시아의 여러 지역에서는 이런 식으로 영향력을 사용하는 것이 오점이 되지 않는다. 이것은 특권이 작동되는 정상적인 부분이다. 고대 메소포타미아의 경계석 막후의 일부 선물에서 비슷한 사교적 윤활제가 작동한 것일까? 그런 선물을 받기 위해 왕을(또는 왕을 아는 누군가를 아는 누군가를) 알아야 했을까?

경계석은 토지 소유에 관한 한 가지 기제를 드러낸다. 여기서 왕은 땅을(그리고 그 땅으로 얻을 수 있는 모든 수입을) 한 개인에게 공여한다. 카시트 왕 멜리시팍Meli-Shipak은 서기전 1180년 무렵 대략 1만 5천 리터의 곡물을 수확할 수 있는 것으로 평가되는 경작지를 자기 노예의 아들인 하사르두Hasardu에게 공여했다.[4] 다른 하나는 토지를 둘러싼 분쟁을 기록하고 있다. 나부슈마잇디나(엔니갈디난나의 궁전에서 나온 점토 북에 글을 쓴 서기인 훨씬 후대의 나부슈마잇딘과는 다른 사람이다)라는 남자가 에카라이키샤Ekarra-iqisha라는 사람을 상대로 제기한 것이다. 땅의 경계에 관한 자신의 주장을 뒷받침하기 위해 나부슈마잇디나는 '696년' 전에 난셰Nanshe 여신에 의해 확보되고 보호된 소유권을 이야기한다. 이는 왕이 "먼 미래 언제까지라도"('영원히'를 말하는 또 다른 멋진 방법이다) 인정하기로 결정한

것이었다.[5]

　나는 그런 기록들이 외면적으로는 아름다워 보일지 모르지만 읽기 어렵다는 것을 밝혀야겠다. 아주 솔직하게 말해서 그것들은 매우 따분할 수 있기 때문이다. 밤에 침대로 기어들어가면서 스티븐 킹의 최신 소설 대신 런던의 한 아파트에 대한 16쪽짜리 임대계약서를 가지고 가는 사람은 거의 없다. 비록 계약서는 종이에 썼든 점토에 썼든 값비싼 돌에 새겼든 매혹적이지 않지만, 사람들에 관해 많은 것을 말해줄 수 있다. 16쪽짜리 임대계약서에는 그 아파트에 사는 사람의 이름, 그들의 직업, 그리고 그들이 이행해야 할 여러 가지 필요한 일(흔히 번거로운 일이다)이 적혀 있을 것이다. 문서에 이름이 적힌 주인은 다른 당대의 임대계약이나 심지어 이 아파트가 예컨대 기본적인 안전 기준을 준수하지 않았다는 이유로 제기된 소송에 나타날 수 있다. 이처럼 쐐기문자 기록들은 무미건조할 수 있지만, 고대 메소포타미아의 하사르두 같은 사람들이나 나부슈마잇디나 같은 사람들에 대해 많은 것을 알려줄 수 있다. 훨씬 어려운 환경에서 태어났지만 그 이름과 모습이 남아 있어 수천 년 전 그들의 삶에 관해 무언가를 말해주고 있는 사람들도 마찬가지다.

　이런 경계석은 특권의 시각적 상징이며, 당시 이득을 얻었던 사람들의 삶의 여러 순간에 관한 기념비적 기록이다. 그것들은 고대 메소포타미아의 거의 모든 쐐기문자 자료에 관한 중요한(그리고 좌

절감을 불러일으키는) 경고를 강조한다. 당시와 현재 사이의 수천 년 동안 풍상을 겪은 수많은 점토판이 많은 사람에 관해 수많은 이야기를 하고 있지만, 다른 많은 사람에 대해서는 여전히 입을 다물고 있기 때문이다.

동시에 점토 기록을 남기는 메소포타미아인들의 취향으로 인해 가장 특권이 없는 주민들 일부의 이름(그리고 때로는 이야기)도 여전히 남아 있다. 예를 들어 초기 행정가들은 해외에서 데려온 노예 농업 노동자들을 면밀히 추적했고, 비상시적인 하인들은 자기네의(때로 가슴이 찢어지는) 기록을 남겼다. 하인들은 이따금씩 자신의 문제를 새롭게 알리기 위해 주인에게 편지를 통해 부탁해야 했다. 서기전 1800년 무렵의 한 편지에는 다비툼Dabitum이라는 한 임신한 여성(아마도 노예였을 것이다)이 주인에게 처참한 상실에 관해 탄원하는 이야기가 들어 있다. 이 여성은 임신한 지 7개월이 지난 "태아가 저의 배에서 죽었다"고 한탄하면서, 자신마저 죽지 않게 해달라고 주인에게 사정한다.[6] 이런 예외들은 고대 메소포타미아에서 대부분의 사람들에게 삶이 쉽지 않았으며, 대개의 경우 자기네 말을 남긴 것은 사업가, 학자, 서기, 장군, 의사 같은 사람들이었음을 상기시켜준다. 그들은 아마도 가장 가난하고 특권이 없는 사람들이 겪은 고난을 덜 경험했을 것이다.

일반적으로 점토에 자기네 말을 남길 여유가 있거나 그런 훈련을 받은 사람들은 그렇게 했다. 그 결과로 쐐기문자는 주민 가운데 좁은 범위의 삶만 기록하는 경향이 있다. 엔니갈디난나의 박물관에서 나온 경계석처럼 땅에 대한 권리를 기록하는 돌 기념물에 조각을 할 서기와 미술가를 위촉하려면 권력이 있거나 돈이 많아야(또는 둘 다여야) 했다. 사회 및 경제 스펙트럼의 반대쪽 끝에 있는 사람들에 관해 알려면 어디로 눈을 돌려야 할까? 그들의 노동이 많은 측면에서 부자들의 삶을 가능하게 했는데 말이다. 점토 덩어리에 흔히 서두른 필적으로 쓴 가장 평범한 일상의 기록은 비록 쿠두루 같은 복잡한 기술과 장엄함은 없지만, 때로 어떤 경계석이 제공할 수 있는 것보다 훨씬 더 상세하게 우리에게 정보를 준다.

카시트인들이 엔니갈디난나의 박물관에서 나온 것 같은 고급스러운 석조 기념물들을 만들어내기 오래전 문자가 미성숙 단계에 있을 때, 행정 기록을 시작한 이들의 삶에 대한 첫 기록들이 나타나기 시작한다. 후대의 경계석 소유자들보다 훨씬 운이 나쁜 환경에서 태어난 사람들도 들어 있다. 고대 메소포타미아의 모든 시기에서 나온 점토판은 법적·경제적·행정적 맥락에서 혜택을 받지 못한 환경의 사람들을 언급한다. 전쟁에서 사로잡힌 사람들의 명단, 도망간 노예에 관한 법적 기록 같은 것들이다. 이 문서들의 성격과 거기에 들어 있는 정보의 유형(직업, 시간, 배급, 도망자)으로 인해 개인들에 대해 그릴 수 있는 그림의 범위에는 한계가 있다. 대부분의 점토판은 특정한 이유로 만들어졌다. 소유권이나 재정적 책임에 대한 증거를 제공하기 위해, 한 개인과 관련된 어떤 법적 다툼을 기록하기 위해, 또는 식량과 관련된 이름과 보수를 나열하기 위해서다. 그러나 기록들은 이런 삶을 일별할 수 있게 해주며, 또한 쐐기문자 자료(그것이 아무리 풍부할지라도)의 한계를 상기시켜준다.

메소포타미아의 가장 오래된 도시에 속하는 우루크와 젬데트 나스르에서 나온 초기 쐐기문자 문서 일부는 노동자 명부를 기록하고 있는데, 그들의 성별은 가축의 경우와 마찬가지로 성기를 닮은 부호를 사용해 딱지를 붙였다.[7] 그들은 동물과 마찬가지로 계산되고 동물처럼 간주됐다. 초기 기록들은 이름과 함께 개인들의 나이도 적었다. "세 살짜리 아이"나 "아주 어린 여자아이" 같은 식이다. 다른 자질들 또한 사람들의 이름과 함께 나온다. '머리'와 '줄'에 해당하는 부호를 결합한 것은 올가미로 이끌리는 사람을 나타내기 위한 것이며, 그저 '예속'을 의미하는 부호도 있다. 다시 말해서 물리적 통제와 예속의 도구(동물에게도 사용되는 것이다)가 그들의 이름과 함께 나타나, 초기 문서에 거명된 사람들이 노예였음을 시사한다. 이중 일부는 침략군이 외국의 주민 가운데서 끌고 왔겠지만, 어떤 식이든 그들의 이름은 확실하게 읽기 어렵다. 초기 쐐기문자 부호를 어떻게 해석해야 할지 알기 어렵기 때문이다. 한 이름에는 새에 해당하는 부호가 들어 있고, 다른 이름에는 하늘에 해당하는 부호가 있어 나열된 노동자들이 실제로 어떻게 불렸는지, 그들의 부모가 무엇이 아름답게 들리고 의미 있다고 생각했는지에 대한 귀중한 암시를 주고 있다.[8] 집과 인간성을 박탈당한 노예들과 그들의 이야기는 가장 오래된 문서 사례 중 일부로 그 내용은 그들의 이름, 그들의 일, 그들이 결국 어떻게 됐는지 같은 것들이다.

고대 메소포타미아에서 노예제는 예컨대 19세기 미국처럼 분명하지 않았다. 쐐기문자 자료에서 노예를 나타내기 위해 사용되는 단어는 맥락에 따라 노예가 아닌 사람에게도 적용될 수 있고, 독립성의 수준이 다양한 노동자들의 범주가 모든 시대의 점토판에 나타난다. 일부는 제한적인 이동과 자유를 누렸고, 일부는 그러지 못했다. 일부는 경제적 또는 사회적 이유로 특정 직업에 고정됐고, 또 일부는 다른 형태의 노역으로 매매될 수 있었다. 이들 사회적 범주 사이의 경계는 "유동적이고 제대로 규정되지 않았다"고, 여러 해 동안 고대 서아시아의 노예제를 연구하는 데 전념해온 니컬러스 리드J. Nicholas Reid는 썼다.[9] 그는 자신의 연구를 통해 예속과 자유에 관한 현대의 관념을 고대 기록에 투사하는 일의 위험성을 우리에게 상기시켜준다.[10] 그 기록들은 노예가 된 사람들의 삶이 특정 기간 동안은 반드시 특정 계급의 다른 노동자들의 삶과 구분되는 것은 아니었음을 시사한다. 이 미묘한 차이가 현학적으로 들리겠지만, 그것은 고대 메소포타미아의 많은 사람의 단편적인 이야기에서 빈틈을 메우는 일을 이해하고 돕는 데 여전히 중요하다.

쐐기문자 서판에서 '노예'라는 딱지가 붙은 사람들은 국영 작업장에서 직물을 만드는 일에서부터 부유한 주인을 대신해 먼 곳에 있는 술집을 운영하는 일에 이르기까지 다양한 직종에서 일했다. 우루크와 젬데트 나스르에서 나온 초기 문서들에 언급된 외국인들은 농업 분야에서 일했을 것이다. 나중 시기에 그들은 직물과 도기 같은 일상용품의 공장식 생산이나 가정과 신전의 가사 노동에 참여하는 등 여러 가지 직업에서 일했다. 그들은 아이 때부터 이미 노동을 시작했을 것이다. 서기전 6세기 시파르의 에밥바르 신전에 배속된 다섯 살짜리 남자아이들 같은 경우다. 그들은 성인 및 더 나이든 남자들과 함께 농업에 참여했다.[11]

때로 어떤 기록은 일부 노예가 전문적인 직입의 특화된 기술을 습득했음을 시사한다. 글씨를 쓰고, 빵을 굽고, 작은 석제 원통 인장을 덮고 있는 판에 아주 작은 도구로 새김을 하는 일 같은 것이다.[12] 서기전 6세기에 바빌론의 부유한 에기비Egibi 가문의 노예였던 이슌나투Ishunnatu라는 여성은 인근의 키시에서 술집을 운영했는데, 몇몇 기록은 이 여성이 얼마나 많은 일을 해야 했는지를 보여 준다. 그녀는 술집을 운영하기 위해 의자 열 개, 탁자 세 개, 등걸이 하나 등 많은 물건을 들여와야 했을 뿐만 아니라 집세까지 내야 했다. 그곳에서 온전히 자신의 힘만으로 가게를 열어야 한다는 명령이었다.[13] 따라서 압박감이 상당했다(흥미롭게도 이 여성은 탁자보다는 침대를 더 많이 주문해 술집의 정확한 성격에 대해 의혹을 불러일으켰다[14]). 기록들은 흔히 어떤 노예의 구체적인 업무나 직업을 빠뜨리고 있지만, 그들의 직업을 암시하고 있는 것들은 그들이 자유민과 마찬가지로 다양한 직업에서 일했음을 말한다. 큰 차이는 이 문제에 관해 그들에게 법적 선택권이 없었다는 것이다.

사람들은 여러 가지 방식으로 노예가 되고, 노예 상태를 탈출했다. 그들은 교환, 출생, 판매, 입양, 포획을 통해 노예가 됐다. 전쟁과 정복 때 잡은 포로들이 흔히 인원수를 채웠다. 서기전 21세기 아마르신(사라진 그의 벽돌 또한 엔니갈디난나 박물관의 일부가 됐다)의 치세 동안에 한 점토판은 '전리품'으로 묘사된 노예 172명의 도착을 기록하고 있다. 전리품에 해당하는 수메르어 단어는 남라악nam-ra-ak이라는 세 개의 쐐기 부호로 이루어졌는데, 실망스럽게도 합쳐서 '패배한 자들'로 번역될 수 있다. 전리품인 113명의 여성과 59명의 아이는 움마라는 도시의 총독에게 넘겨졌으며, 이후 그들의 노예 생활이 시작됐다. 아마도 신전에 배속됐을 것이다.[15] 같은 도시에서 너무도 완벽하게 보존돼 가짜처럼 보이는 보통 책 크기의 서판이 나왔는데, 여자와 아이들에게 보리를 배급한 사실이 가나나Ganana, 니아나Niana 같은 이름과 함께 기재돼 있다. 그들은 전리품으로 포획돼 몇몇 주요 국영 공장에서 노역했다. 가족은 뿔뿔이 흩어지고, 모든 삶은 그들이 주어진 기간 내에 얼마나 많은 곡물을 갈아낼 수 있느냐로 판가름 났다.[16] 그들의 남편, 오라비, 아버지의 운명은 알려지지 않았다. 그들은 다른 곳의 노동력으로 투입

됐을까, 아니면 그 많은 여성과 아이들의 포획을 촉발한 어떤 전투에서 죽었을까?

어떤 경우 사람들은 납치(또는 밀매)되어 노예가 됐다. 서기전 제2천년기 초에 한 유모가 지금의 바그다드 부근에 있던 자신의 고향 이다마라스가 습격당하는 중에 자신이 맡고 있던 바빌로니아의 어린 여자아이를 팔았다. 몇 년 뒤 함무라비가 고대 메소포타미아의 여러 지역을 통일한 뒤에 그 여자아이를 샀던 노예주가 바빌로니아 신민이 되면서 아이를 풀어줘야 했다. 이름을 알 수 없는 그 아이는 인신매매에서 풀려 돌아온 것으로 기록된 초기 인물 가운데 하나가 됐다. 4천 년쯤 전의 일이었다.[17]

평화로운 시기에도 경제적인 어려움은 어떤 사람들을 노예로 만들 위험이 있었다. 엔니갈디난나의 박물관에서 나온 경계석이 만들어진 때와 대략 비슷한 시기에 현재 시리아의 유프라테스강 굽이에 위치한 에마르라는 도시에 사는 한 가족이 어려움에 처했다. 점토에 찍힌 작은 발자국이 아직도 남아 이 가족의 우울한 이야기를 기록하고 있다. 점토 덩어리 세 개(각기 작은 발자국 하나가 들어갈 정도의 크기다)는 세 아기의 이름을 보존하고 있다. 발라비아Ba'la-bia라는 여자아이는 두 살쯤 됐고, 그 쌍둥이 남동생 바알벨루Ba'al-belu와 이슈마다간Ishma'-Dagan은 한 살 어렸다.[18] 쌍둥이의 발자국은 겨우 카드 한 장의 길이 정도다. 그들의 이름은 당대의 한 계약서에 거명된 아이들의 것과 일치했다. 계약서는 건조한 법률 용어로 돼 있지만 나는 아찔해 말을 잃었다. 쿠에Ku'e라는 여성과 그 남편 자담마Zadamma는 "곤궁의 해"에 어린 네 아이를 단돈 60세켈을 받고 노예로 팔지 않을 수 없었다. 당시로서는 비교적 낮은 가격이었다.[19] 가장 어린 발라움미Ba'la-ummī라는 여자아이는 아직 젖먹이였다(이 아기의 점토 발자국은 남아 있지 않다). 팔에 안은 젖먹이와 어리둥절해하는 세 아이를 보내야 하는 부모와 그 마지막 이별을 생각하면, 수천 년이 지난 지금도 아픔이 느껴진다. 이 순간에 대한 약간의 건조한 기록만이 남아 있지만 말이다.

아이들과 젖먹이는 한 점쟁이의 아들에게 팔렸다. 점쟁이는 신들이 보낸 신호를 읽을 수 있는 고도로 훈련된 학자였다. 놀랍게도 이 쌍둥이 남자아이들은 청년기까지 추적할 수 있다. 점쟁이 가족의 문서고와 서기 학교에서 나온 점토판은 남자아이들이 큰 뒤에도 그 이름을 보존하고 있다. 서판 가운데 하나(중등 교육 과정의 학습용 연습 문서다)의 서명 부분에 '점쟁이 훈련생 이슈마다간이 씀'이라는 구절이 있다. 바알벨루 역시 같은 유적지에서 발견된 서판에서 스스로를 '점쟁이 훈련생'으로 칭했다. 네 아이 모두를 산 사람은 그 학교의 교사이자 점쟁이였고, 그는 어린 쌍둥이를 서기로 양성하기 위해 샀다. 비록 직업을 강요당하기는 했지만 쌍둥이의 작은 발자국은 우리가 생각했던 것보다 약간 덜 암울한 결말로 이어졌다.[20] 이 동기간들은 비록 부모와 헤어지고 자유로운 삶을 박탈당했지만, 적어도 매우 존경받는 학자 직업의 유명한 집안에 같이 가게 됐던 듯하다.

이처럼 쐐기문자는 때로 에마르의 쌍둥이나 이다마라스의 인신 매매에서 풀려난 사람들의 이름과 심지어 자세한 삶을 보존하고 있다. 우리는 사람, 장소, 시간은 알 수 있으나 '무엇'을 알 수 있는지는 여전히 제한적이다. 그들의 노동 시간, 성별, 나이, 심지어 이름은 행정적 필요 때문에 적었으나 그들 삶의 다른 세부 사항은 여전히 알려져 있지 않다. 그들 이야기의 한순간(그리고 때로는 심지어 그들의 발자국까지도)은 점토에 찍혀 있지만, 그들이 반드시 첨필을 사용한 사람들은 아니었다.[21]

고대 메소포타미아에서 노예 신분을 벗어나는 것이 가능했을까? 노예가 된 사람은 커다란 개인적인 위험을 무릅쓰고 도망을 쳤다. 위험은 본인과 그를 도우려 한 사람이 있다면 그도 마찬가지였다. 서기전 18세기 함무라비의 법을 나열한 우뚝 솟은 섬록암 석비에 새겨진 규정의 많은 부분은 도망친 노예 문제를 다루고 있고, 우리는 그 덕분에 노예의 탈출을 돕거나 도망 노예를 숨겨주는 사람은 바로 사형에 처해졌다는 것을 알 수 있다.[22] 도망친 노예를 발견하고도 주인에게 돌려주려는 노력을 하지 않은 사람도 마찬가지로 사형에 처해졌다.[23] 이런 규정은 노예가 재산이나 마찬가지로 간주됐으며, 따라서 노예가 도망치는 것을 도우려는 시도는 도둑질이나 마찬가지로 취급되었음을 보여준다.[24] 이 법들이 글자 그대로 적용됐는지는 알 수 없지만(아마도 그렇지 않았을 가능성이 높다), 이들은 실제 관행에 영향을 미쳤을 당대의 도망자들에 대한 태도를 보여준다.

도망쳤다가 붙잡힌 노예도 엄중한 처벌을 받았다. 함무라비의 법이 통용되던 시기에 라르사에서 강제로 직조공 일을 하던 압디이슈타르Abdi-Ishtar라는 남자가 달아났다. 그는 붙잡혀 '간수'에게 넘겨졌다. 다시 말해서 감옥에 갇힌 것이다.[25] 불과 수백 년 전에는 달아난 노예는 절단형을 받았다. 어떤 사람은 두 번 도망치려 했다가 코를 베였는데, 두 번째 시도는 집 지붕에 구멍을 뚫고 도망치려 했다.[26] 베인 코는 그가 노예임을(도망쳤다가 실패한 전력과 함께) 곧바로 알아볼 수 있게 했다. 일부는 심지어 코에 줄을 매기도 했을 것이다. 인간이 소처럼 묶인 것을 묘사하는 초기의 일부 기록 문서에 나오는 '콧줄' 같은 것이다.[27] 현상금 사냥꾼은 흔히 금전적 보상을 위해 도망자를 뒤쫓았고, 이것이 포획에서 벗어나기 더욱 어렵게 만들었다. 그러나 어떤 사람들에게는 이러한 위험도 감수해야 하는 상황이었을 것이다.

노예가 법적으로 해방될 수 있는 '공공연한' 방식이 있었다. 서기전 21세기 아마르신의 치세에 구다가Gudaga라는 여성이 은 20세켈을 내고 자신의 두 아이의 자유를 샀다.[28] 노예는 또한 노예라는 법적 신분에 대해 주인을 상대로 소송을 할 수 있었다. 구다가가 자기 아이들을 해방시키고 수백 년 뒤이자 엔니갈디난나가 우르에서 자신의 수집품을 관리하기 불과 한 세대 전에, 또다른 어머니가 바빌론의 법정에서 자기 아이들의 노예 신분에 대해 다투었다. 놀랍게도 30여 년에 걸치는 다섯 개의 점토판이 이 이야기의 거의 모든 단계를 보존하고 있다. 이 여성의 이름은 라투바신니La-Tubashinni로, 일생 동안 남들의 처분에 휘둘리며 살았지만 결국 약간의 힘을 되찾았다. 점토판에 따르면 이 여성은 서기전 592년 양어머니가 자신을 다길일리Dagil-ili라는 남자에게 팔았다. 혼인 합의에는 제3자인 신다마쿠Sîn-damaqu 가족이 돈을 댔다. 아마도 이 강제적인 혼인에서 아이가 태어나면 데려가려고 한 듯하다. 이 매매혼을 통해 라투바신니는 노예 생활을 시작했고, 남편과의 사이에서 낳은 여섯 아이도 마찬가지였다. 이 가족은 한 주인에게서 다른 주인에게로 옮겨 다녔고, 네모난 점토판 하나는 서기전 560년 9월 5일에 딸 둘과 아들 하나가 팔렸음을 기록하고 있다. 이 무렵에 라투바신니는 노예 신분에서 해방됐는데, 그 이유는 문서 기록에서 사라졌다.

그녀는 새로이 자유를 찾은 뒤 무슨 일을 했을까? 바로 자기 아이들을 위해 싸웠다. 서기전 560년 10월 29일자 소송은 이 여성이 대신과 왕의 판관 앞에서 자기 아이들도 자신과 마찬가지로 해방돼야 한다고 주장했음을 기록하고 있다. 결국 판관은 이 여성의 '해방 서판' 이후, 다시 말해서 어머니가 법적으로 노예에서 해방된 것으로 점토판에 기록된 날짜 이후에 태어난 아들 아르디야Ardiya만 자유민이라고 판결했다.[29]

그런데 해방을 표현하기 위해 사용된 단어는 수메르어 부호 아마$_{ama}$(어머니)와 기$_{gi}$(귀환)를 결합한 것이다. 문자 그대로 해석하면 약간 감동적이게도 '어머니에게로의 귀환'으로 번역된다. 이 쐐기문자 부호는 현대 이라크 저항 예술에 남아 '자유'를 의미한다. 예컨대 오사마 사딕$_{Osama\ Sadiq}$의 거대한 벽화는 바그다드와 기타 지역의 화포畫布, 벽, 포장도로, 심지어 주차장 바닥을 뒤덮고 있다. 나는 그 쐐기문자 부호들을 볼 때마다 라투바시니, 구다가, 에마르의 쿠에 같은 여성들을 생각한다. 이 어머니들의 아이들은 경제적 성공이나 법적 주장에 기반해 그들에게 돌아오기도 하고 돌아오지 못하기도 했다.

이름, 이야기, 심지어 점토에 보존된 작은 발자국은 종종 암울한 그림을 짜맞추는 데 도움이 된다. 이는 사람들에게 삶은 녹록하지 않았음을 일깨워준다. 그들의 삶은 앞으로 다시 만날 기약도 없이 젖먹이 딸을 내놓거나, 예속의 삶에서 벗어나기 위해 험난한 광야로 달아나거나, 노예가 된 아이들을 위해 법정에서 다툴 걱정을 전혀 하지 않았던 사람들의 기록에 의해 동결된 순간으로 살아남았다.

노예 또는 사회경제 스펙트럼에서 낮은 쪽 끝에 있는 사람들의 삶은 점토에서 아주 잠깐 스쳐 지나갔지만, 엔니갈디난나 궁전의 바빌로니아 경계석 같은 물건들은 완전히 다른 이야기를 전한다. 부와 특권, 사치와 왕권의 이야기다. 경계석에 개괄된 법적 시나리오는 이 소송의 승자(그는 결국 우르 비트신셰메구區의 너른 땅을 차지하게 됐다)가 이미 사회에서 어느 수준의 특권을 누리고 있음을 시사한다. 그의 소송이 애초에 받아들여지고(아마도 왕에 의해서였을 것이다) 그런 고가의 재산이 결국 그의 재산 목록에 들어온 것은 자기 자식에게 먹을 것을 줄 수 없었던 쿠에의 경험과는 전혀 다른 고대 메소포타미아인의 삶의 경험에 대해 직접 이야기한다. 매우 숙련된 장인과 서기는 힘을 합쳐 기념물에 여러 신의 상징과 수많은 쐐기문자 부호를 새겨야 했을 것이다. 내용을 돌에 새기기 전에 서기는 나무로 만든 서판에 개략적인 초안을 써야 했다. 밀랍을 한 꺼풀 입혀, 새긴 부호들을 문질러 쉽게 '지우고' 재사용할 수 있게 한 것이다. 초안은 왕이 소유한 공식 점토판에서 가져왔을 것이다. 이는 왕이 토지 공여를 직접 선포한 기록이었고, 그 선포는 측량과 추가적인 왕국 기록을 촉발했다. 이는 왕, 지방 관리, 조사원, 서기가 관여하는 광범위한 과정이었다.[30]

경계석은 많은 단계와 기술의 정점이었다. 엔니갈디난나 궁전의 돌에 적힌 귀중한 약간의 부호를 오늘날에도 여전히 읽을 수 있는데, 제작과 관련된 솜씨는 아찔할 정도다. 이 경계석을 세운 사람의 이름은 지금 떨어져나갔지만, 그는 왕의 선포를 평범하게 점토에 기록하는 대신에 오벨리스크를 주문할 수 있을 만큼 돈이 많았음에 틀림없다. 그리고 돌에 기록돼 오래 드넓은 땅에 남았음은 말할 것도 없다. 그것은 한 귀족의 삶에서 한 시기를 여는 고급스러운 기념물이었다.

그런 여유가 있는 사람들은 상세하고 의도적이며 때로 풍부한 삶의 증거를 남겼다. 우르의 지구라트 단지 동남쪽 엔니갈디난나 궁전 지척의 땅속에 '왕실 묘지'가 묻혀 있었다. 대략 천 년 동안 사용된 넓은 묘지다. 그러나 그 이름에도 불구하고 현재까지 발견된 2천여 기의 무덤 대부분은 단순한 매장이다. 대략 서기전 3000년 무렵으로 거슬러 올라가는 가장 오래된 무덤들 속 시신은 옆으로 누워 있고, 무릎이 거의 턱에 닿을 정도이며, 두 손은 얼굴 부근에 있는 잔을 잡고 있다. 탄생 이전에 취했던 태아 자세 속에 그들의 현세 생활을 남겨놓은 것이다.[31] 후대의 무덤들은 시신이 갈대 멍석에 싸이거나 나무, 고리버들, 점토로 만든 관에 안치돼 작은 구덩이 바닥에 놓였다.[32] 귀중한 약간의 부장품과 함께 묻힌 이들 시신은 역시 옆으로 누워 있지만 태아보다는 잠자는 모습을 연상시키는 자세다. 이 묘지가 대부분 그런 단순한 무덤으로 이루어졌지만, 묘지의 이름은 16기(전체의 1퍼센트도 되지 않는다)의 사치스러운 무덤이 발견되면서 붙여졌다. 그 무덤들은 서기전 제3천년기 중반의 우르 왕과 귀족의 것으로 여겨진다.

아마도 이중 가장 기억할 만한 것은 수메르 여왕 푸아비의 무덤

일 것이다. 한때 둥근 천장이었지만 지금은 무너진 방의 널받침 위에 여왕의 유해가 놓여 있다. 시신에는 원통형 구슬을 꿴 줄이 어깨에서부터 허리까지 늘어져 있고, 전체에 걸쳐 귀금속의 흔적이 있었다.[33] 지금은 삭아버린 옷을 고정시켰던 긴 금핀이 한쪽 팔에 기대어 있었고, 부적과 원통 인장도 있었다. 인장 가운데 하나는 여왕의 이름을 밝혔다. 지구의 먼 지역에서 가져온 보다 다채로운 돌들과 함께 묶인 금띠와 금박으로 만든 더욱 사치스러운 머리 장식이 푸아비의 부서진 두개골을 덮고 있었다. 손 부근에는 손을 타지 않은 금잔이 있었다. 1920년대 우르의 발굴자들에게 은과 금의 반짝임, 그리고 돌들의 짙은 푸른색과 붉은색은 주변의 연한 갈색 벽돌, 모래, 흙과 비교해 도드라졌을 것이다. 우리는 4500년 전 여왕 무덤의 화려함과 그 무덤의 문이 닫히고 여왕이 영면한 뒤 지하의 어둠을 상상만 할 수 있을 뿐이다. 여왕은 우리 대부분이 한 생애 동안 볼 수 있는(소유는 고사하고) 것보다 더 많은 사치품을 이 세상에 남겼다. 필라델피아와 런던의 박물관에는 여왕 무덤 부장품 일부가 전시돼 있다.

여왕은 또한 비극적인 수행원들을 동반했다. 묘실에는 다른 세 사람이 함께 있었는데, 한 사람은 여왕의 머리 부근에 있었다. 그리고 묘실 바로 위에는 또 하나의 방이 있고 거기에는 21구의 이름 없는 사람들의 시신이 있었다. 그들은 여왕과 동행하기 위한 섬뜩한 장례 의식의 일환으로서 둔기에 의한 외상으로 원치 않는 종

말을 맞았을 것이다.³⁴

　아마도 죽은 이를 따라가도록 강요됐을 수행원들이 몇몇 다른 무덤들을 채웠다. 푸아비의 무덤에 인접한 또다른 둥근 천장의 무덤은 길이 약 10미터, 폭 약 5미터이며(버스의 바닥 면적보다 약간 크다), 그 입구를 벽돌 및 돌로 막아놓았지만 고대의 도굴꾼들이 위에서 뚫고 들어와 묘실을 약탈했다. 아마도 왕의 것이었을 중심 무덤에는 남은 것이 없었지만, 푸아비의 무덤과 마찬가지로 묘실에는 세 사람이 더 있었다. 소가 끄는 수레들 및 악기들과 함께 잘 꾸민 장면이 펼쳐져 있고, 약탈당한 묘실 옆의 손대지 않은 구덩이에는 시신들이 더 있었다. 창을 들고 구리 투구를 쓴 여섯 명의 병사가 구덩이 진입 경사로 발치에 놓여 있고 구덩이 안에는 황소가 끄는 두 대의 수레 옆에 시신들이 있었다. 바로 그 너머에는 54구의 시신이 구덩이 바닥을 덮고 있었다. 총 63명의 사람들이 지금은 사라진 왕(아마도)의 약탈당한 묘실 입구의 구덩이를 지켰다.³⁵ 이 '큰 시신갱'에는 74명의 유해가 더 들어 있었는데, 역시 약탈당한 무덤과 관련이 있었다.³⁶ 이 차이는 여전히 불가사의하다. 숫자는 사람의 중요성에 비례하는 것일까? 아니면 장례식에서 치러진 특정 의식에 좌우된 것일까? 유언에 따른 인원수였을까, 그저 임의로 정해진 수일까? 이들 시신 구덩이를 어떻게 설명하든 그것은 소수에 봉사하기 위해 죽은 말 없는 다수의 삶에 대한 고통스러운 은유를 제공한다.

많은 부장품 외에, 우르의 왕실 묘지에 있는 16기의 화려한 무덤에 묻힌 사람들의 정체에 관해 알려진 것이 조금 더 있다. 이들은 현재까지 발굴된 어느 당대의 점토판에도 이름이 나오지 않고, 푸아비 외에는 왕족 신분인지도 애매하다. 그러나 왕족이든 아니든 그들은 많은 것을 가지고 내세로 간 듯하다. 그들은 자기네의 이야기와 함께 여러 특권을 지닌 채 사후의 세계로 갔다. 이를 떠받친 경제 체제는 대체로 부가 왕궁과 신전에 집중되고 더 광범위한 하인 집단에게는 부분적으로만 재분배되는 체제였다.

고대 메소포타미아 역사의 다른 부분과 마찬가지로 특권적인 지위에 있던 다른 사람들이 점토에 많은 기록을 남겨 그들의 삶을 기록한 쐐기문서들과 만날 수 있게 도움을 주고 있다. 서기전 21세기 우르 제3왕조의 왕 슐기의 치세 동안에 루갈이리다Lugal-irida라는 사람이 사회적·경제적 사다리를 오르는 과정에서 많은 문서(점토로 된) 자취를 남겼다. 그는 서기 겸 행정관으로, 수십 년의 근무 이력을 지녔다. 처음에는 구압바라는 마을에 있는 한 공장에서 직조공 감독자로 시작했고, 결국 전체 시설의 우두머리가 됐다. 공장에서는 수백 명이 일했고, 어느 시점에는 직원이 약 600명에 달했다. 관리자, 직조공, 보조원 등이었고 심지어 경호원 16명도 있었다. 감독자로서 루갈이리다는 중앙 당국으로부터 대추야자와 참기름 같은 여러 가지 물품을 받았고, 이를 노동자들에게 월급으로 나눠주었다. 그는 또한 직물 생산에 사용되는 양털, 염소털, 돼지

기름 같은 원자재도 받아서 관리했다. 그는 직원들을 관리하는 일 외에 품질 관리 등 생산의 모든 단계를 감독했다.[37] 그가 매일 하는 일의 목록은 광범위했고, 작업장을 도는 위협적이고 가혹한 인물이 상상되겠지만, 사실 작업장은 작은 창을 통해서만 빛이 들어오는 집이 죽 이어진 것에 더 가깝고, 그 집들이 모여 '공장' 같은 것을 형성했다. 루갈이리다는 긴 하루가 끝날 때 개개 직조공의 작업을 점검하고 배급을 나누어주었을 것이다. 아니면 그는 예산을 짜고, 기록을 하고, 드라마 〈오피스〉의 주인공 마이클 스콧처럼 사람을 대하는 온갖 수완을 동원해 흙벽돌 책상 뒤에서 지시를 내리며 하루를 보냈을 것이다.

그의 관리 방식이 어떻든, 분명한 것은 루갈이리다가 일을 많이 했고 그가 한 일의 상당 부분은 남들의 힘든 작업에 의존했다는 것이다. 현대에 그의 전기를 쓴 팔미로 노티치아Palmiro Notizia는 루갈이리다가 기본적으로 전문 관리자였다고 썼다. 그가 20여 년 동안 제3왕조 직물 생산의 주요 중심지를 이끌었다는 것은 또한 그가 꽤 높은 사회적 지위에 도달했음을 의미한다.[38] 권력이 극소수의 손에 집중된 매우 중앙집중화된 나라로 유명했던 시기에 살았던 그의 이야기는 매우 놀랍게 다가올 것이다. 국가권력은 루갈이리다 같은 개인들이 조직화한 공장들과 그가 감독한 많은 사람의 수많은 작업에 의존했다.

당대의 점토판은 루갈이리다가 독자적인 이득을 낼 수 있는 광대한 경작지와 과수원을 소유했음을 보여준다. 사업가로서 그는 자신의 관리 직책에서 나오는 수입을 이용해 구리와 붕사(염鹽의 일종으로 야금과 유리 제조 같은 산업에서 사용됐다)의 장거리 교역의 발판을 마련했다. 자손들에게는 다행스럽게도 루갈이리다는 정리 벽이 있는 사람이었던 듯하다. 심지어 여섯 단으로 된 한 서판은 그의 가계 자산을 정리했다. 이 문서는 현대의 재산 목록이나 손해보험 가입을 위한 물품 목록과 그리 달라 보이지 않는다. 이것이 그의 노력과 경제적 성공이라는 그림을 채워준다.[39] 은과 청동 같은 금속으로 만든 다양한 물건들, 직물, 기름, 향료, 양모, 심지어 가축 같은 것들이 그의 몫이었고 은 10세켈(80그램 남짓)도 있었다. 이 시기 동안에 유동 자본을 얻기 어려웠음을 감안하면 상당한 양이다.[40]

루갈이리다는 현대 자본주의적 성공담의 모든 특징을 갖추었다. 그는 사다리를 착착 올랐고, '자수성가한 사람'이었다. 회계원, 서기, 관리자로 훈련받은 그는 자신의 기술과 소득을 자신의 사업을 확장하고 사회적 지위를 높이는 데 사용했다. 이는 부분적으로 행운과 시점 덕분이기도 하다. 남쪽은 바빌로니아, 북쪽은 아시리아가 되는 고대 메소포타미아에서 서기전 제2천년기로 접어드는 시기에 경제는 루갈이리다가 보여준 것 같은 기업가 정신과 상인 기질이 좀더 유망한 방향으로 이행하고 있었다. 그러나 유망하다는 것이 부지런히 일하는 모든 사람에게 더 운이 찾아온다는 말은 아니다. 그는 알맞은 장소와 알맞은 시기에 알맞은 기술을 가지고 있었고, 그의 성공은 필연이라기보다는 예외에 가까웠다.

어떤 집안에서 태어나는가, 어떤 훈련이나 교육을 받을 수 있는가, 어떤 금전적 걱정이 그들의 일상생활을 속박하는가와 같은 아주 우연한 환경들이 그들의 진로에서 그들을 앞으로 올리기도 하고 뒤로 빼기도 한다. 사람들은 좋은 선택지가 있을 때는 좋은 선택을 한다. 그때나 지금이나 마찬가지다. 극소수는 그들을 사회경제적 연속체의 특권을 가진 쪽으로 몰아대는 것 같은 방식의 기술과 기회를 가지고 있었으며, 그보다 더 극소수의 사람들은 푸아비 왕비만큼이나 많은 풍요의 징표와 함께 죽음을 맞았다. 훨씬 흔한 것은 에마르의 부모가 자식을 팔도록 강요하고, 어머니가 자식들을 되사려고 발버둥치게 하고, 노예가 된 개인들을 그들이 선택한 적이 없는 일에 묶어두는 경제적인 곤경이었다. 신분 이동은 여전히 제한적이었고, 개인의 환경에 좌우됐다.

고대 메소포타미아에서 특권은 그 형태와 규모가 다양했다. 누군가에게는 출생이나 혼인으로 얻은 권리였고, 다른 누군가에게는 수십 년에 걸친 노력으로 얻은 지위였다. 한 서기 겸 미술가가 엔니갈디난나 박물관에서 나온 경계석에 토지에 대한 권리와 그 위의 신의 상징을 새기기 위해 작업을 하던 카시트 시대 동안에, 믿을 수 없는 기술을 가진 다른 사람들이 조금 더 북쪽의 어느 왕의 초상을 보존하기 위해 밝은 마그네사이트 판에 조각을 하기 시작했다. 그 결과로 만들어진 것이 눈을 크게 뜬 이드리미Idrimi 왕의 좌상이다. 높이는 1미터 정도이고, 무광택 자기처럼 보이는 칙칙한 흰색 돌로 만들어졌다. 서기전 1500년 무렵 할라브(현재 시리아의 도시로, 세계에서 가장 오랫동안 계속해서 주민들이 살고 있는 곳 중 하나다)에서 태어난 이 조각상의 남자는 돌 옥좌에 앉아 검은 유리 눈으로 먼 곳을 응시하고 있다. 그는 달걀 모양의 두건을 쓰고, 콧수염 없이 턱수염만 있으며, 오른손을 펴서 가슴에 대고 있다(절을 하기 시작하는 동작을 닮은 몸짓이다).

그는 어느 정도 말 그대로 자신의 속내를 '밖으로' 드러낸다. 100여 행의 쐐기문자가 그의 옷, 그의 어깨와 팔, 심지어 그의 뺨을 덮고 있다. 이 이야기의 첫 문장은 "나는 일리일림마Ili-ilimma의 아들 이드리미다"이다. 군주의 아들이었던 이드리미는 "나쁜 일이 일어난" 뒤 가족과 함께 본거지 도시에서 달아났다고 애매하게 서술했다. 새김글에 따르면 그의 가족이 에마르로 달아난 뒤 그는 가나안(오늘날의 레반트 남부에 해당하는 지역이다)으로 가서 "장장 7년" 동안 유목민과 난민 사이에서 보낸 뒤 군대를 모았다. "나는 배를 건조했고, 병사들을 배에 태웠다"라고 새김글은 적었다. 이어 "어느 날, 한 남자로서" 이드리미는 지금 튀르키예에 있는 알라라흐Alalakh 등 여러 도시들을 정복했다(이것은 과장된 표현으로, 우리가 많은 세부 사항을 포함시키는 것만큼이나 빠뜨리기도 하는 왕의 새김글을 다루고 있음을 조심스럽게 상기시켜준다).

왕위에 오른 이드리미는 왕이 하는 통상적인 일을 했다. 그는 이

옷과 평화를 유지하고, 영토를 넓히고, 신들에게 경의를 표했다. 그는 사람들이 편안한 가정을 가지도록 보장했고, "심지어 집이 없는 사람들"에게 거처할 곳을 주었다. 부자에서 빈자가 됐다가 다시 부자가 된 이드리미는 30년 동안 알라라흐와 그 주변 도시들을 통치했다. 샤루와Sharruwa라는 서기가 새긴 그의 조각상의 소매 위 새김글은 왕이 하는 축복으로 끝난다. "나는 30년 동안 왕위에 있었다. 나는 나의 노고를 나 자신 위에 적었다. 자주 이것(조각상에 적한 글)을 보고 내게 은총을 빌기 바란다."[41]

이드리미의 새김글은 축복으로 끝났을지 모르지만, 그의 이야기는 그렇지 않다. 거의 3천 년 뒤인 1939년, 알라라흐를 발굴하던 중에 그의 조각상이 다름 아닌 울리에 의해 발굴된다. 알라라흐는 당시 하타이 공화국의 영토였는데, 이 반독립국은 튀르키예로 흡수될 찰나에 있었다. 이드리미의 이야기는 이후 역사가들의 관심을 끌었고, 조각상의 몸체에 새겨진 일인칭 서술은 이를 고대 메소포타미아에서 나온 독특한 발견물로 만들었다. 지금까지 발굴된 조각상 가운데 글과 그림을 이런 식으로 조합한 것은 달리 없었고, 울리는 "미술적 가치는 별로" 없다고 생각하면서도 이것을 놓고 하타이 고고학박물관 측과 다툼을 벌였다. 현지의 법은 발굴자가 발견물을 질적으로 동등한 두 몫으로 나누어(결코 쉬운 일이 아니다) 본국의 유물관리국장이 국가 소장품으로 한 몫을 선택하고 다른 몫을 발굴 기관에 주도록 규정하고 있었다. 울리는 일이 생각한 대로 되지 않자 강력한 외교관 제바트 아츠칼른Cevat Açıkalın을 끌어들여 하타이 당국이 이드리미 조각상을 포기하도록 설득하는 일을 도와달라고 했다. 결국 울리의 권력 동원과 개인적인 특권이 먹혔다. 이 마그네사이트 조각상은 현재 영국박물관의 유리 진열장 안에 놓여 있고, 하타이 신고고학박물관에서는 이드리미의 홀로그램만이 빛을 내고 있다.[42]

오늘날과 마찬가지로 고대 메소포타미아에서 사람들은 특권을 추구하고 보호하고 영속화했다. 그것이 밀수에서부터 사기에 이르기까지 가장 복잡한(그리고 때로는 불법적인) 계략이라 하더라도 말이다. 이드리미가 난민 출신의 왕이 되기 수백 년 전에 방대한 교역망이 아시리아 중심부에서부터 오늘날의 튀르키예 땅에 이르기까지 뻗쳐 있었다. 나는 서기전 제2천년기 초, 동트기 전에 북쪽으로 향하기 위해 자기네 물건을 가지고 당나귀와 함께 그들의 수도 아슈르 성문 부근에 모여 있는 아시리아 상인들을 상상할 수 있다. 짐바리 동물들이 우는 소리가 떠들썩한 말소리 위에 겹치고, 가족에게 작별 인사를 하는 소리가 상인들끼리 옥신각신하는 소리와 뒤섞였을 것이다. 그곳에 한때 아슈르이디Ashur-idi라는 노인이 검은 당나귀 두 마리와 함께 서 있었다. 당나귀들은 모두 합쳐 60킬로그램의 주석 자루, 방수 포장을 한 피륙 30필, 도중에 통행료를 지불하기 위해 별도로 챙긴 8킬로그램의 주석을 싣고 있었다. 이 당나귀들은 물건을 등에 싣고 지금의 튀르키예에 있던 주요 교역 중심지 카네시(현재의 퀼테페)까지 가서 물건을 팔거나 교환해야 했다. 5주가 걸리는 여행이었다. 그는 직접 그곳에 갈 생각이었지만, 마지막 순간에 전문 운송꾼인 샤룸아다드Sharrum-Adad라는 사람에게 맡겨 대신 운송하게 했다. 그것은 결코 많은 화물은 아니었다. 기록된 가장 대규모의 화물은 당나귀 34필이 나른 피륙 600여 필, 보석 원석 100개, 사프란 60리터였다.⁴³ 사프란 1리터는 오늘날의 무게로 5온스이고 가격이 약 500파운드이니 사프란만 해도 그 가치가 근 3만 파운드에 해당한다. 오늘날 그런 정도의 운송이라면 당나귀 떼가 아니라 장갑 승합차를 동원해야 할 것이다.

많은 상인과 무역업자들이 심지어 카네시까지 가서 거래를 했고, 기록들은 멀리 떨어진 가족들 사이의 편지를 보존하고 있다. 동기간이나 혼인한 부부 사이의 편지였다. 어떤 경우에는 여성들이 아시아 중심부에 남아 가장 노릇을 하면서 팔 물건을 관리하거나 생산했으며, 남성들은 카네시에 반영구적으로 머무르기도 했다. 일부는 심지어 현지에 두 번째 아내를 두기도 했다.⁴⁴ 어떤 방식을 택했든 가족과 개인들은 이런 교역을 통해 상당한 재산을 모았고, 일부는 자기네 재산을 보호하기 위해 온갖 노력을 다했다(아마도 납세 의무를 관리하기 위해 합법적인 방법을 찾는 오늘날의 일부 사람들과 유사할 것이다).

150년에 걸쳐 만들어진 약 2만 3천 점의 서판은 학자들이 이 교역망의 광범위한 요소들뿐만 아니라 상인들의 일상적인 분쟁, 거래, 납세 등 세부 사항까지도 재구성할 수 있도록 도와주었다. 대출 기록은 이자율, 상환 계획, 위약금을 보존하고 있다. 각 서판은 개별적으로는 읽기에 너무 지루하다. 그러나 한데 모아놓으면 이 시기의 경제사와 사회사에 대한 놀랄 만큼 상세한 그림을 보여준다. 우리는 양모를 자아 직물을 만드는 일에서부터 주석에 대한 세금 계산에 이르기까지 전형적인 일 처리의 모든 단계를 추적할 수 있다. 심지어 양모로 직물을 만든 사람들, 그것을 운송하고 거기에 세금을 매기고 그것을 팔고 그 대금을 본국의 아슈르로 보낸 사람들의 이름까지도 알 수 있다.

거래 상대자나 가족들 사이에 오간 수많은 편지는 지시, 논쟁, 심지어 건방진 소리 같은 것들로 채워져 있다. 아하하Ahaha라는 여성은 아시리아의 중심부에서 카네시에 있는 오라비들에게 가족 재산 관리에 관한 일곱 통의 편지를 보냈다. 그 오라비 부자주Buzazu는 또다른 사람에게, 길이 막혀 아하하에게 은을 보내는 것이 늦어진다고 쓰고 그 이유를 누이에게 전해주기를 바랐다. "평생 누이의 엄청난 분노에 시달릴 거야!" 하고 그는 좀 강하게 한탄했다.[45]

부자주는 가족의 무역 사업에 대한 세금을 피하기 위해 큰 위험을 감수했다. 한 편지에서 그는 위험이 없다면 "주석을 좁은 길을 통해 가져오라"고 거래 상대자에게 알린다. '좁은 길'은 밀수 통로다. 우리는 그 위험을 과소평가해서는 안 된다. 이 경로는 오늘날 우주냐일라Uzunyayla의 풀이 우거지고 울퉁불퉁한 지역을 건너야 했다. 이 지역은 당시 여행하는 상인 무리를 공격하는 강도가 많기로 악명 높은 산악 목초지였다. 사람과 그들의 동물 및 화물이 강도의 위협에 노출될 수 있었다. 이는 많은 상품에 부과된 대략 5퍼센트의 세금보다도 훨씬 많은 비용일 수 있었다. 위험이 있다면 "주석을 작은 묶음으로 만들어 속옷 안에 숨기고 조금씩 카네시로 들여오라"고 부자주는 편지에 쓰기도 했다.[46]

그는 결국 밀수 작전을 취소했지만, 그의 탈세 시도에는 공범이 있었다. 쿠닐룸Kunilum이라는 상인은 거래 상대자들에게 이전에 세관을 통과한 상품에다가 신고하지 않은 상품을 섞으라고 알렸다. 그의 거래 상대자 중에는 부자주의 아버지 푸슈켄Pushu-ken도 있었다. 목표는 이 물건들을 한 푼도 관세를 물지 않고 몰래 카네시로 들여오는 것이었다. 푸슈켄은 몇몇 밀수 활동의 중심인물이었던 듯하며, 또다른 편지는 그가 추가적인 불법 행위를 도왔다는 한 상인의 주장을 기록하고 있다. "당신이 자신의 상품을 밀수하도록 주문한 것과 똑같이 내 상품 역시 주문하라"고 그 상인은 푸슈켄에게 썼다.[47] 푸슈켄은 결국 더 많은 것을 챙기려다가 큰 대가를 치렀다. 카네시에 있는 그의 집이 밀수품 단속에 걸렸고, 그는 감옥에 가게 됐다.

쐐기문자 서판들은 무역업자이자 탈세를 위해 열심히 노력했던 푸슈켄의 삶의 한 단면을 보여준 것 외에 그가 아버지이기도 했음을 일깨워준다. 아슈르에 남겨둔 수에이야Sueyya라는 그의 아들은 몇 년 동안 학교에 다니며 쐐기문자를 익혔는데, 아버지에게 깔끔한 필치로 쓴 작은 점토 편지를 보냈다. 그것은 카네시에서 발굴된 대부분의 기록들보다 훨씬 읽기 쉬웠다. 이 어린 남자아이는 자신이 쐐기문자를 배웠다며 아버지에게 자랑했는데, 작은 사각 점토판에 완벽한 글자를 찍어 이를 과시했다.[48]

재산과 특권을 보호하는 것은 상인들에게 단순히 놀이가 아니었다. 수천 년 고대 메소포타미아 역사에서 내가 좋아하는 사례 중 하나는 시파르의 한 사제 집단이다. 그들은 엔니갈디난나와 거의 동시대의 사람들이었다. 이 종교인들은 매우 열심히 위조를 하려 했고, 어쨌든 당시 적발되지는 않았다. 그들은 검은 돌을 깎아 높이가 30센티미터도 안 되는 삼차원 십자가 모양을 만들었다. 그 결과 만들어진 열두 개의 면과 모서리에 그들은 샤마시 신전의 성직자인 자기네들에게 양여물과 특권을 준다는 내용을 고풍스러운 글자로 새겼다. 그 어투는 예스럽게 들리도록 무진 애를 썼다. 내가 더 권위 있게 보이려고 셰익스피어의 문체로 편지를 쓰는 셈이다. 문서는 가짜 고어古語로 사제들의 특권이 만이슈투슈Manishtushu 왕에게로까지 거슬러 올라간다고 말한다. 거의 2천 년 전, 사르곤

이 창건한 왕조의 왕이었다. 그들은 심지어 가짜 고대 서체까지 사용했다. 메소포타미아 역사의 다른 어느 시대에도 없었지만 당시로서는 틀림없이 예스럽게 보였을 쐐기문자 양식이었다.[49]

사제들은 틀림없이 이 작은 기념물을 샤마시 신전 토대에 묻고, 오래 지나지 않아 그것을 파내 어떤 식으로든 '발견'의 장면을 연출했을 것이다. 이른바 역사적인 유물이라는 것이다. 그들의 생각은 이 '고대'의 유물이 그들 직책의 유구성을 보여주며, 따라서 그들 신전에 대한 왕의 계속적인 지원(그리고 급료)을 정당화한다는 것이었다. 이는 〈미국 독립선언서〉 인용문을 루시다 블랙레터Lucida Blackletter 서체로 타이핑하고 문서의 가장자리를 태워 토머스 제퍼슨 시대의 것으로 보이려는 것과 마찬가지다. 이 모든 것이 아무리 저급해 보일지라도 당시에 많은 관심을 끌어 시파르와 바빌론에서 모두 그 사본을 만들었다.[50] 이 쐐기문자 기념물의 수백 행 가운데 한 구절은 "이것은 거짓이 아니고 참으로 진실이다"라고 되어 있다 (무언가가 거짓이 아니고 진실이라고 주장하는 것보다 더 신뢰를 자극하는 것은 없다. 그것이 완전히 날조된 서체로 돌에 새겨졌다).

특권이 운 좋은 소수의 손에 머물러 있을 때 사람들이 자신의 사회적·경제적 지위를 구축하고 유지하기 위해 온갖 수단(위조에서부터 탈세에 이르기까지)을 동원하는 것은 놀라운 일이 아니다. 그들 이야기는 덜 매력적인 측면이 있기는 하지만, 쐐기문자 문서는 자기네의 기록을 점토에 적을 여유가 있는 사람들 쪽으로 편향돼 있다. 소수의 사람은 자기네의 활동과 관심에 대한 증거를 지나치게 많이 남겼고, 전반적으로 이 놀라운 쐐기 모양의 문자로 기록된 일들은 특권을 가진 사람들의 삶 쪽으로 기울어져 있음을 기억해야 한다. 그들은 섬록암 경계석에 쓴 것 같은 정교한 기록을 남길 수 있었을 뿐만 아니라, 그들의 사업이 계속 굴러가게 하기 위해 흔히 그렇게 해야 했다. 점토에 찍었든 돌에 새겼든, 쐐기문자 문서가 아무리 많다고 하더라도 그것들은 고대 메소포타미아 사람들의 삶과 이야기의 극히 일부만을 보존하고 있다.

풍부한 이 기록들은 다행스럽게도 그들의 직접적인 영향권에 있는 사람들의 삶에 관한 증거 또한 남기고 있다. 엔니갈디난나와 비슷한 시기에 선술집을 운영했던 이슌나투, 수천 년 전 전쟁에서 살아남은 가나나, 나중에 서기가 되는 에마르의 노예가 된 쌍둥이 아기 같은 사람들이다. 쐐기문자는 여러 가지 방식으로 고대 메소포타미아에서 존재했던 사람들의 이야기를 보존하고 있다. 곡물을 수확한 농업 노동자, 직물을 만든 공장 노동자, 도망 노예(그리고 아마도 심지어 그들을 쫓던 현상금 사냥꾼) 같은 사람들은 고대 메소포타미아에서 나온 작은 삼각형 속에 살아남아 그들의 이야기가 남들에 의해, 그리고 남들을 위해 쓰였던 사람들에게 삶이 어떻게 보였을지를 얼핏 볼 수 있게 해준다.

엔니갈디난나 박물관에서 발견된 경계석의 경우, 우르 비트신셰메 지역 '새 수로 기슭'의 너른 땅을 양여받은 사람은 소수 엘리트의 일원이었을 것이다. 보존 과정의 문제로 문서의 첫 단이 거의 사라졌지만 남아 있는 부호 일부는 토지 양여가 토지 분쟁에 관한 왕의 판결과 관련이 있음을 시사한다. 왕은 결국 나중에 경계석을 세운 사람의 손을 들어주었고, 그 경계석은 한 신전에 세워져 그의 새 재산을 영원히 증언하게 됐다.

그러나 사람들은 정말로 경계석이 얼마나 오랫동안 유지되리라고 생각했을까? 그들은 바빌론의 미래(우리에게는 과거)의 엔니갈디난나 같은 사람들이 이를 발견하고 전시하리라고 생각했을까? 아니면 시간과 풍상이 결국 그 경계석을 파묻을 것이라고 상상했을까? 엔니갈디난나의 박물관에서 나온 경계석은 출입구 옆에 엎어져 있었다. 그것은 우르가 버려지고 얼마 뒤 그곳에 묻혀 있다가 1920년대의 발굴자들에 의해 오랜 잠에서 깨어나 수천 년 동안의 생명을 연장했다. 경계석은 바그다드의 이라크 국가박물관에서 세 번째 삶을 시작했다. 우르의 한 남자의 권리증서, 바빌로니아 공주 수장고의 유물에 이어 현대 박물관의 소장품으로서 말이다.

어떤 경계석은 주인이 그 증서가 얼마나 오래 유지되기를 원했는지에 관한 암시를 제공한다. 서기전 1100년 무렵 석회암에 새긴 나부슈마잇디나의 토지를 둘러싼 분쟁은 이전 696년 동안 존재한 경계에 관해 묘사한다. 왕은 "이웃한 땅을 잘 아는 전문가들의 후예"에게 물어서 결정하고, 들판 경계의 올바른 위치를 복구하라고 명령했다.[51] 반대로 토지 권리에 대한 비슷한 기록들은 미래의 어느 시점 이후 경계를 침범하는 모든 사람을 저주했다.[52] 다시 말해서 그것들은 먼 과거와 무한한 미래 모두를 염두에 두고 있었다.[53] 그들은 자기네가 만든 것이 후손에 의해 전 세계의 대규모 박물관 소장품으로 수집되리라고 상상하지는 않았겠지만, 자기네 삶과 권리의 유물 일부가 여러 세대에 걸쳐 살아남기를 바랐을 것이다.

그러나 엔니갈디난나의 박물관에서 나온 경계석에 관해 생각나는 것은, 결국 우리는 우르 비트신셰메구의 넓은 땅을 차지하게 된 사람의 이름을 알지 못한다는 것이다. 실제로 우리는 이 사람이 우르의 토지 분쟁에서 이긴 사정에 대해서보다는 노예가 된 에마르 출신의 쌍둥이 서기 바알벨루와 이슈마다간에 대해 더 많이 알고 있다. 우리는 새끼손가락보다 작은 인장 몇 개를 남겨 자신의 정체에 관해 무언가 구체적인 이야기를 하는 푸아비 여왕의 활동보다는 술집을 운영했던 노예 여성 이슌나투의 활동에 대해서 더 많이 안다. 우리는 보석 및 수레와 함께 묻힌 사람들에 대해, 그들과 함께 내세로 보내기 위해 살해된 수십 명의 수행원에 관해서만큼이나 아는 것이 별로 없다. 쐐기문자가 사회의 특정 부문을 우대하는 경향이 있지만, 그것 역시 어떤 이야기는 지우고 어떤 것은 완벽하게 보존되도록 남기는 시간의 흐름 및 보존 과정과 다퉈야 한다. 경계석 없는 사람들의 이야기나 유리 눈을 가진 마그네사이트 조각상 같은 것들이 그렇다.

8
몽치 머리
기술 대 전쟁의 현실

유프라테스강이 그 구불구불한 유로를 바꾸고 우르와 지구라트가 잡석과 사막 모래 둔덕 아래에 묻히고 수천 년 뒤, 한때 고대 메소포타미아였던 땅은 점령, 전쟁, 죽음을 겪었다. 이라크계 미국 시인 두냐 미하일Dunya Mikhail은 〈이라크의 밤The Iraqi Nights〉이라는 시에서 계속되는 전쟁에 관해 썼다. 이른바 승자를 버려두고 그 과정에서 사라진 자를 떠올리는 게임 같은 것이었다.

> 승자는 바로
> 홀로
> 여행에서 돌아온 사람
> 죽은 자의 이야기가 가득한데.[1]

〈이라크의 밤〉을 다 읽으면 전쟁에서 진정한 승자는 없음이 분명해진다. 살아남은 사람들조차 매일 아침 슬픔을 느끼며 길가메시가 엔키두에게 했던 마지막 말들 가운데 한 구절을 떠올려야 한다. "죽은 자가 살아남은 자에게 슬픔을 남겼다."[2]

고대 메소포타미아 전쟁의 역사는 폭력과 손실이라는 같은 이야기를 전한다. 승리한 왕의 자랑에도 불구하고 진정한 승자를 찾기 어렵다. 누구든 그렇게 불합리한 것을 어떻게 이해할 수 있을까? 그때로 돌아가 보면 사람들은 마찬가지로 전쟁과 죽음에 관한 시를 썼고, 많은 시가 네르갈Nergal(죽음, 전쟁, 질병 등 세 가지 위협을 담당하고 있었다) 같은 그들의 신을 중심으로 하고 있었다. 네르갈이라는 이름은 서기전 2100년 무렵에 문헌에 처음 나타났지만, 그는 이전 시기에 메슬람타에아Meslamta-ea로 알려져 있었고 그 이름이 문자 생활 초기에 신 명부를 빛내고 있었다. 무언가를 기록하는 방법을 고안하고 수백 년 후 사람들은 죽음의 신의 이름을 적었다. 그는 긴 생애의 끝에 자연스럽게 찾아오는 조용한 죽음이 아니라 '강제된' 죽음을 대표했다. 그는 왕들을 따라 전쟁에 나갔고, 흔히 치명적인 무기와 함께 그려졌다. 자루의 윗부분에 두 개의 사자 머리가 구부러져 나와 배(梨) 모양인 무기의 중심 양쪽에 위치해 있는 몽치다.

자루 위에 통상 돌 또는 금속으로 만든 공 또는 배 모양의 머리를 붙인 몽치는 상당한 힘을 갖게 된다. 그런 무기로 일격을 하면 비교적 쉽게 두개골에 파괴적인 균열을 초래할 수 있다. 《루갈에 Lugal-e》로 알려진 수메르 서사시는 몽치가 일으킬 수 있는 파괴를 증언한다. 이 이야기는 승리의 신 닌우르타와 악마 아사그Asag로 알려진 피조물 사이의 전투를 묘사한다. 아사그는 외모가 너무 혐오스러워 나중에 질병의 전조가 됐다. 악마 아사그는 강물을 끓게 해서 물고기를 죽인다고 하는데,[3] 그럼에도 불구하고 닌우르타와 그의 몽치를 당할 수 없었다. 전투에서 몽치는 제 기능을 발휘해 산에 고함을 치고 불을 놓으며 적을 집어삼키고 두개골을 박살냈다.[4]

몽치 머리는 울리가 엔니갈디난나 박물관에서 발견한 진기한 물건 중 하나였다. 그러나 네르갈의 화려한 무기와 달리 이 몽치는 아주 평범해 콘크리트로 만든 공 모양의 엉터리 계선주繫船柱 같았다. 박물관에서 발견된, 제 시간과 장소를 벗어난 대부분의 물건들은 거기에 조각하거나 찍은 새김글이 그들의 시대에 대한 단서를 제공한다. 경계석은 서기전 제2천년기 중·후반 경계석의 양식을 따르고 있고, 점토 원뿔은 역사적으로 연대를 비정할 수 있는 쿠두르마북이라는 통치자를 언급하고 있으며, 슐기 왕의 조각상 잔편 역시 마찬가지다. 그러나 석제 몽치 머리는 수집품 가운데 글자가 새겨지지 않은 유일한 물건이어서 제작 연대를 알 수 없다(울리는 그것이 방 안의 물건 중 가장 오래된 것이라고 생각했다). 고대의 인공물을 다룰 때는 그것을 만든 사람이 그 목적에 맞게 만들었다고 생각하는 것이 당연하다. 예를 들어 서둘러 만든 사발의 엉성함은 그것이 예술 작품이라기보다는 일상적으로 주방에서 쓰는 물건이라는 얘기다. 작은 모형 수레는 어른보다는 아이들의 손에 더 알맞기 때문에 장난감이었다고 생각할 수 있다. 마찬가지로 몽치 머리의 연대를 알 수 없게 한 그 조악함은 그것이 장식을 위한 것이라기보다는 실용적인 것임을 시사한다. 언제 만들어졌든, 그것은 전투장에 동원돼 죽은 적의 피를 묻혔을 것이다.

엔니갈디난나 박물관에서 발견된 어떤 몽치 머리는 의례 용품으로 만들어져 무기가 아니라 신에게 바쳐지는, 상징적으로 강력한 예술 작품 노릇을 했다. 이들은 때로 고급 디자인을 사용하고, 전쟁에는 부적합한 재료들인 귀한 유리나 청금석으로 만들어졌다. 수메르의 도시 기르수에서 나온 한 몽치 머리는 사자 머리의 독수리가 여섯 마리의 사자를 제압하고 있는 모습을 보여준다. 그리고 메실림Mesilim 왕과 수메르의 승리의 신 닌기르수에 대한 그의 헌신을 이야기한 간단한 새김글이 있다. 이런 의례 용품은 아름답게 만들어졌지만, 권력과 권위의 상징으로서 신에게 개인적인 메시지를 보내는 완벽한 방법이기도 했다. 화려한 몽치 머리는 오늘날의 사람들에게 여전히 심오한 개인적·종교적 의미를 전해주는 것들과 다르지 않은 고대의 봉헌물 노릇을 했다. 예를 들어 가톨릭 신자들은 사랑하는 사람을 위해 교회에 촛불을 켜두고, 동방 정교회에서는 신에 대한 헌신의 표시로 타마tama(기도를 상징하는 금속판)와 기타 봉헌물을 바친다.

기능과 상징을 겸한 물건으로서 몽치 머리가 메소포타미아 무덤에서 자주 발견되는 것은 놀라운 일이 아니다. 사람들은 이 다목적의 물건을 무덤 너머의 자기네 생활 속으로 가져가기를 원했을 것이다. 우르의 '왕실 묘지'에서 울리와 그의 팀이 발굴한 무덤 중 하나에서는 많은 보물과 무기가 발굴됐다. 구리로 만든 몽치 머리, 짙푸른 청금석 자루와 눈부신 금색 칼집(작은 기하학적 디자인이 그려져 있다)이 있는 금색 단도 같은 것들이었다. 이 물건들은 5천 년 전 그곳에 묻힌 이래 처음으로 발굴자들에게 모습을 드러냈을 때 흙 속에서 반짝였을 것이다.[5]

이런 매장은 메소포타미아 사람들의 내세 관념에 관한 복잡한 문제를 제기한다. 무기는 어디에 사용됐을까? 사람들은 하계에 가면 무슨 일이 일어날 것이라고 생각했을까? 〈우르남무의 죽음〉은 우르남무 왕의 죽음과 하계 여행에 관한 수메르의 시다. 도중에 그는 죽은 자가 흙만 파먹을 수 없어서 동물을 도살했다. "하계의 음식은 쓰다. 하계의 물은 짭짤하다." 그리고 왕은 성대한 잔치를 위해 공물을 가지고 왔다. 그는 신들을 위한 선물도 가지고 왔다. 그는 네르갈에게 "몽치 하나, 큰 활 하나와 화살통과 화살 몇 개, 예술적으로 만든 (…) 단도, 자루에 씌우기 위한 다채로운 가죽 주머니"를 바쳤다. 그는 전설 속의 왕 길가메시에게도 몇몇 무기를 바쳤다. 전투용 도끼, 방패, '성스러운' 사자 머리 몽치 등이었다.[6] '왕실 묘지'에서 나온 구리 몽치(그리고 아마도 그와 함께 있던 다른 모든 무기까지도) 역시 죽은 자의 세계에 사는 신들에게 바치기 위해 만든 선물이었을까?

몽치에 내재된 힘(전쟁 무기로서, 힘과 권위의 상징으로서, 신의 무기로서)은 그것이 의료 처방 같은 예기치 못한 곳에서 나타나는 일을 설명해준다. 몽치는 파괴의 무기일 뿐만 아니라 질병으로부터 보호해주는 역할도 했다. 니네베 아슈르바니팔 왕의 도서관에 소장됐던 많은 의학 교과서에 들어 있는 한 처방은 몽치의 쇳가루를 맥주에 타서 마시면 남자의 정력이 향상된다고 단언한다.[7] 전염병을 가져오는 귀신으로부터 환자를 보호하기 위한 또다른 의식은 나무로 만든 홀이나 몽치를 머리맡에 두어 병을 '퇴치'하라고 알려준다.[8] 어떤 의사들은 심지어 감루$_{gamlu}$라는 일종의 의례용 몽치를 가지고 다녔을 것이다. 오늘날에도 의료 행위는 때로 전투에 더 적합한 용어로 묘사된다. 감기와 싸우고, 암을 상대로 한 '전쟁'에서 승리하며, 의료 종사자들을 코로나19 같은 유행병에 맞선 전쟁에서 '최전선'을 담당하는 것으로 본다. 말 그대로의 무기보다 사용하기에 더 나은 어떤 의료 '무기'가 있을까?

몽치 머리는 메소포타미아의 역사를 통해 도처에 있었던 듯하다. 이 다목적의 물건은 동시에 지도자의 권위를 나타내고, 신의 힘을 이용하며, 아픈 환자에게 건강을 되찾아줄 수 있었다. 그러나 엔니갈디난나의 궁전에서 발견된 것 같은 몽치 머리는 다른 용도도 있지만 궁극적으로 폭력과 전쟁의 상징이었다. 우리는 두 강 사이에서 언제 첫 전투가 벌어졌는지 알 수 없지만, 수메르어로 기록된 초기 자료 일부는 도시들 사이의 충돌을 묘사하고 있다. 시체가 높이 쌓여 하늘까지 닿았다는 생생한 기록이 있다. 그러나 초기의 도시 간 전투는 후대 신아시리아 시기의 잔인성에 비하면 시시해 보인다. 서기전 제1천년기 고대 아시리아 왕들의 긴 연대기는 폭력 행위와 군사적 정복의 잔혹한 세부 내용을 전쟁과 죽음의 역사를 요약하는 방식으로, 그리고 고대 메소포타미아에서 사람들이 그것을 어떻게 이해했는지를 묘사한다.

기록된 세계에서 가장 이른 경계 분쟁은 고대 메소포타미아에서 발견됐다. 초기 왕조 시대 중간중간에 나왔던 바퀴와 초기 문자 등 여러 '세계 최초' 가운데 하나다(그 시기의 많은 혁신은 감추고 싶은 상당한 비밀을 안고 이루어진 듯하다). 이는 내가 부서진 석회암 전쟁 기념물 윗부분에 절단된 인간의 머리를 쪼고 있는 독수리들의 모습이 정교하게 새겨진 것을 처음 보았을 때 분명해졌다. 오늘날 '독수리 석비'로 알려진 이 놀라운 석조 기념물은 비록 깨졌지만 남아 있다. 높이 1.8미터, 폭 1.3미터의 크기다. 이 기념물은 서기전 제3천년기 중반 고대 도시 라가시(대략 우루크의 동쪽에 있었다)와 이웃 도시 움마 사이의 경계 분쟁을 기념한 것이다. 이 충돌은 고대의 백년전쟁이라고 할 수 있을 만큼 여러 세대에 걸쳐 진행됐고, 석비는 라가시의 승리를 축하하고 있다.

섬뜩한 모습 아래로 수메르 문자의 기둥이 돌을 가로질러 펼쳐지며 라가시의 중요한 승리를 묘사하고 있다. 이 기록은 역사와 신화를 뒤섞어 라가시 왕이 단지 인간의 군대만 동원한 것이 아니라 도시의 주신主神 닌기르수의 도움도 받아 적과 싸웠다고 말하고 있다. 닌기르수는 그들에게 승리를 가져다주기 위해 인간을 도와 싸운 용감한 전사였다. 이 이야기는 라가시인들에게 적을 "죽이라"고 한 닌기르수의 명령과 "적들의 무수한 시체가 하늘의 바다에 닿을 것"이라는 그의 약속으로 절정에 달했다.[9] 깨진 문서의 조각들은 전투의 부분 장면들을 제공한다. 라가시 왕은 화살에 맞았는데, 그는 홍수를 불러 보복했고 결국 적대하는 도시들 사이의 새 경계선을 그리는 데 성공했다. 그런데 이런 의문이 들 수 있다. 여러 세대에 걸친 움마의 왕들은 같은 전투에 대해 어떻게 썼을까? 그들은 자기네의 손실에 대해 탄식을 했을까, 아니면 같은 이야기를 자기네가 승리한 것처럼 왜곡했을까?

적의 시체가 높이 쌓여 하늘의 바다에 닿을 것이라는 닌기르수의 약속은 반복적이지만 직관적이지는 않은, 고대 메소포타미아의 전쟁 기록에 나오는 승리의 상징을 불러낸다. 바로 둔덕 무덤, 즉 분구묘墳丘墓다. '독수리 석비'는 심지어 적의 시신을 존중하기 위해 그런 둔덕 스무 개를 만들었다고 언급하고 있다(깨진 탓에 불완전하다). 이 움마-라가시 경계 분쟁에 대한 대략 비슷한 시기의 기록이 30센티미터 길이의 점토 원뿔에 적혀 있다. 원뿔은 직물로 된 띠를 두르듯이 여섯 단의 쐐기문자로 둘러쌌는데, 적을 여러 개의 합동 무덤에 묻었다는 묘사가 들어 있다.[10] 패배한 움마 왕이 달아나고 살해됐을 때, 그는 60조組의 당나귀와 죽은 자기네 병사들의 뼈를 남겼다고 한다. 그 시신들을 수습해 대신 매장한 것은 승자들이었다. 초기 메소포타미아 역사에서 매장은 원칙의 문제였던 듯하다. 적의 왕이 자기네의 죽은 자들을 묻어 예우하지 못하면 승자가 해야 했다. 행간을 읽으면 거의 5천 년 전에 있었던 일종의 군사적 관례가 되살아난다.

이는 본래 명예의 문제였겠지만, 훨씬 후대 아시리아 왕들의 새김글은 이 관행이 전혀 다른 무언가로 변했음을 시사한다. 아시리아 기록들은 시신 모욕이라는 좀더 섬뜩한 관행을 보여준다. 광범위한 군사적 위세 과시의 일부였다. 서기전 13세기 아시리아 왕 투쿨티닌우르타 1세의 새김글에는 "나는 적의 시체를 곡물 쌓듯이 그들의 성문 옆에 쌓아놓았다"라는 구절이 있다.[11] 더욱 생생한 것으로, 후대의 왕 티글라트필레세르 1세는 메소포타미아 북부 원정에서 시체와 머리를 곡물처럼 쌓아놓았고 전쟁터가 피로 물들었다고 기록했다.[12]

승리한 아시리아 왕들은 실제로 이 폭력적인 전후 의례를 이행했을까, 아니면 자기네의 선전에 질감을 더하기 위해 지어낸 허구적인 자랑이었을까? 천여 년 전의 라가시 왕은 정말로 명예의 문제로서 적의 시신을 묻어 여러 개의 둔덕을 만들었을까, 아니면 피로 얼룩진 학살에 약간의 도덕적인 색조를 더하기 위해 그저 그렇게 말한 것일까?

모든 선전은 최대의 효과를 거두기 위해 과장법을 사용하지만, 이 경우에 묘사는 어느 정도 현실적 근거가 있었던 듯하다. 적어도 초기에는 말이다. 몇몇 고고학 유적지는 전쟁과 관련된 대량 매장의 증거를 제공한다.[13] 지금 시리아 동북부에는 세계에서 가장 오래되고 가장 큰 정착지 중 하나인 텔브라크에 죽 펼쳐진 유적이 있다. 이 유적지는 적어도 서기전 제7천년기 이래 약 5천 년 동안 계속해서 정착지를 유지했으며, 이는 아마도 기후가 좋은 지역이고 몇 개의 교역로가 지나는 위치에 자리잡은 덕분이었던 듯하다.[14] (비교를 위해 런던의 경우를 보면 이 도시는 대략 2천 년 전에 형성됐으며, 일부 기후 모형에 따르면 이번 세기 말에는 대부분 물에 잠길 것이라고 한다.) 서기전 2300년 이후 텔브라크는 사르곤 왕의 아카드 제국의 전초기지가 됐고, 이 왕조의 네 번째 왕 나람신은 심지어 그곳에 '궁궐'을 가지고 있었다.[15]

이 도시로부터 수백 미터 떨어진 곳에서 고고학자들은 서기전 제4천년기로 거슬러 올라가는 몇 기의 합동 무덤을 발견했는데, 여기에는 수백 명의 유해가 있었다. 전형적인 고대의 합동 무덤은 유해의 대부분이 아주 어리거나 아주 나이든 축에 속했다. 다시 말해서 유행병이나 자연재해, 대량 매장이 필요한 사건에 가장 취약한 사람들이었다. 반면에 인근 도시를 위한 정규 묘지였던 한 둔덕 무덤에서는 인구 구성이 통상적인 도시에 맞게 다양한 연령 집단이 나타났다. 반면 텔브라크 교외의 둔덕 무덤은 이 어느 경우와도 맞지 않았다. 시신의 대부분은 성인과 청년이었고, 동시에 죽은 듯했다. 죽은 자의 인구 구성은 전형적인 주민의 것도 아니고 질병이나 재난에 가장 취약한 사람들의 것도 아니었다.

발굴된 지역 중 한 곳에서는 60구가량의 유해가 드러났는데, 탈구된 유골이 여럿 있었다. 뼈들은 개인별로 다시 합쳐지지 않았고, 격식을 갖추지 않은 채 한데 쌓여 있었다. 이는 정상적인 매장 풍습과는 전혀 달랐다. 뼈를 자세히 살펴보니 무언가 불길한 것을 암시하는 단서들이 드러났다. 그것은 작은 긁힌 자국으로 뒤덮여 있었다. 쥐처럼 작거나 사자와 개처럼 큰 동물들이 물어뜯은 자국이었다. 시신들은 아마도 버려진 전쟁터 같은 곳에 노출된 채 몇 주 또는 심지어 몇 달 동안 놓여 있다가 나중에 한꺼번에 아무렇게나 매장되어 둔덕을 이루었을 것이다. 일부 두개골은 심지어 사후에 손을 댄 흔적을 보여주었다. 피부를 벗기고 닦아낸 표시가 있어, 머리 기념품으로 사용됐을 것이라는 분명한 징표를 보여주었다.[16]

이 모든 혼란스러운 세부 사항을 종합해보면 인근 도시에 사는 지역 주민들의 시체가 아니라 적의 시체였을 가능성이 매우 높다. 텔브라크 매장은 '독수리 석비'에 기록된 움마-라가시 경계 분쟁으로부터 천 년 전의 일이다. 이것이 통상적인 전후 관행이 되는 초기(또는 심지어 알려진 가장 이른)의 형태였을까?[17]

반면에 이 시기에도 전쟁 기념물 같은 무언가의 사례가 있다. 여기서는 무덤의 모습이 죽은 자를 더욱 명예롭게 한다. 1990년대에 시리아의 텔바나트로 알려진 유적지에서 고고학자들은 원뿔 모양의 수직 묘지를 발굴했다. 대략 6층 높이였다. 그것은 회반죽 비슷한 역할을 하는 엷은 색깔의 돌을 석고처럼 발랐는데, 이 유적지의 별명인 '흰 기념물'이 여기서 나왔다. 이 기념물은 한때 소도시 제벨바지Jebel Bazi의 블록 모양의 집들 너머 평평한 들판에 원뿔 모양의 산처럼 솟아 있었다. 자세히 보면 석고를 바른 외면에 군데군데 의도적인 홈이 파여 있어, 산처럼 보이는 것이 인간이 만든 기념물임을 표시하는 듯하다. 이 지역 지형의 자연적인 모습과는 다르다.

둔덕은 몇 차례에 걸쳐 만들어졌고, 그 결과로 생긴 몇몇 부분과 층위의 수많은 개인의 불완전한 유골은 본래의 매장지에서 옮겨져 이곳에 묻혔음을 시사한다. 그 부장품들은 확실하게 군사적 성격을 띠었다. 발사 무기에서 사용됐을 끝이 뾰족한 달걀 모양의 탄알(적군의 전진을 막기 위해 우박처럼 그들에게 쏟아부었을 새총 탄알이다)이 거의 모든 시신과 함께 발견됐다. 이 시신들과 함께 묻힌 것은 수레를 끄는 데 사용된 당나귀의 일종인 쿤가 몇 마리의 유해였다. 다시 말해서 죽은 자의 상당수는 전쟁에서 사용한 무기 및 동물과 함께 묻혔다. 그들은 초기 전차병 같은 수레를 모는 병사들과 보병들로 구성된 조직화된 군대의 일원이었을 것이다.[18] 이 유해들을 재매장하는 데 상당한 주의를 기울인 점을 감안하면 죽은 병사들은 살아남은 자들(그들을 애도한 자들)이 매장했던 듯하다.

서로 다른 시기의 서로 다른 전투의 희생자들이 서로 다른 결과를 맞았다는 것은 납득이 가는 일일 것이다. 일부는 버려졌고, 일부는 적에게 더 잔인한 일을 당하거나 서둘러 매장됐고, 일부는 자기네 쪽 사람들에 의해 꼼꼼하게 매장됐다. 텔바나트의 수직 묘지는 전쟁 이후 둔덕 무덤에 관한 고고학적 증거가 부족한 가운데 독특한 발견물이었다. 이 놀라운 예외는 시민들을 보호하려다가 죽은 사람들을 기억하기 위한(심지어 감사하기 위한) 집단적 필요를 보여주며, 텔바나트는 아마도 그런 사례 중 하나(어쩌면 첫 사례)일 것이다. 애석하게도 하페즈 알아사드 대통령 때 시리아에 티슈린 제방이 건설되면서 1990년대에 이 독특한 유적지가 수몰됐고, 역사상 가장 이른 전쟁 기념물이었을 것이 이제 아사드호의 물속에 잠겨 있다.

고대의 왕들은 어떤 의미에서 폭력을 독점하고 있었던 듯하다. 모두가 자기네 백성을 보호하고 자기네 왕국을 확장한다는 명분이었다.¹⁹ 울퉁불퉁한 산봉우리 같은 모양의 고대 석비가 2미터 높이로 서서 커다란 나람신 왕의 모습을 보여주고 있다. 서기전 2254년에서 2218년까지 아카드 제국을 통치한 왕이다. 그는 죽은 적들(자그로스산맥의 룰루비인들이다)의 시신이 어지럽게 쌓인 더미 위에 활과 화살을 들고 서 있다. 창에 꿰인 병사 하나가 그의 발치에 무릎을 꿇고 있고, 다른 병사는 자비를 청하고 있는 듯하다. 오늘날 '나람신 승리 석비'는 고대 메소포타미아의 가장 중요한 유물 중 하나로 여겨지지만, 다른 모든 미술 작품과 마찬가지로 어느 시점의 한 장면만을 보여준다. 바로 전투의 맨 끄트머리다. 이런 고대의 기념물들은 가장 기억할 만한 흔히 끔찍한 전투의 순간을 담고 있다. 그것은 한때 가장 강렬한 색깔을 띠었을 것이다. 반면에 일상적인 점토판은 전쟁과 그 세부 사항의 덜 인상적인 장면을 그린다. 포위전 동안 400벌의 외투를 나누어준 일이나 전투 마지막에 왕의 실제 위치 같은 것들이다(왕은 때로 집에 있었다).²⁰ 고대 메소포타미아의 군사사를 이해하려면 왕에 관한 화려한 기록과 그들이 시키는 대로 움직인 많은 사람의 건조한 일상 기록을 함께 봐야 한다.

군사사의 해명을 위해 신아시리아 시대로 알려진 대략 서기전 900년에서 서기전 600년까지의 시대만큼 좋은 경우가 없다. 고대 아시리아 통치하의 전에 없던 권력과 능력의 시대다. 제국은 이 시기에 고대에 전례가 없던 최대 규모로 팽창했다. 어떤 왕도 약간의

(또는 심지어 많은) 피를 흘리지 않고 제국을 그만큼 확장할 수 없다. 국가가 승인한 폭력과 전쟁의 가장 인상적인 기록은 아마도 이 시기의 것일 듯하다. 바로 그 전쟁 기계에 계속 기름칠을 하기 위해 왕과 귀족들 사이에서 오간 가장 상세한(그리고 때로 지루한) 편지 일부도 마찬가지다.

신아시리아 왕들의 궁궐에서 나온 돌 위의 돋을새김에는 충격적으로 잔인한 모습이 묘사되었고, 그들의 글로 된 연대기에는 가죽을 벗긴 적의 피부나 말뚝 위의 참수된 적의 머리 등 생생한 폭력 행위가 적혀 있다. 그들이 남긴 것의 상당 부분은 과장된 기록이며, 자기네의 권력을 떠받치고 적들이 아시리아 왕의 전투태세를 시험하기 전에 다시 생각하게 하려는 의도였을 가능성이 높다. 어떻든 그 왕들이 남긴 거대한 돌 위의 돋을새김과 긴 쐐기문자 연대기 덕분에 신아시리아 시대는 고대 메소포타미아의 긴 역사에서 전쟁과 가장 밀접하게 연결된 시기가 됐다.[21]

내가 보기에 그 전형적인 모습을 보인 왕은 아슈르바니팔이다. 그는 제국의 권력이 절정에 달했던 서기전 7세기에 통치했다. 그는 돌의 돋을새김에 근육질의 종아리와 팔뚝을 가진 키가 큰 인물로 묘사된다. 머리칼은 길고 곱슬곱슬하며, 수염 역시 길다. 니네베의 궁궐에서 나온 한 그림에서 그는 한 손으로 사자의 꼬리를 잡고 다른 손으로 몽치를 휘두른다. 그 장면 위에는 간단한 새김글이 있다. "나는 대초원 사자의 꼬리를 잡고, 내가 믿는 두 신인 닌

우르타와 네르갈의 명령에 따라 나의 몽치로 그 사자의 머리를 박살냈다."[22] 한 그림에서는 왕이 큰 수레 위에서 사자를 찌르고 있고, 다른 그림에서는 죽어가는 사자들이 일그러진 모습으로 바닥에 누워 있다. 어떤 사자는 생명이 다하는 순간에 토악질을 하고 있다. 이런 장면들은 고통의 순간을 매우 상세하게 포착하고 있어 눈을 떼기가 어렵다. 이 그림들을 보는 사람은 누구라도 아시리아 왕의 온전한 권력, 그의 힘, 그리고 보다 구체적으로 제국 경계 바깥 외국 땅에 있는 적들의 혼란 같은 무질서한 자연의 힘을 정복하는 그의 능력을 느낄 수 있다. 인상적인 것은 몽치가 궁궐 돋을새김(특히 혼란에 대한 그의 힘을 기념하기 위해 설계된 장면에서)에 나오는 왕이 선택한 무기 중 하나이며, 이 무기의 상징적 힘을 상기시켜준다는 점이다. 돋을새김에는 신화 속 생물체의 행진이 나온다. 옆모습으로 걷고 있고, 곱슬곱슬한 수염과 힘줄이 풍부하게 조각됐다. 보호하는 존재 가운데는 때로 몽치를 든 악마도 있다. 한때 니네베의 북쪽 지역에 펼쳐져 있던 궁궐의 높은 돌 판면에 악마 하나가 그려져 있었는데, 사자 모양인 그의 턱이 고함을 치느라 열려 있었다. 그의 몸은 사람이지만 다리 대신에 큰 갈고리발톱이 있고, 사자의 머리에 두 개의 구부러진 뿔이 이마에 나 있었다. 그는 한 손으로 단도를 휘두르고 다른 손으로 몽치를 휘두른다.

  우리는 역사가로서 남아 있는 자료를 통해 과거의 그림을 짜맞출 수 있을 뿐이지만, 모든 자료가 똑같이 만들어지는 것은 아니다. 지금으로부터 3천 년 뒤의 역사가는 미국 군대의 이라크 개입의 역사를 재구성하려 할 때 조지 W. 부시 대통령의 연설 이외의 것을 만나지 못할 수 있다. 대량살상 무기에 대한 언급, 전체 테러 관념에 대한 전쟁, 이라크 국민 전체의 해방은 자극적인 전시 선전에 해당하겠지만, 현실에서 구체적인 것을 별로 발견하지 못할 수도 있다. 미래의 역사가들은 '더브야Dubya'(조지 W. 부시 대통령의 별명으로, 그의 가운데 이름 W의 텍사스식 발음이다)가 완전히 혼자서 전쟁 개시를 결정했으며, 자기네 나라의 수천 명의 전쟁 반대 시위자 등 다른 누구도 거기에 영향을 미치지 못했다고 생각하더라도 아무 일 없을 것이다(나는 침략에 반대하는 다른 수백 명과 함께 컬럼비아대학 교정에서 시위를 벌인 사람 가운데 하나였다. 한 친구는 "내 머리털bush이 대통령 노릇을 더 잘할 것이다"라는 종이 팻말을 들었다). 나는 절대로 아시리아 왕들을 부시 대통령과 비교하는 것이 아니다. 오히려 나는 아시리아 제국이 세상에서 그때까지 볼 수 없었던 가장 큰 제국으로 성장했던 3천 년 전에 실제로 무슨 일이 일어났는지를 알기 위해 노력하는 과정에서 우리가 탐구해야 하는 정치사를 위한 자료의 '유형'을 비교하고 있다. 그 제국은 아슈르바니팔, 그의 조상들, 그리고 왕국 자료들에 나열된 그들의 전투의 총계를 훨씬 넘어서는 것이었다. 이는 또한 정치적 안목, 학식, 창의성을 입증하는 것이다.

나는 기본적으로 고대 과학을 연구하는 역사가이며, 내가 연구하는 쐐기문자 서판 대부분은 서기전 제1천년기 아시리아 중심부의 것이다. 이들은 전쟁과는 관련이 없다. 아슈르바니팔 도서관에서 나온 둥근 점토판은 파이처럼 여러 부분으로 나뉘어 있고 플레이아데스성단 같은 별자리와 숫자가 그려져 있다. 이 점토 성도는 시간을 거슬러 우리를 이동시켜, 서기전 650년 1월 3일 니네베의 밤하늘을 보여준다. 《길가메시 서사시》에 나오는 구절들과 우울증, 열병 치료법 등이 한때 이 도서관의 고전 서가를 채웠다. 점토 편지들은 왕족들 사이의 매우 인간적인 순간을 보존하고 있다. 공주가 올케인 태자비에게 숙제를 하지 않았다며 질책하는가 하면, 왕이 자식의 죽음을 슬퍼한다. 나는 이 서판들을 매우 좋아한다. 그 서판들은 고대 메소포타미아 사람들의 인간적인 경험 가운데 극히 일부를 보존하고 있기는 하지만, 삶이 어떤 모습이었으며 수천 년 전에 왕들은 방어와 팽창에 무엇이 중요하다고 생각했는지, 그리고 심지어 그들이 군사적 결정을 내리는 데 어떤 지식을 사용했는지를 말해준다. 수만 점의 서판은 고대 아시리아에 유혈 사태보다 훨씬 더한 것이 있었음을 상기시켜준다.[23]

제국은 또한 왕 개인, 그리고 스스로 주장하는 자신의 전시 용맹성을 기록하기 위해 주문한 기념 미술품 및 새김글을 훨씬 넘어서는 것이었다. 매우 감동적인 부분이 많아 남아 있는 수천 점의 점토 기록(왕의 새김글에 나오는 과장이 없다)에서 그들 모두를 추적하기는 어렵지만, 대신에 보다 정확한 역사를 구성하는 일상의 세부 사항이 들어 있다.[24] 그 부분들이 발맞춰 기능할 수 있도록 왕은 또한 장거리 통신에 의존했다. 전략적인 위치에 점점이 역참을 두어 왕이 넓은 범위의 관리들과 빠르고 안전하게 소통할 수 있도록 한 일종의 고대 신속 운송망이었다.[25]

나는 이 행정 기록들의 총체적인 힘이 왕과 죽어가는 사자의 모습을 담은 궁궐 돋을새김보다 매력적이라고는 말하지 않겠다. 다만 우리는 고대 메소포타미아를 연구하는 역사가로서 때로 지루한 일상적인 편지들과 거대한 미술품을, 그리고 병사들에게 줄 외투에 대한 불평과 왕들의 거대한 모습 및 그들의 몽치를 함께 가질 수 있어 운이 좋다. 나는 거의 20년 전 런던에서 쐐기문자가 나의 삶으로 들어온 그날, 정말로 내게 충격을 주었던 것을 결코 잊지 않을 것이다. 바로 고대 메소포타미아 기록물의 엄청난 양이다. 그 여름날 아침의 충격은 길가메시 서판과 성도星圖가 있는 아슈르바니팔 도서관과 관련이 있지만, 그것은 또한 두 마리의 날개 달린 인간-사자 합성물 라마수Lamassu가 지키고 있고 신아시리아 궁궐에서 나온, 상상할 수 없는 규모의 폭력을 보여주는 석회암 판자가 줄지어 있는 넓은 복도를 천천히 걷는 일과도 연관돼 있었다.

몽치를 휘두르는 아슈르바니팔은 그의 아버지 에사르하돈이 죽은

8 | 몽치 머리 269

뒤 왕위에 올랐다. 그는 맏아들도, 둘째 아들도, 심지어 셋째 아들도 아니었기 때문에 아버지는 서기전 672년 자신이 선택한 후계자가 아시리아를 통치하고, 다른 아들들 가운데 하나인 샤마시슈무우킨Shamash-shumu-ukin이 바빌론 왕이 되도록 보장하기 위해 승계 협정을 만들었다(바빌로니아는 당시 아시리아 통치에 불만을 품은 주민들의 갈등과 불안이 만연한 매우 넓은 영토를 다스리기 위해 별도의 통치자가 필요했다). 그러나 승계 협정이 만들어진 지 20년 뒤에 형제이자 공동 왕(하나는 북쪽의 아시리아이고, 다른 하나는 남쪽의 바빌로니아다) 사이에서 긴장이 생겨나 전면적인 내전으로 확대됐다. 내전은 서기전 648년 샤마시슈무우킨이 의문스럽게 죽고 나서야 끝났다.[26] 그는 전투 중에 죽었을까? 자객이 은밀한 공격을 가했을까? 아니면 아슈르바니팔이 조용히 그를 처형했을까? 형제를 죽이는 것은 왕실 안에서도 매우 금기시되는 일이었기 때문에 아슈르바니팔이 자기 형의 죽음에 대해 기록하면서 거의 얼버무리고 넘어간 것은 이해할 만하다. 자신을 이 사건에서 떼어두려는 시도였다. 일부 기록은 그저 그의 죽음을 '참혹'하다고 묘사했고, 어떤 기록들은 "그를 불에 건네주고 그의 생명을 파괴"한 신들을 탓했다.[27] 오직 결과만이 분명했다. 아슈르바니팔은 아시리아 왕국 전체의 통제권을 장악했다. 탐내던 남부의 통치 중심지 바빌론을 포함해서였다.

아슈르바니팔은 몇 번이고 영민한 지도자임을 입증했다. 그는 강력한 군대를 이끌어, 믿음직한 몽치 머리처럼 제국의 적을 쳐부

수었다. 40년에 걸친 그의 통치 아래 아시리아는 서쪽으로 지금의 키프로스, 북쪽으로 튀르키예, 동쪽으로 이란, 남쪽으로 이집트까지 판도를 넓혔다. 그는 이집트, 엘람(지금의 이란), 바빌로니아와 돈이 많이 드는 전쟁을 벌였지만 승리했다. 그러나 흥미롭게도 단조로운 행정 문서들은 그가 실제로 직접 나서지는 않았음을 시사한다. 맨손으로 사자와 씨름을 했다는, 힘세고 근육질이며 몽치를 휘두르는 아슈르바니팔은 그의 군대와 함께 전투에 나서거나 심지어 원정에 나가지도 않았다. 에카트 프람Eckart Frahm이 아시리아의 제국 시대에 관한 최근의 책에서 썼듯이 왕은 "그저 집에 머무르고 약간의 기도문이나 암송하며 즐겁게 지냈다."[28]

이 불일치가 나를 낄낄거리게 했음을 나는 인정해야겠다. 아시리아 왕들이 남긴 것 상당수는 그들이 전쟁에 나갔고(그리고 사자와 싸웠고) 유별나게 폭력을 즐겼다는 인상을 준다. 그것들은 나무에 걸린 머리에서부터 말뚝에 꿴 시신에 이르기까지, 지나치게 상세하게 전쟁 장면을 그리고 있다.

신아시리아 시대의 왕의 새김글은 이전 시기의 기록과는 달리 분명하게 연도를 구분하면서 군사적 사건을 정확히 연대기적으로 기록하는 긴 서술을 제공한다. 길고 상세하기 때문에 흔히 연보로 일컬어진다.[29] 매체의 다양성과 문서의 양이 많은 것은 매우 놀랍다. 수천 행이 수천 가지 물건에 찍히고 새겨졌다. 아시리아 왕들의 새김글은 점토, 금속, 돌로 만들어진 인공물 위에 찍히거나 새겨졌다. 서기들은 점토를 표준적으로 휴대전화 크기의 서판으로 만들었고, 또한 큰 다면 각기둥, 통 모양의 원통, 원뿔, 벽돌을 만든 뒤 거기에 수십, 수백, 심지어 수천 개의 작은 쐐기를 누르거나 찍었다. 큰 석회암 판벽, 조각상, 몽치 머리, 신화 속 생물체의 돌 조각품 또한 이런 왕의 메시지와 이야기를 담고 있다.

자주 나오는 묘사는 라마수에 대한 묘사다. 황소 또는 사자의 몸, 독수리의 날개, 사람의 머리로 돼 있다. 이 생물은 궁궐과 도시의 입구 옆에 두는 수호신이었다. 한 쌍이 한때 님루드(고대의 칼후로, 현재의 모술 부근이다)의 서기전 8세기 왕 아슈르바니팔 2세의 넓은 궁궐 입구에 서 있었다. 한때 고대 아시리아의 수도였던 님루드의 엄청난 잔해는 2016년 ISIS의 조직적인 대규모 파괴의 목표물이 됐다. 히바 하짐 하마드Hiba Hazim Hamad는 모술대학 고고학 교수로 학생들을 자주 이 유적지에 데려갔는데, "나는 님루드에 관해 들었을 때 눈보다 먼저 가슴에서 눈물이 났다"라고 말했다.[30]

2008년 여름 처음 영국박물관에 갔을 때, 나는 궁궐이 아니라 이라크에서 발굴된 석고와 석회암 돋을새김이 줄지어 있는 긴 복도 입구 옆에 있는 라마수 한 쌍을 보았다. 이 성스러운 존재들이 본래의 환경에서 어떤 영향을 미쳤을지는 상상만 할 수 있을 뿐이다. 서기전 9세기 님루드의 알현실에서 멀리 떨어진 복도에서 나는 눈부신 상태로 아찔한 조각상 사이를 걸었다. 조각상은 칙칙해 보였지만 한때는 색깔이 살아 있었을 것이다. 내가 키 큰 돋을새김을 보려고 회랑에 첫발을 들여놓았을 때, 복잡한 전투 장면 속 완벽하게 기하학적인 쐐기문자의 아름다움에 감탄하지 않을 수 없었다. 한 장면에서, 옆모습으로 선 수호 정령이 발을 내딛는 중이었다. 튼튼한 종아리가 술 달린 옷 아래에서 비어져 나오고 있었다. 정령은 사람의 몸에 독수리의 얼굴과 날개를 가졌고, 한쪽 날개를 자세히 보니 깃털의 선이 미묘하게 흔들리고 완벽하게 삼각형을 이룬 쐐기문자가 있었다. 숙달된 서기와 기술공들은 쐐기를 실물보다 큰 그림 위에 덧씌우거나 일부 한창 벌어지고 있는 전투 장면과 따로 떼어 캡션처럼 처리했다. 나는 당시 그 쐐기문자를 읽을 수 없었으나, 나중에 그 의미가 언제나 아름다움과 부합하지는 않음을 알게 됐다.

전투와 그 직후 장면들은 아시리아의 힘에 관한 이야기를 전해주고 있고, 그것은 '세계의 왕'(아시리아 통치자가 거대한 제국에 대한 자신의 지배력을 강조하기 위해 택한 칭호다)을 알현했던 모든 외국 고관에게 작용했을 것이다. 그런 이미지를 보면 누구라도 이 제국과 어떤 식으로든 충돌에 들어가기 전에 다시 한번 생각해볼 것이다. 이런 돋을새김 다수를 집중 조명한 영국박물관의 아슈르바니팔 특별 전시회에서 《가디언》의 조너선 존스Jonathan Jones는 이것들은 "지금까지 만들어진 것 가운데 가장 놀라운 몇 가지"라고 말했다.[31] 나는 돋을새김에서 전투 장면들을 처음으로 직접 보았을 때 그 소용돌이치는 장면에서 주제를 분석하려고 애를 썼다. 작품이 너무

숨 막히는 것이었던지라 시간이 지나자 나에게는 오직 공포만이 느껴졌다.

복잡하게 조각된 이 장면들은 전투, 포위전, 무기, 갑주, 쓰러진 적들에 대한 잔인한 응징을 보여준다. 수백 명의 병사들은 보호를 위한 투구를 쓰고 방패를 들었다. 그들은 긴 창, 단도, 도끼, 심지어 몽치를 휘둘렀다. 몽치는 엔니갈디난나의 궁전에서 나온 것과 흡사했지만, 과거처럼 청동이나 돌이 아니라 철로 대량생산됐을 것이다. 고대 아시리아는 철로 무기를 만들고 그것이 인간 신체에 가하는 파멸적인 결과의 총체적인 이점을 취한 첫 제국 가운데 하나였다. 많은 장면은 전투의 혼란, 병사들의 아우성, 활과 화살, 창, 말을 포착하고 있고, 이런 것들이 현지 풍광 및 야생 생물의 여러 요소들과 함께 흩뿌려져 있었다. 물고기 한 마리가 티그리스 강에서 죽어가는 말 옆을 헤엄치고, 적의 시체가 강의 갈대밭 한가운데에 쌓였다. 이 그림은 화판이 고대에 그랬던 것처럼 색칠이 되어 있었더라면 더욱 깊은 울림을 주었을 것이다. 돌에는 칠이 거의 남아 있지 않지만, 돋을새김은 한때 빨강, 초록, 자주, 파랑, 흰색 등의 색깔로 죽음 장면들을 생생하게 보여주었다.

전투의 혼란 속에서 전쟁의 결정적인 순간에는 때로 쐐기문자 캡션이 함께 나온다. 거대하고 잔혹한 돌 만화책인 셈이다. 그런 장면 하나가 님루드에 있는 아슈르바니팔 궁궐에서 나온 돋을새김에 나타난다. 이는 틸투바Til-Tuba 전투를 보여주는데, 여기서 아시리아 군대가 지금의 이란 지역인 엘람의 군대와 충돌하고 있다. 이 돌 화폭에는 말, 당나귀, 무기, 사람, 전차가 너무나도 빽빽하게 들어차(원근법이나 초점도 없이 사방으로 움직인다) 마치 미술가가 화폭에 조금이라도 빈 공간이 있어서는 안 된다는 강박관념에 사로잡힌 것처럼 느껴진다.[32] 창, 전투용 도끼, 몽치로 무장한 아시리아 전사들이 적과 싸우고, 독수리들은 널브러진 시신으로 잔치를 벌인다. 화폭의 중앙 부근에는 부서진 전차가 보인다. 엘람 왕 테움만Teumman이 탄 수레였는데, 그는 원뿔 모양의 왕관을 쓰고 있다. 그의 이야기는 화폭의 다른 곳에서 이어지는데, 별도의 장면은 테움만이 그 아들과 함께 달아나는 모습을 보여준다. 그러나 아들이 먼저 처형되고, 왕이 아시리아 병사 앞에 항복하며, 결국 왕도 참수된다. 이 여러 장면들 속의 가장 큰 캡션은 이렇게 돼 있다.

> 엘람 왕 테움만은 격렬한 전투에서 부상당했다. 그의 맏아들 탐마리투Tammaritu는 그의 손을 잡고 목숨을 구하기 위해 함께 달아났다. 그들은 숲속에 숨었다. 아슈르와 이슈타르의 격려를 받아 나는 그들을 죽였다. 나는 그들이 마주 보는 가운데 둘의 목을 쳤다.[33]

테움만의 머리는 그 자체로 모티프가 돼서 다른 곳에서도 반복됐다. 같은 아슈르바니팔 궁궐의 통로에서 나온 듯한 것도 그중 하나다. 소파에 기댄 왕이 포도나무와 침엽수 사이에서 식사를 하고 있고, 옆에는 옥좌에 앉은 립발리샤라트 왕비가 함께하고 있다. 왕비 뒤의 나무에는 매달린 테움만의 머리가 늘어뜨려져 있다.

그러나 이런 압도적인 장면의 마법에 넘어가지 않는 것이 중요하다. 왕의 새김글에 상술되고 궁궐 돋을새김에 나타난 군사적 승리와 폭력은 반드시 이 시기의 전쟁의 역사와 부합하는 것은 아니다. 그들은 이 자료들이 시사하는 것처럼 자주 싸우거나 난폭하게 싸운 것 같지는 않다. 그리고 이 장면들은 고대 아시리아의 역사보다는 아시리아 왕들이 스스로 어떻게 보이고 기억되기를 원했는지에 관해 더 많은 것을 이야기해준다.

전쟁과 그 직후의 현실은 이 철제 무기의 시대에 정말로 험악했을 것이다. 알렉산더 플레밍이 페니실린을 발견하기 수천 년 전이었다. 항생제가 없었으므로 전쟁에서 부상당하는 것은 사형 선고일 수 있었다. 그가 개별 전투에서 살아남을 수 있었다고 하더라도 말이다. 아마도 이런 측면에서 메소포타미아 역사의 거의 모든 시기에 전쟁에 대한 고고학적 증거는 많지 않다. 예를 들어 건물에 대한 의도적이고 난폭한 파괴의 증거는 실제로 매우 드물다.[34] 마찬가지로 유골들은 전쟁터의 폭력 흔적을 보여주는 것이 많지 않으며, 고고학자들은 아직 신아시리아의 기록과 부합하는 참수된 두개골(또는 머리 없는 시신)의 둔덕을 하나도 발견하지 못하고 있다. 어쨌든 새로 정복된 도시의 기반시설을 파괴하고 그 주민 가운데 건장한 사람들을 깡그리 죽이는 것이 누구에게 도움이 되겠는가?

물론 소수의 예외가 있다. 니네베 성문 가운데 하나에서 발굴된 몇몇 유골들은 불태워진 흔적과 전투 중 부상의 흔적을 보여주었다. 예컨대 한 10대 청년은 눈 위에 칼로 찔린 상처가 있고 두개골이 부서져 있었다.[35] 유다 왕국이 아시리아와의 큰 전투에서 패했던 곳인 라키시(예루살렘 시를 보호하고 있는 성곽 도시였다)에는 이 전쟁 시기로 거슬러 올라가는 몇 개의 합동 무덤이 있다. 라키시는 전반적으로 의도적인 건물 파괴의 증거가 없는 가운데 중요한 예외를 제공하는 듯하다. 도시는 완전히 불타, 대화재의 열기로 인해 붉게 변한 높이 1.8미터의 벽돌 더미를 남겼다.[36]

병참과 전쟁의 현실을 이해하기 위해 우리는 덜 윤색된 자료로 왕의 기록을 보충해야 한다. 바로 아시리아 제국에서 일상 행정의 요소를 점토에 기록한 역사 초고다. 이 서판들은 역사를 서술하려 한 것이 아니고, 기억되기를 원한 것이 아니었다. 그 결과 이들은 그곳에 있으면서 그것을 만들고 보았던 사람들의 말로 역사를 이야기한다. 수천 명의 사람들이 왕과 함께 출정했다. 보병, 기병, 전차병들이 자기네의 무거운 무기, 방패, 가죽 갑주, 기타 장비를 가지고 아시리아 중심부로부터 전쟁터까지 먼 길을 갔다. 점쟁이 또한 왕 및 그의 군대와 함께 전쟁터로 갔고, 일부는 왕궁에 남아 전쟁과 관련된 연구를 도왔다. 특정 도시를 공격할 것인지 말 것인지 판단하는 일 같은 것이었다.[37]

전쟁은 왕의 새김글들이 그렇게 보이게 만들었던 것만큼 장대한 일이었다. 수천 명의 사람과 동물들을 멀리(산악 같은 위험한 지형을 포함해) 이동시키고, 그들을 계속해서 먹이고, 그들을 감염과 매복과 심지어 날씨로부터 보호하려면 정확한 계획과 많은 행운이 필요했다.

병사들은 또한 양식도 날라야 했을 것이다. 이것은 몇몇 고관들이 국왕 사르곤 2세에게 쓴 편지를 통해 알 수 있다. 그들은 엘람과의 국경 부근에 있는 군대가 "자기네가 가지고 간 여행 식량" 외에는 다른 먹을 것이 없다고 알렸다.[38] 아시리아 영토 안의 마을과 주둔지 또한 이동하는 군대에 식량을 공급할 수 있었다.[39] 적의 영토에 들어가면 그들은 적군 야영지와 마을들의 비축 식량을 약탈할 수 있었다. 식량을 계속 대는 문제 외에 군대는 행군하면서 갑자기 튀어나오는 공격과 유행병 같은 온갖 종류의 비전투적 위험에 직면했다. 사르곤 2세에게 보낸 한 편지는 아미리Amiri의 아들 암밀리티Ammili'ti라는 사람이 지휘한 아랍인들의 공격을 이야기하고 있다. 그는 암낙타 300마리를 이끌고 전투 후 다마스쿠스에서 멀리 제국의 중심부까지 전리품을 수송하던 아시리아 병력을 습격했다. 이들 부대는 뒤에서 매복군의 습격을 당했는데, 점토 편지의 많은 부분이 깨졌지만 아시리아인들은 아랍인들을 추격하려 했던 듯하며 성과는 없었다. 마지막 남아 있는 구절은 지형이 "매우 험했고, 말과 전차에게 맞지 않았다"였다.[40]

그런 묘사는 전쟁이 신아시리아 돋을새김이나 심지어 그보다

2천 년 전 '독수리 석비'에 나오는 돌 위의 인물이 아니라 자기네 왕을 섬기기 위해 엄청난 고생을 해야 하는 사람들이 벌인 것임을 상기시켜준다. 그러나 다행인 것은 왕의 자료들을 토대로 우리가 생각하는 것만큼 자주는 아니었다는 것이다. 고대 메소포타미아의 역사는 여러 얼굴을 가지고 있다. 그 하나가 왕들이 우리에게 (또는 신들에게) 보여주고 싶은, 윤을 내 완벽해진 모습이다. 그 가면 뒤에는 파편화된 얼굴이 있다. 역사가들은 변경 사람들의 세세한 전갈이 찍힌 일상적인 점토판으로, 또는 자기 무기와 함께 묻힌 죽은 병사의 유해로 그 맞지 않는 모습들을 꿰맞춰야 한다. 선정적으로 다뤄진 모든 시대의 왕의 자료와 달리 전쟁은 험악하고 무섭고 슬픈 것이다. 전쟁은 사랑하는 사람들과 헤어지게 만들었다. 그리고 그런 고통을 받아들일 수 있게 도와주는 신화와 신들의 역할을 키웠다. 거기서 기억되기를 원하는 승자는 있었는지 모르지만, 진정한 승자는 없었다.

9

엔니갈디난나

공주, 여사제, 그리고 큐레이터?

나는 언제나 엔니갈니난나의 아버지인 바빌로니아의 마지막 왕 나보니두스에게 좀 약한 구석이 있다. 이는 그를 보면서 수천 년 뒤의 내가 느끼는 역사에 대한 사랑을 그 역시 가지고 있었다고 생각하기 때문이다. 그의 치세에 역사를 매우 중요하게 생각했기 때문에 그는 지나간 시대의 한 궁전 전체를 복원하고, 고위 여사제 자리를 되살려 자신의 딸에게 맡겼다. 이런 움직임은 권력을 떠받치고 그의 왕권을 정당화하는 효과를 의도한 것이었지만, 나는 그가 자신의 과거에 매혹된 것 역시 동기였다고 생각하고 싶다. 그 과거는 서기전 626년 신바빌로니아 왕조를 건립한 나보폴라사르에서부터 나보니두스 자신에 이르기까지 그의 시대 왕들이 공유하고 있었다. 그는 생애 말년인 서기전 539년 바빌론이 페르시아인들에게 멸망하는 모습을 보게 되는 사람이었다.

내가 처음 본 쐐기문자 유물 가운데 하나는 그림이 그려진 비석 같은 모양의 판자였다. 꼭대기가 둥글고, 왼쪽에는 나보니두스 왕의 옆모습이 있다. 그는 비석의 오른쪽 부분을 보고 있는데, 거기에는 마멸된 쐐기문자 부호가 빽빽하게 들어차 있다. 쐐기문자 문서 위에는 신의 상징 세 개가 떠 있다(그것들은 이 회색 돌에 처음 새겨진 뒤 천 년이 지나지 않은 것처럼 선명하다). 월신 신sin의 초승달, 샤마시의 날개 달린 태양, 이슈타르의 칠각별이다. 당시 나는 그 상징들이 무엇을(또는 누구를) 나타내는지 몰랐고, 그 아래의 희미해진 사면체를 겨우 알아보았다. 그러나 원뿔 왕관을 쓴 근엄한 왕에 관한 무언가가 내 뇌리에 계속 남았다.

이후 나는 다른 수많은 유물을 읽고 번역하고 집어들고, 전체적으로 바라보았다. 나는 너무도 선명해 각각의 개별 주름을 볼 수 있는 지문이 남은 학습 서판, 함무라비 왕이 보낸 칙칙한 색깔의 점토 편지, 시파르의 성직자들이 위조한 십자가 모양의 고대 위조품을 보았고, 신아시리아의 돋을새김과 높이 솟은 라마수(인간의 머리에 날개 달린 사자 또는 황소의 몸을 가진 수호신이다) 위의 소용돌이치는 전투 장면을 응시했다. 나는 수도 없는 고대의 물건들을 연구하고 감탄했지만, 10여 년이 지난 뒤에 보니 돌에 새긴 세 신의 상징만큼 분명하게 내 기억 속에 각인돼 남아 있는 것은 나보니두스의 비석이었다.

21세기 초에 거의 동일하지만 훨씬 더 마멸된 비석이 타이마라는 도시에서 발견됐다. 사우디아라비아의 내 고향 하일에서 300여 킬로미터 떨어진 곳이다. 서기전 제1천년기 향료 교역로의 주요 무역 기지였던 타이마에는 다양한 주민들이 살았고, 나보니두스도 10년 정도 이곳에 살았다. 이곳은 7천 년의 정주 역사를 자랑하고 있으며, 오늘날 현대적 도시가 고대 정착지 일부 위에 건설됐다. 도시 배후의 사막 경관에 점점이 박혀 있는 바위가 드러난 곳들은 수천 년 전에 쓴 낙서들로 뒤덮여 있다. 대체로 오아시스 사이를 오가는 도중에 글을 약간 아는 사람들이 이 지역을 지나다가 고대 아라비아반도의 자모 문자로 쓴 것이다. 그중 상당수는 고대 아라비아 북부의 '킬로이Kilroy 다녀감'(2차 세계대전 때 특히 미군들 사이에서 유행했던 낙서)과 같은 낙서이며, 때로 'R. H. M.의 아들 W. D. D.' 같은 추가 정보가 더해지기도 한다. 그가 충돌의 시기 동안에 이 바위에서 야영했다는 것이다. 어떤 내용은 신들에게 간구하는 것으로, 다른 문자와 부족 표시들 속에 끼워 넣어진 간단한 대구對句 같은 형태였다. "샬림 신께서 기뻐하셨으면!" 하고 쓰는 식이다. 좀 더 회화적인 것도 있다. 사랑, 성性, 그리고 살인 같은 것들을 묘사했다.[1]

훨씬 더 평범한 기록들은 바빌론의 왕을 거명한다. 일상의 토막 정보들이 그 휘하 사람들에 의해 뜻밖에도 먼 과거에서 살아남았다. 누런 모래로 둘러싸인 한 검은 바위에 타이마와 그 주변 지역

문자(타이마 문자로 알려졌다)로 새겨진 글은 왕의 이름을 언급하고 있다.

나는 바빌론 왕 나보니두스의 하인 MRDN이다.
상관 KYT 님과 함께
L'Q 사막 건너 물 없는 황무지에 왔다.[2]

우리 부족의 고향에 가까운 곳에 위치한 하일 교외의 불그스름한 모래언덕의 커다란 암벽에는 왕의 모습이 있다. 타이마 석비와 흡사한 옆모습으로, 심하게 마멸된 쐐기문자 새김글이 그를 거명하고 있다.[3] 그가 사우디아라비아에 있을 때 그의 이름과 모습이 내 아버지가 태어난 흙벽돌집에서 멀지 않은 사막의 바위에 새겨졌는데, 이런 사실이 내가 바빌로니아의 마지막 왕과 그의 역사에 대한 사랑, 그리고 마침내 그의 딸과 박물관에 호의적인 것을 설명하는 데 도움이 된다고 생각한다.

바빌론이 페르시아인들에게 함락된 것은 거의 나보니두스가 타이마에서 이 도시로 돌아온 직후였다. 고고학자 호르무즈 라삼이 바빌론에서 발굴한 통 모양의 점토 문서 '키루스 원통'은 쐐기문자로 페르시아의 정복에 관한 기록을 제공하는데, 여기서는 나보니두스를 폭군이자 광신도라고 묘사한다. 특히 이 기록은 페르시아 왕 키루스가, 나보니두스가 초래한 잔학 행위 이후 바빌로니아인들에게 가해진 속박으로부터 그들을 해방시켰으며, 나보니두스는 "자기 나라를 책임졌지만 무능한 인간"이라고 묘사했다. 이 기록은 다른 모든 왕의 새김글과 마찬가지로 어떤 역사적 세부 사항이 들어가야 할지(또는 빼야 할지)에 관한 정치적 결정의 산물이다. 서기전 539년 그 운명의 날에 바빌론에서 무슨 일이 일어났든 키루스의 도착은 마지막 독립 바빌로니아 왕조에 종말을 고했으며, 나보니두스와 엔니갈디난나를 포함한 그 자손들의 운명은 알려지지 않았다.[4]

   나보니두스는 나 자신의 삶에 모티프를 제공한 것으로 생각되지만(20대 때 쐐기문자가 내 삶으로 들어온 날 보았던 그의 비석에서부터 내 고향 가까운 곳에서 발견된 그 복제품에 이르기까지), 그의 딸 엔니갈디난나는 그보다 훨씬 더한 존재가 됐다. 공주는 아직도 의문스러운 고대 유물 모음과 함께 이 책에 자극을 주었다. 왕가의 과거에 대한 열정이 공주에게 어떤 식의 감명을 주었다고 상상하는 것은 어렵지 않다. 우르의 월신을 섬기는 고위 여사제로서의 역할은 분명히 공주 스스로 긴 역사를 이해하는 데 영향을 주었을 것이다. 공주는 자신이 그 자리를 맡았던 긴 계보상의 많은 여성 가운데 하나임을 알았을 것이고, 심지어 그들의 이름도 알았을 것이다. 공주의 역사적인 역할이 이 고대 물건 모음을 관리하도록 자극했다고 할 수 있을까?

✳

우리는 엔니갈디난나에 관해서는 아는 것이 매우 적다. 공주의 진짜 이름이 무엇인지조차 모르고, 고위 여사제로 임명됐을 때 '새 이름'을 얻었다는 사실만 알 뿐이다. 엔니갈디난나는 '난나 신이 요구한 고위 여사제'라는 의미다. 문법적으로 이 이름은 엔헤두안나와 엔아네두 같은 이전 고위 여사제들의 이름을 본뜬 문장이다. 수메르어를 전혀 모른다 하더라도 적어도 하나의 공통점은 알 수 있다. '엔en'으로 시작하는 이름이라는 것이다. 그들 각자가 수행했던 고위 여사제의 역할에 해당하는 수메르어 단어다.

엔니갈디난나에 대해 우리가 아는 정보 대부분은 간접적인 기록들이며, 그 기록들은 공주의 아버지에 대해 더 관심이 있다. 당시의 기록은 엔니갈디난나가 어떻게 우르의 여사제 자리에 임명되었는지에 관한 이야기를 전한다. 강조점은 왕이 신sin의 고위 여사제 요구를 쉽게 받아들였다는 데 있다. 그 요구는 서기전 554년 9월 26일 밤의 부분일식이라는 형태를 띠었다고 한다.[5] 오늘날 '엔니갈디난나 원통'으로 알려진 점토 기록조차도 공주의 이야기보다 우르의 공주 궁전 터가 오래됐음과 왕의 재건 작업에 관한 이야기가 더 많다.[6] 이 모든 기록은 엔니갈디난나 자신에 관해서보다는 왕의 자기 과시에 관해서 더 많이 이야기한다.

실제로 엔니갈디난나 본인에 관해 무언가를 이야기하는 것은 신바빌로니아 시대의 훨씬 간결한 두 가지 기록이다. 공주에 관한 직접적인 전기 자료는 이들뿐이다. 약간 얼룩덜룩한 것을 빼고는 완벽하게 보존된 우루크에서 나온 한 점토판은 공주가 본래 이 도시의 에안나 신전에서 직책을 가지고 있었음을 암시한다. 점토판에는 편지를 받는 사람에게 내린 아홉 가지 지시가 나열되어 있다. 그 신전과 관련된 일로서, "에안나 신전의 이중문에 예전 네부카드네자르 시대에 그랬던 것처럼 회반죽을 바르라"는 것과 "술과 빵을 만드는 사람들에게 정규적으로 물건을 공급"하라는 것 따위였다.[7] 마지막 지시는 왕의 딸에 대한 음식 배정분은 '왕의 금고'에 맡기라는 것이었는데, 이 명령을 이해하려면 약간의 상상력이 필요하다.[8] 본래 '왕의 딸'(엔니갈디난나일 것이다)은 우루크의 에안나 신전에서 식량을 공급받았는데, 이 지시에 따라 왕의 금고로 옮겨질 필요가 있었다. 아마 공주의 에안나 신전 일은 갑작스럽게 끝난 듯하고, 왕은 공주에 대한 에안나 신전의 공급을 사실상 중단하라는 명령을 내린 뒤 공주를 우르로 옮기게 한 듯하다.

대략 6년 뒤에 마찬가지로 간결한 또다른 문서가 우르 고위 여사제의 가정을 언급한다. 다만 엔니갈디난나를 직접 거명하지는 않는다. 우르 바로 북쪽 도시 라르사의 한 가족 사설 문서고에서 나온 약간 조잡한 부호로 뒤덮인 작은 점토판이 우르 여사제 가정에 부속된 한 무리의 노동자들에 대한 한 남자의 책임을 묘사하고 있다.[9] 이 노동자들은 엔니갈디난나 가정을 부양하기 위해 부과된 세금을 내는 대신에 노동, 즉 부역 노동을 했다. 이는 나보니두스 치세의 이 시점까지 엔니갈디난나 이외의 누구일 수도 없는 고위 여사제를 위한 가정이 있었음을 확인해준다. 이 두 문서는 지금까지 발견된 공주를 이해하는 가장 분명한 직접적 수단이다. 그것들은 공주가 존재했고 우르의 고위 여사제였음을 확인해주지만, 애처롭게도 불충분하다. 공주의 일상적인 생활이 어떤 모습이었는지를 짜맞추기 위해, 그리고 공주의 '박물관'에 큐레이터 역할이 포함됐는지의 여부를 알기 위해서는 공주 이전에 그 자리에 있었던 여사제의 긴 계보를 살펴야 한다.

엔니갈디난나의 역할에 대한 전문 용어는 수메르어로 엔en, 아카드어로 엔투entu였다. 이 말은 번역하기 어려운데, 이 일과 관련된 독특한 여러 가지 책무를 담을 수 있는 현대의 상응하는 말이 없기 때문이다. 우리는 그 역사가 서기전 제3천년기 엔헤두안나의 시대까지, 그리고 아마도 더 이른 시기의 닌메타바리Ninmetabarri라는 여성에게까지 멀리 거슬러 올라가는 것을 알고 있다. 이 여성이 자신의 이름을 남긴 가장 이른 '엔en 여사제'일 것이다. 이 경우에는 크림색 방해석으로 만든 유리 술잔(깨졌다) 모양의 제주잔祭酒盞에 그 이름이 있었다.[10] 월신을 섬기는 고위 여사제는 왕족 출신이어야 했고, 예언에 의해 선택돼야 했다.[11] 이런 소수의 여사제들은 자신의 재직 흔적을 남겨 놓아 이 역할이 얼마나 중요했고 이 왕실 여성들에 대한 기대가 얼마나 높았는지를 알 수 있게 해준다.

엔헤두안나는 그중 가장 유명한 사람일 것이다. 역사상 최초의 이름이 알려진 저술가라는 위치를 차지하고 있기 때문이다. 남아 있는 많은 엔헤두안나의 시는 인안나 여신의 힘을 찬양하는 내용이다. 엔헤두안나는 남성이 지배하는 신들의 사회에서 가장 강력한 남신조차도 이 여신의 의지에 종속시켰다. 인안나의 포효는 남신들을 두려움에 떨게 하고, 인안나의 분노는 인간을 전율케 한다. 엔헤두안나의 시는 또한 엔투의 책무에 대해 암시한다. 그중 하나는 단순한 의식을 묘사한다.

엔 여사제인 나 엔헤두안나는
당신을 섬기기 위해 나의 성스러운 기파루에 들어왔네.
나는 의식용 바구니를 들고 기쁨의 노래를 읊조리네.
나의 의식용 식사는 내가 그곳에 산 적 없다는 듯 내게 전해졌네.[12]

이 시는 상세한 내용은 별로 없지만, 여사제가 신전 구내에서 어떤 의식에 참여하고 있음을 말해준다. 엔헤두안나는 그저 월신 숭배의 상징적인 수장이 아니라 바구니를 들고, 노래를 하고, 다른 누군가가 만든 음식을 먹는 일을 '직접' 했다. 찬가들을 통해 추측해보면 신전 사람들은 심지어 오늘날 《미슐랭 가이드》에서 별점을 받은 식당의 가장 유명한 요리사들과 맞먹을 만큼 음식 준비를 잘했다. 예를 들어 곡물 빻는 일을 맡은 사람들은 "신전에 매장되지 않았다."¹³ 시식을 하는 엔헤두안나의 역할은 대단한 것 같지 않지만, 이런 의식은 신과 인간 사이를 묶어주었다. 그것으로 신들은 즐거움을 유지했고, 그러면 인간의 안전이 유지됐다. 여사제가 수행한 일은 거대하고 무한한 중요성을 지니고 있었다.

엔헤두안나의 초상은 서기전 24세기와 현재 사이의 수천 년을 가로질러 딱 하나가 남아 있다. 그 초상이 들어 있는 8센티미터 두께의 설화석고 원반 잔편은 우르 궁궐의 칙칙한 잔해 속에서 고고학자들의 눈에 띄었다. 밝고 거의 반투명한 색깔 덕분이었다. 재구성해보면 이 돌 원반은 대략 던지기 놀이용 원반 크기였으며, 한쪽 면은 직사각형을 하나 그렸고 그 안에 깔끔하지만 손상된 고풍의 쐐기문자 13행이 들어 있었다. 다행스럽게도 함무라비가 권좌에 오르기 직전의 고바빌로니아 시기 동안에 우르의 누군가가 그 전문을 점토판에 베꼈다. 바로 이 점토판이 주택에서 온전한 상태로 발견됐고, 발굴자들은 이를 〈콰이어트 스트리트Quiet Street 7호〉로 불러 아동 도서에 나오는 명칭처럼 들리게 했다〔1920~1940년대 미국의 어린이 코미디 단편영화 시리즈 〈아워갱〉에 〈조용한 거리〉라는 단편영화가 있다〕. 원본 원반은 손상됐지만, 점토판 복사본은 '난나 신의 아내'이자 '사르곤의 딸' 엔헤두안나를 거명하고 있음을 확인해준다.¹⁴

원반의 반대쪽에는 몇몇 인물의 모습이 보이는데, 이들은 대좌臺座 하나와 축소판 지구라트 하나가 있는 곳으로 걸어가고 있는 것처럼 보인다. 그것은 매우 양식화돼 있어서 어떤 면에서 웨딩케

이크처럼 보인다. 인물들은 옆모습이고, 벌거벗은 한 남자가 그릇에 담긴 어떤 종류의 제주祭酒를 신전 발치에 있는 대좌에 붓고 있다. 남자 뒤에는 키 큰 여자 하나가 서 있다. 머리장식을 썼고 늘어지고 주름진 옷을 입었으며, 경건한 인사를 하는 것처럼 보이는 몸짓으로 팔을 구부리고 있다.[15] 여성은 다름 아닌 엔헤두안나일 수 있다. 흥미롭게도 이 여성은 그림 속에서 실제 의식을 행하는 사람이 아니다. 여성은 그저 경배하며 서 있고, 상징적 인물 또는 의식의 감독자에 더 가까운 모습이다. 글과 그림이 많지 않지만 엔헤두안나 원반은 그래도 우르의 월신을 섬기는 고위 여사제로서의 책무를 암시한다. 여사제는 의식에 참여하고 그것을 감독했다. 또한 대중을 대하는 사람이었고, 여러 신전에서 어떤 종교 의식의 핵심적인 부분을 수행했을 것이다.

수백 년 뒤인 서기전 19세기에 엔아네두라는 또다른 공주가 이 자리에 오른다. 이 공주는 찬가를 짓지는 않았으나, 남아 있는 자료에서 자신이 권력자임을 자처한다. 왕들이 때로 태어나기 전에 이미 왕의 역할을 위해 선택됐다고 선전하는 것과 마찬가지로, 엔아네두는 스스로를 "성스러운 자궁에서부터 대단한 운명"을 지녀 그 자리를 맡도록 예정되어 있었다고 소개했다.[16] 공주는 운명이 자신을 그 자리로 이끌었다고 강조하고 심지어 궁전 개수까지 했다. 우르에서 발견된 점토 원뿔에 있는 두 단의 쐐기문자는 엔아네두 자신이 궁전을 개수했다는 이야기를 담고 있다. 천여 년 뒤 나보니두스가 재건한 바로 그 궁전이다.

엔아네두의 경우를 보면 엔 여사제는 바빌로니아 왕에 이은 이인자와 같았다. 그의 왕국의 주요 도시에서 왕의 정치권력을 연장한 존재로, 엔아네두가 맡은 역할의 목적은 왕이 지닌 권력의 중요한 도구 노릇을 하는 것이었다. 17세기 잉글랜드 주교의 역할과 비슷했다. 엔아네두는 통치자가 아니면서 자신에게 바쳐진 찬가의 악절을 가진 유일한 왕족이었을 것이다. 공주의 "기뻐하는 마음"을 축하하고 공주의 "즐거운 세월"을 희망하는 찬가였다.[17] 일부 새김글은 심지어 공주를 왕의 '아들'로 불렀다. 고대 메소포타미아에서 매우 이례적인 일로, 공주가 휘두른 권력을 드러내는 듯하다.

엔 여사제의 권력은 부분적으로 왕실 혈통에서만이 아니라 월신과의 관계에서도 나오는 것이었다. 엔헤두안나, 엔아네두, 엔니갈디난나, 그리고 그 사이의 다른 모든 사람 역시 월신의 천상의 아내 닌갈 여신과 함께(또는 아마도 어떤 의미에서는 여신을 대신하는) 상징적인 지상의 아내 노릇을 했다.[18] 이를테면 신神-인人 삼각관계에서 여사제는 닌갈을 보살피고 진짜 인간이라면 필요할 모든 것을 제공해야 했다. 그러나 신이 기대하게 될 것이라고 우리가 상상할 수 있는 수준의 것이어야 했다. 예를 들어 엔아네두는 여신이 긴 머리칼을 빗을 수 있도록 닌갈에게 금과 은으로 만든 빗 몇 개를 바치고, 여신의 식사에 필요한 모든 것을 위해 은제 수저와 은제 기름병을 올렸다. 또한 고대 메소포타미아에서 신의 조각상은 말 그대로 그들을 체현하는 것이었기에 엔아네두는 충실하게 닌갈의 조각상에 매달 빵, 맥주, 고기를 공물로 바쳤다.[19]

같은 남편을 둔 아내로서 여사제는 또한 여신이 특별한 느낌을 갖길 원했는데, 그렇게 하기 위해 금으로 뒤덮인 침대와 현대의 유명인의 것과 맞먹는 장식품을 제공하는 것보다 더 나은 방법이 있었을까?[20] 닌갈의 조각상을 위해 엔아네두는 '순금 납작판'으로 묘사된 눈부신 옷깃을 주문했다. 무게가 500그램 가까이 되고 "여신의 목에서 해처럼 빛나는" 것이었다.[21] 틀림없이 엔니갈디난나 역시 같은 남편을 둔 여신을 비슷한 방식으로 모셔야 했을 것이다. 공주의 일상생활에 관한 문서 기록은 없지만, 적어도 그 일부는 필수품에서부터 사치품에 이르기까지 닌갈의 필요를 충족하도록 보장하는 데 할애됐다고 상상할 수 있다.

월신의 아내로서 여사제는 또한 성혼聖婚, hieros gamos에 참여해야 했다. 풍작을 보장하는 데 이바지하기 위해 매년 치르는 혼례 의식이다. 우르에서 이 의식이 어떤 모습이었는지에 대해서는 남아 있는 증거가 별로 없지만, 다른 도시에서 행한 비슷한 의식을 바탕으로 과감한 추측을 해볼 수 있다. 대중의 행렬이 신(아마도 사제가 대신했을 것이다)을 따라 그 신부(여사제)의 집까지 이어지고, 여사제의 신전 또는 궁전 문에서 신부를 만난 뒤 함께 침실로 들어가 상징적으로 혼인을 완성한다. 이는 식량 안전을 확보하기 위한 신과 인간의 결합이었다. "(내) 손은 더이상 풍요로운 침상에 뻗치지 않는다"

라고 엔헤두안나의 한 찬가는 말한다. '풍요로운' 추수를 위한 성행위가 마무리됐다는 암시일 수 있다.[22] 사실 닫힌 문 뒤에서 두 신의 첫날밤을 재연한 두 인간 사이에 무슨 일이 있었는지는 비밀로 남는다. 우리에게 종교 지도자들 사이의 가짜 또는 진짜 성행위로 절정에 달하는 이 행진은 잘해야 거북하고 최악의 경우에는 억지스러운 일일 것이지만, 그럼에도 불구하고 상징적 결합의 중요성을 과소평가할 수는 없다. 날씨가 격렬한 폭풍우와 타는 듯한 열기 사이를 왔다 갔다 하는 지역에서 풍작은 보장되지 않았다. 오늘날 탄소 배출이 기후 파괴를 가속화하면서 우리는 곧 풍작을 불러오기 위한 의식의 심리학적 중요성을 인정하게 될 것이다.[23]

의식에 관한 책무와 함께 우르의 고위 여사제는 신전이 소유한 넓은 면적의 농촌 토지를 관리해야 했다. 당대의 점토판들은 기파루를 개수하고 닌갈 여신(및 그 조각상)을 보살피며 의식을 통해 풍작을 보장해야 했던 엔아네두가 또한 우르 안팎의 목초지, 농지, 제방, 저수지도 복구해야 했다고 말한다.[24] 엔니갈디난나는 비슷한 일련의 책무를 가지고 있었을 가능성이 높다. 근세 잉글랜드의 농경지와 가축까지 갖춘 넓은 사유지 관리자와 상당히 흡사하다. 엔니갈디난나가 여사제 자리에 있던 시기에 나보니두스는 가사 일꾼, 경작지, 과수원, 소, 양, 염소 등 엔니갈디난나가 맡고 있는 신전에 딸린 모든 것의 긴 목록을 언급한다.[25] 여사제는 사실상 일상적인 유지와 관리가 필요한 광대하고 부유한 가정의 우두머리였다. 신전 재산의 규모를 생각할 때 여사제의 일정이 빡빡했을 것임은 쉽게 상상할 수 있다. 특히 예전에 같은 자리에 있던 엔헤두안나 엔아네두와 같은 의식에 관한 책무를 충족해야 했다면 말이다. 아버지가 엔니갈디난나를 정치적이거나 이데올로기적인 이유로 여사제로 앉혔다 하더라도, 그 역할은 그저 명목상의 것이 아니었다.

사실 고대 메소포타미아 역사의 모든 시대에서 왕실 여성은 방대한 행정 권력을 행사했다. 때로는 왕의 권력에 맞먹었다. 현대 이라크의 가장 북쪽 변두리에 텔알리마라는 유적지가 있다. 수백 년 동안 사용된 거대한 궁궐이 있는 곳이다. 고고학자들은 다름 아닌 목욕탕에서 일타니Iltani라는 왕비의 문서고에 있던 여러 점의 점토판을 발견했다. 남편 아크바함무Aqba-hammu는 서기전 제2천년기 초의 통치자였다. 문서고에 있던 다른 서판과 잔편들은 궁궐 뜰 부근의 대기실에 흩어지고 두 벽 사이의 틈에 끼인 채 발견됐다. 아마도 이 점토 문서들은 고대에 궁궐이 부서지고 버려졌을 때(또는 그뒤), 쐐기문자로 뒤덮인 점토 조각보다 더 자극적인 발견물을 찾던 사람들에 의해 버려졌을 것이다. 기록의 서로 다른 부분들을 다시 모아놓자 고고학자들은 그 점토 조각들이 직물 생산 같은 궐내 공장을 운영하고 일꾼들을 관리하기 위해 왕비가 매일 했던 역할을 개관한 약 200점의 서판임을 알게 됐다.[26]

직물 생산은 당시 중요한 경제 사업이었고, 심지어 더 먼 곳의 무역 중심지에서는 핵심 품목이었다. 두 마리의 검은 당나귀와 함께 성문 앞에 서 있던 아슈르이디 같은 고아시리아 상인과 부자주의 '좁은 길' 밀수 작전을 상기해보자. 그들과 동료 상인들은 여러 톤의 직물을 아시리아 중심부에서 오늘날의 튀르키예로 가져가 거래를 했고, 이들은 일타니와 거의 동시대였을 것이다. 직물을 짜는 것은 건염腱炎이나 만성염증을 일으키는 등 고된 일이었다. 옷 한 벌을 완성하려면 여러 달이 걸렸는데, 아크바함무 왕은 때로 그것을 외교적 선물로 주거나 심지어 수도 바빌론에 공물로 보냈다.[27]

대략 비슷한 시기에 더 남쪽 도시 마리에서 십투Shiptu 왕비는 비슷하게 방대한 권력과 책무를 지니고 있었다. 특히 남편인 짐리림Zimri-Lim 왕이 부재 시에 그랬다. 편지들은 왕비가 봉인된 용기에 담긴 기밀 점토판 이용을 관리하고, 왕의 의사 결정을 위한 예언을 실행하는 데서 보다 엄격한 방법을 만들었으며, 심지어 유행병에 대비하는 조치를 취했음을 보여준다. 왕이 한번은 전염병에 걸린 난나Nanna라는 여자에 대해 왕비에게 전갈을 보냈다. "이 여자는 궁궐에 있는 시간이 많기 때문에 함께 있는 다른 여자들까지 감염시킬 것이오." 그는 우려에 이어 사실상 매우 개인적인 문제에 대한 제한 명령을 내렸다. "아무도 이 여자가 사용한 잔으로 마시지 말고, 이 여자가 앉았던 자리에 앉지 말고, 이 여자가 누웠던 침상에 눕지 않게 하시오. 함께 있는 많은 사람이 감염되지 않게 하기 위해서요. 이것은 매우 전염성이 강한 병이오!" 이 편지는 전염병이 어떻게 확산되는지를 알고 있었음을 보여주는 동시에 십투 왕비가 관리해야 할 일이 많았음을 시사한다.[28]

광범위한 권력을 행사한 것은 비단 왕족 여성만이 아니었다. 엔아네두와 십투 왕비의 시대에 우르에서 유프라테스강을 거슬러 200킬로미터 가까이 올라간 곳에 있던 도시 시파르에서는 특권층 가정 출신의 미혼 여성 집단들이 한데 모여 태양신 샤마시의 신전과 연관된 수녀원 비슷한 무언가를 형성하고 있었다. 이 여성들은 모두 나디툼nadītum이었고, 여성 서기를 고용했다. 나디툼은 태양신 숭배자의 한 유형으로서 아이를 갖는 것이 허용되지 않았다. 그러나 입양은 할 수 있었다. 서기전 18세기 함무라비 치세 동안에 후잘라툼Huzalatum이라는 나디툼이 자신의 양녀를 두바바툼Dubabatum이라는 유모에게 맡겨 3년 동안 기르게 했다.

이것은 현대의 독자들에게 얼핏 기괴하게 들릴 것이다. 왜 여자아이를 입양했는데 아기의 생애에서 가장 사랑스러운(아마도) 시기이자 또한 뇌의 80퍼센트가 발달하는 시기에 다른 여자에게 맡길까? 조제 분유, 멸균, 심지어 깨끗한 물이 없던 시대에 신생아의 어머니가 해산하다가 죽었거나 아이를 입양한 여성은 다른 여성의 모유에 의존해야 했다. 두바바툼은 후잘라툼의 딸에게 젖을 먹이기로 동의하면서 3년 동안의 '음식과 옷'을 마련하는 값으로 4세켈을 받았다.[29] (비교해보자면 같은 시기에 노예는 1년 동안의 노동에 대해 4세켈을 받았고, 독립 고용 노동자는 약 8세켈을 받을 수 있었다.[30]) 이 3년의 보수는 봉급보다는 배급에 더 가까운 기능을 했는데, 부모가 3년 동안 표준적인 양육비를 대지 못하면 더 많은 돈을 물어주어야 했다. 같은 시기 한 법전에 따르면 남자가 자기 아이를 맡은 유모에게 "음식, 기름, 옷을 배급"해주지 못하면 유모에게 은 10세켈을 지불해 아이 양육비를 벌충해야 하고, 심지어 아이도 다시 데려와야 했다.[31]

나디툼 여성들은 재산의 구매, 판매, 임대 같은 사업 활동에 참여하기 위해 개인 자금을 이용했다. 서기전 19세기 무렵에 살았던 리바툼Ribatum이라는 여성은 집 몇 채를 가지고 있었고, 적어도 가게 하나를 연 단위로 임대했다. 임대료는 1세켈 남짓이었다.[32] 리바툼은 또한 자기 집 곁채와 2층의 방 하나를 임대했고, 최소 아홉 건의 주택 임대차에 이름을 올렸다. 4천 년 전의 전문적인 임대업자였다.[33] 나디툼은 또한 경작지와 들판을 소유했고, 이를 소작농에게 임대해 수익의 일부를 받았다. 사업에 관심이 있는 사람들에게서 예상할 수 있듯이 몇몇 나디툼은 소송에 휘말리기도 했다. 가족 간이나 심지어 사업가 사이에서도 마찬가지였다.[34]

사업 방식이 매우 복잡했기 때문에 그들은 당연히 상황을 파악하기 위해 서기가 필요했고, 서기의 상당수는 여성이었으며 때로는 심지어 나디툼 자신이 이를 맡았다.[35] 나디툼과 마찬가지로 엔니갈디난나도 엔 여사제로서의 일상적인 관리 활동을 수행하거나 심지어 그것을 기록하기 위해 읽고 쓰기를 훈련받았을까? 신전의 여성들이 다른 시기에 서기로 일했음을 감안하면 답은 '그렇다'일 것이다. 과거의 엔 여사제와 신전에 들어가 일한 다른 여성들의 모든 책무를 감안하면 엔니갈디난나는 여러 가지 직무를 아울러 맡았을 것이다. 토지 관리자, 정치적 대표자, 종교적 권위자, 의례의 지도자, 신의 지상의 아내 등이다. 메소포타미아 여성들의 삶을 좀 더 일반적으로 살펴보면 그들이 매우 다양한 범위의 직업을 가졌으며, 아마도 그 직업 목록에 큐레이터 또는 수집가를 추가한다고 해도 가능성의 영역을 벗어나지는 않을 듯하다.

먼 과거의 여성들을 돌아볼 때 그들을 인큐베이터나 다름없는 것으로 보는 경향이 있는 듯하다. 남자들의 이야기가 집중적으로 조명되는 자료 속에서 이들은 말이 없고 보이지 않는 사람들이다. 우리가 이미 보았듯이 이는 진실과 거리가 멀다. 왕비, 공주, 여사제는 여러 직책을 겸했지만, 이는 사회의 좁은 부분(왕족과 은둔 여성들)에 불과하다. 그들의 정체성과 위치는 엔니갈디난나의 그것과 겹치며, 그 겹치는 방식은 공주의 삶 일부를 해명해줄 것이다. 다른 다수의 여성은 어떨까? 사실 고대 메소포타미아 역사의 모든 시기에 여성은 노동력으로서 중요한 역할을 했다. 산파에서부터 직조공까지, 그리고 그 사이의 수많은 일을 했다. 그들은 직물업 및 제분업의 중추였고, 어떤 도시에서는 농사, 관개시설, 수로의 수송과 선박 예인 등의 일을 했다.[36] 그렇다고 해서 그들이 노동에 대해 동등한 임금을 받았다는 말은 아니다. 움마에서 기름을 짠 여성 노동자들은 남성 노동자들의 절반 이하에 해당하는 보리와 기름을 배급받았다.[37] 임금 격차는 엄청나게 긴 역사를 갖고 있는 듯하다.

시파르의 나디툼과 거의 비슷한 시기에 더 북쪽의 고대 아시리아 여성들은 현재의 튀르키예에 있던 카네시의 무역 지구를 중심으로 한 광범위한 국제 무역망의 일원이었다. 무역 상단의 당나귀들이 주석과 직물을 싣고 몇 주씩 걸려 아슈르에서 카네시까지 1천 킬로미터의 거리를 운송했다. 카네시에서 물건을 팔거나 교환하고 떠날 때는 은과 금을 싣고 아시리아 중심부로 돌아왔다. 이 무역 상단들은 사업 상대자나 가족(함께 일한 남편과 아내 같은) 사이의 점토 편지도 이리저리 날랐다. 라마시Lamassi라는 여성과 그 남편 푸슈켄(탈세로 감옥에 갇힌 바로 그 사람이다) 사이의 서신 교환은 직업 생활과 혼인 생활을 뒤섞는 일의 위험성을 보여준다. 아내는 편지에서 왜 자꾸 수준 이하의 직물을 보낸다고 자신을 책망하느냐고 푸슈켄에게 격앙된 어조로 묻는다.

이 집에 사는 남자는 누구이고, 직물이 도착하면 거기에 대해 불평하는 것은 어떤 자입니까? 나로 말하면 상단이 한 번 갔다 올 때마다 적어도 은 10셰켈이 당신 집에 떨어지도록 하기 위해 직물을 만들어 보내는 데 최선의 노력을 다하고 있단 말입니다!³⁸

아내는 여기서 편지를 끝낸다. 맺음말조차 없다. 다른 편지에서 아내는 자신이 카네시에서 가족 사업을 위해, 자기 아이들을 위해, 가정의 다른 식구들을 위해 옷을 충분히 만들고자 애쓰고 있다고 불평한다. 일상적으로 해야 하는 맥주를 만들고 성가신 이웃을 막는 것 같은 일을 제쳐두고 말이다. 4천 년 전 일하는 어머니의 시련이었다.[39]

고대 아시리아에서도 어머니들은 자식이 없는 것처럼 일하고 직업이 없는 것처럼 아이들을 기르는 것이 당연시됐다. 라마시는 일곱 명의 아이가 있었던 듯하다. 남자아이 다섯에 여자아이는 적어도 하나이거나 아마도 둘이었을 것이다. 남편의 징역살이가 아니더라도 라마시는 계속해서 몇 년씩 혼자 아이들을 길러야 했을 것이다. 한 편지에는 남편에게 집으로 돌아오라는 아내의 절절한 애원이 담겨 있다. "좋은 남자가 되세요. 일 집어치우고 이리로 오세요!" 같은 편지에서 라마시는 또한 체납된 수출세를 내서 세리가 은을 내라고 독촉하지 않게 해달라고 요구했다.[40]

라마시 같은 여성들은 흔히 남편과 상관없이 직물 값을 받았다. 세금을 제하고 한 필에 대략 10~12셰켈이었다.[41] 그들이 양모를 구입하고 직물을 짜는 것에서부터 때로 카네시로 가는 당나귀 특송을 주선하는 일까지 생산의 모든 단계를 책임지고 있음을 감안하면 돈이 그들에게로 가는 것은 당연하다. 그들은 심지어 자기네 제품이 카네시의 시장에서 얼마나 수익을 남길지 알았으며, 때로는 현지에서 시장 가격을 밑도는 가격으로는 특정 상품을 팔지 말라는 지침을 주기도 했다. 예를 들어 타람쿠비Taram-Kubi라는 여성은 자신이 이전에 보낸 물건의 가격을 적게 받았다고 불평하며, 다음번에 보내는 직물은 필당 3분의 1미나(약 20셰켈) 이하로는 팔지 말라고 오라비에게 당부했다.[42] 이들 여성 상당수는 쐐기문자를 배워 전문적인 서기에게 의존하지 않고도 멀리 있는 가족이나 사업 상대자들에게 편지를 쓸 수 있었다. 그들은 가사를 돌보고 아이들을 키우는 일에 더해 생산자, 교역자, 서기로서 일했다.

서기전 제2천년기 초 아시리아의 여성들은 국제무역 외에 국내 지역에서도 사업 거래를 했다. 때로 직물 사업을 통해 번 돈을 가지고서였다. 그들은 재산을 늘리고, 국제 사업에 투자하고, 심지어 돈을 빌려주어 이자를 받았다. 바자야Bazaya라는 여성은 아다드라비Adad-Rabi라는 남자에게 자신이 모은 엄청난 양의 물건을 판매하는 일을 맡겼다. 정련한 구리, 세 마리의 검은 당나귀, 상당량의 양모와 직물 같은 것들이었다.[43] 그런 방대한 목록의 상품을 사서 되파는 이 여성의 능력은 뛰어난 사업 감각을 보여준다. 반면에 와쿠르툼Waqqurtum이라는 여성은 실패한 사업에 투자했다가 "빈손이 되었다"며 투자했던 은을 되찾도록 도와달라고 오라비에게 애걸했다.[44]

서기전 제1천년기에 깊숙이 들어서서도 여성들은 계속해서 기업과 사업에서 중요한 역할을 했다. 엔니갈디난나의 동시대인들도 마찬가지였다. 개인 주택에서 나온 문서들은 부유한 도시 가정의 여성들이 토지를 사고팔고, 돈을 빌려주고, 재산을 임대하는 등 어느 정도 자율성을 가지고 사업 관계를 맺을 수 있었음을 말해준다.[45] 이나에삭일라마트Ina-Esagil-ramat라는 여성은 자신의 명의로 들판을 관리했는데, 이는 혼인 때 아버지로부터 받은 것이었다. 한편 내가 이해를 위해 여러 차례 다시 읽어야 했던 한 복잡한 사례에서, 타바투Tabatu라는 여성이 두 사람에게 돈을 빌려주었다. 어떤 남자와 그 남자의 어머니였다. 이후 두 사람이 노예 하나를 타바투의 남편에게 팔았지만, 남편은 그 거래에 대한 지불을 하지 않고 돈을 아내인 타바투에게 주었다. 이것은 가장 효율적으로 돈을 받는 방법이었다. 타바투가 자신에게 빚을 진 두 사람에게 돈을 받지 못하자 남편이 아내에게 그들의 빚을 대신 받아다 준 것이었다.[46] 돈은 이런 방식으로 손 바뀜을 했다. 그러나 이런 사례들에서 이나에삭일라마트나 타바투 같은 여성들이 남편과 독립적인 재정적 주체로 보이는 것은 흥미로운 일이다. 이들 여성 상당수가 남편, 아버지, 오라비, 심지어 아들을 대신해 거래를 했으며, 그들은 자기네의 노력이 기록될 수 있을 만큼 충분히 적극적인 역할을 했다.

신전의 세계와 무역 외에 여성들은 또한 고대 세계의 가장 어려운(그리고 위험한) 의료 처치 분야 중 하나에서 다른 여성들에게 도움을 주었다. 바로 분만과 그 직후의 일이다. 대유행병 기간에 나는 옥스퍼드의 존 래드클리프 병원에서 내 일생에서 가장 외로운 밤을 보냈다. 새로 태어난 아기가 잠들어 있는 바퀴 달린 투명한 플라스틱 아기 침대 옆이었다. 나의 배 아래쪽에는 25센티미터의 상처가 이어져 있었다. 어린 딸아이를 내 몸에서 꺼내기 위해 조산외과의가 일곱 층의 근육, 살, 기관을 절개한 곳이었다. 제왕절개 이후 몸을 일으키려 할 때의 고통은 내가 겪은 가장 강한 진통보다도 천 배나 더 심하게 느껴졌지만, 남편은 방역 지침 때문에 수술 후 45분 이내에 내 곁을 떠나야 했다. 수술 후 내가 소변 주머니를 들고 처음으로 일어서는 데 누가 도움을 주었을까? 첫날밤에 아기가 젖을 먹을 때마다 아기를 가슴에 안는 데 누가 도움을 주었을까? 나의 상처에서 감염 징조를 살피고 산후 열상에 대한 기록을 확인하며 모든 것이 좋다고 누가 나를 안심시켜 주었을까?

쐐기문자로 '산파'에 해당하는 단어는 세 개의 표어자 부호, 즉 전체 단어를 나타내는 부호로 쓰였다. '여자', '내부'(또는 '자궁'), '알다'의 세 개다. 다시 말해서 산파는 내부에 대해 알고 있는 여자다. 산파의 역할은 의학적인 동시에 신화적인 중요성을 지녔다. 의료 지침을 기록한 점토판에는 흔히 산파가 등장하는데, 아슈르 고대 도서관에서 발굴된 서기전 제1천년기 초의 불그스름한 서판이 그중 하나다. 출산에 관한 긴 처방 모음은 주술과 의술을 결합하고 있다. 그것은 취급 설명서처럼 읽힌다. 연고와 기름을 어떻게 조합해

바르고, 임부의 배를 어떻게 마사지해서 진통의 이동을 도울 것인지를 설명한다. 이 실무적인 지침은 서판 중간에 특히 암소에 관한 신화가 나오면서 거의 중단된다. "나는 임신을 했고 피를 묻히려 한다"라며 암소는 좀 연관성 있는 이야기를 한다. 그러나 "배는 죽음의 부두"에 처박혔다고 하는데, 이것은 진전이 없는 진통에 대한 은유다. 아기는 갇힌 배처럼 산도産道에 박혀 있고, 기도문은 배가 풀려나기를 청한다. 이 신화의 중심에 있는 암소는 그저 아무 암소가 아닌 월신 신Sin의 암소다. 그리고 암소는 피가 엉긴 진통의 비명을 질러, 신이 두 수호신을 소환해 서판에 나열된 그대로 처치를 관리하게 한다. 다시 말해서 이 신들이 산파의 역할을 한 것이다.

얼핏 의학 교과서에 어울리지 않는 듯한 신화이지만, 이는 현대 세계의 최면 출산과 약간 비슷하다. 공포를 다스리고 일을 진척시키는 데 이바지하기 위해 시각화를 유도하는 것이다. 마찬가지로 이 고대 의학 교과서 속의 신화는 환자에게 바람직한 결과(빠른 출산)를 드러낸다. 신의 암소가 수호신들의 도움으로 "곧바로 출산" 했듯이, "난산을 겪고 있는" 여성도 산파가 옆에 있어 그러하리라는 것이다. "산파가 계속 기다리지 않고 임부가 출산하기를" 바란다고 이 신화적 탈선의 마지막 구절은 말한다.[47]

여성들은 그저 병을 치료하거나 다른 여성에게 특효약을 처방한 것만이 아니었다. 그들은 또한 고대의 일반의 노릇을 했다. 여성 의사에 관한 가장 이른 기록 일부가 서기전 제3천년기의 점토판에 나온다. 심지어 이름도 나온다. 두빌다무Dubildamu는 4500년 전에 청진기를 사용하지 않았겠지만, 한 회계 서판에 아주무누스azu munus로 나열된다. 수메르어로 '여자 의사'라는 뜻이다. 수백 년 뒤 우바르툼Ubartum이라는 여성 또한 유명한 왕진 의사로 매우 많은 환자를 찾아가, 문서에 그 이름이 50여 차례 나온다(우바르툼의 오라비 역시 의사였고, 슐기 왕의 딸인 공주를 아내로 맞아들였다). 여성들은 이 지역의 긴 역사 여러 시기에 계속해서 의사로 일했고, 의학 서적을 만들고 사용했을 것이다. 그중 하나가 분만을 돕기 위해 서기전 제2천년기 초에 쓰인 점토판이다.[48]

여성들은 몇 가지 직업적 또는 상업적 역할에서 벗어나 예술가가 될 수도 있었다. 엔아네두가 고위 여사제로 활동하던 시대에 나디툼 여성들은 사업을 운영하고 있었고, 라마시는 고대 아시리아에서 일하는 어머니로서 힘겹게 삶을 헤쳐 나가고 있었다. 그 아시리아에 신우누툼Shinunutum이라는 눈먼 어린 여자아이가 살고 있었다. 이름은 작은 산새(또는 아마도 그렇게 생긴 별자리)와 관련되며, 아이는 바빌로니아 제국 북쪽 지역에서 자란 뒤 키시로 가서 음악가로서의 삶을 시작했다.[49] 이 아이의 존재를 언급하고 있는 작은 사각형 서판에는 이렇게 적혀 있다. "테비툼Tebitum의 달 18일에 그들은 맹인 여자아이 신우누툼을, 음악가의 기술을 배우게 하기 위해 이곳 내 앞으로 데려왔다." (테비툼의 달은 12월이나 1월의 어느 시기에 해당하는 쌀쌀한 달이다.) 다른 많은 점토 기록들과 마찬가지로 이것은 해답을 주기보다는 질문을 더 많이 던지게 한다. '그들'은 누구일까? '나'는 누구일까? 신우누툼은 왜 고향에서 멀리 떠나 고대 음악 학교로 갔을까? 학자인 에릭 하비Eric J. Harvey가 이 어린 바빌로니아 가수에 관한 연구에서 썼듯이, 영수증과 배급 명부에서부터 편지와 소송 사건에 이르기까지 수많은 일상 기록은 불완전한 세부 정보를 제공한다. "수천 년 동안 변경되지 않고 편집되지 않은 실재했던 사람들 삶의 고립된 순간들"이다.[50]

시각적인 표현에서 성별을 확실하게 알아볼 수는 없지만, 고대 메소포타미아 역사 속의 미술에서 악기를 연주하는 여성 또한 등장한다. 우르에서 나온, 신우누툼이 살던 때와 같은 시기의 한 점토판은 가슴에 북을 안고 있는 여성을 보여주는 듯하다.[51] 천여 년 뒤 신바빌로니아 궁궐의 돌을새김들은 특별한 종류의 현악기를 연주하는 여성들을 보여준다.

점토에 보존된 음악가 신우누툼, 고대의 일반의 우바르툼, 고대 아시리아의 일하는 어머니 같은 여성들의 삶의 고립된 순간들은 실제 삶의 단면들이다. 이 여성들이 지금 우리가 하는 것과 똑같이 살고 숨쉬었음을 유념하는 것이 중요한 듯하다. 이 이야기들이 보여주는 것은 먼 옛날 여성들의 삶이 오늘날 우리의 삶처럼 복잡하고 풍요로웠다는 것이다. 여성들은 남성의 아내, 어머니, 누이 그 이상이었다. 그들은 혼인을 하고 아이(오늘날에는 흔한 진통제, 항생제, 조제 분유가 없던 시대임을 생각하면 더욱 대단하다)를 임신하는 것이상의 일을 했으며, 혼인과 임신을 하지 않은 많은 이들도 의미 있는 활동을 했다. 여사제, 직조공, 착유공, 사업가, 의사, 유모, 악사, 산파, 서기는 고대 메소포타미아에서 여성이 맡았던 여러 가지 역할 가운데 그저 일부만 추린 것이다.

 고대 메소포타미아의 점토판은 여성들의 삶에 대해 침묵하는 것은 아니지만, 쐐기문자가 담고 있는 거의 모든 것이 그렇듯이 자료들은 고대 메소포타미아의 특정 부분만을 이야기하고 있다. 시파르의 여사제나 아슈르의 여성 사업가처럼 기록을 남길 여유가 있는 사람들은 그것을 자기네 입맛에 맞게 얼마간 왜곡한다. 유모 두바바툼이나 음악가 신우누툼처럼 문서 기록에 간단하게 언급된 다른 사람들은 시간이 지나면서 잊힌 무수한 삶들에 대해 암시한다. 쐐기문자는 이 지역의 모든 시기에 걸친 사회의 좁은 부분만을 포착해 수많은 이야기를 보존하고 있지만, 더 많은 이야기가 이라크, 시리아, 기타 지역의 모래언덕에 덮여 잊혀버렸다.

 이 여성들의 이야기는 엔니갈디난나가 우르에서 살았던 분주한 삶의 거대한 배경막을 제공하고, 공주와 여사제와 신의 아내와 행정가로서의 직업 생활의 다양성(그리고 신뢰성)을 상상할 수 있게 해준다. 그러나 큐레이터로서의 역할은 어떨까? 공주는 고대의 물건을 수집한 '박물관'이라는 꿈을 꾼 몽상가였을까? 엔니갈디난나가 의도적으로 이 수집품의 큐레이터 노릇을 했다는 것을 입증할 방법은 없다. 이를 결정적으로 말해주는 자료가 없기 때문이다. 박물관 가설을 뒷받침하는 점토 북은 공주의 아버지가 왕위에 오르고 이곳을 수선하기 거의 100년 전에 만들어졌다. 그러나 점토 북은 다른 더 오래된 것들과 함께 공주 집의 온전한 벽돌 바닥에서 발견됐다. 그것이 이 오래된 물건들을 모으는 데서 공주의 역할을 배제하기 어렵게 한다. 한 지붕 아래(어쩌면 한 방 안일 수도 있지만) 유물을 모은 것은 신바빌로니아 왕들과 학자들이 공유한 먼 과거에 대한 학술적·정치적 관심과 잘 맞아떨어진다. 과거를 캐내는 것은 왕의 정통성을 위한 왕소 전략의 필수적인 요소였고, 엔니갈디난나가 우르에 간 것도 그 전략의 일환이었다. 공주의 삶은 자신의 과거를 구현한 것이었다.

고대 메소포타미아의 많은 사람에게 과거의 흔적은 '바로 그곳에' 있었다. 그들에게는 이전 세대부터 내려온 점토판 전집全集이 있었다. 그 점토판들은 본래의 시기를 알 수 없을 정도로 멀리까지 거슬러 올라가는 사건들을 묘사했다. 왕권의 시작이 그 예다. 그들은 건물의 기초가 700년 전에 이미 놓였으며 토지에 대한 권리는 696년 전으로 거슬러 올라간다고 말한다. 그들은 자기네 도시 바깥의 무너진 둔덕 사이를 걸었다. 그들은 독자적인 발굴을 하고, 공유된 과거에 대한 기록을 만들었다. 엔니갈디난나 박물관의 물건들은 고대 메소포타미아의 역사에 대해서만이 아니라 역사의 역사에 관한 어떤 통찰을 제공한다.

오늘날 수십만 점의 점토판이 여전히 번역되지 않은 상태이고, 틀림없이 더 많은 수가 아직 티그리스강과 유프라테스강 주변의 풍요로운 경관에 솟아 있는 손대지 않은 텔(유구遺丘)의 아래에 묻혀 있다. 아시리아학은 작은 분야다. 서판은 그것을 번역할 학자의 수보다 훨씬 많고, 유적지는 아직 숨겨져 있는 이야기를 발굴할 고고학자의 수보다 훨씬 많다. 아마도 언젠가는 엔니갈디난나에 관해, 그리고 공주와 이 물건들 사이의 관계에 관해 더 많은 것을 알게 될 것이다. 고대 메소포타미아의 여성들은 결국 많은 일을 했고, 과거는 그들 주위 도처에 있었다. '고고학자' 또는 '박물관 큐레이터' 같은 무언가가 여성들이 한 일의 목록에 추가될 수 있을까?

내게 질문은 답보다 더 흥미롭다. 엔니갈디난나 궁전에서 나온 물건이 일관된 수집품인지의 여부나 엔니갈디난나가 직접 그것을 관리했는지는 전혀 중요하지 않다. 우리가 그로부터 알게 되는 것은 고대 메소포타미아의 수천 년 역사에서 어느 한 시기의 한 가지 이야기만이 아니라 수많은 이야기다. 이 물건들이 제기하는 질문들은 우리에게 수백만 개의 작은 쐐기문자 삼각형이 찍힌 수십만 점의 점토판을 뒤지는 여행에 나서게 한다. 그 여행들이 시간을 넘어 그들 자신의 말로 고대 메소포타미아에 대해 이야기하게 될 것이다.

에필로그

우리와 그들 사이

 과거로부터 전해진 메시지가 드러날 수 있도록 고대의 점토판을 손에 들어 이리저리 기울여보고 그 마멸된 쐐기문자에 머리 위에서 빛을 비추어보는 것만큼 특별한 일은 없다. 꼭 알맞은 방식이어야 한다. 삼차원 문자인 쐐기문자를 읽으려면 그림자와 조명의 완벽한 조합이 필요하다. 나는 어떻게 문명의 요람에서 나온 점토판을 집어들 수 있었을까? 그것은 아직도 나를 벅차오르게 하는 경험이다. 박물관이 문을 닫기 전에 빨리 베껴야 한다는 압박감이 발동되기 전까지는 말이다.

 내게 쐐기문자는 그저 숨이 멎을 듯한 작은 삼각형의 나열이 아니다. 각각은 인간의 창의력의 도약을 보존하거나, 아카드어 사용자들의 메소포타미아 도래 같은 역사적 전환점을 포착하거나, 죽은 언어로 표현한 고대의 사랑 이야기를 담고 있다. 고대 메소포타미아 주요 시기의 주거 층위를 보존하고 있는 폐허처럼, 각 부호의 의미 층위는 그 안에 전체 세계를 포착하고 있다.

수십만 점의 고대 메소포타미아 점토판은 또한 세계 역사에 대한 우리 지식의 커다란 구멍을 메웠다. 문자의 개발과 첫 번째 바퀴(도공의 녹로)에서부터 고급 수학의 첫 사용과 밤하늘을 지나는 목성의 궤도 계산에 이르기까지 수많은 최초가 이 지역에서 나왔다. 그러나 내게 이 도약, 전환점, 최초는 쐐기문자 서판이 우리에게 제공한 사람들의 삶만큼 흥미롭지 않다.

나는 거의 20년 동안, 티그리스강과 유프라테스강 일대에 살았던 사람들의 이야기에 빠져 지냈다. 이 기간 동안 내 삶의 모든 어렵고 아름다운 순간에 공감할 수 있는 수천 년 전의 누군가를 찾아냈다. 우리가 살핀 수많은 것들, 우리가 느낀 수많은 것들이 영원함을 알면 좀 편안해진다. 나는 아카드어 시험을 준비하면서(더 정확하게 말하면 준비 비슷한 어떤 일도 하기 싫어 미적거리고 있었다) 셰루아에티라트Sherua-etirat라는 서기전 7세기의 여성을 발견했다. 그녀는 당시 태자비였던 올케 립발리샤라트가 쐐기문자 연습을 하지 않는다며 책망하고 있었다. 이 공주가 어린 태자비에게 묻는 말은 영원한 공감을 얻을 만하다. "왜 서판 쓰는 숙제를 하지 않는 것이오?"

나는 여러 해에 걸친 노력 끝에 엄마가 되었을 때 바빌로니아 자장가에서 나 자신의 모습을 흘끗 보았고, 젖을 먹이려는 첫 시도는 함무라비 시대의 유모 계약에 집착하게 만들었다. 3년 동안 키 위주는 데 고작 4셰켈이라고? 5천 시간 이상의 노동에 대해 연간 최저임금도 받지 못하는 셈이었다. 여러 차례 유산한 뒤에 나는 4천 년 전 임신 7개월에 아이가 차는 느낌이 사라지는 경험을 한 다비툼의 이야기를 읽고 울었다(비유가 아니라 정말로 울었다).

나는 밤하늘에서 금성과 심지어 수성을 발견하면 밤마다 왕에게 보고서를 쓴(그리고 서로를 '무식쟁이'라 부른) 에사르하돈 궁정의 천문학자들과 바빌론에서 수백 권의 '천문 일지'를 편찬하기 위해 하늘을 관찰한 사람들을 생각한다.

서기전 87년 늦여름, 학자들은 핼리 혜성의 귀환에 대해서 썼다. 이 혜성의 출현은 서기전 164년의 '천문 일지'에도 기록됐다. 남아 있는 후대 기록은 너무 단편적이어서 살람무ṣallammû(혜성)라는 깨지지 않은 상태의 단어를 발견한 것은 행운이었다. 이 혜성이 하루에 '1큐빗' 움직인다는 관찰도 있었다. 같은 시기에 지구를 반 바퀴 돌아 중국에서는 사람들이 같은 혜성을 기록했다. 한漢 왕조의 소제昭帝 치세에 만들어진 간단한 기록은 "별 하나가 동쪽에서 희미하게 나타났다"라고 적었다.[1]

머릿속으로 나는 서기전 87년의 천문학자들이 그저 맡은 일을 한 것임을 알지만, 나는 그들이 그 여름 몇 주 동안 밤하늘을 올려다본 모든 사람과 함께 비슷한 놀라움을 느꼈다고 생각하지 않을 수 없다. 인식하지는 못했지만 바빌로니아인들은 지구 반 바퀴 밖의 사람들과 같은 경험을 했다. 그들 또한 밤하늘을 질주하는 같은 '흐릿한' 별에 대해 기록할 필요를 느꼈다.[2]

나는 살면서 운 좋게도 혜성 두 개를 보았다. 2020년 밤에 니오와이즈 혜성을 자세히 보았고, 아이 때인 1990년대에 황혼 무렵에 비행기 창을 통해 헤일밥 혜성을 보았다. 나는 나머지 비행 동안 말을 잃게 만들고 어른이 될 때까지도 생생했던 압도적인 경외감을 잊지 못할 것이다. 두 번 다 내가 보고 있는 것이 먼지와 얼음 덩어리에 지나지 않는다는 것을 알았지만, 이 순간들은 그래도 초현실적이고 심지어 비현실적이며 딴 세상의 일처럼 느껴졌다.

75년쯤마다 한 번씩 오는 핼리 혜성을 통해 수많은 사람은 수백만 킬로미터 밖의 먼지와 얼음 덩어리와의 연결을 공유했다. 내가 보기에 이에 관한 무언가는 그때와 지금 사이, 이곳과 저곳 사이, 우리와 그들 사이, 당신과 나 사이의 거대한 간격을 좁힌다.

고대 메소포타미아의 역사는 그저 이정표나 거대한 신전과 관련된 것이 아니다. 그것은 혜성을 바라보고, 아이를 흔들어 재우고, 숙제를 하지 않고 미적거린 사람들에 관한 것이다. 그것은 당신, 당신이 사랑하는 사람, 그리고 심지어 당신이 질색하는 사람에 관한 것이기도 하다. 우리 모두가 공유하는 어떤 것들을 쐐기문자에서도 발견할 수 있기 때문이다. 그것이 나로 하여금 아주 오래전의 문자체계와 그것이 쓰인 많은 물건들(점토 북과 흙벽돌에서부터 경계석과 흔해빠지고 반쯤 깨진 서판에 이르기까지)을 섭렵하게 한 것이다.

그것들은 수천 년 전 두 강 사이에서의 삶에 관해, 그리고 산다는 것이 무엇을 의미하는지에 관해 우리에게 들려준다.

쐐기문자는 서서히 사라져갔지만, 생명의 근원이 되는 두 강 사이 및 그 주변에서의 삶은 계속 이어졌다. 페르시아인들은 서기 전 6세기에 바빌로니아인들을 내쫓았지만 그들 자신은 셀레우코스 제국에 의해 쫓겨났고, 그들은 다시 파르티아인들에게 밀려나고 이후 파르티아인들이 서기 3세기까지 이 지역을 지배했다. 그 사이의 어느 시기에 해당하는 서기 79~80년에 한 고대 천문학자가 맨 마지막 쐐기문자를 찍었다. 바로 문자가 탄생한 우루크에서였다. 이 쐐기문자의 마지막 흔적은 물론 깨져 있었지만, 사타쿠 sattakku(삼각형)처럼 보이는 형태였다. 아카드어인 사타쿠는 서기들이 쐐기문자 체계를 일컫는 데도 사용하는 말이었다. 천문학자들은 행성의 연간 이동, 달의 위상, 부분일식, 그밖의 관찰들을 기록했는데, 이를 통해 현대 학자들이 서판의 연대를 추정할 수 있었다. 부분적으로 읽을 수 있는 마지막 말은 '왕'에 해당하는 쐐기문자 부호인 듯하다.

이 책력이 지금까지 발견된 것 가운데 가장 최근의 것으로 추정되기는 하지만, 고대에 쐐기 모양의 부호로 찍었던 마지막 점토는 아닐 것이다. 우리는 쐐기문자가 얼마나 오래 사용됐는지, 그리고 어느 정도나 널리 사용됐는지는 알 수 없지만, 이 지역에서의 삶이 쐐기문자의 사용이 끝난 이후에도 오랫동안 계속됐음을 안다. 사산 제국은 파르티아 제국을 격파했고, 서기 7세기에는 이슬람교가 일어나 바그다드가 마침내 이슬람 권력과 학문의 중심지가 됐다.

사람들은 조상들의 쐐기문자가 사라진 이후에도 삶을 이어갔고, 거기에 보존된 역사는 오늘날에도 여전히 이 지역에서의 삶을 규정하고 있다. 오사마 사딕의 거리 예술은 쐐기문자로 되돌아가 커다란 글자로 벽과 주차장을 채우고 있고, '자유'에 해당하는 수메르어 단어(글자 그대로 번역하면 '어머니에게 돌아감'이다)를 쓰거나, 변형해서 '사랑'에 해당하는 아랍어 단어를 쓴다. 아카드의 사르곤과 함무라비 같은 인물들이 2019년 말에 시작된 이라크의 시위 동안에 벽화를 장식했다. 길가메시의 경우, 그는 여전히 유명하다. 그가 의도했던 대로다. 그는 현대 서아시아의 시에 등장하고, 좌우이동side-scrolling 비디오게임에서 컴퓨터상의 적을 만나고, 바그다드의 여러 지역의 돌에서 파수를 보고 있다. 그와 고대 메소포타미아의 과거에서 온 많은 사람은 언제나 존재한다.

그렇게 오랫동안 살아남은 것들에 대해, 그런 긴 역사를 이야기하는 점토와 진흙에 대해(이것들은 미래에 관해 약간의 희망을 제공한다) 말해야 할 무언가가 있다. 고대의 무언가가 아직 여기에 있다면, 우리의 일부 역시 수천 년 이후에도 여기 있을 것이다.

엔니갈디난나 박물관의 물건들은 그저 고대 메소포타미아의 역사에 대해서뿐만 아니라 역사의 역사에 관한 약간의 통찰을 제공한다. 이 물건들은 우리에게 쓰기의 탄생, 물리적이고 신화적인 건축, 지도력, 교육, 과학, 전쟁, 빈곤과 특권, 여성과 아이들의 삶으로 가는 길을 제공한다. 각 논제는 그 나름의 방식으로 고대 메소포타미아 사람들이 자기네 자신의, 심지어 더 오랜 과거와 연결돼 있음을 보여주었다. 그들은 이를 이용해 쓰고, 권력을 강화하고, 자기네 일을 계속하고, 궁전의 안뜰을 아름답게 꾸미고, 그들 이전에 살았던 사람들과 연결했다. 이 두 큰 강 사이의 땅에 살았던 사람들은 자기네 역사를 존중함으로써 그들에게 중요했던 것들의 편린을 보존하고 그들의 요소들이 계속해서 생명력을 지닐 수 있도록 보장했다.

고대 메소포타미아 연대표

연대(서기전)	시대	주요 인물과 사건
3500~2900년경	우루크 말기 및 젬데트 나스르	• 초기 쐐기문자 체계의 발전 • 초기 도시화와 첫 도시들 • 쿠심: 행정가 겸 맥주 생산자
2900~2340년경	초기 왕조	• 도시국가의 성장과 도시 간 갈등 • 별도 정치기구로서의 왕권의 발전 • 키시의 '평철 건물'과 초기 궁궐 건물 • 푸아비: 우르 왕실 묘지에 묻힌 수메르 여왕 • 쿠바우: 술집 주인 출신의 여왕 • 길가메시 같은 전설 속 왕들의 시대
2340~2200년경	사르곤 제국 (고古아카드)	• 엔헤두안나: 이름이 나온 첫 시인이자 우르 월신을 섬기는 고위 여사제 • 사르곤: 제국 창건자 • 나람신: 사르곤의 손자, 승리 석비와 벽돌 인장
2200~2112년경	구티 왕조	(이 책에서는 언급되지 않는다)
2112~2004년경	우르 제3왕조	• 우르남무: 우르 지구라트 건설 시작 • 슐기: 50년 가까이 통치 • 우바르툼: 50여 개 문서에 이름이 나오는 의사 • 루갈이리다: 구압바의 직조공 감독자 • 아마르신의 벽돌과 슐기 조각상 잔편

2000~1600년경	고바빌로니아 (2004~1595년경)	• 엔아네두: 우르 월신을 섬기는 고위 여사제 • 쿠두르마북: 부족 지도자, 점토 원뿔 • 함무라비: 고대 최초의 완전한 법전 • 신우누툼: 여가수 • 시파르의 나디툼 여성들과 그 서기들 • 피타고라스 정리와 가장 이른 원주율 근사치의 증거 • 쿠두르마북의 점토 원뿔
	고아시리아 (2020~1591년경)	• 대규모 국제 무역망 형성 • 아슈르 신이 아시리아 신들 가운데서 최고신으로 등극 • 아하하, 라마시, 타람쿠비, 바자야, 기타 여성 사업가
1500~1000년경	카시트 (1475~1155년경)	• 강대국들 사이의 아마르나 편지 • 학문의 흥성 • 아굼카크리메 왕이 마르두크 조각상을 바빌론으로 회수 • 경계석
	중아시리아 (1350~1000년)	(이 책에서는 언급되지 않는다)
900~612년경	신아시리아	• 아슈르바니팔 치세에 신아시리아 제국이 당시까지 세계 최대의 제국이 됨 • 아시리아 여왕 삼무라마트: 세미라미스 전설에 영감을 제공 • 아슈르바니팔 도서관
626~539년경	신바빌로니아	• 엔니갈디난나: 우르 월신을 섬기는 고위 여사제 • 나보니두스: 독립 바빌로니아의 마지막 왕 • 이슌나투: 노예가 된 여성으로 키시에서 술집을 운영 • 나부슈마잇딘: '점토 북'의 필사 • 초기 천문 일지가 후대의 과학적 도약의 발판을 마련 • 점토 북과 학습 서판

감사의 말

나는 초기 발굴자들이 우르의 고대 박물관이라고 생각했던 곳에서 발굴된 물건들을 통해 고대 메소포타미아에 관한 테마 역사를 쓰기 시작했다. 문화, 언어, 심지어 문명의 교체에 시달린 이 지역의 방대한 시간적 범위를 생각하면 이는 쉬운 일이 아니었다. 그 결과로 나온 작품은 내게 거의 고대의 점토판처럼 느껴진다. 여러 단편들을 모은 것이고, 이리저리 균열이 나 있다. 단편들을 끌어 모으는 일은 대단한 우리 출판사와 편집자들이 없었으면 불가능했을 것이다. 호더&스토턴의 애나 베이티와 이지 에버링튼, W. W. 노턴의 얼레인 메이슨이다. 그들은 이 책의 수많은 수정본을 읽었고, 내가 몇몇 아주 오래된 물건들에서 새로운 기쁨을 찾도록 도와주었다. 이 전 과정에서 보여준 그들의 인도, 인내, 보살핌에 매우 감사한다.

나를 믿어준 대단한 대리인 더그 영에게 매우 감사한다. 약간의 트위터 메시지, 그리고 그뒤 매럴번에서의 커피 한 잔이 내 인생의 경로를 바꿀 줄은 몰랐다.

  나의 연구 상당 부분은 지난 15년 동안 내 학문의 고향이었던 옥스퍼드대학 울프슨칼리지가 있어 가능했다. 그곳에 펠로로 적을 두고 있었기 때문에 이 책을 쓸 자유를 얻을 수 있었다(2021년부터 2024년까지 최상의 따뜻한 식사를 자주 제공해주었다). 나는 지도교수였던 제이컵 달에게 은혜를 입었다. 이 책을 쓸 때 다양한 서판과 참고문헌으로 도움을 주었고, 초기 원고들을 읽어주었다. 옥스퍼드대학의 훌륭한 동료 및 친구인 에밀리 파제-페롱, 크리스티 카, 트로엘스 팡크 아르뷜도 마찬가지다. 그들은 언제나 시간과 지식(그리고 PDF)을 내주는 데 너그러웠다. 또한 헤더 베이커, 울리케 슈타이네르트, 클라우스 바겐조너, M. 윌리스 먼로, 린-잘람보 치머만과 다른 많은 분에게 감사한다. 모호한 문제들이나 참고문헌을 도와주었다. 윌리엄 B. 해퍼드에게는 특히 감사드린다. 그는 내가 '박물관' 문제를 정교하게 다루도록 도와주었고, 무료로 공개한 그의 우르에 관한 연구는 매우 귀중했다. 이 책은 전 세계의 수많은 아시리아학자들의 수준 높은 연구가 없었으면 불가능했을 것이다. 그들은 이 주제에 자기 일생을 바쳤다. 나는 이 책에서 그들의 노작을 더 광범위한 독자들을 위해 요약하려 노력했지만, 잘못이 있다면 나의 책임임은 말할 필요도 없다.

  이 책의 초기 원고 각 장을 읽어준 몇몇 분에게 은혜를 입었다. 이언 퍼듀, 캐머런 브록맨, 살만 알라시드 같은 분들이다. 그들의 통찰과 건설적 비판은 내 접근법의 조종을 도와주었다. 한 자 한 자 자세히 보고 올바르게 나아가도록 더욱 노력하는 일을 고무한 데 대해 감사한다. 나중의 편집 단계에서 세부적인 부분에까지 가장 많은 관심을 가지고 읽어준 사람은 탐신 셸턴과 이언 앨런이다. 깊은 감사를 드린다.

책을 쓰는 것은 매우 재미있지만 조금 두려운 일이기도 한데, 포기하려고 하던 순간에 도움을 준 그레그 제너에게 감사한다. 아이가 태어나고 편집이 새로운 단계로 넘어가기 전의 일이었다. 언제나 내 말을 들어줄 시간을 내주고 내게 지혜를 나눠준 데 대해, 그리고 여러 해에 걸친 친절에 대해 감사한다.

이 책은 누군가가 내 아이들을 보살펴주지 않았더라면 쓸 수 없었을 것이다. 우리를 도와준 분들, 특히 우리 아이들의 유아원 보육사와 교사들에게 깊은 감사를 표하지 않을 수 없다. 그것은 정말로 도움이 필요한 일인데, 그들은 우리에게 아무도 없을 때 도움을 주었다. 그들 모두에게 감사한다.

나는 이 책의 대부분을 대유행병 시기 집에서 아기와 함께 지낼 때 썼다. 게다가 임신 중이었다. 그리고 편집할 때는 출산휴가를 받아 아이를 가슴에 안고 한 손만 이용했다. 여러 날 잠도 못 잔 상태였다. 나는 그 시간을 온 세상과도 바꾸지 않을 것이다. 매일 나에게 자극을 준 조그만 나의 아이들에게 감사한다. 내게 이상하고 어려운 질문을 해주었고, 길에서 천천히 움직이는 달팽이나 보름달 같은 내가 당연한 것으로 여겼던 일에서 얼마나 많은 즐거움을 발견할 수 있는지를 일깨워주었다. 남편 데이비드에게도 감사한다. 내가 분별력을 갖게 해주었고, 나를 응원해주었다. 우리 모두가 이전 어느 때보다도 어려운 그 모든 일을 하면서 정서적으로 흔들릴 때마다 내 받침대가 돼준 것에 대해 감사한다. 그와 우리 아이들에 대한 감사만 가지고도 책 한 권을 더 쓸 수 있을 것이다. 내가 고대 메소포타미아에서 배운 것이 하나 있다면, 그것은 사랑이 모든 것 가운데 가장 중요하고, 언제나 그래왔다는 것이다. 세 사람은 모든 일을 할 가치가 있게 만든다.

옮긴이의 말

역사 지명으로 트란스옥시아나Transoxiana라는 곳이 있다. 중앙아시아 아무강을 그리스어로 옥소스Ôxos강으로 불렀는데, 서양 입장에서 '그 강 너머'라는 뜻이다. 이 말은 마와라안나흐르Mā Warā an-Nahr라는 아랍어 이름을 번역한 것이다. 역시 이슬람 세력의 관점에서 '강 너머의 땅'이라는 의미다. 그런데 이 말이 실제로 의미하는 것은 아무강 너머 전체가 아니고 그 동쪽의 시르강까지만이다 (아무강·시르강을 아무다리아강·시르다리아강으로 적기도 하는데, 다리아Daryā는 '바다' 또는 '큰 강'이라는 뜻이어서 강 이름은 아무·시르로 충분하다). 중국에서는 이 지역을 두 강 사이라는 의미로 하중지구河中地區라고 하는데, 이것이 더 정확한 셈이다.

하중지구, 즉 두 강 사이의 땅으로서 더 유명한 것이 있다. 바로 이 책에서 다루는 메소포타미아다. 그리스어로 메소스mesos는 '중간', 포타모스potamos는 '강'이어서 역시 '두 강 사이의 땅'이라는 뜻이다. 이 책의 원제 'Between Two Rivers'는 이를 영어로 번역한 것이다. '사이'라고는 했지만 사전적 의미의 '사이'에 그치지 않는다. 두 강 유역 일대, 즉 오늘날의 이라크를 중심으로 한 지역을 가리키며 좀 넓게는 시리아, 튀르키예 동부, 이란 서부까지 포괄하는 것으로 보기도 한다(아울러 본문에서 저자는 메소포타미아 지역이 '비옥한 초승달Fertile Crescent' 지대라고 했지만, 이 말은 보통 두 강 유역뿐 아니라 팔레스타인과 이집트까지 포괄하는 더 넓은 지역을 가리킨다).

주지하다시피 메소포타미아는 '세계 최초' 타이틀을 여럿 보유하고 있다. 세계 최초의 문명인 수메르 문명의 발상지이니 당연한 일이다. 이 책에서도 문자와 바퀴 등 몇 가지 사례를 들었지만, 저명한 아시리아학자 새뮤얼 노아 크레이머Samuel Noah Kramer는 39가지의 '최초'를 골라내 《역사는 수메르에서 시작되었다History Begins at Sumer》라는 책으로 엮기도 했다.

그 최초 가운데 하나가 문자이며, 이곳에서 만들어진 쐐기문자는 이 책의 배경막 노릇을 하고 있다. 쐐기문자는 하나의 문자로 어떤 개념을 나타내는 표어자表語字, logogram로도 쓰였고, 그런 표어자를 발음이 같은 다른 개념에도 돌려쓰는 음절자音節字, syllabogram로도 쓰였다(전자는 한자의 상형자象形字나 지사자指事字와 유사하고, 후자는 한자의 가차자假借字와 유사하다). 나중에 주변으로 퍼져나가서는 음소 단위를 표기하는 음소자音素字, alphabet로까지 변신했다.

이 책은 한때 메소포타미아의 중심지 노릇을 했던 도시 우르의 한 궁전 터에서 발굴된 몇 점의 유물에 담긴 사연을 중심으로 메소포타미아 고대사의 이모저모를 살핀다. 그 유물은 쐐기문자가 들어 있는 북 모양 및 원뿔 모양의 점토, 조각상, 학습용 서판, 경계를 표시하는 비석, 쐐기문자가 없는 몽치 머리 등이다. 이 유물들을 가지고 다루는 주제는 문자의 탄생, 이 지역에서의 점토의 이용, 왕권 이야기, 서기를 양성하는 교육, 과학의 탄생, 여기서 살았던 각계각층의 사람들에 대한 이야기 등 매우 다양하다. 그리고 이 유물들을 관리한 것으로 추정되는 한 공주를 중심으로 고대 메소포타미아의 여성을 주제로 한 이야기가 전개되기도 한다.

이 책에서 다루고 있는 메소포타미아의 역사는 문자가 만들어진 서기전 제4천년기 중반부터 이 지역이 페르시아 세력에 점령되는 서기전 제1천년기 중반까지다. 놀라운 것은 그 상한선인데, 서기전 3350년 무렵의 맥주 제조자 쿠심이라는 인물에 대한 세부 정보까지 나온다. 이렇게 멀리까지 거슬러 올라갈 수 있는 것은 역시 문자의 힘이다. 점토와 유물 등에 새겨진 수많은 글이 사료가 된다.

동양의 한자가 만들어진 것이 서기전 제2천년기 중반이니, 메소포타미아의 쐐기문자는 그보다 2천 년이나 빠르다. 이렇게 일찍 문자가 만들어졌다는 것은 한편으로 사회가 그 정도로 고도화됐다는 얘기이고, 문자가 만들어진 이후에는 그것이 가속될 수밖에 없다. 또한 한자의 경우 초기에는 주로 점복과 관련돼 있어 '스토리'를 끌어낼 가능성이 상대적으로 낮은 데 반해 쐐기문자는 실생활에 쓰인 것이어서 그 가능성이 높다.

이 책에서 주목하는 또 하나의 주제는 '역사'다. 앞서 말한, 이 책의 뼈대를 이루는 몇 가지 유물은 한 군데에서 발견됐음에도 불구하고 각기 완전히 다른 시대의 것이었다. 그렇게 시대를 뛰어넘는 물건을 한 군데에 모았다는 것은 역사를 염두에 둔 누군가의 의식적인 노력일 수밖에 없고, 이에 따라 이 유물들이 발견된 옛 공주의 궁전에는 박물관이 있었다는 가설이 생겼다. 이것과 함께 수백 년 전의 글을 베껴 써놓은 벽돌 역시 고대 메소포타미아인들이 역사를 의식했다는 증거로 제시된다.

이 책 원서의 부제는 '고대 메소포타미아와 역사의 탄생'이다. 문자의 탄생이 아니라 역사의 탄생을 내세운 것이다. 물론 그 역사의 탄생은 문자가 만들어졌기에 가능했다.

이재황

인용된 주요 유물

아래는 이 책에서 언급된 주요 유물의 목록이다. 추가적인 독서 또는 연구를 위해 식별자도 명시했다. 대부분의 경우에 숫자는 박물관 소장 번호를 나타낸 것이다. 예를 들어 'IM'은 이라크 박물관, 'SB'는 루브르 박물관이다. 어떤 유물은 발굴 번호만 붙여졌는데, 이는 발굴 당시 붙여진 딱지이고 우르의 경우 숫자 앞에 'U' 자만 붙였다. 모든 유물은 쐐기문자 디지털 도서관Cuneiform Digital Library Initiative(https://cdli.earth)에 출간 정보 및 사진 등 추가 정보와 함께 게시되어 있다.

갈대 구조물(무디프)이 있는 원통 인장	Ashm 1964-744
개 발자국이 있는 벽돌	BM 137495
고바빌로니아 자장가	BM 122691
고바빌로니아 피타고라스 삼조수표三組數表	Plimpton 322
귀신 그림	BM 47817

《길가메시 서사시》, 서판 XI 또는 '홍수 서판',
    아슈르바니팔 도서관 것의 사본   K 3375

나람신 승리 석비   SB 4

나키아 여왕의 건물 새김글   K 2745

니네베 서북 궁궐에서 나온 라마수   BM 118801

독수리 석비   AO 50

라마시가 푸슈켄에게 보낸 직물에 관한 편지   NBC 3658

목성 서판   BM 40054

바빌로니아 세계 지도   BM 92687

발라시가 에사르하돈에게 보낸 편지   K 1169

벨티레민니가 서명한 학습 서판   VAT 6574

수메르와 우르 파괴에 대한 비가, 니푸르 것의 사본   CBS 2307

〈수메르 왕명표〉, 사본   Ashm 1923-444

슐기 왕의 온전한 조각상   OIM A03700

〈에누마 아누 엔릴〉, 서판 63   K 160

엔니갈디난나 박물관에서 나온 경계석   U 2758

엔니갈디난나 박물관에서 나온 뭉치 머리   U 2760

엔니갈디난나 박물관에서 나온 슐기 왕 조각상 잔편   IM 939

엔니갈디난나 박물관에서 나온 점토 북   BM 119014

엔니갈디난나 박물관에서 나온 쿠두르마북 원뿔   BM 119022

엔니갈디난나 원통   YBC 2182

엔아네두의 원뿔	BM 130729
엔헤두안나의 원반	CBS 16665
우루크에서 나온 그릇과 의복 목록, 잔편	Ashm 1928-445b
우루크에서 나온 회계 기록	Ashm 1926-602
우르에서 나온 신바빌로니아 남자아이의 학습 서판	U 2815
우르에서 나온 아마르신의 온전한 벽돌	BM 90036
원주율 근사치가 있는 학습 서판	YBC 7302
이로 깨문 자국이 있는 학습 서판	N5326B
이슌나투와의 계약서	Camb 330
점토 속의 발자국	Msk 74340
천문 책력, 가장 최근으로 비정할 수 있는 쐐기문자 서판	W22340a
푸아비의 원통 인장	CBS 16728
〈학창 시절〉(또는 〈에두바 A〉), 니푸르 것의 사본	SC 4, 9
함무라비 법전 비문	SB 8
핼리 혜성에 관한 천문 일지	BM 41941

주

* 자세한 서지사항은 〈참고문헌〉을 참조할 것.

프롤로그 | 메소포타미아가 중요하다

1   C. Leonard Woolley, 1929, *Ur of the Chaldees*, pp. 202-4.
2   Emily Hammer, 2019, 'The City and Landscape of Ur', p. 173.
3   이 아이의 운세는 아주 암담한 말로 시작해 재산 탕진과 바람난 아내("남편이 눈앞에 있는데도 사람들이 유혹하려 할 것이다") 같은 삶을 묘사한다. 그러나 서른여섯 살이 되면 운세가 좋은 쪽으로 바뀐다. A. Sachs, 1952, 'Babylonian Horoscopes', pp. 57~8을 보라.
4   이 느슨하고 매우 아름다운 번역은 Anonymous, 'Two Babylonian Lullabies', *Slightly Alive Translations* (blog), 3 December 2015, https://mostlydeadlanguages.tumblr.com/post/134484418018/two-babylonian-lullabies-bm-122691-and-oect-11의 것이다. 보다 직역에 가까운 번역과 표현 및 문맥에 관한 논의는 Walter Farber, 1990, 'Magic at the Cradle', p. 140을 보라.
5   Jeremiah Peterson, 2015, 'Examenstext A', *Cuneiform Digital Library Initiative (CDLI)*.
6   이 지도에 관한 최근의 해석은 Paul Delnero, 2018, 'A Land with No Borders'를 보라.

1 | 고대의 박물관과 '역사의 역사'

1   C. Leonard Woolley, 1929, *Ur of the Chaldees*, p. 203.
2   C. Leonard Woolley, 1962, *Ur Excavations*, vol. 9, p. 16.
3   C. Leonard Woolley, 1929, *Ur of the Chaldees*, p. 203.
4   Alison Jean Millerman, 2015, *The 'Spinning of Ur'*를 보라.
5   Richard Zettler, 2021, 'Woolley's Excavations at Ur', p. 7. 펜실베이니아대학 고고학박물관과 영국박물관이 후원하고 울리가 이끈 발굴팀 이전의 조사와 발굴의 역사에 관해서는 Jonathan Taylor, 2021, 'Sîn-City'를 보라.
6   Richard Zettler, 2021, 'Woolley's Excavations at Ur', p. 7.
7   흔히 울리의 아내로만 기억되지만, 캐서린 울리는 1925년 삽화 능력으로 팀의 관심을 끌어 현장 조수로 발굴에 참여했다. 당시 캐서린은 여전히 죽은 남편의 성인 킬링

Keeling을 유지하고 있었다. 런던에서는 남편이 없는 여성의 현장 투입에 대해 약간의 논란이 있었기 때문에 캐서린이 울리와 혼인하고서야 현장에 남아 작업을 계속할 수 있었다. 발굴의 원격 감독자 중 한 명이었던 조지 고든George Gordon은 울리에게 보낸 1926년 7월 8일자 편지에서 "독신 여성이 네 명의 남자와 막사에 있는 것은 그들 가운데 누군가에게는 지구라트의 외관보다 더 흥미로운 모습이 될 것"이라고 썼다. 울리의 여러 장에 걸친 답장은 킬링 부인의 작업이 발굴에 필수적이며 캐서린은 자신이 5천 킬로미터 가까이 떨어진 런던에서 뒷공론의 대상이 된 것을 알고 상처를 받았음을 분명히 했다. 울리는 불쾌한 기색으로 이렇게 덧붙였다. "이 과학적 작업의 상황에 여성이 많이 있고 (…) 모든 사람이 이 작업 상황을 당연하게 여기고 캐서린이 하고 있는 일에 깊은 관심을 가지고 있는데 그런 뒷공론이 있다는 것은 매우 믿기 어렵습니다." 캐서린은 발굴, 기록, 우르에서 발견한 것의 공표와 발굴의 자금 조달에서 중요한 역할을 했다. Robert H. Dyson, 1977, 'Archival Glimpses of the Ur Expedition in the Years 1920~1926'을 보라.

8   C. Leonard Woolley, 1934, *Ur Excavations*, vol. 2, p. 8.
9   이것이 발견된 장소는 그의 현장 메모에 'ES 7'로 나와 있고, 1925년 10월 *Antiquaries Journal* ('The Excavations at Ur', p. 383)에 발표된 당초의 고고학 보고에는 'Room ES 2'로 나와 있으며, 거의 40년 뒤에 발표된 최종 공식 고고학 보고(*Ur Excavations*, vol. 9, p. 17)에는 'Room ES 4'로 나와 있다. 우리는 발굴이 진행되면서 처음의 건물 배치가 벽의 일부나 안마당 같은 새로운 정보가 발굴됨에 따라 바뀔 수 있음을 염두에 두어야 한다. 건물 안에서의 그런 경계 변화는 물건의 출토지를 정확히 짚어내는 것을 보다 혼란스럽게 만들 수 있다.
10 Richard Zettler, 2021, 'Woolley's Excavations at Ur', p. 7.
11 또는 적어도 이 시기의 자료들은 아카드어와 수메르어가 모두 있고, 기록을 하는 사람들은 두 언어를 모두 알았을 것이다.
12 서기전 7세기에 북쪽의 이웃 아시리아에 의한 짧은 팽창과 정복의 시기가 없었다면 말이다.
13 Piotr Michalowski, 1989, *The Lamentation over the Destruction of Sumer and Ur*, p. 61.
14 Ibid., p. 59.
15 Frauke Weiershäuser and Jamie Novotny, 2020, *The Royal Inscriptions of Amēl-Marduk (561-560 BC), Neriglissar (559-556 BC), and Nabonidus (555-539 BC), Kings of Babylon*, p. 168.
16 Seraina Nett, 2023, 'The Office and Responsibilities of the En Priestess of Nanna', p. 103.
17 Douglas Frayne, 1990, *Old Babylonian Period (2003-1595 BC)*, pp. 299-301.

18 또한 아시리아 몰락의 전조로서 자신의 이미지를 이용했다. Paul-Alain Beaulieu, 2003, 'Nabopolassar and the Antiquity of Babylon'을 보라.
19 Rocío Da Riva, 2008, *The Neo-Babylonian Royal Inscriptions*, p. 120. 네부카드네자르 2세는 이 '옛 토대 문서'에 나오는 이름을 바꾸지 않고 자신의 이름을 추가해 써넣었다고 한다. 그리고 점토 또는 돌로 된 옛 토대 서판 위에 신전의 토대를 놓았다. 오늘날의 고고학적 관행으로는 그리 좋은 것은 아니었지만, 당시 그것은 왕의 먼 조상과의 정확한 연결을 가능하게 했다.
20 Paul-Alain Beaulieu, 2003, 'Nabopolassar and the Antiquity of Babylon', pp. 5~6을 보라.

2 | 점토 북: 말을 기록하는 일이 시작된 곳

1 Robert K. Englund et al., 1991, *The Proto-Cuneiform Texts from Jemdet Nasr*, Text 184. 기술적으로 이 문서는 육십진법 체계로 계산된 물건들에 대한 기록이지만, 부호에 대한 우리의 이해에 한계가 있다. 따라서 이 기록을 만든 구체적인 이유에 대해서는 더이상 알기 어렵다. 내가 달리 알아낼 수 없는 부호들에 대해 설명해준 Jacob L. Dahl 박사에게 감사드린다.
2 바빌로니아어 단의 첫 줄은 "우르의 잡동사니에서 나온 구운 벽돌의 사본"이라고 되어 있다. 그리고 이어 벽돌 발견 상황, 즉 고고학적 맥락을 묘사한다. 여기에는 "우르 총독 신발라수이크비가 에기슈누갈Egishnugal의 평면도를 찾다가 발견"했다고 되어 있다. 에기슈누갈은 전체 신전 단지를 가리키는 말이다. 이 단의 마지막 행에는 서기의 이름과 기록을 작성한 이유가 들어 있다. "신Sîn 신의 애도 사제 잇딘팝수칼Iddin-Papsukkal의 아들 나부슈마잇딘이 그것을 보고 전시를 위해 이를 기록했다." '전시를 위해'라는 말은 고대의 본래 벽돌을 읽은 사람이 있었을지 의문을 갖게 한다. 그것은 창고에 처박아두지 않고 실제로 전시됐을까? Douglas R. Frayne, 1997, *The Ur III Period (2112-2004 BC)*, pp. 256~7을 보라. 또한 H. Schaudig, 2010, 'The Restoration of Temples in the Neo- and Late Babylonian Periods'를 보라.
3 Hans J. Nissen et al., 1993, *Archaic Bookkeeping*, p. 36. 쿠심은 사람의 이름이거나 기관의 이름 또는 칭호일 수 있다. 이 이름을 구성하는 두 부호 '쿠'와 '심'을 읽는 법 또한 확인할 수 없다. 그러나 그 용법과 후대의 쐐기문자 부호 독법에 근거할 때 이 이름이 어떤 개인을 언급한 것이며 이렇게 발음했다고 볼 수 있다.
4 Ibid.
5 Robert K. Englund, 1998, 'Texts from the Late Uruk Period', p. 182; Jürgen Renn, 2019, 'Learning from Kushim about the Origins of Writing and Farming', p. 12를 보라.
6 J.N. Postgate, 1994, *Early Mesopotamia*, pp. 109-54; cf. Michael Jursa, 2011,

'Cuneiform Writing in Neo-Babylonian Temple Communities', p. 186.
7   Robert K. Englund, 2011, 'Accounting in Proto-Cuneiform'; Denise Schmandt-Besserat, 1992, *Before Writing*, vol. 1을 보라. 또한 Lucy E. Bennison-Chapman, 2018, 'Reconsidering "Tokens"'를 보라.
8   Hans J. Nissen et al., 1993, *Archaic Bookkeeping*, pp. 12-13.
9   Ibid., pp. 25-9.
10 Jeremy A. Black et al. (eds), 1998-, 'Hymn to Nisaba A', *The Electronic Text Corpus of Sumerian Literature*, https://etcsl.orinst.ox.ac.uk/section4/tr4161.htm. 또한 Lluís Feliu, 2010, 'A New Fragment of Nisaba A', p. 34를 보라.
11 Jennifer C. Ross, 2014, 'Art's Role in the Origins of Writing', p. 295.
12 Andrew George, 2003, *The Babylonian Gilgamesh Epic*, vol. 1, pp. 672-3.
13 이것은 현재 영국박물관에 소장돼 있으며, 식별자는 BM 116729이다.
14 이것은 현재 익명의 개인이 소장하고 있고, 온라인의 *Cuneiform Digital Library Initiative (CDLI)*에 등록돼 있으며, 식별자는 P539341이다.
15 R. Eichmann, 2019, 'Uruk's Early Monumental Architecture', p. 101.
16 Hans J. Nissen, 2019, 'The Invention and Early Uses of Writing in Mesopotamia', p. 149.
17 수메르의 신 엔키Enki는 나중에 바빌로니아 전승에서 에아Ea로 알려졌다. 여기서 그는 좀 짓궂은 지혜와 마법의 신이다. 에아는 인류를 파괴하기 위한 폭풍우를 일으키려는 신들의 계획을 알고 나서 아트라하시스Atra-ḫasīs(더 오랜 이야기에서는 우타나피슈팀이라는 이름의 인물이다)라는 남자에게 집을 버리고 배를 만들라고 말한다. 신들은 인류 파괴 계획을 어떤 인간에게도 누설하지 않는다는 데 동의했기 때문에 에아는 갈대의 벽에 대고 이야기하고 아트라하시스는 그저 그의 말을 엿듣는 형태를 취해야 했다. 그는 "갈대의 벽아, 내 말을 모두 그대로 따르라"라고 말한 뒤에 상세한 명령을 내려 인간과 다른 생명체들을 전멸로부터 구할 방주를 만들게 했다(W.G. Lambert and Alan R. Millard, 1969, *Atra-ḫasis*, p. 89). 측량에 관해서는 M.A. Powell, 1984, 'Late-Babylonian Surface Mensuration'; Christine Proust, 2019, 'A Mathematical Collection Found in the "House of the *āšipus*"', pp. 118~22를 보라.
18 강제로 쫓겨난 일부 생존자들은 인근 소도시들로 달아났고, 어떤 사람들은 이란의 난민 수용소로 달아났다. 이웃한 이란, 튀르키예, 시리아는 티그리스강과 유프라테스강 상류에 제방을 건설해 이 습지의 민물을 페르시아만(또는 아라비아만)에서 오는 조수의 바닷물에 취약하게 만들었다. 오염은 한때 생명의 원천이었던 수로를 쓰레기로 막히게 만들었고, 기후 변화가 수자원의 양을 더욱 줄였다. Ali Khadr, 2019, 'Iraq'를 보라. 또한 Peter Schwartzstein, July 2015, 'Iraq's Famed Marshes are Disappearing-Again'을 보라.

19 Donald P. Hansen, 2003, 'Art of the Early City States', p. 40.
20 사실 수메르어로 첨필에 해당하는 말은 기둡바gi-dubba였다. '갈대'인 gi와 '서판'인 dub을 합친 것이다. 다시 말해서 '서판 갈대'였다(물론 서기들은 나무나 쇠로 만든 첨필도 사용했을 것이다).
21 이 수치는 대체로 현재의 계산에 따른 것이지만, 우리의 지식이 늘면 더 증가할 것이다.
22 Marc Van De Mieroop, 2015, *Philosophy before the Greeks*, p. 43.
23 Irving L. Finkel and Jonathan Taylor, 2015, *Cuneiform*, p. 6.
24 이는 '결정자決定子'(determinative)라 불린다. 이에 대한 최근의 고찰은 Gebhard J. Selz et al., 2017, 'The Question of Sumerian "Determinatives"'를 보라.
25 쐐기문자 쓰기 체계의 확대와 활용에서 서기와 학자들이 이 유사성을 이용한 것에 대한 훌륭한 설명은 고대 바빌로니아의 다언어 병용 교육에 관한 C. Jay Crisostomo의 책에 나온다. C. Jay Crisostomo, 2019, *Translation as Scholarship*, p. 144, n92를 보라.
26 이것들은 현재 펜실베이니아대학 박물관에 소장돼 있고, 식별자는 각기 CBS 10436과 N 2822이다.
27 Herman L J. Vanstiphout, 2003, *Epics of Sumerian Kings*, p. 49.
28 신화 선문의 번역은 Herman L. J. Vanstiphout, 2003, *Epics of Sumerian Kings*를 보라.
29 인용은 모두 Jeremy A. Black et al. (eds.), 1998-, 'Enki and Ninmah', *The Electronic Text Corpus of Sumerian Literature*에 의한 것이다.
30 쐐기문자의 해독에 관해서는 Kevin Cathcart, 2011, 'The Earliest Contributions to the Decipherment of Sumerian and Akkadian'을 보라.
31 C. Leonard Woolley, 1934, *Ur of the Chaldees*, p. 204.
32 Frauke Weiershäuser and Jamie Novotny, 2020, *The Royal Inscriptions of Amēl-Marduk (561-560 BC), Nergilassar (559-556 BC), and Nabonidus (555-539 BC), Kings of Babylon*, p. 100.
33 Gerard Gertoux, 2021, 'Mesopotamian chronology over the period 2340-539 BCE through astronomically dated synchronisms and comparison with carbon-14 dating', p. 2 n5.

3 | 아마르신의 벽돌: 메소포타미아의 건설 자재

1 Margaret van Ess, 2019, 'Observations on Construction Techniques in Uruk', p. 213.
2 Stefano Anastasio, 2020, *Building between the Two Rivers*, pp. 25-34를 보라.
3 Ibid., p. 30.

4   David Oates, 1990, 'Innovations in mud-brick: decorative and structural techniques in ancient Mesopotamia', p. 388.
5   Troels Pank Arboll et al., 2023, 'Revealing the secrets of a 2900-year-old clay brick, discovering a time capsule of ancient DNA'.
6   M. Stol, 2012, 'Bitumen in Ancient Mesopotamia', p. 48.
7   'Clay Bricks for the Ziggurat of Uruk (Iraq)', *Cultural Heritage News* (blog), 13 November 2018, https://www.culthernews.de/clay-bricks-for-the-ziggurat-of-uruk/
8   Douglas Frayne, 1997, *Ur III Period (2112-2004 BC)*, p. 257의 번역을 따랐다.
9   Ibid., p. 256.
10 Tzvi Abusch and Daniel Schwemer, 2016, *Corpus of Mesopotamian Anti-Witchcraft Rituals*, vol. 2, p. 156.
11 한 사례로서 라마슈투의 위해를 방지하는 데 맞추어진 표준적인 주문과 의식의 한 구절은 "배(船)에서 나온 쿠프루kupru(역청), 키(舵)에서 나온 쿠프루, 노(櫓)에서 나온 쿠프루/ 배의 다른 어디서라도 나온 쿠프루, 제방과 여울에서 나온 흙/ 돼지기름, 물고기 꼬리, 키루qīru(뜨거운 역청), (…) 당나귀 가죽, 축융공縮絨工의 풀(糊), 더럽혀진 옷, (…) 흰 돼지에게서 나온 기름"을 연고로 사용한다고 했다(Walter Farber, 2014, *Lamaštu*, pp. 190-91). 이 인용문에 대해 알려준 Ulrike Steinert 박사에게 감사한다.
12 Tzvi Abusch and Daniel Schwemer, 2016, *Corpus of Mesopotamian Anti-Witchcraft Rituals*, vol. 2, p. 152.
13 Ibid., p. 265.
14 이 시기를, 고고학 기록의 미묘한 변화를 기준으로 어떻게 구분할 것인지에 대해서는 학자들 사이에 약간의 논란이 있지만, 통상 이 수백 년 사이의 구분선을 결정하는 도기 양식의 변화에 따라 세 시기로 구분된다. 초기 왕조 I-II(서기전 2900~2700년), 초기 왕조 IIIa(서기전 2700~2500년), 초기 왕조 IIIb(서기전 2500~2340년)이다. 이전에 학자들은 초기 왕조 II를 분리했지만, 지금은 초기 왕조 I이 포괄하는 시기에 통합됐다. 완전히 새로운 시기라는 딱지를 정당화하기에는 둘 사이를 갈라놓는 차이가 충분하지 않기 때문이다. 일부 학자들은 초기 왕조 시대를 전체로서 다루어야 한다고 주장하고, 어떤 학자들은 계속해서 내부의 시대 구분을 새롭게 제시하고 있다.
15 이것은 구자나Guzana(현 텔할라프)의 부르사길레Bur-Saggilê가 관직에 있던 해에 기록됐다. 아시리아 제국에서 전형적이었던 이런 유형의 관리 목록에 대한 전문 용어는 에포님eponym(유래 이름) 목록이다. 이것이 내게 놀라운 일이어서 그런 현상의 정확한 날짜를 계산할 수 있고, 고대 문헌에 언급된 것을 거기에 위치시킬 수 있다. 더욱 놀라운 것은 그런 계산을 하는 방법이 서기전 제1천년기의 쐐기문자 자료에 처음 나타났다는 것이다. 우리는 고대 메소포타미아의 사건들로 돌아가고 그 시기를 찾기 위해

기본적으로 고대 메소포타미아의 방법을 사용하고 있다.
16 날짜 비정에 대한 이견의 결과로 이 이른 시기에 관해 네 개의 가능한 연대설이 나왔다. 고高연대설, 중中연대설, 저低연대설, 초저超低연대설이다. 각각에 대한 정당화는 주로 예언 같은 천문학 문헌이 아닌 것에 기록된 천문 현상에 관한 초기의 전문을 어떻게 해석하느냐에 달려 있다. 이 책에서는 대부분의 아시리아학자들이 따르는 '중연대설'을 사용한다. T. de Jong, 2013, 'Astronomical Fine-Tuning of the Chronology of the Hammurabi Age', p. 147을 보라.
17 어쩌면 아닐지도 모른다. 많은 학자들은 바퀴가 실제로 언제 어디서 기원했는지에 관해 의견이 엇갈리고 있다. 고대 메소포타미아의 녹로에 관해서는 Johnny Baldi, 2021, 'How the Uruk Potters Used the Wheel'을 보라. 바퀴와 바퀴 달린 탈것에 관해서는 Maria Bondar, 2024, 'Prehistoric Innovations'를 보라.
18 Stefan Burmeister et al., 2019, 'Some Notes on Pictograms Interpreted as Sledges and Wheeled Vehicles in the Archaic Texts from Uruk', p. 55를 보라.
19 McGuire Gibson, 'The First Actual Stratigraphic Profile of the Y Trench', p. 78을 보라.
20 예를 들어 Federico Zaina, 2015, 'Craft, administration, and power in Early Dynastic Mesopotamian public buildings'를 보라.
21 P. R. S. Moorey, 1978, *Kish Excavations, 1923-1933*, p. 59.
22 P. R. S. Moorey, 1964, 'The "Plano-Convex Building" at Kish and Early Mesopotamian Palaces', p. 84를 보라. 또한 Irene J. Winter, 1993, '"Seat of Kingship"', pp. 28~29; Stefano Anastasio, 2020, *Building between the Two Rivers*, p. 99를 보라.
23 Jason Ur, 2013, 'Patterns of Settlement in Sumer and Akkad', p. 131.
24 최근의 저술인 Emily Hammer et al., 2022, 'The Structure and Hydrology of the Early Dynastic City of Lagash(Tell Al-Hiba) from Satellite and Aerial Images'; Emily Hammer, 2022, 'Multi-centric, Marsh-based Urbanism at the Early Mesopotamian City of Lagash(Tell al-Hiba, Iraq)'를 보라.
25 바그다드의 건축에 관해서는 예를 들어 Rand Hazim Mahmood Agha, 2016, 'The role of intelligent systems in traditional courtyard houses in Baghdad, Iraq': http://theses.ncl.ac.uk/jspui/handle/10443/4063을 보라.
26 Mary Shepperson, 'Sunlight and Shade in the First Cities', *The Ancient Near East Today* (blog), August 2017. https://www.asor.org/anetoday/ 2017/08/sunlight-shade
27 Ibid.
28 C. Leonard Woolley and Max Mallowan, 1976, *Ur Excavations*, vol. 7, p. 22.

29   Simo Parpola, *Assyrian Prophecies*, Text 442.
30   Simo Parpola, *The Correspondence of Sargon II*, Texts 235, 236을 보라.
31   Douglas Frayne, *Sargonic and Gutian Periods*, pp. 121-2.
32   Christina Tsouparopoulou, 2021, 'Dogs and equids in war in third millennium BC Mesopotamia'.
33   Jeremy Black et al. (eds.), 1998-, 'Proverbs: collection 2+6', line 29, *The Electronic Text Corpus of Sumerian Literature*, https://etcsl.orinst.ox.ac.uk/proverbs/t.6.1.02.html; Jeremy Black et al. (eds.), 1998-,'Proverbs: collection 5', lines 81-82 and line 110, *The Electronic Text Corpus of Sumerian Literature*, https://etcsl.orinst.ox.ac.uk/proverbs/t.6.1.05.html.
34   우르남무의 지구라트에서 나온 점토 벽돌은 현재 영국박물관에 식별자 BM 137495로 소장돼 있다. Christina Tsouparopoulou, 2016, 'Deconstructing Textuality, Reconstructing Materiality', p. 270을 보라.
35   이 벽돌에 찍힌 글에는 우르남무의 이름이 있고, 현재 펜실베이니아대학 박물관에 식별자 CBS 16461로 소장돼 있다.

4 | 슐기 왕의 조각상: 좋은 왕이 되는 법

1   Changyu Liu, 2021, *The Ur III Administrative Texts of Puzrish-Dagan*을 보라. 또한 Martin Sauvage, 'Mathematical Computations in the Management of Public Construction Work in Mesopotamia', p. 203을 보라.
2   Douglas Frayne, 1997, *Ur III Period (2112-2004 BC)*, pp. 92-110을 보라.
3   P. Michalowski, 2012, 'The Mortal Kings of Ur', pp. 33-45를 보라.
4   Jeremy A. Black et al. (eds.), 1998-, 'A Praise Poem of Shulgi (Shulgi A): translation', *The Electronic Text Corpus of Sumerian Literature*, https://etcsl.orinst.ox.ac.uk/section2/tr24201.htm.
5   Sam Mirelman, 'The gala musician Dada and the si-im instrument', pp. 40-41.
6   *Descent of Ishtar*, lines 4, 8-9. 자유로이 이용할 수 있는 번역은 'CDLI Literary Descent of Ishtar (Composite) Artifact Entry', *Cuneiform Digital Library Initiative (CDLI)*, 2016을 보라. https://cdli.ucla.edu/P497322.
7   "너는 그를 아내처럼 사랑해 애무하고 포옹할 것이다"라고 길가메시의 어머니는 선언했으며, 반대로 엔키두가 죽자 길가메시는 "신부에게 하듯이" 그의 얼굴에 베일을 덮었다. 이 번역은 Andrew George, 2003, *The Babylonian Gilgamesh Epic*, p. 555; p. 655를 보라. Susan Ackerman, 2005, *When Heroes Love*를 보라.
8   *Star Trek: The Next Generation*, season 5, episode 2, 'Darmok', written by Joe Menosky and Philip LaZebnik, 30 September 1991.

9   모든 번역은 Andrew George, 2003, *The Babylonian Gilgamesh Epic*, pp. 702-25, 특히 pp. 707; 709에서 가져왔다.
10 더 오래된 형태의 대홍수 이야기에서 그의 이름은 아트라하시스다. W. G. Lambert and Alan R. Millard, 1969, *Atra-basis*, p. 93을 보라.
11 왕들이 이 역사에 연결될 수 있는 다른 방법들이 있다. 초기 왕조 시대 이래의 다른 문서들로부터 우리는 여러 도시국가들이 모두 같은 시기에 공존한 별개의 왕이나 통치자들의 통치권 아래로 들어갔음을 알고 있다. 그러나 〈수메르 왕명표〉에서 역사는 아주 다른 방식으로 제시된다. 이 지역이 언제나 한 왕의 치하에 통일된 것처럼 말이다. 어느 시기에도 단일한 왕이 단일한 도시에서 이 지역을 통치했다는 이 허구적 이상은 왕들이 자기네 정통성을 떠받치는 데 도움이 됐을 것이다. "언제나 단일한 왕이 있었고 내가 왕이라면 나는 정통성이 있음이 틀림없다"라는 논리다. 그 정통성이 그들의 자기표현과 좋은 왕 이데올로기에 대한 그들의 순종과 묶여 있었다. 예를 들어 Gianni Marchesi, 2010, 'The Sumerian King List and the Early History of Mesopotamia'를 보라.
12 Gianni Marchesi, 2010, 'The Sumerian King List and the Early History of Mesopotamia', p. 234.
13 우루크에서 발굴된 5천 년 된 서판이 현재 애슈몰린 박물관에 소장돼 있다. 식별자는 Ashm 1926-583이다. Robert K. Englund et al., 1991, *The Proto-Cuneiform Texts from Jemdet Nasr*, Text 2를 보라. 이 어려운 문서를 내게 설명해준 Jacob L. Dahl 박사에게 감사드린다. 잘못이나 오해가 있다면 내 잘못이다. 또한 Robert K. Englund, 1998, 'Texts from the Late Uruk Period'를 보라.
14 신들의 세계를 지배했던 여신들의 배우자로서의 지도자의 진화에서 마지막 단계였던 왕권 개념에 대해서는 Piotr Steinkeller, 1999, 'On Rulers, Priests, and Sacred Marriage'를 보라. 왕과 신적인 왕권 개념의 등장에 대한 가능한 설명의 보다 일반적인 개관은 Nicole Brisch, 2006, 'The Priestess and the King', pp. 161~164; Piotr Michalowski, 2008, 'The Mortal Kings of Ur', pp. 33-34를 보라.
15 매장의 시대적 범위에 대해서는 최근에 나온 Luca Volpi, 2020, 'The Royal Cemetery at Ur During the Second Half of the Third Millennium B.C.'를 보라.
16 사실 이 16기의 무덤에 묻힌 사람들의 정체에 대해서는 계속 의문이 제기되고 있으나, 이런 딱지는 계속해서 사용되고 있다.
17 '큰 시신갱', 거기에 묻힌 사람들의 정체, 수메르의 장례에서 음악이 했을 역할에 대한 비교적 최근의 고찰은 Massimo Vidale, 2011, 'PG 1237, Royal Ccmetery of Ur'를 보라.
18 Aubrey Baadsgaard et al., 2011, 'Human sacrifice and intentional corpse preservation in the Royal Cemetery of Ur', pp. 36-38.

19　William B. Hafford, 2015, 'Magnificent with Jewels', p. 88에 재인용.
20　Ibid., pp. 97-99.
21　C. Leonard Woolley, 1934, *Ur Excavations*, vol. 2, p. 87.
22　또는 그 이름에 대한 어떤 현대의 독법으로는 쿠바바Ku-Baba다.
23　Glenn Schwarz et al., 2006, 'A Third Millennium B.C. Elite Mortuary Complex at Umm el-Marra, Syria', p. 620 and p. 631 n115.
24　Herodotus, *The Histories*, translated by A.D. Godley, I.184.1.
25　Jan Stronk, 2017, *Semiramis' Legacy*를 보라.
26　Saana Svärd, 2016, 'Neo-Assyrian Elite Women', p. 127.
27　이 공적은 30센티미터 높이의 오벨리스크에 기록됐다. 길고 좁은 묘비처럼 생긴 이 회색 돌은 거의 전적으로 전투를 간략하게 묘사한 큰 쐐기문자로 뒤덮여 있다. 이 서술에 따르면 쿰무Kummuḫ의 왕 우슈필룰루메Ushpilulume는 "아시리아 왕 아다드니라리와 궁궐의 여인 삼무라마트로 하여금 유프라테스강을 건너게" 했다. 문서는 이어 전투를 자세히 이야기한 뒤 모자가 모두 승리를 표시하기 위해 경계석을 세웠음을 묘사했다. 이 표현은 왕가의 두 승자가 동등한 지위였음을 시사한다. 이 기록은 또한 왕실 여성이 군사 행동과 관련된 얼마 안 되는 알려진 사례 가운데 하나로서도 독특하다. A. Kirk Grayson, *Assyrian Rulers of the Early First Millennium BC (1114-859 BC)*, pp. 204-5를 보라.
28　Erle Leichty, 2011, *The Royal Inscriptions of Esarhaddon, King of Assyria (680-669 BC)*, p. 316.
29　Simo Parpola, *Letters from Assyrian and Babylonian Scholars*, Text 244와 Eckart Frahm, 2023, *Assyria*, pp. 237-240을 보라.
30　Martha T. Roth, 1997, *Law Collections from Mesopotamia and Asia Minor*, p. 16.
31　이 수치는 Zólyomi et al., 2008-, 'The Electronic Text Corpus of Sumerian Royal Inscriptions'에서 가져왔고, 이는 *Online Richly Annotated Cuneiform Corpus*(https://oracc.museum.upenn.edu//etcsri/index.html)에 들어 있다.
32　Piotr Michalowski, 2008, 'The Mortal Kings of Ur'.
33　Douglas Frayne, 1997, *Ur III Period (2112-2004 BC)*, p. 141.
34　A. Kirk Grayson and Jamie Novotny, 2012, *The Royal Inscriptions of Sennacherib, King of Assyria (704-681 BC)*, pp. 48-55.
35　Joshua Jeffers and Jamie Novotny, 2023, *The Royal Inscriptions of Ashurbanipal (668-631 BC), Aššur-Etel-Ilāni (630-627 BC), and Sin-Šarra-Iškun (626-612 BC), Kings of Assyria, Part 2*, p. 323을 보라.
36　Eckart Frahm, 2011, 'Keeping Company with Men of Learning', pp. 508-32.
37　Eleanor Robson, 2019, *Ancient Knowledge Networks*, pp. 12-23을 보라.

38 Grant Frame and Andrew George, 2005, 'The Royal Libraries of Nineveh', p. 269.
39 Andrew George, 2003, *The Babylonian Gilgamesh Epic*, pp. 526-7.

5 | 학습 서판: 고대 바빌로니아의 알파벳

1   Jeremy A. Black et al. (eds.), 1998-, 'Proverbs: collection 2+6', *The Electronic Text Corpus of Sumerian Literature*.
2   Ibid.
3   C. Leonard Woolley, 1929, *Ur of the Chaldees*, p. 202. 1925년에 발표된 울리의 당초 발굴 보고(*Antiquaries Journal*에 실렸다)에서 이 서판들이 한 방이 아니고 'ES 1'과 'ES 4'의 두 방에서 발견됐다고 묘사한 것을 주목하라(C. Leonard Woolley, 1925, 'The Excavations at Ur, 1924-1925', p. 383). 훨씬 뒤에 나온 최종 발굴 보고에 따르면 서판들은 ES 3에서 나왔다(C. Leonard Woolley, 1962, *Ur Excavations*, vol. 9, p. 17). 궁전의 정확히 어느 방에 마지막으로 놓여 있었든, 울리는 그것들을 골동품 수집 및 엔니갈디난나 주거의 전반적인 성격과 연결하게 됐다.
4   C. Leonard Woolley, 1929, *Ur of the Chaldees*, p. 202.
5   C. Leonard Woolley, 1962, *Ur Excavations*, vol. 9, p. 17.
6   이 카드는 서판이 ES 7에서 발견됐다고 적고 있으나, 그 내용은 울리의 회고록에 묘사된 것과 부합하는 것으로 내가 발견할 수 있었던 유일한 것이다. 다시 한 번, 우리는 이해할 수 있는 그의 회상의 한계 및 나의 검색 능력의 문제와 부딪쳐야 한다. 이 간편에 대한 발굴 번호는 U. 2815이다. 또한 Petra Gesche, 2000, *Schulunterricht in Babylonien im ersten Jahrtausend v. Chr.*, p. 666을 보라.
7   A. Guinan and E. Leichty, 2010, 'Tasteless Tablet'.
8   아모리인에 관해서는 Aaron A. Burke, 2020, *The Amorites and the Bronze Age Near East*를 보라.
9   번역을 위해 상당히 머리를 써야 하는 Hammu-rabi라는 이름과 달리 'Ammu-rapi라는 이름은 이 왕이 아모리 계통임을 감안하면 가문의 중요성을 담은 분명한 의미를 지니고 있다. 무엇보다도 아모리인들은 죽은 조상을 숭배하는데, 함무라피라는 이름은 정통성이라는 도구를 산 자에게 주는 데서 과거의 중요성을 반영한다. Seth L. Sanders, 'Hammurabi, King of the Dead', *sethlsanders* (blog), 14 November 2019. https://sethlsanders.wordpress.com/2019/11/14/hammurapi-king-of-the-dead/를 보라.
10 'CDLI Literary 000754 (Edubba A) Composite Artifact Entry', 2014, *Cuneiform Digital Library Initiative (CDLI)*, https://cdli.ucla.edu/P464238.
11 A. Gadotti and A. Kleinerman, 2017, 'The Rules of the School'.
12 이 유적지에 대한 요약은 Richard L. Zettler, 1997, 'Nippur'를 보라. 또한 Bernard

Schneider, 2022, 'Nippur'를 보라.
13　Donald McCown, 1951, 'Nippur', p. 14.
14　Eleanor Robson, 2001, 'The Tablet House'.
15　Eleanor Robson, 2008, *Mathematics in Ancient Iraq*, pp. 65-6 및 pp. 110-15를 보라.
16　또한 John P. Britton et al., 2011, 'Plimpton 322'를 보라.
17　Sophus Helle, 2023, *Enheduana*, p. ix.
18　Ibid, p. x.
19　Rivkah Harris, 1962, 'Biographical Notes on the nadītu Women of Sippar', pp. 1-2를 보라.
20　Brigitte Lion, 2001, 'Dame Inanna-ama-mu, scribe a Sippar'를 보라.
21　Victor Avigdor Hurowitz, 2000, 'Literary Observations on "In Praise of the Scribal Art"', p. 56.
22　결국 나는 다시 한번 Jacob Dahl 박사에게 도움을 청했다. 그는 친절하게 음절 하나하나를 가르쳐주고, 내가 발음 연습을 하는 것을 반복해서 인내심을 가지고 들어주었다.
23　박물관에서는 후자를 틀기로 선택했다.
24　달리 인용한 것을 제외하고 이 부분의 모든 속담은 Jeremy Black et al. (eds.), 1998-, *The Electronic Text Corpus of Sumerian Literature*(https://etcsl.orinst.ox.ac.uk/catalogue/catalogue6.htm)에서 가져온 것이다.
25　아카드어와 수메르어의 두 언어로 된 이 속담은 아슈르바니팔 도서관에서 가져온 것이다. Jeremiah Peterson (ed.), 2014, 'Bilinguals in Late Mesopotamian Scholarship: K. 5688', *The Open Richly Annotated Cuneiform Corpus*(http://oracc.org/blms/P396094).
26　Irving L. Finkel and Jonathan Taylor, 2015, *Cuneiform*, figure 12.
27　Irving L. Finkel, 'Bettany Hughes and Irving Finkel discuss "The First Ghosts"', *YouTube*, 28 October 2021.
28　Ibid.
29　Jean-Pierre Grégoire, 1996, *Archives Administratives et Inscriptions Cuneiformes Ashmolean Museum*, vol. 1/ 1, plate 70.

6 | 쿠두르마북의 원뿔: 과학의 탄생

1　Frauke Weiershäuser and Jamie Novotny, 2020, *The Royal Inscriptions of Amēl-Marduk (561-560 BC), Neriglissar (559-556 BC), and Nabonidus (555-539 BC), Kings of Babylon*, pp. 165-9.
2　Ibid.

3   Ibid., pp. 106-10.
4   Christina Tsouparopoulou, 2014, 'Hidden messages under the temple'.
5   예를 들어 Seraina Nett, 2023, 'The Office and Responsibilities of the En Priestess of Nanna', pp. 112-14, and Penelope Weadock, 1958, *The Giparu at Ur*, pp. 8-10을 보라.
6   Frauke Weiershäuser and Jamie Novotny, 2020, *The Royal Inscriptions of Amēl-Marduk (561-560 BC), Neriglissar (559-556 BC), and Nabonidus (555-539 BC), Kings of Babylon*, p. 168.
7   Baptiste Fiette, 2020, '"King" Kudur-Mabuk'.
8   Douglas Frayne, 1990, *The Old Babylonian Period (2003-1595 BC)*, pp. 209-10.
9   일부 단서는 그들이 동쪽 자그로스산맥에서 왔음을 시사한다. 쐐기문자 자료에서 언급되는 그들이 사용한 군사적 칭호 속의 요소들 같은 것이다. 전투에서 말이 끄는 전차를 모는 병사들인 전차병의 책임자는 '가축우리의 우두머리'였고, 이와 함께 언급되는 것이 최고위급 권위를 가리키는 또다른 군사적 칭호인 '카시트 군대의 왕'이었다. '가축우리의 우두머리'의 문자적 이해를 바탕으로 하자면 이는 전차병이 가축 떼(일부는 실제로 양으로 지불했다)와 함께 이동하는 부대로 조직됐을 가능성이 있다. 가축과 전차 사이의 연결은 바빌로니아에 정착하기 전의 목축을 바탕으로 한 생활방식 또는 자그로스산맥의 초지 생태계에 의해 형성된 군사 조직을 시사하는지도 모른다. Helen Malko, 2020, 'The Kassites of Babylonia', p. 183을 보라.
10 영수증이나 군사 기록 같은 일상적인 기록도 같은 구분을 한다. 특정 개인이나 부대가 카시트인의 땅 출신임을 지적한다. 예를 들어 Takayoshi Oshima, 2012, 'Another Attempt at Two Kassite Royal Inscriptions', p. 242를 보라. 또한 Helen Malko, 2020, 'The Kassites of Babylonia', p. 183을 보라.
11 아마르나 문서고에는 또한 앞 장에서 검토한 것과 같은 교육 자료도 들어 있었다. 부호와 단어 목록, 아카드어와 이집트어의 두 언어로 된 단어 사전, 서사시는 이집트 서기들이 외교에 필요한 국제어인 아카드어와 그 문자인 쐐기문자를 익혔음을 확인해준다. Izre'el Shlomo, 1997, *he Amarna Scholarly Tablets*를 보라.
12 Anson F. Rainey, 2015, *The El-Amarna Correspondence*, pp. 69-71(이 편지는 'EA 3'이라는 식별자로 알려져 있다).
13 Ibid., pp. 72-5(이 편지는 'EA 4'라는 식별자로 알려져 있다).
14 Nils P. Heeßel, 2009, 'The Babylonian Physician Rabâ-ša-Marduk'.
15 ibid.
16 Izre'el Shlomo, 1997, *The Amarna Scholarly Tablets*를 보라. 또한 Matthew T. Rutz, 2016, 'Astral Knowledge in an International Age'를 보라.
17 예를 들어 서기전 제1천년기 학자들은 흔히 카시트 계통의 이름을 가진 조상들을 이

야기했으며, 서기전 제1천년기 학술 저작의 간기(또는 서명 부분)는 카시트인 시대 학자들을 이야기한다. 후대의 천문학자들은 왕에게 보낸 편지에서 때로 이 시기 학자들을 인용한다. 신아시리아 왕들인 에사르하돈과 아슈르바니팔을 섬긴 아쿨라누Akkullanu의 긴 보고서가 그중 하나다. 그는 그해 비가 적게 온 것이 왕이 건강할 징조라는 주장을 지지하며, 서기전 제2천년기 말에 살았고 마르두크나딘아헤 Marduk-nādin-aḫḫē 왕을 섬긴 에아무샬림Ea-mushallim이라는 천문학자가 쓴 보고서를 인용한다(Simo Parpola, *Letters from Assyrian and Babylonian Scholars*, Text 100). 서기전 제2천년기 후반 학술 활동이 폭증했던 증거는 산재돼 있지만 강력하다. 또한 Alan Lenzi, 2015, 'Mesopotamian Scholarship'을 보라.

18 Benjamin R. Foster, 2005, *Before the Muses*, vol. 1, p. 353.
19 Sally Freedman, 2017, *If a City Is Set on a Height*, vol. 3, p. 44.
20 관련된 지상地上 관찰 및 관상觀相을 다루는 다른 예언 목록에 대한 개관은 Ulla Susanne Koch, 2015, *Mesopotamian Divination Texts*를 보라.
21 Jeremy A. Black et al., 1998-, 'Iddin-Dagan A', *The Electronic Text Corpus of Sumerian Literature*, https://etcsl.orinst.ox.ac.uk/section2/tr2531.htm.
22 Simo Parpola, 1993, *Letters from Assyrian and Babylonian Scholars*, Text 51.
23 Ibid.
24 Nils P. Heeßel, 2018, 'Dating EAE', p. 254.
25 Erica Reiner and David Pingree, 1998, *Babylonian Planetary Omens*, p. 95.
26 행성에 관한 예언 중 금성의 '관'은 사실 그것이 어떻게 사용되느냐에 따라 여러 가지 해석이 있었다. 예를 들어 Erica Reiner and David Pingree, 1998, *Babylonian Planetary Omens*, p. 11을 보라.
27 Hermann Hunger, 1992, *Astrological Reports to Assyrian Kings*, Text 73.
28 Simo Parpola, 1993, *Letters from Assyrian and Babylonian Scholars*, Text 72.
29 Erica Reiner and David Pingree, 1998, *Babylonian Planetary Omens*, p. 47.
30 Ibid., p. 93.
31 예를 들어 Lis Brack-Bernsen and John M. Steele, 2005, 'Eclipse Prediction and the Length of the Saros Cycle in Babylonian Astronomy'를 보라.
32 John Steele, 2011, 'Making Sense of Time'.
33 Benjamin Foster, 2005, *Before the Muses*, vol. 1, pp. 377-8.
34 황도대 개념의 발전에 관해서는 John M. Steele, 2018, 'The Development of the Babylonian Zodiac'을 보라.
35 John Steele, 2019, 'The Early History of the Astronomical Diaries'를 보라.
36 Abraham J. Sachs and Hermann Hunger, 1996, *Astronomical Diaries and Related Texts from Babylonia*, vol. 3, No. 158.

37 Ibid., pp. 10-17.
38 Abraham J. Sachs and Hermann Hunger (ed.), 1988, *Astronomical Diaries and Related Texts from Babylonia*, vol. 1, Nos. 567 and 368.
39 Ibid., No. 322B. Christopher Tuplin, 2019, 'Logging History in Achaemenid, Hellenistic and Parthian Babylonia', p. 81을 보라.
40 바빌로니아 말기 학술 문서들의 출처에 관해서는 Christine Proust and John Steele, 2019, 'Introduction', pp. 2-3을 보라.
41 Megan Gannon and Livescience, 'Babylonians Tracked Jupiter with Fancy Math, Tablet Reveals', *Scientific American*, 1 February 2016.
42 Douglas Frayne, 1990, *Old Babylonian Period (2003-1595 BC)*, pp. 209-10.
43 Ulla Koch-Westenholz, 2000, *Babylonian Liver Omens*, p. 440.
44 Ibid., p. 423.
45 Ulla Koch-Westenholz, 2002, 'Old Babylonian Extispicy Reports', pp. 134-5.
46 Seth Richardson, 2002, 'Ewe Should Be So Lucky', p. 237.
47 Simo Parpola, 1993, *Letters from Assyrian and Babylonian Scholars*, Text 179. 또한 Eckart Frahm, 2023, *Assyria*, pp. 265-6을 보라.
48 Jack M Sasson, 2015, *From the Mari Archives*, p. 273.
49 이 특수한 사례에 관해서는 Daniel C. Snell, 1974, 'The Mari Livers and the Omen Tradition', p. 119를 보라.

7 | 경계석: 노예인 서기, 직조공인 아내

1 S. Paulus, 2014, *Die babylonischen Kudurru-Inschriften*, pp. 325-34를 보라.
2 Cyril J. Gadd and Léon Legrain, *Royal Inscriptions*, pp. 50-51(Text 165)을 보라. 또한 Kathryn E. Slanski, 2003, *The Babylonian Entitlement narus (kudurrus)*, p. 306을 보라.
3 David Prest, 'Royal Archive documents revealed at Windsor Castle', *BBC News*, 16 May 2014.
4 Kathryn E. Slanski, 2003, *The Babylonian Entitlement narus (kudurrus)*, pp. 75-9.
5 Ibid., pp. 48-53.
6 Marten Stol, 2000, *Birth in Babylonia and the Bible*, p. 28. 후자는 현재 이라크 박물관에 소장돼 있으며, 식별자는 IM 5641이다.
7 Robert K. Englund, 2009, 'The Smell of the Cage', Sections §3.4 and §3.6.2.
8 Robert K. Englund, 2009, 'The Smell of the Cage'의 부록을 보라.
9 J.N. Reid, 2015, 'Runaways and Fugitive-Catchers during the Third Dynasty of

Ur', p. 576.
10 J.N. Reid, 2014, 'Slavery in Early Mesopotamia from Late Uruk until the Fall of Babylon in the *Longue Duree*', p. 18.
11 Heather D. Baker, 2001, 'Degrees of Freedom', p. 23.
12 예를 들어 서기전 532년에 한 노예는 제빵사 일을 배우기 위해 7개월 동안 다른 사람의 도제가 됐다. 또다른 노예는 황태자 캄비세스의 인장 제작자로부터 4년 동안 도제 훈련을 받았다. 두 사례 모두 Heather D. Baker, 2001, 'Degrees of Freedom', p. 23에 인용돼 있다.
13 Gauthier Tolini, 2013, 'The Economic Activities of Isḫunnatu'를 보라. 또한 Sophie Démare-Lafont, 2016, 'Women at Work in Mesopotamia', p. 318 n44를 보라.
14 Jerrold S. Cooper, 2016, 'The Job of Sex', p. 218.
15 J.N. Reid, 2014, 'Slavery in Early Mesopotamia from Late Uruk until the Fall of Babylon in the *Longue Duree*', p. 97.
16 J.N. Reid, 2020, 'Prisoners of War'.
17 Raymond Westbrook, 1995, 'Slave and Master in Ancient Near Eastern Law', p. 1642에 인용 및 번역이 되어 있다. 이 서판은 베를린 근동박물관에 소장돼 있으며, 식별자는 VAT 7548이다.
18 이 옛날 글 속의 이름들을 다양하게 읽어 약간의 혼란이 생겼다. Yoram Cohen, 2005, 'Feet of Clay at Emar', pp. 165-6을 보라.
19 Yoram Cohen, 2005, 'Feet of Clay at Emar', p. 165 n6.
20 또한 Carlo Zaccagnini, 1994, 'Feet of Clay at Emar and Elsewhere'를 보라.
21 또는 J. Nicholas Reid의 말을 다시 빌리자면, "하층 노동자와 가족들은 목소리를 남기지 못했으며, 엘리트들이 그들을 위해 남긴 목소리가 있을 뿐이다"(J. N. Reid, 2015, 'Runaways and Fugitive-Catchers during the Third Dynasty of Ur', pp. 579-80).
22 Laws of Hammurabi §15~16, translated in Martha T. Roth, 1997, *Law Collections from Mesopotamia and Asia Minor*, p. 84. 도망자를 잡아 되돌려주는 자는 은 2세켈의 보상금을 받았다(Laws of Hammurabi §17, Martha T. Roth, 1997, *Law Collections from Mesopotamia and Asia Minor*, p. 84).
23 Laws of Hammurabi §19, translated in Martha T. Roth, 1997, *Law Collections from Mesopotamia and Asia Minor*, p. 85.
24 J.N. Reid, 2014, 'Slavery in Early Mesopotamia from Late Uruk until the Fall of Babylon in the *Longue Duree*', p. 152.
25 Ibid., p. 169. 이 문서는 현재 영국박물관에 소장돼 있으며, 식별자는 BM 23165이다.

26 유감스럽게도 이 문서에는 이 사람의 이름이 보존돼 있지 않다. M. Molina and M. Such-Gutiérrez, 2004, 'On Terms for Cutting Plants and Noses in Ancient Sumer', p. 7을 보라.
27 이는 또한 아마도 말 그대로 코를 꿰지는 않는 '억류'의 암시 역할을 했을 것이다. J. N. Reid, 2014, 'Slavery in Early Mesopotamia from Late Uruk until the Fall of Babylon in the *Longue Duree*', p. 168을 보라. 또한 Manuel Molina and Marcos Such-Gutiérrez, 'On Terms for Cutting Plants and Noses in Ancient Sumer', pp. 7-9를 보라.
28 이 문서는 현재 영국 맨체스터 존 라일랜즈 도서관에 소장돼 있으며, 식별자는 JRL 541이다. 그 번역은 J. N. Reid, 2014, 'Slavery in Early Mesopotamia from Late Uruk until the Fall of Babylon in the *Longue Duree*', p. 117에 있다.
29 라투바시니와 관련된 문서로 이용할 수 있는 것은 Shalom E. Holtz, 2014, *Neo-Babylonian Trial Records*, pp. 182-197을 보라. 또한 Cornelia Wunsch, 1997/98, 'Und die Richter berieten', pp. 62-7; Heather D. Baker, 2001, 'Degrees of Freedom', p. 21을 보라.
30 Lynn-Salammbô Zimmerman, 2023, 'Wooden Wax-Covered Writing Boards as Vorlage for *kudurru* Inscriptions in the Middle Babylonian Period', pp. 56-7.
31 William B. Haff ord, 2019, 'The Royal Cemetery of Ur', p. 204.
32 Ibid.
33 C. Leonard Woolley, 1929, *Ur of the Chaldees*, p. 53.
34 아니면 여왕이 아니라 다른 누군가일 수도 있다. 이 방이 푸아비의 무덤과 관련된 것인지는 여전히 불분명하다. Richard Zettler and Paul C. Zimmerman, 2021, 'Two Tombs or Three?'를 보라.
35 Ibid., pp. 285-6.
36 이 무덤은 'PG 1237'로 알려져 있다. 그곳에 묻힌 사람들에 대한 논의는 Massimo Vidale, 2011, 'PG 1237, Royal Cemetery of Ur'를 보라.
37 Palmiro Notizia, 2020, 'Wealth and Status in 3rd Millennium Babylonia', pp. 85-6.
38 Ibid., p. 88.
39 이 서판의 번역은 Palmiro Notizia, 2020, 'Wealth and Status in 3rd Millennium Babylonia', pp. 100-102를 보라.
40 Palmiro Notizia, 2020, 'Wealth and Status in 3rd Millennium Babylonia', p. 93.
41 모든 인용은 Jacob Lauinger, 2020, 'The Electronic Idrimi', *The Open Richly Annotated Cuneiform Corpus*에서 가져왔다.
42 Hélene Maloigne, 2017, 'How Idrimi came to London', pp. 203-4를 보라.

43 Morgens Trolle Larsen, 2015, *Ancient Kanesh*, pp. 169-240.
44 Anita Fattori, 2021, 'Anatolian Women'을 보라.
45 Morgens Trolle Larsen, 1988, 'Old Assyrian Texts', p. 93.
46 Mathilde Touillon-Ricci, 2018, 'Trade and Contraband in Ancient Assyria', *The British Museum Blog* (blog), 2 April 2018.
47 Ibid.
48 Ibid.
49 이 서판은 현재 영국박물관에 소장돼 있으며, 식별자는 BM 091022이다.
50 Irving L. Finkel and Alexandra Fletcher, 2016, 'Thinking Outside the Box', p. 245를 보라.
51 Kathryn E. Slanski, 2003, *The Babylonian Entitlement narus (kudurrus)*, pp. 48-50.
52 Ibid., pp. 44-5.
53 Ibid., pp. 115-16.

8 | 몽치 머리: 기술 대 전쟁의 현실

1 Dunya Mikhail, 2013, 'The Iraqi Nights'.
2 Andrew George, *The Babylonian Gilgamesh Epic*, vol. 1, p. 637.
3 Jeremy A. Black and Anthony Green, 2004, *Gods, Demons, and Symbols of Ancient Mesopotamia*, pp. 35-6.
4 Jeremy A. Black et al., 1998-, 'The Exploits of Ninurta', *The Electronic Text Corpus of Sumerian Literature*, https://etcsl.orinst.ox.ac.uk/section1/tr162.htm
5 C. Leonard Woolley, 1934, *Ur Excavations, vol 2*, p. 49.
6 Jeremy Black et al. (eds.), 1998-, 'The Death of Ur-Namma (Ur-Namma A): a version from Nippur', *The Electronic Text Corpus of Sumerian Literature*, https://etcsl.orinst.ox.ac.uk/section2/tr2411.htm. Ur-Namma는 이 왕의 이름에 대한 다른 표기이지만, 나는 이 책에서 계속 Ur-Nammu(우르남무)로 쓸 것이다.
7 Tzvi Abusch and Daniel Schwemer, 2016, *Corpus of Mesopotamian Anti-Witchcraft Rituals*, vol. 2, p. 256.
8 Marham J. Geller, 2016, *Healing Magic and Evil Demons*, pp. 268-9.
9 Douglas Frayne, 2008, *Presargonic Period*, p. 131.
10 Ibid., pp. 194-9. 여러 왕의 치세에 걸쳐 경계석과 석비에서부터 원뿔과 항아리에 이르기까지 이 시기의 많은 자료들이 이 충돌을 기념하고 있다. 그런 일차 자료를 바탕으로 한 사건의 재구성은 Jerrold S. Cooper, 2002, *Reconstructing History from Ancient Inscriptions*를 보라. 최근의 고고학적 분석은 Carrie Hritz, 2021, 'The

Umma-Lagash Border Conflict'를 보라.

11　A. Kirk Grayson, 1987, *Assyrian Rulers of the Third and Second Millennia BC (to 1115 BC)*, p. 234.

12　A. Kirk Grayson, 1991, *Assyrian Rulers of the Early First Millennium BC (1114-859 BC)*, p. 14.

13　Anne Porter et al., 2021, '"Their corpses will reach the base of heaven"'.

14　Augusta McMahon et al., 2011, 'Late Chalcolithic mass graves at Tell Brak, Syria', p. 203.

15　이 건물은 사실 왕궁이기보다는 큰 행정 관청인 것으로 드러났다. David Oates and Joan Oates, 1989, 'Akkadian Buildings at Tell Brak', p. 193을 보라.

16　Augusta McMahon, 'Tell Brak', p. 79.

17　Ibid., p. 80.

18　Anne Porter et al., 2021, '"Their corpses will reach the base of heaven"', p. 915.

19　Steven Garfinkle, 2020, 'Violence and State Power in Early Mesopotamia', p. 223.

20　Simo Parpola, 1987, *The Correspondence of Sargon II, Part I*, Text 193.

21　이 시기의 왕들은 이전 시기와 완벽하게 단절하지 않고, 존호尊號(한 왕이 즉위할 때 갖는 이름)와 이전 통치자들의 왕의 칭호를 사용함으로써 자기네 조상들과 연결되는 것을 추구했다. 어떤 왕들은 심지어 조상들의 자칭을 모방하려는 시도에서 스스로를 '세계의 왕'으로 불렀는데, 이 칭호는 몇 세대 안에 현실과 그리 멀지 않은 일이 된다 (Eckart Frahm, 2023, *Assyria*, p. 92). 서기전 제2천년기 동안에 제국의 수도는 아슈르였는데, 그들의 최고신의 이름을 딴 것이었다. 고대 아시리아의 왕은 고대 메소포타미아의 왕에게 통상 기대되는 모든 것을 따라야 했지만, 그는 약간의 추가적인 압박감을 가진 아슈르 신의 최고 사제이기도 했다. 아시리아 왕권의 이데올로기에 대해서는 Shana Zaia, 'Divine Foundations', pp. 115-17을 보라.

22　Jamie Novotny and Joshua Jeffers, 2018, *The Royal Inscriptions of Ashurbanipal (668-631 BC), Aššur-Etel-Ilāni (630-627 BC), and Sin-Šarra-Iškun (626-612 BC), Kings of Assyria, Part 1*, pp. 347-9.

23　성좌반星座盤에 관해서는 M. Willis Monroe, 2022, 'Astronomical and astrological diagrams from cuneiform sources', pp. 346-8을 보라. 의학 서적의 사례에 관해서는 'The Nineveh Medical Project', *The Open Richly Annotated Cuneiform Corpus*를 보라. 언급된 편지들은 Simo Parpola, 1993, Letters from Assyrian and Babylonian Scholars, Text 187; M. Luukko and G. Van Buylaere, 2002, *The Political Correspondence of Esarhaddon*, Text 28에서 가져왔다.

24　수천 점의 행정 문서들은 통치자가 거대한 영토 곳곳에 주둔한 풍부한 인력망에 의

해 뒷받침됐음을 보여준다. 제국은 여러 주州로 나뉘고 100~120명의 총독과 랍부테rabbûte(아시리아어로 '대인大人'을 뜻하며 보통 '고관' 정도로 번역된다)로 알려진 대리인들에 의해 운영됐다. 왕은 또한 궁궐 서기와 군의 총사령관에게 크게 의존했다. Raija Mattila, 2000, *The King's Magnates*, and Karen Radner, 2011, 'Royal decision-making'을 보라.

25 Karen Radner, 2014, 'An Imperial Communication Network'를 보라.
26 인근 이집트에서 발굴된 해진 갈색 파피루스 낱장에는 검은 잉크로 속체자俗體字, dēmotikós로 알려진 형태의 문자가 보존돼 있다. 이집트 성체자聖體字, hieroglyphikos를 흘려 쓴 변형이다. 간간이 찢어져 끊겨 있기는 하지만, 파피루스에 쓰인 이야기는 몇몇 집단이 샤마시슈무우킨을 설득하기 위해 바빌론에 간 일을 기록하고 있다. 니네베로 돌아와 동생 아슈르바니팔과 화해하라는 내용이었지만, 보람이 없었다. 대신에 샤마시슈무우킨은 나뭇가지, 나뭇진, 역청으로 집을 지은 뒤에 불을 질렀다. 그는 그 불에 타 죽고, 이야기는 아슈르바니팔이 형의 목숨을 살리라고 애걸한 뒤에 그가 슬퍼하는 것으로 끝난다. 그는 자신의 장군에게 "병사들에게 바빌론을 멸하게 하되 내 형은 살리라"라고 명확하게 말한다. 흥미롭게도 아슈르바니팔 왕의 새김글들(틀림없이 모호하지만 당대의 것인)과 후대의 파피루스 기록은 모두 불에 타 죽은 것을 언급하지만, 이 사건은 여전히 수수께끼에 싸여 있다. Shana Zaia, 2019, 'My Brother's Keeper: Assurbanipal versus Šamaš-šuma-ukīn'을 보라.
27 예를 들어 Jamie Novotny and Joshua Jeffers, 2018, *The Royal Inscriptions of Ashurbanipal (668-631 BC), Aššur-Etel-Ilāni (630-627 BC), and Sin-Šarra-Iškun (626-612 BC), Kings of Assyria, Part 1*, p. 158을 보라.
28 Eckart Frahm, 2023, *Assyria*, p. 279.
29 Eckart Frahm, 2019, 'The Neo-Assyrian Royal Inscriptions as Text', p. 139.
30 Lori Hinnant, 'Turning Iraq history into rubble, leaving the mess to looters', *AP News*, 31 December 2016.
31 Jonathan Jones, '"Some of the most appalling images ever created"-I Am Ashurbanipal review', *Guardian*, 6 November 2018.
32 Zainab Bahrani, 2004, 'The King's Head', p. 115.
33 John Malcom Russell, 1999, *The Writing on the Wall*, pp. 170-71.
34 Augusta McMahon et al., 2011, 'Late Chalcolithic mass graves at Tell Brak, Syria', p. 202.
35 Diana Pickworth, 2005, 'Excavations at Nineveh', p. 310.
36 Yosef Garfinkel et al., 2019, 'Lachish Fortifications and State Formation'.
37 병참, 무기, 병력에 관해 더 자세한 내용은 Stephanie Dalley, 2017, 'Assyrian Warfare'를 보라.

38   Manfried Dietrich, 2003, *The Babylonian Correspondence of Sargon and Sennacherib*, Text 152.
39   예를 들어 사르곤 2세는 수팟주 총독에게, 전차병들(물론 그들의 말까지 포함해서)에게 빵과 먹을 것을 제공하라고 명령했으며, 한 경우에는 그의 허락 없이 동의된 듯한 것보다 훨씬 많은 곡물이 창고에서 반출됐다. Simo Parpola, 1987, *The Correspondence of Sargon II*, Text 181.
40   Simo Parpola, 1987, *The Correspondence of Sargon II*, Text 175.

9 | 엔니갈디난나: 공주, 여사제, 그리고 큐레이터?

1   '#0040470', '#0040148', '#0040508', '#0040156', *Online Corpus of the Inscriptions of Ancient North Arabia*를 보라.
2   '#40238', ibid를 보라. 또한 '#0040508', ibid를 보라.
3   그는 막대기 하나를 잡고 있고, 이번에는 세 개가 아니라 네 개의 신의 상징을 대하고 있다. 다른 석비에 으레 나오는 신Sîn, 이슈타르, 샤마시의 상징에다가 당대의 지역 신들과 연결됐을 듯한 뱀 같은 고리가 추가됐다. 심하게 손상된 쐐기문자 새김글이 20행 이어지는데, 대략 중간쯤에 '바빌론 왕 나부나이드'라는 구절이 들어 있다. Arnulf Hausleiter and Hanspeter Schaudig, 2016, 'Rock Relief and Cuneiform Inscription of Nabonidus'를 보라.
4   '키루스 원통'과 그 쐐기문자 문서의 판본에 관한 비교적 최근의 연구 모음은 Irving Finkel (ed.), 2013, *The Cyrus Cylinder*를 보라.
5   Frauke Weiershäuser and Jamie Novotny, 2020, *The Royal Inscriptions of Amēl-Marduk (561-560 BC), Neriglissar (559-556 BC), and Nabonidus (555-539 BC), Kings of Babylon*, p. 27.
6   Ibid., pp. 167-8.
7   Paul-Alain Beaulieu, 1989, *The Reign of Nabonidus*, p. 119. '왕의 딸'과 엔니갈디난나를 동일시하는 배후의 추론에 관해서는 또한 Paul-Alain Beaulieu, 2021, 'The City of Ur and the Neo-Babylonian Empire', p. 162를 보라.
8   Paul-Alain Beaulieu, 2021, 'The City of Ur and the Neo-Babylonian Empire', p. 162.
9   Ibid., pp. 163-4.
10 그러나 엔 여사제의 가장 이른 유해일 가능성이 있는 것은 우르 왕실 묘지의 시신갱에서 나온 것일 듯하다. William B. Hafford, 2019, 'The Royal Cemetery of Ur', p. 218을 보라. 닌메타바리에 관해서는 Penelope Weadock, 1975, 'The Giparu at Ur', p. 105 n40을 보라.
11 Alhena Gadotti, 'Mesopotamian Women's Cultic Roles', *Women in Antiquity*, p.

68. 예언과 이에 따른 여사제 임명은 상당한 중요성을 지니므로, 왕들은 때로 자기 치세의 관련된 해(복수일 수도 있었다)를 이런 사건을 따라 이름 붙였다. 예를 들어 슐기 왕의 치세 15년은 그의 딸 엔니르자아나가 '창자 점에 의해 선택된' 것을 따서 이름을 지었고, 17년은 공주가 고위 여사제로 '임명'된 것을 땄다. 이런 해의 이름은 날짜 표기 방식의 일부로서, 그리고 날짜 자체의 일부로서 우르 3기의 행정 문서들에 나타난다. 또한 Seraina Nett, 2023, 'The Office and Responsibilities of the En-Priestess of Nanna'를 보라.

12 Alhena Gadotti, 2016, 'Mesopotamian Women's Cultic Roles', p. 69에 인용.
13 Joan Goodnick Westenholz, 1989, 'Enheduanna, En-Priestess, Hen of Nanna, Spouse of Nanna', p. 554.
14 Douglas Frayne, 1993, *Sargonic and Gutian Periods (2334-2113 BC)*, pp. 35-6.
15 Irene J. Winter, 2010, *On Art in the Ancient Near East*, vol. 2, pp. 68-9.
16 Douglas Frayne, 1990, *Old Babylonian Period (2003-1595 BC)*, pp. 300-301.
17 Jeremiah Peterson, 2016, 'The Literary Corpus of the Old Babylonian Larsa Dynasties', pp. 34-8.
18 또 다른 가능한 해석은 여사제가 월신의 아내 닌갈의 지상의 현신이라는 것이다. 어떻든 이 역할은 월신에 대해서는 물론 닌갈에 대해서도 책무가 있었다.
19 Penelope N. Weadock, 1958, *The Giparu at Ur*, pp. 83-4.
20 Ibid.
21 Douglas Frayne, 1990, *Old Babylonian Period (2003-1595 BC)*, p. 229.
22 Joan Goodnick Westenholz, 1989, 'Enheduanna, En-Priestess, Hen of Nanna, Spouse of Nanna', p. 548에 인용.
23 Penelope N. Weadock, 1958, *The Giparu at Ur*, p. 4.
24 Douglas Frayne, 1990, *Old Babylonian Period (2003-1595 BC)*, pp. 224-31을 보라.
25 Frauke Weiershäuser and Jamie Novotny, 2020, *The Royal Inscriptions of Amēl-Marduk (561-560 BC), Neriglissar (559-556 BC), and Nabonidus (555-539 BC), Kings of Babylon*, p. 168.
26 Stephanie Dalley et al., 1976, *The Old Babylonian Tablets from Tell Al Rimah*를 보라
27 Cécile Michel, 2020, 'Wool Trade in Upper Mesopotamia and Syria According to Old Babylonian and Old Assyrian Texts', p. 250 n152에 인용.
28 Jack M. Sasson, 2015, *From the Mari Archives*, p. 283, p. 153 n89; p. 331을 보라.
29 J. J. Finkelstein, 1976, 'Šilip rēmim and Related Matters', pp. 190-191을 보라.
30 Howard Farber, 2021, *An Examination of Prices and Wages in Babylonia*, p.

152.

31 관련된 법은 이렇다. "한 남자가 아이를 맡겨 젖을 먹이고 기르게 하고는 (유모에게) 3년 동안 음식, 기름, 옷을 배급해주지 않으면 그는 은 10세켈을 저울에 달아서 자기 아이를 기른 비용을 지급하고 그의 아이를 데려와야 한다." Laws of Eshnunna §32, translated in Martha T. Roth, 1997, *Law Collections from Mesopotamia and Asia Minor*, p. 64. 이런 법전들은 또한 유모에게 주어야 할 배급과 보수에 관해 상세히 전하고 있다. 유모에 관해서는 Sophie Démare-Lafont, 'Women at Work in Mesopotamia', pp. 319-23을 보라.

32 Rivkah Harris, 1975, *Ancient Sippar*, p. 30.

33 Ibid., p. 311.

34 Howard Farber, 2021, *An Examination of Prices and Wages in Babylonia*, p. 136을 보라. 여기서 그는 또한 지금 남아 있는 쐐기문자로 된 시파르의 주택 임대 계약서의 절반 이상에서 나디툼이 임대인으로 나타난다고 지적한다. 그들은 이 도시의 주택 판매를 기록한 남아 있는 쐐기문자 계약서의 절반 이상에서 구매자로 나타난다 (Rivkah Harris, 1975, *Ancient Sippar*, p. 311).

35 Rivkah Harris, 1963, 'The Organization and Administration of the Cloister in Ancient Babylonia', p. 139.

36 Bertrand Lafont, 2016, 'Women at Work and Women in Economy and Society during the Neo-Sumerian Period'.

37 평균적으로 여성은 한 달에 30~40리터를 받은 반면에 남성은 최하 60리터에서 최고 300리터까지 받았다. Bertrand Lafont, 2016, 'Women at Work and Women in Economy and Society during the Neo-Sumerian Period', p. 163을 보라. 또한 Marc Van De Mieroop, 1989, 'Women in the Economy of Sumer', p. 64를 보라.

38 Cécile Michel, 2020, *Women of Assur and Kanesh*, p. 268 (Letter 165).

39 Ibid., pp. 268-70 (Letter 166).

40 Ibid., pp. 239-40 (Letter 147).

41 Cécile Michel, 2016, 'Estimating an Old Assyrian Household Textile Production'.

42 Cécile Michel, 2020, *Women of Assur and Kanesh*, pp. 274-5 (Letter 170).

43 Ibid., pp. 298-9 (Letter 196).

44 Ibid., pp. 299-300 (Letter 197).

45 Cornelia Wunsch, 2003, 'Women's Property and Law of Inheritance in the Neo-Babylonian Period', p. 1 n1을 보라.

46 Yoko Watai, 2016, 'Economic Activities of Women in 1st Millennium Babylonia', p. 499에서 논의됐다.

47　JoAnn Scurlock, 2014, *Sourcebook for Ancient Mesopotamian Medicine*, pp. 602-3.

48　이 부분의 모든 인용은 Natalie Naomi May, 2018, 'Female Scholars in Mesopotamia?', pp. 152-4에서 가져왔다.

49　남성과 여성이 섞여 있던 맹인 악사는 메소포타미아의 남부 도시 움마와 기르수에서 나온 배급 명부 등 여러 기록에 나타난다. 따라서 신우누툼이 자의든 아니든 악사의 길을 걸은 것은 특별한 일이 아니었다. Eric J. Harvey, 'The Songbird', *All of Us* (blog), 11 May 2020, https://allofusdha.org/research/the-songbird-linking-music-and-blindness-in-ancient-babylonia/를 보라.

50　Ibid.

51　Ibid.

에필로그 | 우리와 그들 사이

1　John Steele and Srishti Ganguli, 'Babylonian records of transient astronomical phenomena', Section 5.9.

2　Ibid.

참고문헌

Abusch, Tzvi, and Daniel Schwemer. 2016. *Corpus of Mesopotamian Anti Witchcraft Rituals*. Vol. 2. Ancient Magic and Divination 8. Leiden/Boston: Brill.

Ackerman, Susan. 2005. *When Heroes Love: The Ambiguity of Eros in the Stories of Gilgamesh and David*. New York: Columbia University Press.

Agha, Rand Hazim Mahmood. 2016. 'The role of intelligent systems in traditional courtyard houses in Baghdad, Iraq', PhD Dissertation, Newcastle University.

Anastasio, Stefano. 2020. *Building between the Two Rivers: An Introduction to the Building Archaeology of Ancient Mesopotamia*. Oxford: Archaeopress.

Anonymous. 2015. 'Two Babylonian Lullabies (BM 122691 and OECT 11 002)'. Tumblr. *Slightly Alive Translations* (blog). 3 December 2015. https://mostlydeadlanguages.tumblr.com/post/134484418018/two-babylonian-lullabies-bm-122691-and-oect-11

Arboll, Troels Pank, et al. 2023. 'Revealing the Secrets of a 2900-Year Old Clay Brick, Discovering a Time Capsule of Ancient DNA'. *Nature: Scientific Reports* 13 (Article 13092).

Baadsgaard, Aubrey, et al. 2011. 'Human Sacrifice and Intentional Corpse Preservation in the Royal Cemetery of Ur'. *Antiquity* 85: 27-42.

Bahrani, Zainab. 2004. 'The King's Head'. *Iraq*, Papers of the 49th Rencontre Assyriologique Internationale, Part One, 66: 115-19.

Baker, Heather D. 2001. 'Degrees of Freedom: Slavery in Mid-First Millennium BC Babylonia'. *World Archaeology* 33 (1): 18-26.

Baldi, Johnny. 2021. 'How the Uruk Potters Used the Wheel. New Data on Modalities and Conditions of Emergence of the Potter's Wheel in the Uruk World'. *Interdisciplinaria Archaeologica* 12 (2): 181-99.

Beaulieu, Paul-Alain. 1989. *The Reign of Nabonidus, King of Babylon 556-539 B.C.* New Haven/London: Yale University Press.

_____. 2003. 'Nabopolassar and the Antiquity of Babylon'. In *Hayim and Miriam Tadmor Volume*, edited by Israel Eph'al et al., 1-9. Jerusalem: The Israel Exploration Society.

———. 2021. 'The City of Ur and the Neo-Babylonian Empire'. In *Ur in the Twenty-First Century CE: Proceedings of the 62nd Rencontre Assyriologique Internationale at Philadelphia, July 11-15, 2016*, edited by Grant Frame et al., 153-70. University Park, PA: Penn State University Press.

Bennison-Chapman, Lucy. 2018. 'Reconsidering "Tokens": The Neolithic Origins of Accounting or Multifunctional, Utilitarian Tools?' *Cambridge Archaeological Journal* 29 (2): 233-59.

Black, Jeremy A., et al. 1998-. 'Proverbs: Collection 2+6'. In *The Electronic Text Corpus of Sumerian Literature*. https://etcsl.orinst.ox.ac.uk/proverbs/t.6.1.02.html

———. 'Proverbs: Collection 5'. In *The Electronic Text Corpus of Sumerian Literature*. https://etcsl.orinst.ox.ac.uk/proverbs/t.6.1.05.html

———. 'A Praise Poem of Shulgi (Shulgi A): Translation'. In *The Electronic Text Corpus of Sumerian Literature*. https://etcsl.orinst.ox.ac.uk/section2/tr24201.htm

———. 'The Death of Ur-Namma (Ur-Namma A): A Version from Nippur'. In *The Electronic Text Corpus of Sumerian Literature*. https://etcsl.orinst.ox.ac.uk/section2/tr2411.htm

———. 'Enki and Ninmah'. In *The Electronic Text Corpus of Sumerian Literature*. https://etcsl.orinst.ox.ac.uk/section1/tr112.htm

———. 'The Exploits of Ninurta'. In *The Electronic Text Corpus of Sumerian Literature*. https://etcsl.orinst.ox.ac.uk/section1/tr162.htm

———. 'Hymn to Nisaba A'. In *The Electronic Text Corpus of Sumerian Literature*. https://etcsl.orinst.ox.ac.uk/section4/b4161.htm

———. 'Iddin-Dagan A'. In *The Electronic Text Corpus of Sumerian Literature*. https://etcsl.orinst.ox.ac.uk/section2/tr2531.htm

Black, Jeremy, and Anthony Green. 2004. *Gods, Demons, and Symbols of Ancient Mesopotamia*. Second Edition. London: The British Museum Press.

Bondar, Maria. 2024. 'Prehistoric Innovations: Wheels and Wheeled Vehicles'. *Acta Archaeologica* 69 (2): 271-97.

Brack-Bernsen, Lis, and John M. Steele. 2005. 'Eclipse Prediction and the Length of the Saros Cycle in Babylonian Astronomy'. *Centaurus* 47: 181-206.

Brisch, Nicole. 2006. 'The Priestess and the King: The Divine Kingship of Su-Sîn of Ur'. *Journal of the American Oriental Society* 126 (2): 161-76.

Britton, John P., et al. 2011. 'Plimpton 322: A Review and a Different Perspective'.

Archive for History of Exact Sciences 65: 519-66.

Burke, Aaron A. 2020. *The Amorites and the Bronze Age Near East: The Making of a Regional Identity*. Cambridge: Cambridge University Press.

Burmeister, Stefan, et al. 2019. 'Some Notes on Pictograms Interpreted as Sledges and Wheeled Vehicles in the Archaic Texts from Uruk'. In *Equids and Wheeled Vehicles in the Ancient World*, edited by Peter Raulwing, Katheryn M. Linduff, and Joost H. Crouwel, 49-70. BAR International Series 2923. Oxford: BAR Publishing.

Cathcart, Kevin. 2011. 'The Earliest Contributions to the Decipherment of Sumerian and Akkadian'. *Cuneiform Digital Library Journal* 2011 (1). https://cdli.ucla.edu/pubs/cdlj/2011/cdlj2011001.html

'CDLI Literary 000754 (*Edubba* A) Composite Artifact Entry'. 2014. In *Cuneiform Digital Library Initiative (CDLI)*. https://cdli.ucla.edu/P464238

'CDLI Literary Descent of Ishtar (Composite) Artifact Entry'. 2016. In *Cuneiform Digital Library Initiative (CDLI)*. https://cdli.ucla.edu/P497322

'Clay Bricks for the Ziggurat of Uruk (Iraq)'. 2018. *Cultural Heritage News* (blog). 13 November 2018. https://www.culthernews.de/clay-bricks-for-the-ziggurat-of-uruk/

Cohen, Yoram. 2005. 'Feet of Clay at Emar: A Happy End?' *Orientalia, Nova Series* 74 (2): 165-70.

Cooper, Jerrold S. 2002. *Reconstructing History from Ancient Inscriptions: The Lagash-Umma Border Confl ict*. Revised Third Printing. Malibu: Undena Publications.

_____. 2016. 'The Job of Sex: The Social and Economic Role of Prostitutes in Ancient Mesopotamia'. In *The Role of Women in Work and Society in the Ancient Near East*, edited by Brigitte Lion and Cécile Michel, 13:209-27. Studies in Ancient Near Eastern Records. Boston/Berlin: De Gruyter.

Crisostomo, C. Jay. 2018. 'Language, Translation, and Commentary in Cuneiform Scribal Practice'. *Journal of Ancient Near Eastern History* 5 (1-2): 41-56.

_____. 2019. *Translation as Scholarship: Language, Writing, and Bilingual Education in Ancient Babylonia*. Vol. 22. Studies in Ancient Near Eastern Records. Boston/Berlin: De Gruyter.

Da Riva, Roció. 2008. *The Neo-Babylonian Royal Inscriptions: An Introduction*. Guides for the Mesopotamian Textual Records 4. Münster: Ugarit-Verlag.

Dalley, Stephanie. 2017. 'Assyrian Warfare'. In *A Companion to Assyria*, edited by

Eckart Frahm, 522–33. Hoboken: Wiley Blackwell.

Dalley, Stephanie, et al. 1976. *The Old Babylonian Tablets from Tell al Rimah*. London: British School of Archaeology in Iraq.

Damdamayev, M.A. 2002. 'Review of *Schulunterricht in Babylonien im Ersten Jahrtausend v. Chr. Alter Orient Und Altes Testament, 275* by Petra D. Gesche'. *Orientalia, Nova Series* 71 (4): 462–5.

Delnero, Paul. 2018. 'A Land with No Borders: A New Interpretation of the Babylonian "Map of the World"'. *Journal of Ancient Near Eastern History* 4 (1–2): 19–37.

Démare-Lafont, Sophie. 2016. 'Women at Work in Mesopotamia: An Attempt at a Legal Perspective'. In *The Role of Women in Work and Society in the Ancient Near East*, edited by Brigitte Lion and Cécile Michel, 13:310–27. Studies in Ancient Near Eastern Records. Boston/Berlin: De Gruyter.

Dietrich, Manfried. 2003. *The Babylonian Correspondence of Sargon and Sennacherib*. Translated by Inka Parpola and Ronald Mayer-Opifi cus. Vol. 17. State Archives of Assyria. Helsinki: Helsinki University Press.

Dyson, Robert H. 1977. 'Archival Glimpses of the Ur Expedition in the Years 1920–1926'. *Expedition Magazine* 20 (1): 5–23.

Edzard, Sibylle. 1997. *Gudea and His Dynasty*. Vol. 3/1. The Royal Inscriptions of Mesopotamia: Early Periods. Toronto: University of Toronto Press.

Eichmann, Ricardo. 2019. 'Uruk's Early Monumental Architecture'. In *Uruk: First City of the Ancient World*, edited by Nicola Crüsemann et al., 97–109. Los Angeles: The J. Paul Getty Museum.

Englund, Robert K. 1998. 'Texts from the Late Uruk Period'. In *Annaherungen 1: Mesopotamien. Spaturuk-Zeit Und Fruhdynastische Zeit*, 160/1:13–233. Orbis Biblicus et Orientalis. Freiburg Schweiz: Universitätsverlag.

———. 2009. 'The Smell of the Cage'. *Cuneiform Digital Library Journal* 4. https://cdli.mpiwg-berlin.mpg.de/articles/cdlj/2009-4

———. 2011. 'Accounting in Proto-Cuneiform'. In *The Oxford Handbook of Cuneiform Culture*, edited by Karen Radner and Eleanor Robson, 32–50. Oxford: Oxford University Press.

Englund, Robert K., et al. 1991. *The Proto-Cuneiform Texts from Jemdet Nasr. I: Copies, Transliterations and Glossary*. Vol. 1. Materialien Zu Den Frühen Schriftzeugnissen Des Vorderen Orients. Berlin: Gebr. Mann.

Ess, Margarete van. 2019. 'Observations on Construction Techniques in Uruk'. In

Uruk: First City of the Ancient World, edited by Nicola Crüsemann et al., 212-13. Los Angeles: The J. Paul Getty Museum.

Farber, Howard. 2021. 'An Examination of Prices and Wages in Babylonia-ca. 2000-1600 B.C.E.' PhD Dissertation, University of Chicago.

Farber, W. 1990. 'Magic at the Cradle: Babylonian and Assyrian Lullabies'. *Anthropos* 85: 139-48.

Farber, Walter. 2014. *Lamaštu: An Edition of the Canonical Series of Lamaštu Incantations and Rituals and Related Texts from the Second and First Millennia B.C.* Mesopotamian Civilisations 17. Winona Lake: Eisenbrauns.

Fattori, Anita. 2021. 'Anatolian Women: Who Were the Secondary Wives of the Assyrian Merchants?' *Ancient History from Below* (blog). 25 October 2021. https://en.subalternosblog.com/post/anatolian-women-who-were-the-secondary-wes-of-the-assyrian-merchants

Feliu, Lluís. 2010. 'A New Fragment of Nisaba A'. *Altorientalische Forschungen* 37 (1): 27-37.

Fiette, Baptiste. 2020. '"King" Kudur-Mabuk: A Study on the Identity of a Mesopotamian Ruler Without a Crown'. In *The Construction of Identity in the Ancient World*, edited by Sebastian Grätz et al., 50/ 2:275-94. Die Welt Des Orients. Göttingen: Vandenhoeck & Ruprecht GmbH & Co.

Finkel, Irving, ed. 2013. *The Cyrus Cylinder: The King of Persia's Proclamation from Ancient Babylon*. London/ New York: I.B. Tauris.

Finkel, Irving, and Alexandra Fletcher. 2016. 'Thinking Outside the Box: The Case of the Sun-God Tablet and the Cruciform Monument'. *Bulletin of the American Schools of Oriental Research* 375: 215-48.

Finkel, Irving, and Jonathan Taylor. 2015. *Cuneiform*. London: The British Museum.

Finkelstein, J.J. 1976. '*Šilip Rēmim* and Related Matters'. In *Kramer Anniversary Volume: Cuneiform Studies in Honor of Samuel Noah Kramer*, edited by Barry L. Eichler et al. Vol. 25. Alter Orient Und Altes Testament. Butzon & Bercker.

Foster, Benjamin R. 2005. *Before the Muses: An Anthology of Akkadian Literature*. Third Edition. 2 vols. Bethesda: CDL Press.

Frahm, Eckart. 2011. 'Keeping Company with Men of Learning: The King as Scholar'. In *The Oxford Handbook of Cuneiform Culture*, edited by Karen Radner and Eleanor Robson, 508-32. Oxford: Oxford University Press.

_____. 2019. 'The Neo-Assyrian Royal Inscriptions as Text: History, Ideology, and Intertextuality'. In *Writing Neo-Assyrian History: Sources, Problems, and*

Approaches, edited by Giovanni Battista Lanfranchi et al., 24:139–59. State Archives of Assyria Studies. Helsinki: Neo-Assyrian Text Corpus Project.

———. 2023. *Assyria: The Rise and Fall of the World's First Empire*. London/ Dublin: Bloomsbury. Frame, Grant, and A.R. George. 2005. 'The Royal Libraries of Nineveh: New Evidence for King Ashurbanipal's Tablet Collecting'. *Iraq* 67 (1): 265–84.

Frayne, Douglas R. 1990. *Old Babylonian Period (2003-1595 BC)*. Vol. 4. The Royal Inscriptions of Mesopotamia. Toronto: University of Toronto Press.

———. 1993. *Sargonic and Gutian Periods (2234-2113 BC)*. Vol. 2. The Royal Inscriptions of Mesopotamia: Early Periods. Toronto: University of Toronto Press.

———. 1997. *Ur III Period (2112-2004 BC)*. Vol. 3/ 2. The Royal Inscriptions of Mesopotamia: Early Periods. Toronto: University of Toronto Press.

———. 2008. *Presargonic Period (2700-2350 BC)*. Vol. 1. The Royal Inscriptions of Mesopotamia: Early Periods. Toronto: University of Toronto Press.

Freedman, Sally. 2017. *If a City Is Set on a Height: The Akkadian Omen Series Šumma Alu Ina Mele Šakin*. Vol. 3. Winona Lake: Eisenbrauns.

Gadd, Cyril J., and Léon Legrain. 1928. *Royal Inscriptions*. Vol. 1. Ur Excavations, Texts. London: The Trustees of the British Museum.

Gadotti, Alhena. 2016. 'Mesopotamian Women's Cultic Roles in Late 3rd-Early 2nd Millennia BCE'. In *Women in Antiquity: Real Women across the Ancient World*, edited by Stephanie Lynn Budin and Jean Macintosh Turfa, 64–76. London: Routledge.

Gadotti, Alhena, and Alexandra Kleinerman. 2017. 'The Rules of the School'. *Journal of the American Oriental Society* 137 (1): 89–116.

Gannon, Megan, and Livescience. 2016. 'Babylonians Tracked Jupiter with Fancy Math, Tablet Reveals'. *Scientifi c American*, 2016. https://www.scientificamerican.com/article/babylonians-tracked-jupiter-with-fancy-math-tablet-reveals/

Garfinkel, Yosef, et al. 2019. 'Lachish Fortifi cations and State Formation in the Biblical Kingdom of Judah in Light of Radiometric Datings'. *Radiocarbon* 61 (3): 695–712.

Garfinkle, Steven. 2020. 'Violence and State Power in Early Mesopotamia'. In *The Cambridge World History of Violence*, edited by Garrett G. Fagan et al., Volume 1: The Prehistoric and Ancient Worlds: 219–37. Cambridge: Cambridge

University Press.
Geller, Markham. 2016. *Healing Magic and Evil Demons: Udug-Hul Incantations*. Vol. 8. Die Babylonisch-Assyrische Medizin in Texten Und Untersuchungen. Boston/Berlin: De Gruyter.
George, A.R. 2003. *The Babylonian Gilgamesh Epic: Introduction, Critical Edition and Cuneiform Texts*. 2 vols. Oxford: Oxford University Press.
Gertoux, Gérard. 2019. 'Mesopotamian Chronology over the Period 2340-539 bce through Astronomically Dated Synchronisms and Comparison with Carbon-14 Dating'. In *ASOR 2019 Session 3B Archaeology and Biblical Studies*. San Diego, California.
Gesche, Petra D. 2000. *Schulunterricht in Babylonien im ersten Jahrtausend v. Chr.* Vol. 275. Alter Orient Und Altes Testament. Münster: Ugarit-Verlag.
Gibson, McGuire. 2023. 'The First Actual Stratigraphic Profile of the Y Trench'. In *Where Kingship Descended from Heaven: Studies on Ancient Kish*, edited by Karen L. Wilson and Deborah Bekken, 57-104. Studies in Ancient Cultures 1. Chicago: The University of Chicago.
Grayson, A. Kirk. 1987. *Assyrian Rulers of the Third and Second Millennia BC (to 1115 BC)*. Vol. 1. The Royal Inscriptions of Mesopotamia, Assyrian Periods. Toronto: University of Toronto Press.
_____. 1991. *Assyrian Rulers of the Early First Millennium BC (1114-859 BC)*. Vol. 2. The Royal Inscriptions of Mesopotamia, Assyrian Periods. Toronto: University of Toronto Press.
Grayson, A. Kirk, and Jamie Novotny. 2012. *The Royal Inscriptions of Sennacherib, King of Assyria (704-681 BC), Part 1*. Vol. 3/1. The Royal Inscriptions of the Neo-Assyrian Period. Winona Lake: Eisenbrauns.
Grégoire, Jean-Pierre. 1996. *Archives Administratives et Inscriptions Cuneiformes Ashmolean Museum*. Vol. 1/1. Paris: Librairie orientaliste Paul Geuthner.
Guinan, Ann, and Erle Leichty. 2010. 'Tasteless Tablets'. In *Gazing on the Deep: Ancient Near Eastern and Other Studies in Honor of Tzvi Abusch*, edited by Jeffrey Stackert et al., 49-50. Bethesda: CDL Press.
Hafford, William B. 2015. 'Magnificent with Jewels: Puabi Queen of Ur'. In *From Ancient to Modern: Archaeology and Aesthetics*, edited by Jennifer Y. Chi and Pedro Azara, 87-101. Princeton: Princeton University Press.
_____. 2019. 'The Royal Cemetery of Ur'. In *Journey to the City: A Companion to the Middle East Galleries at the Penn Museum*, edited by Steve Tinney and

Karen Sonik, 195-234. Philadelphia: University of Pennsylvania Museum of Archaeology and Anthropology.

Hammer, Emily. 2022. 'Multi-Centric, Marsh-Based Urbanism at the Early Mesopotamian City of Lagash (Tell al-Hiba, Iraq)'. *Journal of Anthropological Archaeology* 68 (101458).

———. 2019. 'The City and Landscape of Ur: An Aerial, Satellite, and Ground Assessment'. *Iraq* 81: 173-206.

Hammer, Emily, et al. 2022. 'The Structure and Hydrology of the Early Dynastic City of Lagash (Tell Al-Hiba) from Satellite and Aerial Images'. *Iraq* 84: 103-27.

Hansen, Donald P. 2003. 'Art of the Early City-States'. In *Art of the First Cities: The Third Millennium B.C. from the Mediterranean to the Indus*, edited by Joan Aruz, 21-42. New York: The Metropolitan Museum of Art.

Harris, Rivkah. 1962. 'Biographical Notes on the *Nadītu* Women of Sippar'. *Journal of Cuneiform Studies* 16 (1): 1-12.

———. 1963. 'The Organization and Administration of the Cloister in Ancient Babylonia'. *Journal of the Economic and Social History of the Orient* 6 (2): 121-57.

———. 1975. *Ancient Sippar: A Demographic Study of an Old-Babylonian City (1894-1595 B.C.)*. Vol. 36. Publications de l'Institut Historique et Archeologique Neerlandais de Stamboul. Nederlands Instituut voor het Nabije Oosten.

Harvey, Eric J. 2020. 'The Songbird: Linking Music and Blindness in Ancient Babylonia'. *All of Us* (blog). 11 May 2020. https://allofusdha.org/research/the-songbird-linking-music-and-blindness-in-ancient-babylonia/#edn1

Hausleiter, Arnulf, and Hanspeter Schaudig. 2016. 'Rock Relief and Cuneiform Inscription of King Nabonidus at Al-Ḥā'iṭ (Province of Ḥā'il, Saudi Arabia), Ancient Padakku'. *Zeitschrift Fur Orient-Archaologie* 9:224-40.

Heeßel, Nils P. 2009. 'The Babylonian Physician Rabâ-Ša-Marduk: Another Look at Physicians and Exorcists in the Ancient Near East'. In *Advances in Mesopotamian Medicine from Hammurabi to Hippocrates: Proceedings of the International Conference "Oeil Malade et Mauvais Oeil," College de France, Paris, 23rd June 2006*, edited by Annie Attia and Gilles Buisson, 13-28. Cuneiform Monographs 37. Leiden/Boston: Brill.

———. 2018. 'Dating EAE. When Was the Astrological Series *Enūma Anu Ellil* Created?' In *The Scaffolding of Our Thoughts. Essays on Assyriology and the History of Science in Honor of Francesca Rochberg*, edited by C. Jay Crisostomo et al., 253-63. Ancient Magic and Divination 13. Leiden/Boston: Brill.

Helle, Sophus. 2023. *Enheduana: The Complete Poems of the World's First Author*. New Haven/London: Yale University Press.

Herodotus. 1920. *Herodotus, with an English Translation by A.D. Godley*. Vol. 1. 4 vols. Loeb Classical Library Edition. Cambridge: Harvard University Press.

Hinnant, Lori. 2016. 'Turning Iraq History to Rubble, Leaving the Mess to Looters'. *AP News*, 31 December 2016. https://apnews.com/article/ 53c801647e084059bc4cbe3fb0237a75

Holtz, Shalom E. 2014. *Neo-Babylonian Trial Records*. Atlanta: Society of Biblical Literature.

Hritz, Carrie. 2021. 'The Umma-Lagash Border Confl ict: A View from Above'. In *From Sherds to Landscapes: Studies on the Ancient Near East in Honor of McGuire Gibson*, edited by Mark Altaweel and Carrie Hritz, 71:109-30. Studies in Ancient Oriental Civilization. Chicago: The Oriental Institute of the University of Chicago.

Hughes, Bettany, and Irving Finkel. 2021. Bettany Hughes and Irving Finkel discuss 'The First Ghosts'. YouTube. https://www.youtube.com/watch?v=UwS61Y3Jz-s

Hunger, Hermann. 1992. *Astrological Reports to Assyrian Kings*. Vol. 8. State Archives of Assyria. Helsinki: Helsinki University Press.

Hunger, Hermann, and Teije de Jong. 2014. 'Almanac W22340a From Uruk: The Latest Datable Cuneiform Tablet'. *Zeitschrift Fur Assyriologie Und Vorderasiatische Archaologie* 104 (2): 182-94.

Hurowitz, Victor Avigdor. 2000. 'Literary Observations on "In Praise of the Scribal Art"'. *Journal of Ancient Near Eastern Studies* 27:49-56. Izre'el, Shlomo. 1997. *The Amarna Scholarly Tablets*. Cuneiform Monographs 9. Groningen: Styx.

Jeff ers, Joshua and Jamie Novotny. 2023. *The Royal Inscriptions of Ashurbanipal (668-631 BC), Aššur-Etel-Ilāni (630-627 BC), and Sin-Šarra-Iškun (626-612 BC), Kings of Assyria, Part 2*. Vol. 5/ 2. The Royal Inscriptions of the Neo-Assyrian Period. Winona Lake: Eisenbrauns.

Jones, Jonathan. 2018. '"Some of the Most Appalling Images Ever Created"-I Am Ashurbanipal Review'. *The Guardian*, 6 November 2018. https://www.theguardian.com/artanddesign/2018/nov/06/i-am-ashurbanipal-review-british-museum

Jong, T. de. 2013. 'Astronomical Fine-Tuning of the Chronology of the Hammurabi

Age.' *Jaarbericht van Het Vooraziatisch-Egyptisch Genootschap 'Ex Oriente Lux'* 44:147–67.

Jursa, Michael. 2011. 'Cuneiform Writing in Neo-Babylonian Temple Communities'. In *The Oxford Handbook of Cuneiform Culture*, edited by Karen Radner and Eleanor Robson, 184–204. Oxford: Oxford University Press.

Khadr, Ali. 2019. 'Iraq: "Women Are the Backbone of the Marsh Arab Community- as the Effects of Climate Change Are Becoming More Visible, It Is Becoming Clearer That Women Are the First to Suffer"'. Minority and Indigenous Trends 2019–Focus on Climate Justice. https://minorityrights.org/trends2019/iraq/

Koch, Ulla Susanne. 2015. *Mesopotamian Divination Texts: Conversing with the Gods. Sources from the First Millennium BCE*. Vol. 7. Guides to the Mesopotamian Textual Record. Münster: Ugarit-Verlag.

Koch-Westenholz, Ulla. 2000. *Babylonian Liver Omens: The Chapters Manzāzu, Padānu and Pān tākalti of the Babylonian Extispicy Series Mainly from Aššurbanipal's Library*. The Carsten Neibuhr Institute of Near Eastern Studies 25. Copenhagen: Museum Tusculanum Press.

———. 2002. 'Old Babylonian Extispicy Reports'. In *Mining the Archives: Festschrift for Christopher Walker on the Occasion of His 60th Birthday, 4 October 2002*, edited by Cornelia Wunsch, 131–46. Dresden: Islet.

Lafont, Bertrand. 2016. 'Women at Work and Women in Economy and Society during the Neo-Sumerian Period'. In *The Role of Women in Work and Society in the Ancient Near East*, edited by Brigitte Lion and Cécile Michel, 13:149–73. Studies in Ancient Near Eastern Records. Boston/Berlin: De Gruyter.

Lambert, W.G., and Alan R. Millard. 1969. *Atra-Hasis: The Babylonian Story of the Flood*. Oxford: Oxford University Press.

Larsen, Morgens Trolle. 1988. 'Old Assyrian Texts'. In *Cuneiform Texts in The Metropolitan Museum of Art. Volume I: Tablets, Cones, and Bricks of the Third and Second Millennia B.C.*, edited by Ira Spar, 92–143. New York: The Metropolitan Museum of Art.

———. 2015. *Ancient Kanesh: A Merchant Colony in Bronze Age Anatolia*. Cambridge: Cambridge University Press.

Lauinger, Jacob. 2020. 'The Electronic Idrimi'. In *The Open Richly Annotated Cuneiform Corpus*. http://oracc.iaas.upenn.edu/aemw/alalakh/idrimi/P500443/html

Leick, Gwendolyn. 1988. *A Dictionary of Ancient Near Eastern Architecture*.

London/ New York: Routledge.

Lenzi, Alan. 2015. 'Mesopotamian Scholarship: Kassite to Late Babylonian Periods'. *Journal of Ancient Near Eastern History* 2 (2): 145-201.

Lion, Brigitte. 2001. 'Dame Inanna-Ama-Mu, Scribe a Sippar'. *Revue d'assyriologie et d'archeologie Orientale* 93 (1): 7-32.

Liu, Changyu. 2021. *The Ur III Administrative Texts from Puzrish-Dagan Kept in the Harvard Museum of the Ancient Near East*. Vol. 68. Harvard Semitic Studies. Leiden/ Boston: Brill.

Luukko, Mikko, and Greta Van Buylaere. 2002. *The Political Correspondence of Esarhaddon*. Vol. 16. State Archives of Assyria. Helsinki: Helsinki University Press.

Malko, Helen. 2020. 'The Kassites of Babylonia: A Re-Examination of an Ethnic Identity'. In *Babylonia under the Sealand and Kassite Dynasties*, edited by Susanne Paulus and Tim Clayden, 177-89. Berlin/ Boston: De Gruyter.

Maloigne, Hélene. 2017. 'How Idrimi Came to London: Diplomacy and the Division of Archaeological Finds in the 1930s'. *Museum History Journal* 10 (2): 200-16.

Marchesi, Gianni. 2010. 'The Sumerian King List and the Early History of Mesopotamia'. In *Ana Turri Gimilli. Studi Dedicati al Padre Werner R. Mayer, S.J. Da Amici e Allievi*, edited by M.G. Biga and M. Liverani, 231-48. Quaderni Di Vicino Oriente 5. Rome: Sapienza Universita di Roma.

Mattila, Raija. 2000. *The King's Magnates: A Study of the Highest Officials of the Neo-Assyrian Empire*. Vol. 11. State Archives of Assyria Studies. Helsinki: Neo-Assyrian Text Corpus Project.

May, Natalie Naomi. 2018. 'Female Scholars in Mesopotamia?' In *Gender and Methodology in the Ancient Near East: Approaches from Assyriology and Beyond*, edited by Stephanie Lynn Budin et al., 100:149-62. BARCINO MONOGRAPHICA ORIENTALIA. Barcelona: Edicions de la Universitat de Barcelona.

McCown, Donald. 1951. 'Nippur: The Holy City'. *University Museum Bulletin* 16 (2): 5-19.

McMahon, Augusta. 2013. 'Tell Brak: Early Northern Mesopotamian Urbanism, Economic Complexity and Social Stress, Fifth-Fourth Millennia BC'. In *100 Jahre Archaologische Feldforschungen in Nordost-Syrien-Eine Bilanz: Internationales Symposium Des Instituts Fur Vorderasiatische Archaologie Der Freien Universitat Berlin Und Des Vorderasiatischen Museums Der Staatlichen*

Museen Zu Berlin Vom 21. Juli Bis 23. Juli 2011 Im Pergamonmuseum, edited by Dominik Bonatz and Lutz Martin, 67–80. Schriften Der Max Freiherr von Oppenheim-Stiftung 18. Wiesbaden: Harrassowitz.

———. 2015. 'Waste Management in Early Urban Southern Mesopotamia'. In *Sanitation, Latrines and Intestinal Parasites in Past Populations*, edited by Piers D. Mitchell. Farnham/Burlington: Ashgate.

McMahon, Augusta, et al. 2011. 'Late Chalcolithic Mass Graves at Tell Brak, Syria, and Violent Confl ict during the Growth of Early City-States'. *Journal of Field Archaeology* 36 (3): 201–20.

Menosky, Joe, and Philip LaZebnik. 1991. 'Darmok'. *Star Trek: The Next Generation* Season 5 (Episode 2).

Michalowski, Piotr. 1989. *The Lamentation over the Destruction of Sumer and Ur*. Winona Lake: Eisenbrauns.

———. 2008. 'The Mortal Kings of Ur: A Short Century of Divine Rule in Ancient Mesopotamia'. In *Religion and Power: Divine Kingship in the Ancient World and Beyond*, edited by Nicole Brisch, 33–45. OIS 4. Chicago: The Oriental Institute of the University of Chicago.

Michel, Cécile. 2016. 'Estimating an Old Assyrian Household Textile Production with the Help of Experimental Archaeology: Feasibility and Limitations'. In *Traditional Textile Craft-an Intangible Cultural Heritage? Workshop Amman, Jordan, March 2014*, edited by Camilla Ebert et al., 126–36. Copenhagen: Centre for Textile Research, University of Copenhagen.

———. 2020a. *Women of Assur and Kanesh: Texts from the Archives of Assyrian Merchants*. Vol. 42. Writings from the Ancient World. Atlanta: SBL Press.

———. 2020b. 'Wool Trade in Upper Mesopotamia and Syria According to Old Babylonian and Old Assyrian Texts'. In *Wool Economy in the Ancient Near East and The Aegean: From the Beginnings of Sheep Husbandry to Institutional Textile Industry*, edited by Catherine Breniquet and Cécile Michel, 232–54. Oxford/Philadelphia: Oxbow Books.

Middeke-Conlin, Robert. 2023. *Knowledge, Literacy, and Elementary Education in the Old Babylonian Period*. Cham: SpringerBriefs in the History of Science and Technology.

Mikhail, Dunya. 2014. *The Iraqi Nights*. Translated by Kareem James Abu-Zeid. New York: New Directions.

Millerman, Alison Jean. 2015. 'The "Spinning of Ur": How Sir Leonard Woolley,

James R. Ogden and the British Museum Interpreted and Represented the Past to Generate Funding for the Excavation of Ur in the 1920's and 1930's'. PhD Dissertation, University of Manchester.

Mirelman, Sam. 2010. 'The Gala Musician Dada and the Si-Im Instrument'. *Nouvelles Assyriologiques Breves et Utilitaires* 2010 (2): 40-41.

Molina, Manuel, and Marcos Such-Gutiérrez. 2004. 'On Terms for Cutting Plants and Noses in Ancient Sumer'. *Journal of Near Eastern Studies* 63 (1): 1-16.

Monroe, M. Willis. 2022. 'Astronomical and Astrological Diagrams from Cuneiform Sources'. *Journal for the History of Astronomy* 53 (3): 338-61.

Moorey, P.R.S. 1964. 'The "Plano-Convex Building" at Kish and Early Mesopotamian Palaces'. *Iraq* 26 (2): 83-98.

_____. 1978. *Kish Excavations, 1923-1933*. Oxford: Clarendon Press. Nett, Seraina. 2023. 'The Office and Responsibilities of the En Priestess of Nanna'. In *Women and Religion in the Ancient Near East and Asia*, edited by Nicole Maria Brisch and Fumi Karahashi, 93-120. Studies in Ancient Near Eastern Records 30. Berlin/ Boston: De Gruyter.

Nissen, Hans J. 2019. 'The Invention and Early Uses of Writing in Mesopotamia'. In *Uruk: First City of the Ancient World*, edited by Nicola Crüsemann et al., 149-53. Los Angeles: The J. Paul Getty Museum.

Nissen, Hans J., et al. 1993. *Archaic Bookkeeping: Early Writing and Techniques of Economic Administration in the Ancient Near East*. Chicago/ London: The University of Chicago Press.

Notizia, Palmiro. 2020. 'Wealth and Status in 3rd Millennium Babylonia: The Household Inventory RTC 304 and the Career of Lugal-irida, Superintendent of Weavers'. In *Working at Home in the Ancient Near East: New Insights and Avenues of Research*, edited by Juliette Was and Palmiro Notizia, 83-106. Archaeopress Ancient Near Eastern Archaeology 7. Oxford: Archaeopress.

Novotny, Jamie, and Joshua Jeffers. 2018. *The Royal Inscriptions of Ashurbanipal (668-631 BC), Aššur-Etel-Ilāni (630-627 BC), and Sin-Šarra-Iškun (626-612 BC), Kings of Assyria, Part 1*. Vol. 5/ 1. The Royal Inscriptions of the Neo-Assyrian Period. Winona Lake: Eisenbrauns.

Oates, David. 1990. 'Innovations in Mud-Brick: Decorative and Structural Techniques in Ancient Mesopotamia'. *World Archaeology* 21 (3): 388-406.

Oates, David, and Joan Oates. 1989. 'Akkadian Buildings at Tell Brak'. *Iraq* 51:193-211.

Online Corpus of the Inscriptions of Ancient North Arabia. 2013. Oxford: The Khalili Research Centre for the Art and Material Culture of the Middle East. http://krc.orient.ox.ac.uk/ociana/

Oshima, Takayoshi. 2012. 'Another Attempt at Two Kassite Royal Inscriptions: The Agum-Kakrime Inscription and the Inscription of Kurigalzu the Son of Kadashmanharbe'. In *Babel Und Bibel*, edited by Leonid E. Kogan et al., 6:225-68. Winona Lake: Eisenbrauns for The Russian State University for the Humanities.

Ossendrijver, Mathieu. 2016. 'Ancient Babylonian Astronomers Calculated Jupiter's Position from the Area under a Time-Velocity Graph'. *Science* 351 (6272): 482-4.

Parpola, Simo. 1987. *The Correspondence of Sargon II, Part I: Letters from Assyria and the West*. Vol. 1. State Archives of Assyria. Helsinki: Helsinki University Press.

———. 1993. *Letters from Assyrian and Babylonian Scholars*. Vol. 10. State Archives of Assyria. Winona Lake: Eisenbrauns.

———. 1997. *Assyrian Prophecies*. Vol. 8. State Archives of Assyria. Helsinki: Helsinki University Press.

Paulus, S. 2014. *Die Babylonischen Kudurru-Inschriften von Der Kassitischen Bis Zur Fruhneuba-Bylonischen Zeit. Untersucht Unter Besonderer Berucksichtigung Gesellschafts Und Rechtshistorischer Fragestellungen*. Vol. 51. Alter Orient Und Altes Testament. Münster: Ugarit-Verlag.

Petersen, Jeremiah. 2015. 'Examenstext A: Composite Translation and Line Bibliography'. In *Cuneiform Digital Library Initiative (CDLI)*. https://cdli.mpiwg-berlin.mpg.de/dl/pdf/P481748.pdf

Peterson, Jeremiah, ed. 2014. 'Bilinguals in Late Mesopotamian Scholarship, K. 5688'. In *The Open Richly Annotated Cuneiform Corpus*. http://oracc.org/blms/P396094

———. 2016. 'The Literary Corpus of the Old Babylonian Larsa Dynasties: New Texts, New Readings, and Commentary'. In *Studia Mesopotamica*, edited by Manfried Dietrich et al., 3:1-89. Ugarit-Verlag.

Pickworth, Diana. 2005. 'Excavations at Nineveh: The Halzi Gate'. *Iraq* 67 (1): 295-316.

Porter, Anne, et al. 2021. '"Their Corpses Will Reach the Base of Heaven": A Third-Millennium BC War Memorial in Northern Mesopotamia?' *Antiquity* 95 (382):

900-918.

Postgate, J.N. 1992. *Early Mesopotamia: Society and Economy at the Dawn of History*. London/ New York: Routledge.

Powell, M.A. 1984. 'Late-Babylonian Surface Mensuration'. *Archiv Fur Orientforschung* 31: 32-66.

Prest, David. 2014. 'Royal Archive Documents Revealed at Windsor Castle'. *BBC News*, 16 May 2014. https://www.bbc.co.uk/news/uk-27426863

Proust, Christine. 2019. 'A Mathematical Collection Found in the "House of the Āšipus". The Art of Metrology in Achaemenid Uruk'. In *Scholars and Scholarship in Late Babylonian Uruk*, edited by Christine Proust and John Steele, 2:89-146. Why the Sciences of the Ancient World Matter. Cham: Springer Nature.

Proust, Christine, and John Steele. 2019. 'Introduction: Scholars, Scholarly Archives and the Practice of Scholarship in Late Babylonian Uruk'. In *Scholars and Scholarship in Late Babylonian Uruk*, edited by Christine Proust and John Steele, 2:1-52. Why the Sciences of the Ancient World Matter. Cham: Springer Nature.

Radner, Karen. 2011. 'Royal Decision-Making: Kings, Magnates, and Scholars'. In *The Oxford Handbook of Cuneiform Culture*, edited by Karen Radner and Eleanor Robson, 358-79. Oxford: Oxford University Press.

_____. 2014. 'An Imperial Communication Network: The State Correspondence of the Neo-Assyrian Empire'. In *State Correspondence in the Ancient World: From New Kingdom Egypt to the Roman Empire*, edited by Karen Radner, 64-93. Oxford: Oxford University Press.

Reid, J.N. 2014. 'Slavery in Early Mesopotamia from Late Uruk until the Fall of Babylon in the *Longue Duree*'. DPhil thesis, Oxford: University of Oxford.

_____. 2015. 'Runaways and Fugitive-Catchers during the Third Dynasty of Ur'. *Journal of the Economic and Social History of the Orient* 58: 576-605.

_____. 2020. 'Prisoners of War: Collated Edition of TCL 5, 6039'. *NABU* 4: 215-18.

Reiner, Erica, and David Pingree. 1998. *Babylonian Planetary Omens: Part Three*. Vol. 11. Cuneiform Monographs. Groningen: Styx.

Renn, Jürgen. 2019. 'Learning from Kushim about the Origins of Writing and Farming'. In *Culture and Cognition: Essays in Honor of Peter Damerow*, edited by Jürgen Renn and Matthias Schemmel, 11-28. Max Planck Research Library for the History and Development of Knowledge Proceedings 11. Berlin: Max

Planck Institute for the History of Science.

Richardson, Seth. 2002. 'Ewe Should Be So Lucky: Extispicy Reports and Everyday Life'. In *Mining the Archives: Festschrift for Christopher Walker on the Occasion of His 60th Birthday, 4 October 2002*, edited by Cornelia Wunsch. Dresden: Islet.

Robson, Eleanor. 2001. 'The Tablet House: A scribal school in old Babylonian Nippur', *Revue d'assyriologie et d'archeologie orientale* 93: 39–66.

———. 2008. *Mathematics in Ancient Iraq: A Social History*. Princeton/ Oxford: Princeton University Press.

———. 2019. *Ancient Knowledge Networks: A Social Geography of Cuneiform Scholarship in First-Millennium Assyria and Babylonia*. London: UCL Press.

Ross, Jennifer C. 2014. 'Art's Role in the Origins of Writing: The Seal- Carver, the Scribe, and the Earliest Lexical Texts'. In *Critical Approaches to Ancient Near Eastern Art*, edited by Brian A. Brown and Marian H. Feldman, 295–317. Boston/ Berlin: De Gruyter.

Roth, Martha T. 1997. *Law Collections from Mesopotamia and Asia Minor*. Second Edition. Vol. 6. SBL Writings from the Ancient World Series. Atlanta: Scholars Press.

Russell, John Malcolm. 1999. *The Writing on the Wall: Studies in the Architectural Context of Late Assyrian Palace Inscriptions*. Mesopotamian Civilisations 9. Winona Lake: Eisenbrauns.

Rutz, Matthew T. 2016. 'Astral Knowledge in an International Age: Transmission of the Cuneiform Tradition, ca. 1500–1000 B.C.' In *The Circulation of Astronomical Knowledge in the Ancient Near East*, edited by John M. Steele, 18–54. Leiden/ Boston: Brill.

Sachs, A. 1952. 'Babylonian Horoscopes'. *Journal of Cuneiform Studies* 6 (2): 49–75.

Sachs, Abraham J. 1996. *Astronomical Diaries and Related Texts from Babylonia*. Edited by Hermann Hunger. Vol. 3. Wien: Verlag der Österreichischen Akademie der Wissenschaften.

Sachs, Abraham J., and Hermann Hunger. 1988. *Astronomical Diaries and Related Texts from Babylonia*. Vol. 1. Wien: Verlag der Österreichischen Akademie der Wissenschaften.

Sanders, Seth L. 2019. 'Hammurabi, King of the Dead'. *Sethlsanders* (blog). 14 November 2019. https://sethlsanders.wordpress.com/2019/11/14/hammurabi-king-of-the-dead/

Sasson, Jack M. 2015. *From the Mari Archives: An Anthology of Old Babylonian Letters*. Winona Lake: Eisenbrauns.

Sauvage, Martin. 2020. 'Mathematical Computations in the Management of Public Construction Work in Mesopotamia (End of the Third and Beginning of the Second Millennium bce)'. In *Mathematics, Administrative and Economic Activities in Ancient Worlds*, edited by Cécile Michel and Karine Chemla, 5:201-37. Why the Sciences of the Ancient World Matter. Cham: Springer Nature.

Schaudig, Hanspeter. 2010. 'The Restoration of Temples in the Neo-and Late Babylonian Periods: A Royal Prerogative as the Setting for Political Argument'. In *From the Foundations to the Crenellations: Essays on Temple Building in the Ancient Near East and Hebrew Bible*, edited by Mark J. Boda and Jamie Novotny, 141-64. Alter Orient Und Altes Testament 366. Münster: Ugarit-Verlag.

Schmandt-Besserat, Denise. 1992. *Before Writing: From Counting to Cuneiform*. Vol. 1. Austin: The University of Texas Press.

Schneider, Bernard. 2022. 'Nippur: City of Enlil and Ninurta'. In *Naming and Mapping the Gods in the Ancient Mediterranean: Spaces, Mobilities, Imaginaries*, 1:745-62. Berlin/ Boston: De Gruyter.

Schwartz, Glenn M., et al. 'A Third-Millennium B.C. Elite Mortuary Complex at Umm El-Marra, Syria: 2002 and 2004 Excavations'. *American Journal of Archaeology* 110 (4): 603-41.

Schwartzstein. 2015. 'Iraq's Famed Marshes Are Disappearing-Again'. *National Geographic*, July 2015. https://www.nationalgeographic.com/science/article/150709-iraq-marsh-arabs-middle-east-water-environment-world

Scurlock, JoAnn. 2014. *Sourcebook for Ancient Mesopotamian Medicine*. Vol. 36. Writings from the Ancient World. Atlanta: SBL Press.

Selz, Gebhard J., et al. 2017. 'The Question of Sumerian "Determinatives"'. *Lingua Aegyptia-Journal of Egyptian Language Studies* 25:281-344.

Shepperson, Mary. 2018. 'Sunlight and Shade in the First Cities-A Sensory Archaeology of Early Iraq'. *The Ancient Near East Today* (blog). November 2018. https://www.asor.org/anetoday/2017/08/sunlight-shade

Slanski, Kathryn E. 2003. *The Babylonian Entitlement* narus *(kudurrus): A Study in Their Form and Function*. Vol. 9. ASOR Books. Boston: American Schools of Oriental Research.

Snell, Daniel C. 1974. 'The Mari Livers and the Omen Tradition'. *Journal of the Ancient Near East Society* 6: 117–23.

Steele, John M. 2011. 'Making Sense of Time: Observational and Theoretical Calendars'. In *The Oxford Handbook of Cuneiform Culture*, edited by Karen Radner and Eleanor Robson, 470–85. Oxford: Oxford University Press.

———. 2018. 'The Development of the Babylonian Zodiac: Some Preliminary Observations'. *Mediterranean Archaeology and Archaeometry* 18 (4): 97–105.

———. 2019. 'The Early History of the Astronomical Diaries'. In *Keeping Watch in Babylon: The Astronomical Diaries in Context*, edited by Johannes Haubold et al., 100:19–52. Culture and History of the Ancient Near East. Leiden/ Boston: Brill.

Steele, John, and Srishti Ganguli. 2022. 'Babylonian records of transient astronomical phenomena', *Astronomische Nachrichten* 343:6–7, e20220031.

Steinkeller, P. 1999. 'On Rulers, Priests, and Sacred Marriage: Tracing the Evolution of Early Sumerian Kingship'. In *Priests and Offi cials in the Ancient Near East. Papers of the Second Colloquium on the Ancient Near East—The City and Its Life Held at the Middle Eastern Culture Center in Japan (Mitaka, Tokyo)*, edited by K. Watanabe, 103–37.

Heidelberg: Universitätsverlag C. Winter. Stol, Marten. 2000. *Birth in Babylonia and the Bible: Its Mediterranean Setting*. Vol. 14. Cuneiform Monographs. Groningen: Styx.

———. 2012. 'Bitumen in Ancient Mesopotamia: The Textual Evidence'. *Bibliotheca Orientalis* 69 (1-2): 48–60.

Stone, Elizabeth. 1981. 'Texts, Architecture and Ethnographic Analogy: Patterns of Residence in Old Babylonian Nippur'. *Iraq* 43 (1): 19–33.

Stronk, Jan. 2017. *Semiramis' Legacy: The History of Persia According to Diodorus of Sicily*. Edinburgh: Edinburgh University Press.

Svärd, Saana. 2016. 'Neo-Assyrian Elite Women'. In *Women in Antiquity: Real Women across the Ancient World*, edited by Stephanie Lynn Budin and Jean Macintosh Turfa, 126–37. London/ New York: Routledge.

Taylor, Jonathan. 2021. 'Sîn City: New Light from Old Excavations at Ur'. In *Ur in the Twenty-First Century CE: Proceedings of the 62nd Rencontre Assyriologique Internationale at Philadelphia, July 11-15, 2016*, edited by Grant Frame et al,. 35–48. University Park, PA: Penn State University Press.

Taylor, Jonathan, and Markham Geller. n.d. 'The Nineveh Medical Project'. In *The*

Open Richly Annotated Cuneiform Corpus. http://oracc.ub.uni-muenchen.de/asbp/ninmed/index.html

Tolini, Gauthier. 2013. 'The Economic Activities of Isḫunnatu, a Slave Woman of the Egibi Family (Sixth Century BC)'. *REFEMA-The Economic Role of Women in the Public Sphere in Mesopotamia*. http://refema.hypotheses.org/766

Touillon-Ricci, Mathilde. 2018. 'Trade and Contraband in Ancient Assyria'. *The British Museum Blog* (blog). 2 April 2018. https://www.britishmuseum.org/blog/trade-and-contraband-ancient-assyria

Tsouparopoulou, Christina. 2014. 'Hidden Messages under the Temple: Foundation Deposits and the Restricted Presence of Writing in 3rd Millennium bce Mesopotamia'. In *Verborgen, Unsichtbar, Unlesbar-Zur Problematik Restringierter Schriftprasenz*, edited by Tobias Frese et al., 2:17-31. Materiale Textkulturen. Berlin/Boston: De Gruyter.

_____. 2016. 'Deconstructing Textuality, Reconstructing Materiality'. In *Materiality of Early Writing in Early Mesopotamia*, edited by Thomas E. Balke and Christina Tsouparopoulou, 257-76. Materiale Textkulturen 13. Berlin/Boston: De Gruyter.

Tsouparopoulou, Christina, and Laerke Recht. 2021. 'Dogs and Equids in War in Third Millennium BC Mesopotamia'. In *Fierce Lions, Angry Mice and Fat-Tailed Sheep: Animal Encounters in the Ancient Near East*, edited by Laerke Recht and Christina Tsouparopoulou, 279-89. Cambridge: McDonald Institute for Archaeological Research.

Tuplin, Christopher. 2019. 'Logging History in Achaemenid, Hellenistic and Parthian Babylonia: Historical Entries in Dated Astronomical Diaries'. In *Keeping Watch in Babylon: The Astronomical Diaries in Context*, edited by Johannes Haubold et al., 100:79-119. Culture and History of the Ancient Near East. Leiden/Boston: Brill.

Ur, Jason. 2013. 'Patterns of Settlement in Sumer and Akkad'. In *The Sumerian World*, edited by Harriet Crawford, 131-55. Abingdon/New York: Routledge.

Van De Mieroop, Marc. 1989. 'Women in the Economy of Sumer'. In *Women's Earliest Records from Ancient Egypt and Western Asia: Proceedings of the Conference on Women in the Ancient Near East, Brown University, Providence, Rhode Island November 5-7, 1987*, edited by Barbara S. Lesko, 53-66. Atlanta: Scholars Press.

_____. 2015. *Philosophy before the Greeks: The Pursuit of Truth in Ancient*

Babylonia. Princeton: Princeton University Press.

Vanstiphout, Herman L.J. 2003. *Epics of Sumerian Kings: The Matter of Aratta*. Vol. 20. Writings from the Ancient World. Atlanta: Society of Biblical Literature.

Vidale, Massimo. 2011. 'PG 1237, Royal Cemetery of Ur: Patterns in Death'. *Cambridge Archaeological Journal* 21 (3): 427–51.

Volpi, Luca. 2020. 'The Royal Cemetery at Ur During the Second Half of the Third Millennium B.C.: Pottery Analysis through the Use of Archival Data, a Case Study'. *Iraq* 82:227–57.

Watai, Yoko. 2016. 'Economic Activities of Women in 1st Millennium Babylonia'. In *The Role of Women in Work and Society in the Ancient Near East*, edited by Brigitte Lion and Cécile Michel, 13:494–511. Studies in Ancient Near Eastern Records. Berlin/Boston: De Gruyter.

Weadock, Penelope N. 1975. 'The Giparu at Ur'. *Iraq* 37 (2): 101–28.

Weadock, Penelope Nesta. 1958. 'The Giparu at Ur: A Study of the Archaeological Remains and Related Textual Material'. PhD Dissertation, Chicago: University of Chicago.

Weiershäuser, Frauke, and Jamie Novotny. 2020. *The Royal Inscriptions of Amēl-Marduk (561-560 BC), Neriglissar (559-556 BC), and Nabonidus (555-539 BC), Kings of Babylon*. Vol. 2. The Royal Inscriptions of the Neo-Babylonian Empire. University Park, PA: Eisenbrauns.

Westbrook, Raymond. 1995. 'Slave and Master in Ancient Near Eastern Law'. *Chicago-Kent Law Review* 70:1631–76.

Westenholz, Joan Goodnick. 1989. 'Enheduanna, En-Priestess, Hen of Nanna, Spouse of Nanna'. In *DUMU E2-DUB-BA-A: Studies in Honor of Ake Sjoberg*, edited by Hermann Behrens et al., 539–56. Philadelphia: The University Museum.

Winter, Irene J. 1993. '"Seat of Kingship"/"Wonder to Behold": The Palace as Construct in the Ancient Near East'. *Ars Orientalis* 23:27–55.

_____. 2010. *On Art in the Ancient Near East*. Vol. 2. Leiden/Boston: Brill.

Woolley, C. Leonard. 1925. 'The Excavations at Ur, 1924–1925'. *The Antiquaries Journal* 5 (4): 347–402.

_____. 1929. *Ur of the Chaldees: A Record of Seven Years of Excavation*. [London]: Ernest Benn Limited.

_____. 1934. *Ur Excavations: The Royal Cemetery, A Report on the Predynastic and Sargonid Graves Excavated between 1926 and 1931*. Vol. 2. Ur Excavations.

London: The British Museum.

_____. 1962. *Ur Excavations: The Neo-Babylonian and Persian Periods*. Vol. 9. Ur Excavations. London: The Trustees of the British Museum.

Woolley, C. Leonard, and Max Mallowan. 1976. *Ur Excavations: The Old Babylonian Period*. Vol. 7. Ur Excavations. London: British Museum Publications Limited.

Wunsch, Cornelia. 1997. 'Und Die Richter Berieten...Streitfalle in Babylon Aus Der Zeit Neriglissars Und Nabonids'. *Archiv Fur Orientforschung* 44/ 45:59-100.

_____. 2003. 'Women's Property and the Law of Inheritance in the Neo-Babylonian Period'. In *Women and Property in Ancient Near Eastern and Mediterranean Societies*, edited by D. Lyons and Raymond Westbrook. Cambridge: Harvard University Center for Hellenic Studies. https://classics-at.chs.harvard.edu/wp-content/uploads/2021/05/ca1.2-wunsch.pdf

Zaia, Shana. 2019. 'My Brother's Keeper: Assurbanipal versus Šamaš-Šuma-Ukīn'. *Journal of Ancient Near Eastern History* 6 (1): 19-52.

_____. 2021. 'Divine Foundations: Religion and Assyrian Capital Cities'. In *As Above, So Below: Religion and Geography*, edited by Gina Konstantopoulos and Shana Zaia. University Park, PA: Eisenbrauns.

Zaina, Federico. 2015. 'Craft, Administration, and Power in Early Dynastic Mesopotamian Public Buildings: Recovering the Plano-Convex Building at Kish, Iraq'. *Paleorient* 41 (1): 177-97.

Zettler, Richard. 1997. 'Nippur'. In *The Oxford Encyclopaedia of Archaeology in the Near East*, edited by Eric M. Myers, 4:148-52. Oxford: Oxford University Press.

_____. 2021. 'Woolley's Excavations at Ur: New Perspectives from Artifact Inventories, Field Records, and Archival Documentation'. In *Ur in the Twenty-First Century CE: Proceedings of the 62nd Rencontre Assyriologique Internationale at Philadelphia, July 11-15, 2016*, edited by Grant Frame et al, 7-34. University Park, PA: Penn State University Press.

Zettler, Richard, and Paul C. Zimmerman. 2021. 'Two Tombs or Three? PG 789 and PG 800 Again!' In *From Sherds to Landscapes: Studies on the Ancient Near East in Honor of McGuire Gibson*, edited by Mark Altaweel and Carrie Hritz, 71:283-96. Studies in Ancient Oriental Civilization. Chicago: The Oriental Institute of the University of Chicago.

Zimmerman, Lynn-Salammbô. 2023. 'Wooden Wax-Covered Writing Boards as Vorlage for Kudurru Inscriptions in the Middle Babylonian Period'. *Journal of Ancient Near Eastern History* 10 (1): 53-106.

Zólyomi, Gábor, et al. 2008. 'The Electronic Text Corpus of Sumerian Royal Inscriptions'. In *The Openly Richly Annotated Cuneiform Corpus*. http://oracc.museum.upenn.edu/etcsri/index.html

찾아보기

가옥 F(니푸르) 157-60, 165, 173-4
갈대 66-8, 91, 107-8, 130, 179, 232
고바빌로니아 41, 148, 152, 154, 165, 167, 173-4, 210, 290
교육
  -과 속담 148, 168-70, 174
  -과 함무라비 법전 154, 174
  낙서 149, 171-2
  바빌로니아 제국의 - 148
  여자아이들의 - 167
  -의 단계 160-2
  카시트 시기의 - 188
  학교생활 156-7
구다가 228, 230
구아닌, 마리아 33, 34
구압바 235
굴라 62, 109, 214
기르수 119, 254
《길가메시 서사시》 41, 63, 89, 111, 119-20, 122, 125, 144, 268

나디툼 297-8, 300
나람신, 왕 47, 109, 260, 264
나보니두스, 왕
  고고학자로서의 - 44-7
  -와 엔니갈디난나 공주 46, 294
  -와 우르 지구라트 재건 44, 48, 180
  -와 점복 176-7
  -와 함무라비 왕 82-3
  저자의 -에 대한 호감 281
  타이마에서의 - 283-4
  페르시아에 패배 42, 281, 284
나보폴라사르, 왕 46-7, 281
나부 48, 142, 144, 216
나부슈마잇디나 217-8, 248
나부슈마잇딘 53-5, 58, 75-6, 80-1, 84-5
나부아헤에리바 195, 198
나이드마르두크 137
나지마루타시, 왕 214, 216
나키아, 여왕 136-7
난나 39-40, 48, 93, 117, 182, 204, 290
네르갈 252-3, 255, 266
네부카드네자르 2세, 왕 47, 82, 89
노예제 222
노티치아, 팔미로 236
니네베 136, 143-4, 256, 265-6, 268, 277
니노스, 왕 135
니사바 61, 156 166
니오와이즈 혜성 175-6, 314
니푸르 92-3, 118, 152, 154, 157-9, 161, 173
닌갈 93, 97, 292-4
닌기르수 166, 254, 258
닌순 140
닌우르타 253, 265-6
님루드 142, 272, 274

다길일리 229
다비툼 219, 313

찾아보기 377

독수리 석비 257-8, 261, 279
두무지드 49
두바바툼 297, 308
두빌다무 306

라가시 104, 257-61
라르사 152, 228, 287
라마수 269, 272, 282
라마슈투 95
라마시 300-1, 306
라바샤마르두크 187-8
라삼, 호르무즈 21, 284
라키시 277
라투바시니 229-30
롭슨, 엘리너 163
루갈반다 126-8
《루갈에》 253
루갈이리다 235-7
룰루비인 264
리드, 니컬러스 222
리바툼 298
립발리샤라트, 왕비 276, 312

마라드 47
마르두크 82, 184-5, 194, 200, 214
마르두크아플라잇디나 171
마리 210, 296
만이슈투슈, 왕 245
멀로완, 맥스 32
《메소포타미아의 살인》 32
메실림, 왕 254
멜리시팍, 왕 217
몽치 13, 24, 38, 252-6, 265-6, 269-72, 274-5
무덤 101, 130-1, 134, 232-4, 255, 258-63, 277
미하일, 두냐 251

바빌로니아 제국 152, 306
바알벨루 225-6, 249
바자야 302
발라비아 225
발라시 191-3, 195, 198
벨타니 207-9, 211
벨터레민니 167
벽돌
  《길가메시 서사시》의 - 111
  - 생산 90-2, 107-8
  아마르신의 - 23-4, 53-4, 92, 94, 109
  - 위의 개 발자국 40, 109-10
보드게임 172
부르나부리아시 83
부시, 조지 267
부자주 243-4, 296

사닥, 오사마 230, 316
사르곤 2세, 왕 278
사르곤, 왕 38-40, 47, 97, 108-9, 115, 130, 245, 260, 290
사산 제국 315
삼무라마트, 여왕 134-7, 151
샤루와 240
샤룸아다드 242
샤마시 82-3, 206, 212
샤마시 신전(시파르) 245-6, 297
샤마시슈무우킨, 왕 270
샴시아다드 5세, 왕 135
세미라미스, 여왕 134-5
센나케리브, 왕 141-2
셀레우코스 제국 315

셰퍼슨, 메리 105
셰필드, 찰스 216
소제, 황제 313
속담 110, 148-9, 168-71, 174
《수메르와 우르 비가》 42
〈수메르 왕명표〉 126-8, 133
수사 140, 214-5
수에이야 245
수학 17, 142, 161-4, 174, 183, 196, 199, 201-4, 211, 312
슈트루크나훈테, 왕 213-5
술기, 왕 31, 116-8, 125, 137, 140-1, 143, 152, 235, 253, 306
〈슘마알루〉 189-90
스미스, 조지 144
스베르드, 사나 136
〈스타트렉: 넥스트 제너레이션〉 121
시파르 82, 167, 245-6, 282, 297, 300
신레키운닌니 125
신바빌로니아 시기 42
신발라수이크비 53, 84, 88
신우누툼 306-8
십투, 왕비 296-7
쐐기문자
    고대 이집트의 - 185-8
    나부슈마잇딘의 점토 북의 - 53-5, 75, 80-1, 84-5
    어휘 목록 157
    -에 사용된 갈대 66-8
    -와 교육 160-1, 164-5, 168-70, 174
    -와 노예제 222
    -와 무역 245, 300
    위조 245
    -의 발전 80
    -의 의미 57

    -의 표어자 71-2, 75, 304
    학습 서판의 - 148-9
C동(우루크) 65

아굼카크리메, 왕 184-5
아다드니라리 3세, 왕 135
아다드라비 302
아라불아흐와르(습지 아랍인) 67
아루루 121
아르디야 229
아마르나 문서 186-7
아마르신, 왕 23-4, 53-4, 92-4, 97, 109, 224, 228
아마트마무 167
아멘호테프 3세, 파라오 187
아모리 41, 182
아사그 253
아사드, 하페즈 알 263
아사드호 263
아슈르 275, 300, 304, 308
아슈르바니팔, 왕 265, 267, 269-71, 273-5
아슈르바니팔 도서관 268-9
아슈르바니팔 2세, 왕 272
아슈르이디 296
아시리아 제국 135, 137, 267, 277
아츠칼른, 제바트 241
아카드 38-9, 97, 137, 182, 260, 264, 316
아크바함무, 왕 295-6
아하하 243
알라라흐 239-40
알렉산드로스 대제 17, 202
알타이에, 하디 함자 145
암밀리티 278
애슈몰린 박물관 30, 52, 56, 70, 87, 126, 168
에기비 가문 223

⟨에누마 아누 엔릴⟩ 190, 193, 195, 206
《에누마 엘리시》 189, 200
에리두 128
에마르 225, 227, 230, 238-9, 247
에밥바르 신전 82-4, 223
에사르하돈, 왕 136, 191, 195, 209, 269, 313
에아 123
에안나 지구(우루크) 65-6
에카라이키샤 217
에타나, 왕 127
엔니갈디난나, 공주
   고위 여사제로서의 - 25, 39, 44-5, 47-8, 82, 177-8, 281, 285-6, 288, 294
   궁전 발굴 9-10, 12-3, 27-36
   -에 관한 정보 286
   역사에 대한 인식 85
   -와 점복 177
   우루크에서의 - 287
엔니갈디난나 공주의 궁전
   - 건설 14, 44
   -의 박물관 29-31, 35-6
   -의 쿠두루 215
   -의 학습 서판 149, 161
   1920년대의 - 발굴 9, 13-4, 27, 233, 248
엔니갈디난나 원통 286
엔니르자아나 117
엔릴 92-3, 123, 158, 166, 190
《엔메르카르와 아라타의 영주》 76
엔아네두, 공주 180, 182, 286, 291-5, 306
엔키두 114, 119-22, 252
엔헤두안나 39, 117, 164-6, 168, 174, 180, 286, 288-92, 294-5
엘람인 137, 213
여사제 281, 285-95, 298-9, 306, 308
여성
   -과 조산술 304-5
   나디툼의 - 297-8
   노예로서의 - 219
   상인으로서의 - 242
   서기로서의 - 167-8
   여사제로서의 - 292-5
   여왕으로서의 - 133-7, 233
   음악가로서의 - 306-7
   의사로서의 - 306
《역사》(헤로도토스) 134
역청 10, 36-7, 39, 91, 95-7, 101, 111, 179
영국박물관 21, 32, 40, 45, 88-9, 131-2, 144, 203, 241, 272-3
오센드레이버르, 마티외 203
오페르, 쥘 83
와라드신 182
와쿠르툼 302
왕실 묘지(우르) 33, 172, 232, 235, 255
우가리트 75, 80
우루크
   - 건설 65
   에안나 구역 64, 66, 102
   -와 노예제 223
   -의 쐐기문자 19, 60, 71, 315
   -의 엔니갈디난나 공주 287
   초기 왕조 시기의 - 89
우르
   버려진 - 42-3
   -와 역청 37, 91
   -의 무덤 130-2
   -의 배수 시설 106
   -의 배치 104
   -의 수호신 103
   -의 역사 38-9
우르 왕궁의 놀이 172

우르 제3왕조 42, 118, 148
우르남무, 왕 89, 110, 115, 117, 125, 138, 152
〈우르남무의 죽음〉 255
우바르툼 306-7
우바이드 문화 38
우주냐일라 244
우타나피슈팀 114, 123-4, 165
울리, C. 레너드
  몽치 발견 253-5
  무덤 발견 131-2, 255
  박물관 발굴 15, 29-31
  -와 나부슈마잇딘의 점토 북 81
  -와 슐기 왕 조각상 116
  -와 알라라흐 발굴 240
  -와 배수 시설 106
  -와 학습 서판 150, 172-3
  우르 발굴 32-5
울리, 캐서린 32-3, 132
움마 224, 257-9, 261, 300
움 엘마라 134
월신 164, 176-8, 180, 182, 282, 285, 288-9, 291-3, 305
위조 245-6, 282
원저성 216
유다 47, 277
유프라테스강 9, 12, 20-1, 39, 42, 47, 49, 66-7, 84, 90, 92, 100, 134, 152, 176, 210, 214, 225, 251, 297, 310, 312
이나에삭일라마트 303
이다마라스 225, 227
이드리미, 왕 238-41
이라크 국가박물관 248
〈이라크의 밤〉(미하일) 251-2
이슈마다간 225-6, 249
이슈타르 145, 228, 275, 282

이슌나투 223, 247, 249
인안나 77, 102, 145, 165-6, 191, 289
인안나아마무 167
일루피야우수르 108, 151
일식과 월식 83, 176, 199, 201, 205
일타니, 왕비 295-6

자담마 226
자바바 103
전쟁
  -과 몽치 252-4
  -과 아시리아 259, 264-6
  -과 이라크 267
  - 기념물 257, 262-3
  기록된 가장 이른 경계 분쟁 257
  합동 무덤 259-60, 277
점복 177-8, 204-5, 209-10, 330
제벨 움 산만 33
젬데트 나스르 56-7, 60, 221, 223
존스, 조너선 273
지구라트
  - 건설 40
  - 복원 91
  - 안의 무덤 130
  -의 생존 11
  -의 직원 119
  현대의 재건 48

창조신화 78
천문 일지 201-2, 313
천문학 125, 183, 188, 190, 193, 198-200, 202-4, 212
초기 왕조 시대 89, 94, 97-101, 103-4, 106, 108, 112, 128, 130, 257
〈최초 에아〉 161

카네시 242-5, 300-2
카다슈만엔릴, 왕 187-8
카시트 시기 189, 215-6, 238
쿠닐룸 244
쿠두루 214-6, 220
쿠두루, 왕자 209
쿠두르마북 35, 45, 181-2, 204, 211-2, 253
쿠바우, 여왕 133-4 137
쿠심 58-9, 64, 151, 197, 330
쿠에 226, 230-1
크리스티, 애거사 32
크테시아스 135
큰 시신갱(우르) 131, 234
키루스 원통 284
키루스, 왕 42, 284
키멜, 지미 11
키시 99-100, 102-3, 126, 128, 133-4, 159, 223, 306

타람쿠비 302
타바투 303
타이마 283-4
테움만, 왕 275-6
테일러, 조너선 71
텔바나트 262-3
텔브라크 260-1
텔알리마 295
투쿨티닌우르타 1세, 왕 259
투탕카멘 17
튀로당쟁, 프랑수아 83
티그리스강 12, 20-1, 49, 67, 90, 148, 176, 202, 214, 274, 310, 312
티글라트필레세르 1세, 왕 259

틸투바 전투 274
파르티아인 315
판더미로프, 마르크 70
페르시아 14, 42, 80, 281, 284, 315
평철 건물(키시) 99-101
표어자 71-2, 75, 304
푸슈켄 244-5, 300
푸아비, 여왕 133-4, 232-5, 238, 249
프람, 에카트 271
플림프턴 322 서판 163
피카드, 장뤽 121-2
핑클, 어빙 21, 71

하마, 여왕 136
하마드, 히바 하짐 272
하무디 이븐이브라힘 32-3
하비, 에릭 J. 307
하사르두 217-8
하투실리 3세, 왕 188
학습 서판 24, 148-9, 151, 154, 172-4, 282
〈학창 시절〉(〈에두바 A〉) 155-6, 161, 164, 173-4
할릴 이븐자두르 33
함무라비, 왕 41, 82-3, 152-4, 174, 182-3, 225, 227-8, 282, 290, 297, 313, 316
핼리 혜성 176, 198, 202, 212, 313-4
헤로도토스 134
헬레, 소푸스 166
황도대 183, 200-1, 203-4
후세인, 사담 48, 67
후잘라툼 297
훔바바 119
히타이트 80, 136, 184, 186, 188
히트 91, 97

두 강 사이의 땅 메소포타미아
고대인의 일상과 역사의 탄생

1판 1쇄 2025년 5월 10일

지은이 | 모우디 알라시드
옮긴이 | 이재황

펴낸이 | 류종필
편집 | 노민정, 이정우, 권준, 이은진
경영지원 | 홍정민
교정교열 | 오효순
표지 디자인 | 석운디자인
본문 디자인 | 이미연

펴낸곳 | (주)도서출판 책과함께
      주소 (04022) 서울시 마포구 동교로 70 소와소빌딩 2층
      전화 (02) 335-1982
      팩스 (02) 335-1316
      전자우편 prpub@daum.net
      블로그 blog.naver.com/prpub
      등록 2003년 4월 3일 제2003-000392호

ISBN 979-11-94263-42-5 03900